בית חב״ד ~ פלינא
CHABAD OF PLANO

This Tehillim is dedicated by

Simon and Dora Olshansky

In loving memory of
Grigory Olshansky
Tzvi ben Avrohom

* * *

3904 West Park Blvd.
Plano, Texas 75075

ספר תהלים

אהל יוסף יצחק

•

כולל התהלים ונחלק לחמשה ספרים, ולשבעת
ימי השבוע, ולשלשים חלקים לימי החדש

ונלוה לו

קובץ מכתבים

ממכתבי כ"ק אדמו"ר מרנא ורבנא

הרב יוסף יצחק

זצוקללה"ה נבג"מ זי"ע

שניאורסאהן

מליובאוויטש

הוצאה חדשה ומתוקנת עם תרגום רוסי

יוצא לאור על ידי
הוצאת ספרים „קה"ת", „פר"י" ו„לחיים"

שנת חמשת אלפים שבע מאות שבעים ואחת לבריאה

SEFER TEHILIM

OHEL YOSEF YITZCHAK

With Russian Translation

This book is published and distributed exclusively by:
F.R.E.E. Publishing House
A division of
Friends of Refugees of Eastern Europe
National Headquarters
1383 President Street, Brooklyn, New York 11213
Tel. 1-718-467-0860 Ext. 118; Fax. 1-718-467-2146
E-mail: Publications@RussianJewry.org
www.JudaismInRussian.com
www.RussianJewry.org

Lechaim's Tehilim is distributed exclusively in the FSU by:
"Knizhniki" & "Lechaim" Publishing Houses
Tel. +7 (495) 710-8803
E-mail: info@knizhniki.ru; lechaim@lechaim.ru
On-line Orders: www.knizhniki.ru; www.lechaim.ru

On-line Orders:
www.JRBooks.org

ISBN 13: 978-0-86639-010-1
ISBN 10: 0-86639-010-3

Printed in the United States of America

ПСАЛМЫ

Оѓел Йосеф-Ицхак

Книга Псалмов
в пяти частях,
разделенная соответственно
семи дням недели и тридцати дней месяца.
Приложение содержит сборник писем
Любавичского Ребе

РАББИ ЙОСЕФ-ИЦХАКА ШНЕЕРСОНА

זצוקללה"ה נבג"מ זי"ע

на тему произнесения Теѓилим

F.R.E.E. Publishing House
Publishing House Lechaim

5771 / 2011

ОГЛАВЛЕНИЕ

This new edition of
TEHILLIM, OHEL YOSEF YITZCHAK
with Russian translation is dedicated to
THE LUBAVITCHER REBBE
RABBI MENACHEM M. SCHNEERSON
whose boundless love and
teachings are an endless source
of inspiration and guidance.

Dedicated through the deep generosity of
ROMAN VCHERASHANSKY שיחי'
OLEG YEVDOSIN שיחי'
STEVEN UNGER שיחי'
ANDREY ELMONT שיחי'

May the Almighty fulfill their hearts
desires both materially and spiritually
and may they derive much joy and Nachas.

Dedicated in loving memory of
RABBI GAVRIEL NOACH and **RIVKA HOLTZBERG**
and all of the
MUMBAI KEDOSHIM
הי"ד

לה׳ הארץ ומלאה

THE WORLD AND EVERYTHING WITHIN IT BELONGS TO THE ALMIGHTY

Dedicated in loving memory of

MECHEL BEN YONAH and **FRYMET BAS LEIB**

of blessed memory

SCHUSTER

לע״נ מיכל בן יונה ע״ה ופרימעד בת לייב ע״ה שוסטר

ת.נ.צ.ב.ה.

Who were saved by the Almighty with great mercy

from the hands of the Nazis **ימ״ש וזכרם**.

May their souls be bound in the source of life.

Dedicated by

HANNAH TILLIE BAS FRYMET and **MECHEL שתחי׳**

Dedicated in loving memory of our father

NATHAN BARANOFF

of blessed memory

לע״נ נחום בן ברוך ע״ה

Dedicated by

EDDIE & FREDDI BARANOFF שיחיו

Dedicated to my wife **INESSA,**

and daughters **LORALEI** and **MILADA שתחיו**

Dedicated by

VLADISLAV SIROTA, ESQ. שיחי׳

ОТ ИЗДАТЕЛЬСТВА

Сказал рабби Йудан от имени рабби Йеѓуды: «Всё, что сказано Давидом в его книге – про себя, про всех евреев и про все времена сказано»[1].

Сказал Цемах Цедек, третий Любавичский Ребе:

“Если бы вы знали силу, заключённую в стихах псалмов и их влияние в Высших мирах, вы читали бы их постоянно. Знайте, что слова псалмов разрушают все преграды и восходят выше и выше без помех, и простираются перед Владыкой мира, реализуясь в добре и милосердии”[2].

Книга Псалмов, или Сефер Теѓилим на иврите, была написана царём Давидом и состоит из 5 частей. “Моисей дал Израилю Пять Книг Торы, а Давид дал Израилю пять книг Теѓилим”, – говорит Мидраш[3].

В Храме у Псалмов было специальное предназначение: в то время, когда коѓэны совершали жертвоприношения, левиты пели псалмы, сопровождая пение игрой на музыкальных инструментах. После разрушения Второго Храма Псалмы стали частью еврейской молитвы и многие из них включены мудрецами в тексты ежедневных и праздничних молитв.

Название Теѓилим происходит от ивритского слова «ѓалель» – прославление. У евреев принято читать Теѓилим как в общественной молитве, так и наедине, как в момент, когда появляется желание воздать хвалу и благодарность Всевышнему, так и в минуты опасности и раскаяния, прося о помощи или о прощении греха.

Данное издание было предпринято, чтобы удовлетворить потребность в русской версии Теѓилим, которая, оставаясь верной духу оригинала, максимально понятна для современного читателя.

Поскольку предлагаемая книга предназначена прежде все-

---

1. Мидраш Теѓилим, 18:1.

2. Ѓайом йом на 24 швата.

3. Хотя некоторые из Псалмов традиция относит к другим авторам, например Адаму и Моше, царь Давид является общепризнанным автором всей книги в целом. Существует немало объяснений тому, в чем проявлялось авторство Давида в этих псалмах, но этот вопрос не входит в проблематику данного предисловия.

го для молитвы, а не для учебы, мы решили не включать в нее обширного комментария, за исключением нескольких замечаний, встречающихся по ходу текста.

Текст Теѓилим был переведен раввином Меиром Левиновым и отредактирован Михаилом Рубиным. Замечания, касающиеся обычаев чтения Теѓилим как молитвы за выздоровление больного, письма предыдущего Любавичского Ребе рабби Йосефа Ицхака о важности чтения Теѓилим и предисловия к каждой главе переведены раввином Михаэлем Корицом и Симой Кориц.

Выражаем особую благодарность раввину Йосефу В. Фридману и раввину Ирми Берковичу из издательского дома Кеѓот за разрешение воспользоватся их изданием «Теѓилим – Оѓел Йосеф Ицхак», раввину Менди Гольдштейну за дизайн и верстку книги и раввину Меиру Окуневу, председателю общества «Друзья беженцев из Восточной Европы», за его помощь при редактировании данной книги.

Мы надеемся, что это новое издание увеличит число читателей, желающих обратиться к Книге Теѓилим для того, чтобы вызвать Свыше благословение и прощение при помощи песнопений царя Давида.

Настоящее издание приурочено к 42-ой годовщине деятельности организации FREE, основанной в 1969 году Любавичским Ребе Менахемом-Мендлом Шнеерсоном, и знаменует собой новый этап в распространении еврейского образа жизни среди множества евреев. Мы надеемся, что заслуга молящихся по этой книге Теѓилим принесет нам истинное и полное избавление и приблизит скорейший приход *Мошиаха* в наши дни.

Йосеф Ицхак Окунев

Издательский дом F.R.E.E.
10 швата 5771 года
15 января 2011 года

FORWARD

Said Rabbi Yudan in the name of Rabbi Yehudah: "Whatever David says in his book pertains to himself, to all Israel, and to all times."[1]

Said the Tzemach Tzedek, the third Lubavitcher Rebbe:

"If one would only know the power of verses in Tehillim, and their effect on high, one would recite them continuously. The verses of Tehillim transcend all barriers and ascend higher and higher, imploring the Master of the Universe until they achieve results of kindness and mercy."[2]

The Book of Psalms, or Sefer Tehillim as it is known in Hebrew, was composed by King David[3] and is divided into five books. "Moses gave Israel the Five Books of Torah, and David gave Israel the five books of the Tehillim," says the Midrash.

During the times of the Holy Temple, the Psalms had a formal, designated purpose, as they were sung by the Levites to the music of the lyre while the kohanim offered up sacrifices. After the destruction of the Second Temple, many of the Psalms were incorporated into standardized liturgies to be recited as part of formal prayers. Apart from this, Tehillim, which derives from the Hebrew word, "hallel," to praise, is recited by Jewish people collectively and individually, as the desire occurs to offer praise and thanksgiving to God; or alternatively, in times of crisis and need, as a form of supplication, and even as a venue to express regret for sin.

This new edition was prompted by requests for a Russian version of the Tehillim that, while remaining faithful to the original Hebrew, would facilitate its recitation. For the sake of offering a book of supplication—rather than a book for study—we have chosen not

---

1. Midrash Tehillim 4:1.

2. Hayom Yom, 24 Shvat.

3. Although a number of the psalms were first recited by others, such as Moses and Adam, nevertheless, King David is universally credited as the author of the book as a whole. Various solutions are given, but they are beyond the scope of this preface.

to include a running commentary on the psalms, save for several annotations scattered throughout the text.

The Tehillim was translated by Rabbi Meir Levinov and edited by Mr. Mikhail Rubin. The various supplications recited after saying Tehillim for the sick, as well as the letters of Rabbe Yosef Yitzchok on the importance of saying Tehillim, and the introductions to all its chapters were translated by Rabbi Michoel & Sima Koritz.

Special thanks to Rabbi Yosef B. Friedman and Rabbi Yirmi Berkowitz of the Kehot Publication Society, for allowing us to reproduce the Hebrew text of "Tehillim – Ohel Yosef Yitzchok," Rabbi Mendy Goldstein for designing and typesetting this volume, and Rabbi Mayer Okunov, Chairman of Friends of Refugees of Eastern Europe, for his editorial assistance and guidance.

This new edition will, hopefully, encourage Russian readers to turn to the Book of Tehillim, and engender blessings and forgiveness from Above through the songs of King David.

The present volume is being published on the occasion of F.R.E.E.'s 42nd anniversary, since its founding in 1969 by the Lubavitcher Rebbe, Rabbi Menachem Mendel Schneerson, and marks another milestone in the dissemination of Yiddishkeit to multitudes of Jews. May we merit that the prayers recited from this Tehillim, bring us the true and complete redemption through the arrival of the Moshiach speedily in our days.

Yosef Yitzchok Okunov

F.R.E.E. Publishing House
10 Shevat, 5771

ПРЕДИСЛОВИЕ ПЕРЕВОДЧИКА

Наверное, книга Теѓилим одна из важнейших книг Танаха. Ее читают почти так же много, как и Тору, Пятикнижие. Потому что Тора – основной источник еврейских знаний о мире и о Боге, о законах и об истории. Пятикнижие – это книга, через которую Создатель обратился к своему народу. А книга Теѓилим – это книга молитв, книга, текстами которой человек обращается к Богу. Не случайно книга Теѓилим разбита на пять книг, и все комментаторы, и в том числе мидраши, утверждают, что разбивка книги псалмов на пять книг соответствует пяти книгам Пятикнижия. Дело в том, что задача услышать Бога (и для этого нам дана Тора) и сделать так, чтобы Бог услышал тебя (а для этого нам дана книга Теѓилим) – принадлежит к числу первейших потребностей человека. А потому слова Торы и слова Теѓилим непрерывно звучат по всей земле, ибо на горе Синай мы обещали Создателю слушать Его слово, а Он с горы Синай обещал прислушиваться к нашим словам.

Относительно книги Теѓилим следует заметить некоторое важное обстоятельство. С одной стороны – это книга псалмов, это сборник молитв, с которыми различные люди при разных обстоятельствах обращались к Создателю. Но, с другой стороны, книга Псалмов возникла не просто так – ее тексты возникли под влиянием Всевышнего, пророческого духа, снизошедшего свыше на человека. В результате книга обращается к человеку и несет слово Всевышнего нам.

Эта двойственность не должна удивлять. Пророк – это не только тот, кто несет слово Всевышнего людям. Пророк – это тот, кто несет слово людей Всевышнему. Вспомним, что Авраѓам был пророком. Он получал пророчество, но он также и молился за людей. Одна история про спор Авраѓама с Богом по поводу наказания города Сдома убеждает нас в этом. Есть еще более простой пример: Бог говорит царю Грара: «Пусть он (Авраѓам) помолится за тебя, и ты выздоровеешь, ибо он пророк» (Берешит, 20:7). Точно так же мы обнаруживаем, что величайший пророк Моше молился за народ Израиля после греха с золотым тельцом и греха разведчиков. И более того, Создатель научил Моше молитве, с которой следует обращаться к Нему, и эта молитва остается важнейшей в Сидуре (в молитвеннике). Такие истории о силе молитвы пророка мы обнаруживаем в Писании часто. Более того, мы по крайней мере в двух случаях обнаруживаем, что пророк, который больше не может молиться за людей, пророки, которые считали, что народ Израиля недостоин Бога, теряли связь с Всевышним, и Создатель менял их на других пророков. По этой причине книга Теґилим достойна не только произнесения, но и изучения. Ведь в ней можно найти идеи и уроки, которые важны для всех во все времена.

В период Первого Храма в Израиле было больше миллиона пророков. Позже, когда мудрецы Великого собрания решали, какие книги пророков следует сохранить на все поколения, они сохранили только те, что подходили «для своего поколения и на все времена». Точно то же самое можно сказать про книгу Псалмов. Ее молитвы, даже сказанные по конкретному поводу, годятся на все времена. И здесь стоит обратить внимание на простую особенность псалмов: даже, когда речь идет о молитве в конкретных обстоятельствах, например, как в уже упомянутом псалме 3 «Псалом Давида, когда он бежал от сына своего Авшалома», внутри текста самого псалма никогда не упоминаются конкретные лица и обстоятельства. Все формулировки даны в универсальном виде:

1. Псалом Давида, когда он бежал от сына своего Авшалома.
2. Господи! Как многочисленны враги мои, как многочисленны восстающие на меня!
3. Многие говорят обо мне: «Воистину, нет ему спасения от Бога!»
4. Но Ты, Господь, щит предо мной! Ты даруешь мне славу и гордость!
5. Голос мой взывает к Господу, и Он наверняка ответит мне со святой горы Своей!
6. Я ложусь и засыпаю; проснусь я, потому что Господь поддерживает меня.

7. Я не боюсь сонмов народа, которые кругом обложили меня!
8. Восстань, Господь! Будь спасителем моим, Бог мой! Это Ты даешь пощечину врагам моим, разбиваешь зубы злодеям...
9. От Господа – спасение! Воистину, на народе Твоем –Твое благословение!

Эту молитву может произнести любой человек, окруженный врагами и бедами. Более того, на примере этого псалма также видно одно немаловажное обстоятельство: он сформулирован так, что его можно произнести как индивидуальную молитву, но можно читать и как молитву от имени всего общества, от имени всего народа Израиля. Не случайно Давид завершает его словами: «На народе Твоем – Твое благословение», – чем дает нам важнейший урок: когда молятся о своих нуждах, следует не забывать помолиться за весь народ. Не случайно около 50 псалмов (треть книги!) включены в молитвенник.

Есть два важнейших слова, без которых понять книгу Теѓилим невозможно: это слова святого языка ТИКВА и ХЭСЭД. Слово ТИКВА на русский язык обычно переводится как «надежда». Происходит это слово от слова КАВ – «нить». Надежда – это нить, протянутая от человека к Создателю, нить, за которую человек держится, потому что только при надежде на Создателя мы можем планировать великие и малые дела. Как учат нас наши благословенной памяти учителя: «Человек верит в Создателя, а потому сажает деревья». Только так мы можем в полной мере понять слова: «Надейся на Господа! Будь мужествен, пусть будет твердым сердце твое! Надейся на Господа!» (27:14). Здесь царь Давид дает нам глубочайший урок веры: крепи свою связь с Создателем – без нее у тебя ничего не выйдет.

Слово ХЭСЭД в книге Теѓилим означает не столько «милосердие», как его часто переводят, а «покровительство». Всевышний обещал народу Израиля Свое покровительство, когда выбрал наших праотцов Авраѓама, Ицхака и Яакова, а потом повторил это обещание всему народу у горы Синай. Но кроме покровительства всему народу, каждый человек по отдельности должен заслужить покровительство Творца своими добрыми делами, своей помощью ближним и исполнением заповедей Всевышнего. Царь Давид, мир с ним, преподает нам второй урок великой веры: надо просить у Всевышнего покровительства для всего своего народа, и для себя лично, как части народа. А покровительство Царя Небесного обернется милосердием – ведь не может быть иначе.

«Израиль, надейся на Господа, Господу [принадлежит] покровительство и многократное избавление» (130:7), – всякий раз, когда мы читаем псалмы книги Теѓилим, мы укрепляем свою надежду, свою связь с Создателем и одновременно укрепляем Его покровительство над собою и всем народом.

Издавна известно, что если есть вопрос, на который люди отчаялись дать ответ, то следует пытаться установить связь с Творцом. Для этого читают книгу Теѓилим несколько раз с начала и до конца. Часто для этого собираются целыми общинами. Это свойство книги Теѓилим никогда не подводит. С древних времен известно, что книга Теѓилим обладает особыми свойствами. Чтение некоторых псалмов является средством защиты от бед и напастей. Эти особые свойства книги Псалмов известны только некоторым мудрецам, и они умеют подбирать правильные псалмы для обстоятельств, в которые попал каждый человек. Свойства эти особые и они сокрыты в самих буквах псалма, и простому, даже грамотному человеку не дано понять, почему тот или иной псалом помогает при данных обстоятельствах. Здесь нам следует полностью положиться на мудрецов, носителей тайных знаний.

Известно, что чтение псалмов на святом языке способно оказать великое воздействие и помочь человеку в сложных положениях, в которые люди иногда попадают. Даже, если человек не знает языка книги Теѓилим, сами звуки псалмов поднимаются к небесам и становятся ему там защитой и помощью. И все же наибольший эффект чтения псалмов достигается, когда понимаешь то, что читаешь, а потому нам нужен перевод. На протяжении многих веков книга Теѓилим была настольной книгой всего еврейского народа. К ней писали комментарии и разъяснения. Все книги, посвященные книге Теѓилим, не поместятся в одном книжном шкафу. При переводе мы опирались на классические комментарии и некоторые современные исследования, в основном посвященные грамматике библейского иврита и уточнениям значения слов. При выборе, какому из комментариев следовать при переводе, мы чаще всего склонялись к переводческому образцу – к Таргуму – переводу на арамейский язык, одобренному нашими благословенной памяти мудрецами. Иногда, в тех случаях, когда текст труден и выбрать, какой из линий понимания следовать, затруднительно, мы приводим в примечании второй вариант чтения стиха. В некоторых случаях, в основном там, где возможны ошибки, связанные с тем, что современный иврит отличается от библейского, мы в конце книги приводим техническое обоснование перевода. Туда же мы поместили пояснения географических, исторических и т. п. реалий.

Один старик рассказывал, что когда он уходил на войну, отец сказал ему: «Ты идешь на войну. Там будет опасно. Нам следует надеяться на чудо, но полагаться только на него нельзя, а потому при опасности обязательно прочти какой-нибудь псалом». Так вот, этот старик говорил, что чтение псалмов – это проверенное поколениями средство! Оно никогда не подведет ни во время войны, ни в мирные времена. Амен!

Меир Левинов

הקדמה

עפ"י בקשת רבים הננו מוציאים בזה לאור את ספר התהלים יחד עם תקנת אמירת תהלים בציבור וקובץ מכתבים (אודות גודל ערך אמירת תהלים) מכ"ק אדמו"ר זצוקללה"ה נבג"מ זי"ע, אשר לקול קריאתו נתפשטה ונתרחבה מאד אמירת תהלים בצבור.

וכדי לעורר ולהמשיך זכותו עלינו שנתעורר באמירת התהלים בתשובה אמיתית ושתתקבלנה תפלותינו לרצון, קראנו להוצאת תהלים זה על שמו בשם „אהל יוסף יצחק".

הוצאת „קה"ת"

התעוררות על אמירת תהלים

כתב הרב הגדול רבי ישעיה הורוויץ בספרו שני לוחות הברית דף רנ"ז:

מי שחשקה נפשו לדבק בו יתברך ובשבחיו אז ידבק עצמו בספר תהלים וכתבר אמרו רבותינו ז"ל שהתפלל דוד המלך ע"ה שיאמרו זמירותיו בבתי כנסיות ובתי מדרשות כי אין לנו דבר גדול יותר מספר תהלים שכלול מן הכל רבים מזמורים שבחים להשם יתברך ורבים מזמורים הם של בקשות מחילה וסליחה והכל מיד ה' השכיל דוד המלך ע"ה ברוח הקדש: **אשרי** האיש אשר אומר תהלים בשירה ובזמרה ובכוונת הלב ולא כמו בדור הזה שאומרים במרוצה ובלתי כוונה: **אלא** אם ירצו לקבל שכר עליהם ויהיה אמירתן נחת רוח לפני השם יתברך צריכין לומר בנחת: **בתהלים** בכל פעם שנזכר בו **עדותיך** צריך להיות נקרא בנקודות אלו עדותיך ר"ל העי"ן בציר"י והדל"ת בחול"ם והתי"ו בסגו"ל והכ"ף בקמ"ץ חוץ מן אלו אותיות בתניא אפי שסימנם דמ"ה ב"ן פר"ץ אם נזכר בהם עדותיך צריך לקרות בנקודות אלו **עדותיך** ר"ל העי"ן בציר"י ודל"ת בשו"א והוא"ו בחולם והתי"ו בסגול והכ"ף בקמ"ץ וצירך להניע הוא"ו בחולם והדל"ת צריך לחבר עם העי"ן ככל שו"א נח באמצע התיבה חוץ מן א' והוא צוית עדותיך וכן הוא מקובל מאבותינו שצריך לקרות באלו אותיות בנקוד הזה:

וכתב הלבוש בסימן א' כיון שעיקר הטעם של אמירת תהלים הוא כדי להכרית המקטרגים כדי שתעלה התפלה בשלום על כן אם אפשר שיאמר התלים קודש התפלה מה טוב ומה נעים כדי שיזמר עריצים ולהכרית כל החוחים והקוצים הסובבים את השושנה העליונה קודש התפלה ותעלה התפלה אחר זה לרצון יתברך ויזהר עד מאוד אם בא לבית הכנסת כשהציבור מתפללין שלא יעשה העיקר טפל והטפל עיקר אלא לעולם יתפלל עם הצבור תפלתו בכוונה ולא במרוצה ולא במהירות כי כבר סדרו לנו חכמינו אותן פסוקי דזמרה מן ברוך שאמר עד ישתבח כדי להכרית הקליפות והמקטרגים כדי שתעלה בשלום למעלה:

ПРЕДИСЛОВИЕ К ИЗДАНИЮ НА ИВРИТЕ

В ответ на многочисленные просьбы мы подготовили новое издание *Теѓилим*, включающее детали установленного ребе Йосеф-Ицхаком обычая читать *Теѓилим* в *миньяне*. В книгу вошли также его письма, в которых говорится о великом значении произнесения *Теѓилим*. В результате предпринятых им усилий обычай коллективного чтения *Теѓилим* получил широкое распространение. И для того, чтобы его заслуги помогли нам при помощи чтения *Теѓилим* пробудиться для настоящего раскаяния и наши молитвы были благосклонно приняты, мы назвали настоящее издание его именем – «Шатер Йосеф-Ицхака».

Издательство Кеѓат

Призыв читать Теѓилим

Великий раввин, рабби Ишайя Ѓоровиц[а] *пишет в своей книге Шней Лухот Ѓа-брит (стр. 257):*

Тот, чья душа желает прилепиться ко Всевышнему и славословить Ему, пусть прилепится к книге *Теѓилим*. Наши мудрецы, благословенной памяти, сказали, что царь Давид молился, чтобы его псалмы произносили в синагогах и залах учения, ибо у нас нет ничего более значительного, чем книга *Теѓилим*, содержащая псалмы различного содержания: некоторые представляют собой хвалу Всевышнему, другие полны мольбы о прощении. Все они были составлены царём Давидом посредством пророческого духа. Достоин похвалы тот, кто произносит *Теѓилим* нараспев и сосредоточенно, а не второпях и машинально, как это делают в наши дни. Если человек хочет получить награду и сделать так, чтобы произнесение им псалмов приносило наслаждение Всевышнему, следует читать их внимательно. Всякий раз, когда в псалмах встречается слово "עדותיך", оно читается "эйдотеха". Исключение составляет псалом №119, где в стихах, начинающихся с букв Далет, Мем, Ѓей, Бет, Нун, Пей, Рейш и Цадик (образующих мнемонический ряд ДаМаЃ БеН ПеРеЦ), это слово читается "эйдвотеха", за исключением стиха №138, где произношение остаётся "эйдотеха". Такова традиция, полученная нами от наших отцов. В 1-ой главе книги "Левуш"[б] сказано: "Так как основной целью произнесения псалмов является уничтожение всех ангелов-обвинителей, чтобы дать возможность нашей молитве вознестись с миром, поэтому было бы весьма похвально, если бы *Теѓилим* по возможности произносили до молитвы, чтобы ограничить жестоких и срезать шипы и колючки, окружающие небесную розу, перед молитвой. В результате молитва поднимется ко Всевышнему и будет желанной перед ним. Но если человек приходит в синагогу с опозданием, когда община уже молится, ему не следует делать главное второстепенным, а второстепенное главным. В этом случае для него важнее молиться с миньяном, сосредоточенно и не спеша. Ибо наши мудрецы включили в утреннюю молитву псалмы (от Барух шэамар и до Иштабах) для того, чтобы истребить все *клипот* (негативные силы) и ангелов-обвинителей, давая возможность молитве взойти Наверх с миром.

а. Выдающийся талмудист и каббалист, рабби Ишайя Ѓалеви Ѓоровиц (1558-1628), известен как ШеЛо по имени своего монументального труда Шней Лухот Ѓа-брит (Две Скрижали Завета) б. Левуш Малхут – ѓалахический труд талмудиста, каббалиста, астронома и философа, рабби Мордехая Йоффе (ок. 1535 – 1612).

תקנת אמירת תהלים בציבור

זה כמה שנים אשר בהרבה קהילות ישראל, הן בבתי כנסיות מתפללי נוסח אר״י והן בשאר בתי כנסיות, יסדו לומר בכל יום אחר תפלת שחרית שיעור תהלים כפי שמתחלק לימי החדש, ואומרים ק״י אחריו.

ובכל שבת קודם שמברכים בו החדש אומרים בהשכמה, קודם התפלה, כל התהלים וקדיש יתום אחר זה, ואם יש חיוב — יא״צ או אבל — אומרים קדיש יתום אחר כל ספר.

וגם בש״ק שלפני ר״ה נוהגין כן.

* * *

החל מיום שני דר״ח אלול עד יוה״כ אומרים נוסף על הנ״ל שלשה קאַפּ׳ תהלים (ב׳ דר״ח אלול קאַפּ׳ א־ג, ב׳ אלול קאַפּ׳ ד־ו וכו׳) וביום הכפורים שלשים וששה קאַפּ׳: ט׳ קודם כל נדרי (קטו־קכג), ט׳ קודם השינה (קכד־קלב), ט׳ אחר מוסף (קלג־קמא), ט׳ אחר נעילה (קמב־קנ).

* * *

תקנה נוספת התחל מיום א׳ ב׳ ניסן, תש״ד: בימים שאין אומרים בהם תחנון ובמילא א״א למנצח גו׳ יענך, אומרים אחר התפלה לפני אמירת תהלים את מזמור למנצח יענך, אבל לא בתור סדר התפלה כי אם בסדר תחנונים.

* * *

מנהג לאמר את הקאַפּיטל תהלים המתאים למספר שנותיו, (היינו ביום שנתמלאו לו יג׳ שנה ואילך — קאַפּ׳ יד, כשנמלא לו יד׳ שנה ואילך — קאַפּ׳ טו וכו׳), קודם אמירת השיעור תהלים דכל יום כנהוג.

* * *

לויט די אויבנדערמאַנטע תקנה — ווערט אין די שוהלן יעדן טאָג נאָך שחרית געזאָגט תהלים לויט דער פאַרטיילונג אויף די טעג פון חודש, און נאָכדעם קדיש יתום. אויסער דעם זאָגט מען יעדן שבת מברכים פאַר שחרית דעם גאַנצן תהלים, און נאָכדעם קדיש יתום, אויב ס׳איז דאָ אַ חיוב — אַ יאָרצייט אָדער אבל — זאָגט מען קדיש יתום נאָך יעדן ספר.

אויך דעם שבת וואָס פאַר ראש השנה אין מען זיך נוהג ווי שבת מברכים.

* * *

אָנהייבענדיק פון דעם צווייטין טאָג ראש חודש אלול ביז יום כפור זאָגט מען אויסער דער שטענדיקער פאַרטיילונג פון תהלים אויך די פאָלגנדע דריי קאַפּיטליך (דעם צווייטן טאָג ראש חודש קאַפּ׳ א־ג, ב׳ אלול קאַפּ׳ ד־ו א.א.וו.) און יום כפור זאָגט מען זעקס און דרייסיק קאַפּיטליך. 9 פאַר כל נדרי (קטו־קכג), 9 פאַרן שלאָפן (קכד־קלב), 9 נאָך מוסף (קלג־קמא), 9 נאָך נעילה (קמב־קנ).

* * *

אין די טעג וואָס מען זאָגט ניט קיין תחנון, זאָגט מען נאָך דעם דאַווענען, בעפאָר דעם זאָגן פון דעם טעגליכן יום תהלים, אויך דעם קאַפּיטל למנצח יענך (קאַפּ׳ כ״ף).

* * *

עס איז אויך אַ מנהג אַז יעדן טאָג, זאָגט מען נאָך דעם דאַווענען, בעפאָר מען זאָגט דעם טעגליכן יום תהלים, אויך דעם קאַפּיטל וועלכער ענטשפּרעכט דער צאָל יאָרן ווי אַלט מען איז.

О ПРОИЗНЕСЕНИИ ТЕǴИЛИМ В МИНЬЯНЕ

Прошло уже несколько лет с тех пор, как в еврейских общинах (не только в тех, где молятся согласно *нусаху Ари*, но и в других) принят обычай ежедневно после утренней молитвы произносить псалмы, соответствующие данному дню месяца, завершая их чтением *кадиш ятом*.

В шабат мевархим, когда благословляют новый месяц, рано утром перед молитвой читают книгу *Теǵилим* целиком, после чего произносят *кадиш ятом*. Если среди молящихся в синагоге есть человек, обязанный говорить *кадиш* (соблюдающий траур по умершему родственнику или отмечающий в этот день *йорцайт*), *кадиш ятом* произносят после каждой из пяти книг *Теǵилим*.

То же относится и к *шабату* перед *Рош ǵа-Шана* [несмотря на то, что в этот день не благословляют новый месяц].

Начиная со второго дня *рош ходеш элул* и до *Йом Кипура* каждый день произносят дополнительные три псалма (во второй день рош ходеш произносят псалмы №1-3, второго элула псалмы №4-6 и т.д.) В *Йом Кипур* произносят 36 псалмов: 9 псалмов перед молитвой *Кол Нидрей* (№115-123); 9 перед отходом ко сну (№124-132); 9 после молитвы *мусаф* (№133-141); и 9 псалмов после молитвы *неила* (№142-150).

2-го *нисана* 5704 г. (1944 г.) было введено ещё одно установление: в дни, когда не читают *таханун* и, соответственно, не произносят псалом №20, этот псалом произносится после молитвы, до начала произнесения псалмов на этот день. Он произносится не как часть молитвы, а как одна из дополнительных молитв.

Существует обычай произносить псалом, номер которого соответствует возрасту произносящего (то есть в день, когда человеку исполняется 13 лет, он начинает произносить 14-ый псалом, когда ему исполняется 14 лет, он начинает произносить 15-ый псалом, и т.д.). Этот псалом следует произносить до начала чтения псалмов, соответствующих данному дню месяца.

יהי רצון קודם תהלים בחול

יְהִי רָצוֹן מִלְּפָנֶיךָ יְיָ אֱלֹהֵינוּ וֵאלֹהֵי אֲבוֹתֵינוּ הַבּוֹחֵר בְּדָוִד עַבְדּוֹ וּבְזַרְעוֹ אַחֲרָיו וְהַבּוֹחֵר בְּשִׁירוֹת וְתִשְׁבָּחוֹת שֶׁתֵּפֶן בְּרַחֲמִים אֶל קְרִיאַת מִזְמוֹרֵי תְהִלִּים שֶׁאֶקְרָא כְּאִלּוּ אֲמָרָם דָּוִד הַמֶּלֶךְ עָלָיו הַשָּׁלוֹם בְּעַצְמוֹ זְכוּתוֹ יָגֵן עָלֵינוּ וְיַעֲמָד לָנוּ זְכוּת פְּסוּקֵי תְהִלִּים וּזְכוּת תֵּבוֹתֵיהֶם וְאוֹתִיּוֹתֵיהֶם וּנְקוּדוֹתֵיהֶם וְטַעֲמֵיהֶם וְהַשֵּׁמוֹת הַיּוֹצְאִים מֵהֶם מֵרָאשֵׁי תֵבוֹת וּמִסּוֹפֵי תֵבוֹת לְכַפֵּר פְּשָׁעֵינוּ וַעֲוֹנוֹתֵינוּ וְחַטֹּאתֵינוּ. וּלְזַמֵּר עָרִיצִים וּלְהַכְרִית כָּל הַחוֹחִים וְהַקּוֹצִים הַסּוֹבְבִים אֶת הַשּׁוֹשַׁנָּה הָעֶלְיוֹנָה וּלְחַבֵּר אֵשֶׁת נְעוּרִים עִם דּוֹדָהּ בְּאַהֲבָה וְאַחֲוָה וְרֵעוּת וּמִשָּׁם יִמָּשֵׁךְ לָנוּ שֶׁפַע לְנֶפֶשׁ רוּחַ וּנְשָׁמָה לְטַהֲרֵנוּ מֵעֲוֹנוֹתֵינוּ וְלִסְלוֹחַ חַטֹּאתֵינוּ וּלְכַפֵּר פְּשָׁעֵינוּ כְּמוֹ שֶׁסָּלַחְתָּ לְדָוִד שֶׁאָמַר מִזְמוֹרִים אֵלּוּ לְפָנֶיךָ כְּמוֹ שֶׁנֶּאֱמַר גַּם יְיָ הֶעֱבִיר חַטָּאתְךָ לֹא תָמוּת. וְאַל תִּקָּחֵנוּ מֵהָעוֹלָם הַזֶּה קוֹדֶם זְמַנֵּנוּ עַד מְלֹאת שְׁנוֹתֵינוּ בָּהֶם שִׁבְעִים שָׁנָה בְּאוֹפֶן שֶׁנּוּכַל לְתַקֵּן אֵת אֲשֶׁר שִׁחַתְנוּ. וּזְכוּת דָּוִד הַמֶּלֶךְ עָלָיו הַשָּׁלוֹם יָגֵן עָלֵינוּ וּבַעֲדֵנוּ שֶׁתַּאֲרִיךְ אַפְּךָ עַד שׁוּבֵנוּ אֵלֶיךָ בִּתְשׁוּבָה שְׁלֵמָה לְפָנֶיךָ וּמֵאוֹצַר מַתְּנַת חִנָּם חָנֵּנוּ כִּדְכְתִיב וְחַנֹּתִי אֶת אֲשֶׁר אָחֹן וְרִחַמְתִּי אֶת אֲשֶׁר אֲרַחֵם. וּכְשֵׁם שֶׁאָנוּ אוֹמְרִים לְפָנֶיךָ שִׁירָה בָּעוֹלָם הַזֶּה כַּךְ נִזְכֶּה לוֹמַר לְפָנֶיךָ יְיָ אֱלֹהֵינוּ שִׁיר וּשְׁבָחָה לָעוֹלָם הַבָּא. וְעַל יְדֵי אֲמִירַת תְּהִלִּים תִּתְעוֹרֵר חֲבַצֶּלֶת הַשָּׁרוֹן וְלָשִׁיר בְּקוֹל נָעִים בְּגִילַת וְרַנֵּן כְּבוֹד הַלְּבָנוֹן נִתַּן לָהּ הוֹד וְהָדָר בְּבֵית אֱלֹהֵינוּ בִּמְהֵרָה בְיָמֵינוּ אָמֵן סֶלָה:

קודם שיתחיל תהלים יאמר ג׳ פסוקים אלו:

לְכוּ נְרַנְּנָה לַייָ נָרִיעָה לְצוּר יִשְׁעֵנוּ: נְקַדְּמָה פָנָיו בְּתוֹדָה בִּזְמִרוֹת נָרִיעַ לוֹ: כִּי אֵל גָּדוֹל יְיָ וּמֶלֶךְ גָּדוֹל עַל כָּל אֱלֹהִים:

МОЛИТВА ПЕРЕД ПРОИЗНЕСЕНИЕМ ТЕЃИЛИМ

В БУДНИЙ ДЕНЬ

Да будет угодно Тебе, Господь, Бог наш и Бог отцов наших, избравший слугу Своего Давида и его потомков после него, избравший песнопения и славословия, обратиться в Милосердии к чтению псалмов, которые я прочту, как если бы они были произнесены самим Давидом, благословенной памяти, пусть его заслуга защитит нас.

Пусть заслуга стихов Теѓилим, заслуга их слов, букв, огласовок и кантилляций, как и исходящие из них Имена Бога, образующиеся из первых и последних букв – пусть она постоит за нас, дабы искупить наши преступления, грехи и прегрешения и "подрезать тиранов" и срезать все шипы и колючки, окружающие небесную розу, и соединить "жену юности" с её Возлюбленным посредством любви, братства и дружбы. И из этого союза пусть же снизойдёт на нас влияние на нефеш, руах и нешама , чтобы очистить нас от грехов наших, получить прощение за наши прегрешения и искупление нашим преступлениям, так же, как Ты простил Давида, который произносил эти псалмы перед Тобой, как сказано: "Господь также отвёл от тебя грех – ты не умрёшь".

Не забирай нас из этого мира до срока, до того, как завершатся дни нашей жизни "семидесяти лет", дабы мы могли исправить то, что испортили.

Пусть заслуга царя Давида, благословенной памяти, защитит нас и вокруг нас, чтобы Ты был терпелив с нами до тех пор, пока мы вернёмся к Тебе полностью раскаявшимися.

И из сокровищницы безвозмездной милости одаривай нас, как написано: "Я одариваю тех, кого Я одариваю, и Я милосерден с теми, с кем Я милосерден". И так же, как мы произносим перед тобой песнопения в этом мире, также пусть мы удостоимся произносить перед Тобой, Господь, наш Бог, песни и хвалы в мире грядущем.

И чтобы посредством произнесения Теѓилим вдохновилась бы "лилия Шарона" и запела бы сладким голосом, с ликованием и пением славы Ливана. Пусть воздастся ей слава и великолепие в Доме нашего Бога, в скором времени, в наши дни, амен, вовек!

Перед произнесением Теѓилим говорят следующее:

Пройдем, в шествии воспоем Господа, прославим Бога спасения нашего! Встретим Его жертвоприношениями благодарности, в гимнах прославим Его: "Господь – великий Бог, Он Царь великий над всеми Высшими силами!"

תְּהִלִּים

ליום ראשון

א.

התעוררות לעסוק בתורה בלא חטא ואז יהא בטוח שכל מעשה ידיו מצליחים ובהיפך הרשעים:

יום א

א אַשְׁרֵי הָאִישׁ אֲשֶׁר לֹא הָלַךְ בַּעֲצַת רְשָׁעִים
וּבְדֶרֶךְ חַטָּאִים לֹא עָמָד וּבְמוֹשַׁב לֵצִים לֹא יָשָׁב:
ב כִּי אִם־בְּתוֹרַת יְהֹוָה חֶפְצוֹ וּבְתוֹרָתוֹ יֶהְגֶּה יוֹמָם וָלָיְלָה:
ג וְהָיָה כְּעֵץ שָׁתוּל עַל־פַּלְגֵי מָיִם אֲשֶׁר פִּרְיוֹ | יִתֵּן
בְּעִתּוֹ וְעָלֵהוּ לֹא יִבּוֹל וְכֹל אֲשֶׁר־יַעֲשֶׂה יַצְלִיחַ:
ד לֹא כֵן הָרְשָׁעִים כִּי אִם־כַּמֹּץ אֲשֶׁר־תִּדְּפֶנּוּ רוּחַ:
ה עַל־כֵּן | לֹא־יָקֻמוּ רְשָׁעִים בַּמִּשְׁפָּט וְחַטָּאִים בַּעֲדַת
צַדִּיקִים: ו כִּי־יוֹדֵעַ יְהֹוָה דֶּרֶךְ צַדִּיקִים וְדֶרֶךְ רְשָׁעִים
תֹּאבֵד:

ב.

ידבר לכל אדם שלא יתחכם על מדותיו של הקב"ה ואם יש לאדם איזה שמחה שיהיה ברעדה שלא יגרמו חטאיו שיהפך השמחה:

א לָמָּה רָגְשׁוּ גוֹיִם וּלְאֻמִּים יֶהְגּוּ־רִיק: ב יִתְיַצְּבוּ |

ПСАЛМЫ

ВОСКРЕСЕНЬЕ

1

Призыв заниматься изучением Торы и не грешить, и поступающий так наверняка преуспеет, грешник же потерпит неудачу.

День 1 אשרי 1 Славен человек, который на совет преступни-
ков не ходил, на путь грешников не вставал, и в собра-
нии глумливых не сидел; 2 Если же[1] все его помыслы
следуют закону Господа, и о законе Его размышляет
он день и ночь, 3 станет подобен дереву, посаженному
у разлива вод, которое вовремя приносит плоды, и ли-
ства которого не вянет: успех ему будет во всем, что
делает. 4 Не так преступники! Они, как мякина, уноси-
мая ветром, 5 а потому не устоять злодеям на суде,
грешникам не стоять в общине праведников. 6 Ибо
Господь признает путь праведников, а путь преступ-
ников доведет до погибели[a].

2

Человек не должен решать за Всевышнего, что ему полагается, а что - нет, и если в его жизни случается удача, надо трепетать , чтобы из-за грехов она не обратилась в свою противоположность.

למה 1 Зачем шумят народы и племена задумывают
напрасное? 2 Земные цари собираются, и вельможи

а. Ведет до погибели – второе значение, подразумеваемое вместе с первым: «путь злодеев пропадет», то есть исчезнет зло из мира.

מַלְכֵי־אֶרֶץ וְרוֹזְנִים נוֹסְדוּ־יָחַד עַל־יְהֹוָה וְעַל־מְשִׁיחוֹ:
ג נְנַתְּקָה אֶת־מוֹסְרוֹתֵימוֹ וְנַשְׁלִיכָה מִמֶּנּוּ עֲבֹתֵימוֹ:
ד יוֹשֵׁב בַּשָּׁמַיִם יִשְׂחָק אֲדֹנָי יִלְעַג־לָמוֹ: ה אָז יְדַבֵּר
אֵלֵימוֹ בְאַפּוֹ וּבַחֲרוֹנוֹ יְבַהֲלֵמוֹ: ו וַאֲנִי נָסַכְתִּי מַלְכִּי
עַל־צִיּוֹן הַר־קָדְשִׁי: ז אֲסַפְּרָה אֶל חֹק יְהֹוָה אָמַר אֵלַי
בְּנִי אַתָּה אֲנִי הַיּוֹם יְלִדְתִּיךָ: ח שְׁאַל מִמֶּנִּי וְאֶתְּנָה
גוֹיִם נַחֲלָתֶךָ וַאֲחֻזָּתְךָ אַפְסֵי־אָרֶץ: ט תְּרֹעֵם בְּשֵׁבֶט
בַּרְזֶל כִּכְלִי יוֹצֵר תְּנַפְּצֵם: י וְעַתָּה מְלָכִים הַשְׂכִּילוּ
הִוָּסְרוּ שֹׁפְטֵי אָרֶץ: יא עִבְדוּ אֶת־יְהֹוָה בְּיִרְאָה וְגִילוּ
בִּרְעָדָה: יב נַשְּׁקוּ־בַר פֶּן־יֶאֱנַף | וְתֹאבְדוּ דֶרֶךְ כִּי־
יִבְעַר כִּמְעַט אַפּוֹ אַשְׁרֵי כָּל־חוֹסֵי בוֹ:

ג.

כשבא עונש על אדם אל יקוץ בתוכחתו שמא לפי חטאו היה חייב עוד יותר והשי"ת מתחסד עמו:

א מִזְמוֹר לְדָוִד בְּבָרְחוֹ מִפְּנֵי | אַבְשָׁלוֹם בְּנוֹ:
ב יְהֹוָה מָה־רַבּוּ צָרָי רַבִּים קָמִים עָלָי: ג רַבִּים אֹמְרִים
לְנַפְשִׁי אֵין יְשׁוּעָתָה לּוֹ בֵאלֹהִים סֶלָה: ד וְאַתָּה יְהֹוָה
מָגֵן בַּעֲדִי כְּבוֹדִי וּמֵרִים רֹאשִׁי: ה קוֹלִי אֶל־יְהֹוָה אֶקְרָא

Psalm 6, 20, the
person's age + 1,
112, 121, 138

держат совет против Господа и помазанника Его:
3 «Сбросим поводья и сорвем с себя сбрую!» 4 На не-
бесах восседающий[а] усмехается; Господь смеется над
ними. 5 Когда Он обращается к ним в гневе, приводит
их в смятение яростью Своею: 6 «Это Я возвел царя
Моего на Сионе, святой горе Моей!" 7 Обращусь к за-
кону твердому[2] – Господь сказал мне: «Ты сын Мой,
с сегодняшнего дня Я буду родителем тебе! 8 Проси у
Меня, и Я отдам тебе уделы народов до самых кра-
ев земли. 9 Сокруши их тростью железной, как сосуд
глиняный[3] вдребезги разбей». 10 Теперь же образумь-
тесь, цари, примите наставление, правители земные,
11 служите Господу в страхе, молитесь[4], трепеща[б].
12 Поставляйте[в] урожай[5], чтобы не разгневался; чтобы
не придти к погибели, ибо стремительно разгорается
гнев Его. Прославлены все, кто под защитой Его.

3

Когда человеку посылается наказание за грехи, не следует роптать, потому что может быть за его грехи полагается наказать сильнее, но Святой, Благословен Он, милует его.

מזמור 1 Псалом Давида, когда он бежал от сына сво-
его Авшалома. 2 Господи! Как многочисленны враги
мои, как многочисленны восстающие на меня! 3 Мно-
гие говорят[6] обо мне[г] : «Воистину[7], нет ему спасения
от Бога!» 4 Но Ты, Господь, щит предо мной! Ты да-
руешь мне славу и гордость! 5 Голос мой взывает к

а. На небесах восседающий – на небесном престоле. б. Молитесь – так в Таргуме; другое понимание: «радуйтесь, трепеща». в. Поставляйте урожай – перевод по Ибн-Эзре: Это обращение к подчиненным племенам, чтобы те не бунтовали и платили дань. Другое понимание этого стиха: «Вооружитесь чистотой» – вооружитесь чистотой сердца для того, чтобы предстать перед Всевышним (р. Ишайя из Трани). г. Обо мне – букв. о «душе моей», – так ведь «я» и «моя душа» – это одно и то же. И так повсюду в книге Теѓилим (р. Ишайя из Трани).

וַיַּעֲנֵנִי מֵהַר קׇדְשׁוֹ סֶלָה׃ ו אֲנִי שָׁכַבְתִּי וָאִישָׁנָה
הֱקִיצוֹתִי כִּי יְהֹוָה יִסְמְכֵנִי׃ ז לֹא־אִירָא מֵרִבְבוֹת עָם
אֲשֶׁר סָבִיב שָׁתוּ עָלָי׃ ח קוּמָה יְהֹוָה ׀ הוֹשִׁיעֵנִי אֱלֹהַי כִּי־
הִכִּיתָ אֶת־כׇּל־אֹיְבַי לֶחִי שִׁנֵּי רְשָׁעִים שִׁבַּרְתָּ׃
ט לַיהֹוָה הַיְשׁוּעָה עַל־עַמְּךָ בִרְכָתֶךָ סֶּלָה׃

ד.

מוסר לאדם שלא ילבין פני חבירו ושלא יאמר רכילות ולשון הרע ושלא יקבלנו. ולא יקנא אם רואה שהרשעים מצליחים בעולם הזה רק ישמח ויאמר אם למכעיסיו כך וכו׳:

א לַמְנַצֵּחַ בִּנְגִינוֹת מִזְמוֹר לְדָוִד׃ ב בְּקׇרְאִי עֲנֵנִי ׀
אֱלֹהֵי צִדְקִי בַּצָּר הִרְחַבְתָּ לִּי חׇנֵּנִי וּשְׁמַע תְּפִלָּתִי׃
ג בְּנֵי־אִישׁ עַד־מֶה כְבוֹדִי לִכְלִמָּה תֶּאֱהָבוּן רִיק
תְּבַקְשׁוּ כָזָב סֶלָה׃ ד וּדְעוּ כִּי־הִפְלָה יְהֹוָה חָסִיד לוֹ
יְהֹוָה יִשְׁמַע בְּקׇרְאִי אֵלָיו׃ ה רִגְזוּ וְאַל־תֶּחֱטָאוּ אִמְרוּ
בִלְבַבְכֶם עַל־מִשְׁכַּבְכֶם וְדֹמּוּ סֶלָה׃ ו זִבְחוּ זִבְחֵי־
צֶדֶק וּבִטְחוּ אֶל־יְהֹוָה׃ ז רַבִּים אֹמְרִים מִי־יַרְאֵנוּ טוֹב
נְסָה־עָלֵינוּ אוֹר פָּנֶיךָ יְהֹוָה׃ ח נָתַתָּה שִׂמְחָה בְלִבִּי
מֵעֵת דְּגָנָם וְתִירוֹשָׁם רָבּוּ׃ ט בְּשָׁלוֹם יַחְדָּו אֶשְׁכְּבָה
וְאִישָׁן כִּי־אַתָּה יְהֹוָה לְבָדָד לָבֶטַח תּוֹשִׁיבֵנִי׃

Господу, и Он наверняка ответит мне со святой горы
Своей[8]! 6 Я ложусь и засыпаю; проснусь я[9], потому
что Господь поддерживает меня. 7 Я не боюсь сонмов
народа, которые кругом обложили меня! 8 Восстань,
Господь! Будь спасителем моим, Бог мой! Это Ты даешь
пощечину врагам моим, разбиваешь зубы злодеям...
9 От Господа – спасение! Воистину, на народе Твоем –
благословлять Тебя вовеки!

4

Увещевание человека, чтобы он не позорил своего ближнего, не сплетничал, не злословил и не выслушивал злословия. И чтобы не завидовал, видя, как злодеи преуспевают в этом мире, лишь радовался, говоря себе: "Если Всевышний по отношению к тем, кто гневит Его, ведёт себя так, [насколько лучше Он относится к тем, кто выполняет Его Волю]".

למנצח 1 Руководителю. На музыкальных инструмен-
тах. Псалом Давида. 2 На зов мой ответь мне, Бог спра-
ведливости! Ты, Который в тесноте даровал мне прос-
тор, помилуй меня, услышь молитву мою! 3 Люди!
Насколько[10] честь моя поругана! Воистину, вы любите
суету, ищете ложь! 4 Но знайте, что Господь отличит
преданного Ему, Господь услышит зов мой к Нему!
5 Трепещите и не грешите! Когда вы на ложе своем,
в сердце речи ведите и уповайте молча[11]! 6 Приносите
жертвы праведности и уповайте на Господа! 7 Многие
говорят: «Кто бы дал нам увидеть благо!», – так возне-
си же[a] над нами свет лика Твоего, Господь! 8 Ты даровал
сердцу моему радость большую, чем от изобилия зер-
на и вина! 9 Я спокойно ложусь и сплю, ведь защища-
ешь Ты, Господь, Ты даруешь мне безопасность!

а. Вознеси же – так у Раши и Радака. Ибн-Эзра и Минхат Шай понимают: «Обрати на нас Свой сияющий (т.е. благожелательный) лик».

ה.

תפלה לכל יחיד שהרשעים בשביל מעשיהם יאבדו וצדיקים ישמחו בשביל מעשיהם הטובים:

א לַמְנַצֵּחַ אֶל־הַנְּחִילוֹת מִזְמוֹר לְדָוִד: ב אֲמָרַי
הַאֲזִינָה | יְהֹוָה בִּינָה הֲגִיגִי: ג הַקְשִׁיבָה | לְקוֹל שַׁוְעִי
מַלְכִּי וֵאלֹהָי כִּי־אֵלֶיךָ אֶתְפַּלָּל: ד יְהֹוָה בֹּקֶר תִּשְׁמַע
קוֹלִי בֹּקֶר אֶעֱרָךְ־לְךָ וַאֲצַפֶּה: ה כִּי | לֹא אֵל חָפֵץ
רֶשַׁע | אָתָּה לֹא יְגֻרְךָ רָע: ו לֹא־יִתְיַצְּבוּ הוֹלְלִים
לְנֶגֶד עֵינֶיךָ שָׂנֵאתָ כָּל־פֹּעֲלֵי אָוֶן: ז תְּאַבֵּד דֹּבְרֵי כָזָב
אִישׁ־דָּמִים וּמִרְמָה יְתָעֵב | יְהֹוָה: ח וַאֲנִי בְּרֹב חַסְדְּךָ
אָבוֹא בֵיתֶךָ אֶשְׁתַּחֲוֶה אֶל־הֵיכַל קָדְשְׁךָ בְּיִרְאָתֶךָ:
ט יְהֹוָה | נְחֵנִי בְצִדְקָתֶךָ לְמַעַן שׁוֹרְרָי הַיְשַׁר לְפָנַי דַּרְכֶּךָ:
י כִּי אֵין בְּפִיהוּ נְכוֹנָה קִרְבָּם הַוּוֹת קֶבֶר־פָּתוּחַ
גְּרוֹנָם לְשׁוֹנָם יַחֲלִיקוּן: יא הַאֲשִׁימֵם | אֱלֹהִים יִפְּלוּ
מִמֹּעֲצוֹתֵיהֶם בְּרֹב פִּשְׁעֵיהֶם הַדִּיחֵמוֹ כִּי מָרוּ בָךְ:
יב וְיִשְׂמְחוּ כָל חוֹסֵי בָךְ לְעוֹלָם יְרַנֵּנוּ וְתָסֵךְ עָלֵימוֹ
וְיַעְלְצוּ בְךָ אֹהֲבֵי שְׁמֶךָ: יג כִּי־אַתָּה תְּבָרֵךְ צַדִּיק יְהֹוָה
כַּצִּנָּה רָצוֹן תַּעְטְרֶנּוּ:

5

Молитва каждого человека, чтобы злодеи погибли, а праведники жили в радости
в награду за свои добрые дела.

למנצח 1 Руководителю. На духовых[12] инструментах.
Псалом Давида. 2 Услышь, Господь, слова мои; вник-
ни в думу мою! 3 Внемли мольбе моей, Царь мой и
Бог мой, только Тебе я молюсь. 4 Господи! По утрам
Ты слышишь голос мой, по утрам я предстаю перед
Тобой в ожидании! 5 Ибо не бог, любящий беззако-
ние, Ты; зло рядом с Тобой не пребывает. 6 Нечести-
вым не дано устоять пред очами Твоими – Ты ненави-
дишь всех вершащих беззаконие. 7 Ты губишь лжецов.
Убийц и людей коварных ненавидит Господь. 8 А я, по
великой милости Твоей, вхожу в Дом Твой, преклоня-
юсь перед святым Храмом Твоим в благоговении пе-
ред Тобой. 9 Господь! Вопреки врагам моим, веди меня
в правде Твоей; сделай прямым для меня путь Твой,
10 ибо на устах их нет истины; внутри них – пагуба;
разверзнутая могила – гортань их, а на языке их глад-
ком поскользнешься[13]! 11 Боже, осуди их[а]! Да падут они
чрез собственные умыслы! За множество преступле-
ний отвергни их, ибо против Тебя они возмутились!
12 Пусть радуются все уповающие на Тебя, пусть веч-
но ликуют! Всегда оказывай им покровительство,
пусть торжествуют возлюбившие имя Твое. 13 Ибо Ты,
Господь, благословляешь праведника. Ты словно щи-
том[б] ограждаешь его благоволением!

а. Осуди их – может быть, «уничтожь их» (Радак). б. Щитом – большой щит, в рост человека, скорее переносная стена.

ו.

תפלה נוראה לכל אדם להתפלל בחליו שהשי״ת ירפא אותו רפואת הנפש ורפואת הגוף וכל חולה המתפלל תפלה זו בכוונה ובלב נשבר ונדכה בטוח הוא שהקב״ה יקבל תפלתו:

א לַמְנַצֵּחַ בִּנְגִינוֹת עַל־הַשְּׁמִינִית מִזְמוֹר לְדָוִד:
ב יְהוָה אַל־בְּאַפְּךָ תוֹכִיחֵנִי וְאַל־בַּחֲמָתְךָ תְיַסְּרֵנִי:
ג חָנֵּנִי יְהוָה כִּי אֻמְלַל אָנִי רְפָאֵנִי יְהוָה כִּי נִבְהֲלוּ עֲצָמָי:
ד וְנַפְשִׁי נִבְהֲלָה מְאֹד וְאַתָּה יְהוָה עַד־מָתָי: ה שׁוּבָה
יְהוָה חַלְּצָה נַפְשִׁי הוֹשִׁיעֵנִי לְמַעַן חַסְדֶּךָ: ו כִּי אֵין
בַּמָּוֶת זִכְרֶךָ בִּשְׁאוֹל מִי יוֹדֶה־לָּךְ: ז יָגַעְתִּי בְּאַנְחָתִי
אַשְׂחֶה בְכָל־לַיְלָה מִטָּתִי בְּדִמְעָתִי עַרְשִׂי אַמְסֶה:
ח עָשְׁשָׁה מִכַּעַס עֵינִי עָתְקָה בְּכָל־צוֹרְרָי: ט סוּרוּ
מִמֶּנִּי כָּל־פֹּעֲלֵי אָוֶן כִּי־שָׁמַע יְהוָה קוֹל בִּכְיִי: י שָׁמַע
יְהוָה תְּחִנָּתִי יְהוָה תְּפִלָּתִי יִקָּח: יא יֵבֹשׁוּ וְיִבָּהֲלוּ מְאֹד
כָּל־אֹיְבָי יָשֻׁבוּ יֵבֹשׁוּ רָגַע:

ז.

אם הקב״ה מיסר שונאך אל תשמח כאשר ענוש לצדיקים לא טוב ובשביל זה התנצל עצמו בכל כחו לפני הקב״ה שלא עשה לו רעה בידים אבל הוא בעצמו גרם הרעה שמחשבתו לא היה רק טוב:

א שִׁגָּיוֹן לְדָוִד אֲשֶׁר־שָׁר לַיהוָה עַל־דִּבְרֵי־כוּשׁ בֶּן

6

Вселяющая трепет молитва для всякого молящегося за выздоровление от болезней своих, чтобы Святой, Благословен Он, исцелил душу и его тело. И всякому больному, произносящему эту молитву сосредоточенно и с сокрушённым сердцем, гарантировано, что Святой, Благословен Он, примет её.

למנצח 1 Руководителю. На духовых инструментах.
На восьмиструнной лире. Псалом Давида. 2 Господи!
Не во гневе обличай меня, не в ярости наказывай ме-
ня. 3 Помилуй меня, Господи, ибо я изнемог; исцели
меня, Господи, ибо страдают кости мои[а], 4 душа моя
потрясена до изнеможения! Ты же, Господь, доко-
ле? 5 Вернись[б], Господи, освободи душу мою[в]; спаси
меня ради милости Твоей! 6 Ибо в смерти нет о Тебе
памятования; в могиле – кому славить Тебя? 7 Изму-
ченный стенаниями, всякую ночь я омываю слезами
ложе свое, от слез промокла постель моя! 8 Помутнели
от горя глаза мои; затекли они – из-за притеснений!
9 Убирайтесь от меня все творящие беззаконие! Ибо
услышал Господь рыдания мои! 10 Слышит Господь
мольбы мои; Господь примет молитву мою! 11 Да бу-
дут пристыжены и страшно потрясены все враги мои;
в одно мгновение отступят они пристыженные!

7

Если Всевышний посылает страдания ненавидящему тебя, не радуйся , что он наказан, поскольку такая радость в праведном человеке недостойна. Давид поэтому изо всех сил оправдывается, что он своими руками не причинил Саулу зла, тот сам навлек на себя беду, а в мыслях Давида было лишь добро.

שגיון 1 Скорбная песнь[14] Давида, которую он пел
пред Господом о [поносительных] словах Куша из ко-
лена Биньяминова. 2 Господь, Бог мой! На Тебя упо-

а. Кости мои – не буквально – все части тела. б. Вернись – так в Мецудот. Почти все остальные комментаторы предполагают краткую форму оборота Оставь «[гнев Свой]». в. Душу мою – «меня», ведь «я» и «моя душа» – это одно и то же.

יְמִינִי: ב יְהוָה אֱלֹהַי בְּךָ חָסִיתִי הוֹשִׁיעֵנִי מִכָּל־רֹדְפַי
וְהַצִּילֵנִי: ג פֶּן־יִטְרֹף כְּאַרְיֵה נַפְשִׁי פֹּרֵק וְאֵין מַצִּיל:
ד יְהוָה אֱלֹהַי אִם־עָשִׂיתִי זֹאת אִם־יֶשׁ־עָוֶל בְּכַפָּי: ה אִם־
גָּמַלְתִּי שׁוֹלְמִי רָע וָאֲחַלְּצָה צוֹרְרִי רֵיקָם: ו יִרַדֹּף
אוֹיֵב | נַפְשִׁי וְיַשֵּׂג וְיִרְמֹס לָאָרֶץ חַיָּי וּכְבוֹדִי | לֶעָפָר
יַשְׁכֵּן סֶלָה: ז קוּמָה יְהוָה | בְּאַפֶּךָ הִנָּשֵׂא בְּעַבְרוֹת
צוֹרְרָי וְעוּרָה אֵלַי מִשְׁפָּט צִוִּיתָ: ח וַעֲדַת לְאֻמִּים
תְּסוֹבְבֶךָּ וְעָלֶיהָ לַמָּרוֹם שׁוּבָה: ט יְהוָה יָדִין עַמִּים
שָׁפְטֵנִי יְהוָה כְּצִדְקִי וּכְתֻמִּי עָלָי: י יִגְמָר־נָא רַע | רְשָׁעִים
וּתְכוֹנֵן צַדִּיק וּבֹחֵן לִבּוֹת וּכְלָיוֹת אֱלֹהִים צַדִּיק:
יא מָגִנִּי עַל־אֱלֹהִים מוֹשִׁיעַ יִשְׁרֵי־לֵב: יב אֱלֹהִים שׁוֹפֵט
צַדִּיק וְאֵל זֹעֵם בְּכָל־יוֹם: יג אִם־לֹא יָשׁוּב חַרְבּוֹ
יִלְטוֹשׁ קַשְׁתּוֹ דָרַךְ וַיְכוֹנְנֶהָ: יד וְלוֹ הֵכִין כְּלֵי־מָוֶת
חִצָּיו לְדֹלְקִים יִפְעָל: טו הִנֵּה יְחַבֶּל־אָוֶן וְהָרָה עָמָל
וְיָלַד שָׁקֶר: טז בּוֹר כָּרָה וַיַּחְפְּרֵהוּ וַיִּפֹּל בְּשַׁחַת
יִפְעָל: יז יָשׁוּב עֲמָלוֹ בְרֹאשׁוֹ וְעַל־קָדְקֳדוֹ חֲמָסוֹ יֵרֵד:
יח אוֹדֶה יְהוָה כְּצִדְקוֹ וַאֲזַמְּרָה שֵׁם־יְהוָה עֶלְיוֹן:

ваю; избавь меня от всех гонителей моих и спаси ме-
ня! 3 Чтобы не растерзал он меня[15] как лев, что рвет
на части – и нет спасения! 4 Господь, Бог мой! Если
я это сделал, если есть неправда в руках моих, 5 если
я кому платил злом, [если] я разорял дочиста вра-
га своего, 6 то пусть враг преследует меня, настигнет
и впрямь втопчет в землю жизнь мою, и честь мою
ввергнет в прах! 7 Восстань, Господь, в гневе Твоем,
вознесись в ярости на гонителей моих, пробуди ради
меня суд, предназначенный Тобою! 8 Собрание наро-
дов[а] обступит Тебя, а Ты возвратись в высоты Свои,
и Ты над ними вновь пребывай[б] в высотах Своих!
9 Господь, карающий народы! Суди меня, Господи,
по правде моей, по непорочности моей! 10 Пусть воз-
дастся злом злодеям, а праведника поддержи; ведь
справедливый Бог знает достоинство сердец и души[в]!
11 Щит мой у Бога, Спасителя праведных сердцем! 12 Бог
– Судья справедливый! И всякий день гневается Он[г],
13 если злодей не раскаивается, если полирует меч
свой, устанавливает тетиву, натягивает лук. 14 Он само-
му себе орудия смерти готовит, делает стрелы жгучие.
15 Он зачал беззаконие, забеременел преступлением, ро-
дил ложь. 16 Копал яму, вырыл ее, и сам упал в ловушку,
им же сделанную. 17 Обернется преступление на голо-
ву его, грехи на его же темя обрушатся! 18 Благодарить
буду Бога за справедливость Его, воспою Имя Бога
Всевышнего!

а. Собрание народов – колен Израиля. б. Ты над ними вновь пребывай – перед выходом на войну: «Встань, Г-дь, да рассеются враги Твои...», а по возвращении: «...Вновь пребывай среди легионов Израиля» (Бемидбар 10:35-36). в. Сердец и души – буквально: «сердца и почки». Сердце и почки – в символике книги Псалмов – вместилища тайного хода мысли, не сформулированных помыслов и принятия будущих решений. г. Бог – Судья справедливый – «(12) Он гневается, (13) если злодей не раскаивается...» (Ибн-Эзра). Другое понимание: «Всякий день судит Господь и праведника и тех, кто гневит Его» (Радак).

ח.

שבח גדול להקב״ה על החסד שעשה עם אדם שפל אנושי ונתן להתחתונים התורה מה שנתקנאו בהם מלאכי מעלה, על דרך אשר אומץ גבורתך במלאכי מעלה ואביתה תהלה מקרוצי חומר מטה:

א לַמְנַצֵּחַ עַל־הַגִּתִּית מִזְמוֹר לְדָוִד׃ ב יְהֹוָה אֲדֹנֵינוּ
מָה־אַדִּיר שִׁמְךָ בְּכָל־הָאָרֶץ אֲשֶׁר־תְּנָה הוֹדְךָ עַל־
הַשָּׁמָיִם׃ ג מִפִּי עוֹלְלִים ׀ וְיוֹנְקִים יִסַּדְתָּ עֹז לְמַעַן
צוֹרְרֶיךָ לְהַשְׁבִּית אוֹיֵב וּמִתְנַקֵּם׃ ד כִּי־אֶרְאֶה שָׁמֶיךָ
מַעֲשֵׂה אֶצְבְּעֹתֶיךָ יָרֵחַ וְכוֹכָבִים אֲשֶׁר כּוֹנָנְתָּה׃
ה מָה־אֱנוֹשׁ כִּי־תִזְכְּרֶנּוּ וּבֶן־אָדָם כִּי תִפְקְדֶנּוּ׃
ו וַתְּחַסְּרֵהוּ מְּעַט מֵאֱלֹהִים וְכָבוֹד וְהָדָר תְּעַטְּרֵהוּ׃
ז תַּמְשִׁילֵהוּ בְּמַעֲשֵׂי יָדֶיךָ כֹּל שַׁתָּה תַחַת־רַגְלָיו׃
ח צֹנֶה וַאֲלָפִים כֻּלָּם וְגַם בַּהֲמוֹת שָׂדָי׃ ט צִפּוֹר
שָׁמַיִם וּדְגֵי הַיָּם עֹבֵר אָרְחוֹת יַמִּים׃ י יְהֹוָה אֲדֹנֵינוּ
מָה־אַדִּיר שִׁמְךָ בְּכָל־הָאָרֶץ׃

ט.

יש לאדם ליתן שבח להקב״ה על שהצילו מיד שונאו העומד עליו לצערו ושהקב״ה שופט בצדק כל אחד לפי מעשיו לצדיק כצדקתו ולרשע כרשעתו:

א לַמְנַצֵּחַ עַל־מוּת לַבֵּן מִזְמוֹר לְדָוִד׃ ב אוֹדֶה יְהֹוָה

8

Великое восхваление Всевышнему за милость, оказанную им смертным людям в их несовершенстве, когда Он даровал Тору населяющим низший мир, в то время как ангелы им за это позавидовали. Как сказано в молитве Йом Кипура: "Хотя могущество Твоё проявляется в Небесных ангелах, пожелал Ты хвалы от тех, кто вылеплен из примитивного материала".

למנצח 1 Руководителю. На гетской лире. Псалом Да-
вида. 2 Господь, Владыка наш, Который поместил на
небесах великолепие Свое! Как величественно имя
Твое по всей земле! 3 На устах детей малых и грудных
младенцев создал Ты устои твердыни Своей против
притеснителей, дабы останавливать врага и мятежни-
ка! 4 Когда я гляжу на Твои небеса, творение перстов
Твоих, на месяц и звезды, которые Ты утвердил, 5 [то
думаю]: что есть человек, чтобы Ты помнил о нем?
Что – сын человеческий, чтобы Тебе заботиться о
нем? 6 Ведь немногим умалил Ты его по сравнению с
ангелами, увенчав почетом и славой! 7 Отчего поста-
вил его владыкою над делами рук Твоих; все положил
к ногам его – 8 всех овец и быков, и зверей полевых,
9 птиц небесных и рыб морских, бороздящих морские
пути?!… 10 Господь, Владыка наш! Как величественно
имя Твое по всей земле!…

9

Человеку следует восхвалять Всевышнего за спасение от рук ненавистника, желающего ему навредить, и за то, что Всевышний судит каждого по справедливости в соответствии с его поступками: праведника по праведности его и злодея по злодейству его.

למנצח 1 Руководителю. На мут-лабен. Псалом Да-

בְּכָל־לִבִּי אֲסַפְּרָה כָּל־נִפְלְאוֹתֶיךָ׃ ג אֶשְׂמְחָה
וְאֶעֶלְצָה בָךְ אֲזַמְּרָה שִׁמְךָ עֶלְיוֹן׃ ד בְּשׁוּב אוֹיְבַי
אָחוֹר יִכָּשְׁלוּ וְיֹאבְדוּ מִפָּנֶיךָ׃ ה כִּי־עָשִׂיתָ מִשְׁפָּטִי
וְדִינִי יָשַׁבְתָּ לְכִסֵּא שׁוֹפֵט צֶדֶק׃ ו גָּעַרְתָּ גוֹיִם
אִבַּדְתָּ רָשָׁע שְׁמָם מָחִיתָ לְעוֹלָם וָעֶד׃ ז הָאוֹיֵב ׀ תַּמּוּ
חֳרָבוֹת לָנֶצַח וְעָרִים נָתַשְׁתָּ אָבַד זִכְרָם הֵמָּה׃ ח וַיהוָה
לְעוֹלָם יֵשֵׁב כּוֹנֵן לַמִּשְׁפָּט כִּסְאוֹ׃ ט וְהוּא יִשְׁפֹּט־
תֵּבֵל בְּצֶדֶק יָדִין לְאֻמִּים בְּמֵישָׁרִים׃ י וִיהִי יְהוָה מִשְׂגָּב
לַדָּךְ מִשְׂגָּב לְעִתּוֹת בַּצָּרָה׃ יא וְיִבְטְחוּ בְךָ יוֹדְעֵי
שְׁמֶךָ כִּי לֹא־עָזַבְתָּ דֹרְשֶׁיךָ יְהוָה׃ יב זַמְּרוּ לַיהוָה יֹשֵׁב
צִיּוֹן הַגִּידוּ בָעַמִּים עֲלִילוֹתָיו׃ יג כִּי־דֹרֵשׁ דָּמִים
אוֹתָם זָכָר לֹא־שָׁכַח צַעֲקַת עֲנָוִים׃ יד חָנְנֵנִי יְהוָה ׀
רְאֵה עָנְיִי מִשֹּׂנְאָי מְרוֹמְמִי מִשַּׁעֲרֵי־מָוֶת׃ טו לְמַעַן
אֲסַפְּרָה כָּל־תְּהִלָּתֶיךָ בְּשַׁעֲרֵי בַת־צִיּוֹן אָגִילָה
בִּישׁוּעָתֶךָ׃ טז טָבְעוּ גוֹיִם בְּשַׁחַת עָשׂוּ בְּרֶשֶׁת־זוּ
טָמָנוּ נִלְכְּדָה רַגְלָם׃ יז נוֹדַע ׀ יְהוָה מִשְׁפָּט עָשָׂה בְּפֹעַל
כַּפָּיו נוֹקֵשׁ רָשָׁע הִגָּיוֹן סֶלָה׃ יח יָשׁוּבוּ רְשָׁעִים

вида. 2 Всем сердцем славлю Господа, рассказываю
обо всех чудесах Твоих! 3 Радуюсь и торжествую
Тобою; пою имя Твое, Всевышний! 4 Враги мои обра-
тились вспять, споткнулись и исчезли от лица Твоего.
5 Ради меня Ты свершил суд и расправу, Ты воссел на
престол, [как] Судья справедливый! 6 Ты вознегодовал
на народы, погубил преступников; Ты имя их стер на-
веки, навсегда! 7 Враг – в развалинах вечных, Ты ра-
зорил города их – пропала память о них! 8 Господь же
пребывает вечно, утвердил престол для суда Своего.
9 Он судит вселенную правдою, решает судьбы народов
по справедливости. 10 Господь – прибежище унижен-
ному, убежище на время беды. 11 Уповают на Тебя зна-
ющие имя Твое, ибо Ты не оставляешь ищущих Тебя,
Господь! 12 Воспевайте Господу, пребывающему в Си-
оне; возвещайте народам дела Его! 13 Ибо Он взыс-
кивает за кровь, помнит о ней, не забывает вопля не-
счастных. 14 «Помилуй меня, Господь; воззри на мои
страдания, [причиняемые] 16 врагами[a], Ты, кто выта-
щил меня от врат смерти! 15 Чтобы я возвещал Тебе
хвалы во вратах девы-Сиона, чтобы мне отпраздно-
вать данное Тобой спасение!»... 16 «Погрузились на-
роды в яму, которую приготовили; в ими же установ-
ленную сеть попала нога их! 17 По суду, сотворенному
Господом, познали Его! Делами собственных рук
уловлен преступник!» – именно и только так! 18 Воз-
вратятся преступники в могилу, все народы, забывшие

a. [Причиняемые] врагами – так в Таргуме. Может быть, точнее дополнить: «[отомсти] врагам моим».

לִשְׁאוֹלָה כָּל־גּוֹיִם שְׁכֵחֵי אֱלֹהִים: יט כִּי לֹא לָנֶצַח
יִשָּׁכַח אֶבְיוֹן תִּקְוַת עֲנִיִּים תֹּאבַד לָעַד: כ קוּמָה יְהוָה
אַל־יָעֹז אֱנוֹשׁ יִשָּׁפְטוּ גוֹיִם עַל־פָּנֶיךָ: כא שִׁיתָה
יְהוָה | מוֹרָה לָהֶם יֵדְעוּ גוֹיִם אֱנוֹשׁ הֵמָּה סֶּלָה:

י

בו יסופר הצלחת הרשע ואיך מתגאה בהצלחתו עד שאומר לית דין ולית דיין ושאין הקב"ה משגיח במעשה התחתונים:

יום ב

א לָמָה יְהוָה תַּעֲמֹד בְּרָחוֹק תַּעְלִים לְעִתּוֹת בַּצָּרָה:
ב בְּגַאֲוַת־רָשָׁע יִדְלַק עָנִי יִתָּפְשׂוּ | בִּמְזִמּוֹת זוּ חָשָׁבוּ:
ג כִּי־הִלֵּל רָשָׁע עַל־תַּאֲוַת נַפְשׁוֹ וּבֹצֵעַ בֵּרֵךְ נִאֵץ | יְהוָה:
ד רָשָׁע כְּגֹבַהּ אַפּוֹ בַּל־יִדְרֹשׁ אֵין אֱלֹהִים כָּל־מְזִמּוֹתָיו:
ה יָחִילוּ דְרָכָיו | בְּכָל־עֵת מָרוֹם מִשְׁפָּטֶיךָ מִנֶּגְדּוֹ כָּל־
צוֹרְרָיו יָפִיחַ בָּהֶם: ו אָמַר בְּלִבּוֹ בַּל־אֶמּוֹט לְדֹר וָדֹר
אֲשֶׁר לֹא־בְרָע: ז אָלָה | פִּיהוּ מָלֵא וּמִרְמוֹת וָתֹךְ
תַּחַת לְשׁוֹנוֹ עָמָל וָאָוֶן: ח יֵשֵׁב | בְּמַאְרַב חֲצֵרִים
בַּמִּסְתָּרִים יַהֲרֹג נָקִי עֵינָיו לְחֵלְכָה יִצְפֹּנוּ: ט יֶאֱרֹב
בַּמִּסְתָּר | כְּאַרְיֵה בְסֻכֹּה יֶאֱרֹב לַחֲטוֹף עָנִי יַחְטֹף עָנִי
בְּמָשְׁכוֹ בְרִשְׁתּוֹ: י יִדְכֶּה יָשֹׁחַ וְנָפַל בַּעֲצוּמָיו

Бога! 19 Ибо не навсегда забыт будет бедный; не навек
пропала надежда несчастных! 20 Восстань, Господь;
пусть не властвует человек, да будут народы судимы
пред лицом Твоим! 21 Наложи, Господь, ярмо на них,
и пусть узнают народы, что на самом деле они всего
лишь люди!

10

Псалом говорит об успехе злодея и о том, как поднимается он в гордыне от успеха своего, вплоть до того, что в надменности своей заявляет: "Нет Суда и нет Судьи. Всевышний не следит за поступками смертных".

День 2 למה 1 Господь! Зачем стоишь вдали, скрываешь
Себя в пору бедствий? 2 Преступник в гордыне пресле-
дует бедного! Да попадутся они в ухищрения, которые
сами замыслили![а] 3 Хвалится злодей[б] [удовлетворен-
ными] вожделениями души своей; грабитель хваста-
ется, что возвел хулу на Господа[в]. 4 Не думает преступ-
ник в высокомерии своем, нет Бога во всех помыслах
его! 5 Во всякую пору пути его успешны – возвышен-
ные суды Твои далеки от него! – он клевещет на всех
противников своих! 6 Говорит он в сердце своем: «Не
споткнусь; из рода в род – не будет мне зла!» 7 Уста
его преисполнены клятв, обмана и притворства; а под
языком – жестокость и злодейство. 8 Сидит в засаде,
на окраине, в потаенных местах убивает невинного;
высматривает народ Твой. 9 В засаде, в потаенном ме-
сте, как лев в укрытии подстерегает, чтобы схватить
несчастного, поймать в сеть. 10 Пригибается, сидит
согнувшись, чтобы слабый попал в его мощные ког-

а. Да попадутся они в ухищрения – так в Таргуме. Может быть: «Попадают они (бедные) в ухищрения, которые те (преступники) задумали» (Раши). б. Хвастается злодей [удовлетворенными] вожделениями души своей – может быть, правильное понимание: «Беснуется злодей от вожделений своих» (р. Яаков Сицилийский). в. Вор, возводя хулу на Господа – другое чтение: «Вор, благословляя Господа [за успех в своих злодействах], возводит на Него хулу» (Бава Кама 94а).

חֵל כָּאִים: יא אָמַר בְּלִבּוֹ שָׁכַח אֵל הִסְתִּיר פָּנָיו בַּל־
רָאָה לָנֶצַח: יב קוּמָה יְהֹוָה אֵל נְשָׂא יָדֶךָ אַל־תִּשְׁכַּח
עֲנָוִים: יג עַל־מֶה | נִאֵץ רָשָׁע | אֱלֹהִים אָמַר בְּלִבּוֹ לֹא
תִּדְרֹשׁ: יד רָאִתָה כִּי־אַתָּה | עָמָל וָכַעַס | תַּבִּיט לָתֵת
בְּיָדֶךָ עָלֶיךָ יַעֲזֹב חֵלְכָה יָתוֹם אַתָּה | הָיִיתָ עוֹזֵר:
טו שְׁבֹר זְרוֹעַ רָשָׁע וָרָע תִּדְרוֹשׁ־רִשְׁעוֹ בַל־תִּמְצָא:
טז יְהֹוָה מֶלֶךְ עוֹלָם וָעֶד אָבְדוּ גוֹיִם מֵאַרְצוֹ: יז תַּאֲוַת
עֲנָוִים שָׁמַעְתָּ יְהֹוָה תָּכִין לִבָּם תַּקְשִׁיב אָזְנֶךָ: יח לִשְׁפֹּט
יָתוֹם וָדָךְ בַּל־יוֹסִיף עוֹד לַעֲרֹץ אֱנוֹשׁ מִן־הָאָרֶץ:

יא.

ידבר שכל צרות הצדיק הוא לטובתו לרחוץ צואת עונותיו ולרשע נותן הצלחה בעולם הזה על דרך עושר שמור לבעליו לרעתו:

א לַמְנַצֵּחַ לְדָוִד בַּיהֹוָה | חָסִיתִי אֵיךְ תֹּאמְרוּ לְנַפְשִׁי
נוּדִי הַרְכֶם צִפּוֹר: ב כִּי הִנֵּה הָרְשָׁעִים יִדְרְכוּן קֶשֶׁת
כּוֹנְנוּ חִצָּם עַל־יֶתֶר לִירוֹת בְּמוֹ־אֹפֶל לְיִשְׁרֵי־לֵב:
ג כִּי הַשָּׁתוֹת יֵהָרֵסוּן צַדִּיק מַה־פָּעָל: ד יְהֹוָה | בְּהֵיכַל
קָדְשׁוֹ יְהֹוָה בַּשָּׁמַיִם כִּסְאוֹ עֵינָיו יֶחֱזוּ עַפְעַפָּיו יִבְחֲנוּ
בְּנֵי אָדָם: ה יְהֹוָה צַדִּיק יִבְחָן וְרָשָׁע וְאֹהֵב חָמָס שָׂנְאָה

ти. 11 Думает он в сердце своем: «Забыл Бог; скрыл
лицо Свое, – не увидит никогда». 12 Восстань же,
Господь, Боже, подними руку Твою; вспомни не-
счастных! 13 Зачем преступник возводит хулу на Бога,
говорит в сердце своем: «Ты не взыщешь!»? 14 Ведь Ты
видишь! Ты видишь беды и страдание, чтобы воздать
рукой Своей! На Тебя полагается народ Твой; Ты же был
поддержкой сироте! 15 Сломи руку преступника и зло-
дея, взыщи за злодейство его, чтобы не найти его было!
16 Господь – Царь навеки и навсегда; исчезнут [чужие]
народы с земли Его! 17 Господь! Ты услышал вздохи
страдальцев. Укрепи сердце их! Услышь их – 18 чтобы
даровать суд сироте и угнетенному, чтобы больше не
было тирании человека на земле!

11

Псалом говорит о том, что все несчастья, выпадающие на долю праведника, ему во благо, чтобы очистить от скверны грехов. Злодею же даётся успех в этом мире, подобно сказанному в стихе: "...богатство, хранимое владельцем его, во вред ему" (Коѓелет, 5:12).

למנצח 1 Руководителю. Давида. На Господа я упо-
ваю! Почему вы говорите душе моей[а]: «Птицей лети[б]
к горам своим!» 2 «Ибо, вот, преступники налаживают
лук, устанавливают стрелу на тетиву, чтобы из тьмы
стрелять в прямых сердцем!» 3 «Когда основания раз-
рушены, что делать праведнику?!»... 4 Господь – во
святом чертоге Своем; Господь, чей престол на небе-
сах! Глаза Его смотрят, взор Его обращен на детей че-
ловеческих! 5 Господь испытывает праведника, а пре-

а. Душе моей – мне. б. Лети к горам своим – написано «летите», а читать следует «лети». Множественное число подразумевает весь народ, а читать следует, имея в виду в первую очередь себя.

נַפְשׁוֹ: ו יַמְטֵר עַל־רְשָׁעִים פַּחִים אֵשׁ וְגָפְרִית וְרוּחַ
זִלְעָפוֹת מְנָת כּוֹסָם: ז כִּי־צַדִּיק יְהֹוָה צְדָקוֹת אָהֵב יָשָׁר
יֶחֱזוּ פָנֵימוֹ:

יב.

מגנה אותם אנשים המלשינים והמספרים דלטורין ושפתי חלקות:

א לַמְנַצֵּחַ עַל־הַשְּׁמִינִית מִזְמוֹר לְדָוִד: ב הוֹשִׁיעָה
יְהֹוָה כִּי־גָמַר חָסִיד כִּי פַסּוּ אֱמוּנִים מִבְּנֵי אָדָם: ג שָׁוְא ׀
יְדַבְּרוּ אִישׁ אֶת־רֵעֵהוּ שְׂפַת חֲלָקוֹת בְּלֵב וָלֵב
יְדַבֵּרוּ: ד יַכְרֵת יְהֹוָה כָּל־שִׂפְתֵי חֲלָקוֹת לָשׁוֹן מְדַבֶּרֶת
גְּדֹלוֹת: ה אֲשֶׁר אָמְרוּ ׀ לִלְשֹׁנֵנוּ נַגְבִּיר שְׂפָתֵינוּ אִתָּנוּ
מִי אָדוֹן לָנוּ: ו מִשֹּׁד עֲנִיִּים מֵאַנְקַת אֶבְיוֹנִים עַתָּה
אָקוּם יֹאמַר יְהֹוָה אָשִׁית בְּיֵשַׁע יָפִיחַ לוֹ: ז אִמְרוֹת יְהֹוָה
אֲמָרוֹת טְהֹרוֹת כֶּסֶף צָרוּף בַּעֲלִיל לָאָרֶץ מְזֻקָּק
שִׁבְעָתָיִם: ח אַתָּה יְהֹוָה תִּשְׁמְרֵם תִּצְּרֶנּוּ ׀ מִן־הַדּוֹר זוּ
לְעוֹלָם: ט סָבִיב רְשָׁעִים יִתְהַלָּכוּן כְּרֻם זֻלּוּת לִבְנֵי
אָדָם:

יג.

תפלה על אריכות הגלות וכל אדם כשהוא בצרה יתפלל תפלה זו על צרותיו ועל אריכות הגלות:

א לַמְנַצֵּחַ מִזְמוֹר לְדָוִד: ב עַד־אָנָה יְהֹוָה תִּשְׁכָּחֵנִי

ступника и насильника ненавидит Он! 6 Он прольет на преступников уголья. Огонь, сера и палящий ветер будут их чашей. 7 Ибо праведен Господь; Он правду любит, [и тех, кто] прямо глядит Ему в лицо!

12

Псалом, осуждающий доносчиков, клеветников и льстецов.

למנצח 1 Руководителю. На восьмиструнной лире. Псалом Давида. 2 Спаси, Господь, ибо не осталось преданных, пропали верные среди сынов человечес-
ких. 3 Ложь твердят они друг другу, на устах гладкие речи, но двояким сердцем говорят! 4 Отсеки[18], Господь, уста гладкие, язык велеречивый! 5 Тех, что говорят: «Языком одолеем, наши уста с нами: кто господин над нами?!»… 6 «Ради разорения угнетенных, ради стенания бедных, ныне подымусь», – говорит Господь; «Помогу спасением», – утверждает[а]. 7 Слова Господни – слова чистые, – серебро, на глазах у всех на земле семикратно очищенное! 8 Ты, Господь, охранишь их, – сохранишь их от поколения этого вовеки![19] 9 Станут рыскать кругом преступные, как пиявки[20], когда возвысится униженный[б] из среды сынов человеческих!

13

Молитва, сетующая на продолжительность изгнания. И каждому, кто пребывает в беде, следует произносить эту молитву о своих бедах и о том, что изгнание никак не кончается.

למנצח 1 Руководителю. Псалом Давида 2 Доколе, Господь? Навек ли Ты забыл меня? Доколе будешь

а. Рассею их – другой вариант: «Поставлю им ловушку» (Менахем бен Серук). б. Как пиявки, сосущие кровь человечью – другое чтение: «Когда возносится презренный в среде сынов человеческих!..» (Ибн-Эзра).

נֶצַח עַד־אָנָה ׀ תַּסְתִּיר אֶת־פָּנֶיךָ מִמֶּנִּי׃ ג עַד־אָנָה
אָשִׁית עֵצוֹת בְּנַפְשִׁי יָגוֹן בִּלְבָבִי יוֹמָם עַד־אָנָה ׀
יָרוּם אֹיְבִי עָלָי׃ ד הַבִּיטָה עֲנֵנִי יְהוָה אֱלֹהָי הָאִירָה עֵינַי
פֶּן־אִישַׁן הַמָּוֶת׃ ה פֶּן־יֹאמַר אֹיְבִי יְכָלְתִּיו צָרַי יָגִילוּ
כִּי אֶמּוֹט׃ ו וַאֲנִי ׀ בְּחַסְדְּךָ בָטַחְתִּי יָגֵל לִבִּי
בִּישׁוּעָתֶךָ אָשִׁירָה לַיהוָה כִּי גָמַל עָלָי׃

יד.

תפלה על שני מקדשות שחרבו והיאך נ״נ החריב בית ראשון וטיטוס החריב בית שני:

א לַמְנַצֵּחַ לְדָוִד אָמַר נָבָל בְּלִבּוֹ אֵין אֱלֹהִים
הִשְׁחִיתוּ הִתְעִיבוּ עֲלִילָה אֵין עֹשֵׂה־טוֹב׃ ב יְהוָה
מִשָּׁמַיִם הִשְׁקִיף עַל־בְּנֵי־אָדָם לִרְאוֹת הֲיֵשׁ מַשְׂכִּיל
דֹּרֵשׁ אֶת־אֱלֹהִים׃ ג הַכֹּל סָר יַחְדָּו נֶאֱלָחוּ אֵין עֹשֵׂה־
טוֹב אֵין גַּם אֶחָד׃ ד הֲלֹא יָדְעוּ כָּל־פֹּעֲלֵי אָוֶן אֹכְלֵי
עַמִּי אָכְלוּ לֶחֶם יְהוָה לֹא קָרָאוּ׃ ה שָׁם ׀ פָּחֲדוּ פָחַד כִּי־
אֱלֹהִים בְּדוֹר צַדִּיק׃ ו עֲצַת־עָנִי תָבִישׁוּ כִּי יְהוָה מַחְסֵהוּ׃
ז מִי־יִתֵּן מִצִּיּוֹן יְשׁוּעַת יִשְׂרָאֵל בְּשׁוּב יְהוָה שְׁבוּת עַמּוֹ
יָגֵל יַעֲקֹב יִשְׂמַח יִשְׂרָאֵל׃

скрывать от меня лицо Свое? 3 Доколе мне в душе ис-
кать совета каждодневной тоске в сердце моем? Доко-
ле враг будет возноситься надо мною? 4 Воззри, ответь
мне, Господь, Бог мой; дай свет очам моим, – чтобы не
уснуть мне смертным сном! 5 Чтобы не сказал враг: «Я
одолел его!», – чтобы не[21] радовались гонители, что я
споткнулся! 6 Я уповаю на милость Твою: сердце будет
радоваться ниспосланному Тобой спасению, и воспою
Господу, давшему мне благо!

14

Псалом говорит о разрушении двух Храмов – Первом, разрушенным Навуходоносором, и Втором, разрушенным Титом.

למנצח 1 Руководителю. Давида. [Всякий] подлец го-
ворит в сердце своем: «Нет Бога». Губят, мерзости
учиняют; нет творящего добро!... 2 Господь с небес
взирает на сынов человеческих, чтобы увидеть, есть
ли разумеющий, есть ли ищущий Бога. 3 Все отступи-
ли, все растлились; нет творящего добро; нет ни одно-
го! 4 Узна́ют все они, все творящие беззаконие, пожи-
рающие народ мой как хлеб, а к Господу не взываю-
щие! 5 Там испытают они ужас, ибо Бог в поколении
праведном! 6 Вы презираете убеждение несчастного,
что Господь – покровитель ему! 7 Пусть придет с Си-
она спасение Израиля! Когда вернет Господь покой[22]
народу Своему[a], возрадуется Яаков, возвеселится Из-
раиль!

a. Когда вернет Господь покой народу Своему – иное чтение: «По возвращении Господнем плененных народа Своего».

טו.

כמה מעלות ומדות טובות שראוי לאדם להתנהג בהם ואז יהיה בטוח שתשכון נשמתו בגן עדן:

א מִזְמוֹר לְדָוִד יְהוָה מִי־יָגוּר בְּאָהֳלֶךָ מִי־יִשְׁכֹּן
בְּהַר קָדְשֶׁךָ׃ ב הוֹלֵךְ תָּמִים וּפֹעֵל צֶדֶק וְדֹבֵר אֱמֶת
בִּלְבָבוֹ׃ ג לֹא־רָגַל | עַל־לְשֹׁנוֹ לֹא־עָשָׂה לְרֵעֵהוּ רָעָה
וְחֶרְפָּה לֹא־נָשָׂא עַל־קְרֹבוֹ׃ ד נִבְזֶה בְּעֵינָיו | נִמְאָס
וְאֶת־יִרְאֵי יְהוָה יְכַבֵּד נִשְׁבַּע לְהָרַע וְלֹא יָמִר׃ ה כַּסְפּוֹ |
לֹא־נָתַן בְּנֶשֶׁךְ וְשֹׁחַד עַל־נָקִי לֹא־לָקָח עֹשֵׂה
אֵלֶּה לֹא יִמּוֹט לְעוֹלָם׃

טז.

אם אדם צריך לאיזה בקשה לא יבקש בזכות עצמו באשר שזכותו צריך להניח לבניו אחריו:

א מִכְתָּם לְדָוִד שָׁמְרֵנִי אֵל כִּי־חָסִיתִי בָךְ׃ ב אָמַרְתְּ
לַיהוָה אֲדֹנָי אָתָּה טוֹבָתִי בַּל־עָלֶיךָ׃ ג לִקְדוֹשִׁים אֲשֶׁר־
בָּאָרֶץ הֵמָּה וְאַדִּירֵי כָּל־חֶפְצִי־בָם׃ ד יִרְבּוּ עַצְּבוֹתָם
אַחֵר מָהָרוּ בַּל־אַסִּיךְ נִסְכֵּיהֶם מִדָּם וּבַל־אֶשָּׂא אֶת־
שְׁמוֹתָם עַל־שְׂפָתָי׃ ה יְהוָה מְנָת חֶלְקִי וְכוֹסִי אַתָּה
תּוֹמִיךְ גּוֹרָלִי׃ ו חֲבָלִים נָפְלוּ־לִי בַּנְּעִמִים אַף־נַחֲלַת

15

Псалом говорит о том, какие душевные качества и достоинства человеку следует воспитать в себе. И тогда он может быть уверен, что душа его будет пребывать в *Ган Эдене.*

מזמור 1 Псалом Давида. Господь! Кто достоин пре-
бывать в шатре[a] Твоем[23]? Кто достоин обитать на свя-
той горе Твоей? 2 Тот, кто ходит в беспорочности, кто
справедливость творит и истину говорит всем серд-
цем своим; 3 Кто сплетней язык не осквернял, зла дру-
гому не делал, и не возводил напраслину на ближнего
своего. 4 Тот, кто ненавидит подлецов, кто боящихся
Господа почитает, и клятвенный обет никогда не на-
рушает. 5 Кто серебра не давал в рост, и подкупа за
оправдание не брал. – Кто так поступает, не споткнет-
ся вовек!

16

Когда человек нуждается в чём-то, не следует, прося Всевышнего, напоминать о своих личных заслугах, так как эти заслуги надо оставить в наследство потомкам.

מכתם 1 Золотая песнь Давида. Храни меня, Боже,
ибо на Тебя уповаю! 2 Тебе бы сказать[24] Господу: «Ты
Владыка мой! Но не ради меня Ты даруешь мне блага!
3 Пусть у тех, кто земным святыням, якобы всемогу-
щим и всесильным[25], 4 подносит дары, умножатся го-
рести! Я же не возолью возлияний им кровавых, я не
произнесу имен их! 5 Господь – моя доля, моя чаша! Ты
расширил надел мой! 6 Надел выпал мне прекрасный,

---

a. В шатре Твоем – обо всем нашем мире эта молитва Давидова (р. Йшаяґу из Трани). Кто достоин пребывать в шатре Твоем – это небеса, и названы они «шатром», потому что простерты надо всем миром, как шатер (Радак).

שָׁפְרָה עָלָי׃ ז אֲבָרֵךְ אֶת־יְהֹוָה אֲשֶׁר יְעָצָנִי אַף־לֵילוֹת
יִסְּרוּנִי כִלְיוֹתָי׃ ח שִׁוִּיתִי יְהֹוָה לְנֶגְדִּי תָמִיד כִּי מִימִינִי
בַּל־אֶמּוֹט׃ ט לָכֵן ׀ שָׂמַח לִבִּי וַיָּגֶל כְּבוֹדִי אַף־בְּשָׂרִי
יִשְׁכֹּן לָבֶטַח׃ י כִּי ׀ לֹא־תַעֲזֹב נַפְשִׁי לִשְׁאוֹל לֹא־
תִתֵּן חֲסִידְךָ לִרְאוֹת שָׁחַת׃ יא תּוֹדִיעֵנִי אֹרַח חַיִּים
שֹׂבַע שְׂמָחוֹת אֶת־פָּנֶיךָ נְעִמוֹת בִּימִינְךָ נֶצַח׃

יז.

אל ידבר אדם גבוה לפני הקב״ה שינסנו באיזה דבר עבירה או על שאר דברים ואם אדם חטא יראה לתקן עצמו וישיב רבים מעון:

א תְּפִלָּה לְדָוִד שִׁמְעָה יְהֹוָה ׀ צֶדֶק הַקְשִׁיבָה רִנָּתִי
הַאֲזִינָה תְפִלָּתִי בְּלֹא שִׂפְתֵי מִרְמָה׃ ב מִלְּפָנֶיךָ
מִשְׁפָּטִי יֵצֵא עֵינֶיךָ תֶּחֱזֶינָה מֵישָׁרִים׃ ג בָּחַנְתָּ לִבִּי ׀
פָּקַדְתָּ לַּיְלָה צְרַפְתַּנִי בַל־תִּמְצָא זַמֹּתִי בַּל־יַעֲבָר־פִּי׃
ד לִפְעֻלּוֹת אָדָם בִּדְבַר שְׂפָתֶיךָ אֲנִי שָׁמַרְתִּי אָרְחוֹת
פָּרִיץ׃ ה תָּמֹךְ אֲשֻׁרַי בְּמַעְגְּלוֹתֶיךָ בַּל־נָמוֹטּוּ פְעָמָי׃
ו אֲנִי קְרָאתִיךָ כִי־תַעֲנֵנִי אֵל הַט־אָזְנְךָ לִי שְׁמַע אִמְרָתִי׃
ז הַפְלֵה חֲסָדֶיךָ מוֹשִׁיעַ חוֹסִים מִמִּתְקוֹמְמִים בִּימִינֶךָ׃
ח שָׁמְרֵנִי כְּאִישׁוֹן בַּת־עָיִן בְּצֵל כְּנָפֶיךָ תַּסְתִּירֵנִי׃

я в восторге от владений своих! 7 Благословляю Госпо-
да за наставления; за все, что по ночам внушала мне
душа[а]. 8 Всегда представляю Господа перед собой; Он
по правую руку от меня; не споткнусь! 9 Поэтому ра-
дуется сердце мое, торжествует печень моя и тело мое
пребывает в безопасности. 10 Ибо Ты не выдашь души
моей преисподней, не дашь преданному Тебе увидеть
погибель. 11 Ты укажешь мне дорогу жизни! Празднич-
ное изобилие быть перед лицом Твоим и все блага в
руке Твоей!

17

Человек не должен заноситься перед Всевышним, прося испытать его соблазном греха или каким-то другим способом, а если человек согрешил, он должен исправиться и отвращать от греха других.

תפלה 1 Молитва Давидова. Услышь, Господь, прав-
ду мою; прислушайся к песне моей; внемли молитве
моей бесхитростной! 2 Приговор мне пусть от Тебя
изойдет; Ты истину видишь! 3 Ты проверил сердце
мое[б], исследовал его ночью[26] – и не угодно оно; пота-
енные мысли да не сойдут с уст моих. 4 В поступках же
человеческих, по слову уст Твоих, я остерегался пу-
тей распутников. 5 И Ты поддерживал меня на стезях
Твоих, чтобы не оступился я. 6 Я призываю Тебя, ответь
мне, Боже; преклони ко мне ухо свое, услышь слова
мои! 7 Даруй чудеса милости Твоей! Ты спасаешь от
врагов тех, кто укрывается под десницей Твоей! 8 Бе-
реги меня, как зеницу ока; укрой меня в тени крыльев

а. Душа – букв. «почки». В символике Писания сердце – принимает решения; почки – «советуют», нашептывают не оформленные в решения мысли; печень – символизирует связь внутреннего мира человека с внешним; а тело – связано с поведением, с поступками в этом мире. б. Испытал пробу его, нет ли примесей... – второе чтение: «Очистил его, чтобы не нашлось в нем [примесей]».

ט מִפְּנֵי רְשָׁעִים זוּ שַׁדּוּנִי אֹיְבַי בְּנֶפֶשׁ יַקִּיפוּ עָלָי׃
י חֶלְבָּמוֹ סָּגְרוּ פִּימוֹ דִּבְּרוּ בְגֵאוּת׃ יא אַשֻּׁרֵנוּ עַתָּה
סְבָבוּנוּ עֵינֵיהֶם יָשִׁיתוּ לִנְטוֹת בָּאָרֶץ׃ יב דִּמְיֹנוֹ
כְּאַרְיֵה יִכְסוֹף לִטְרֹף וְכִכְפִיר יֹשֵׁב בְּמִסְתָּרִים׃ יג קוּמָה
יְהוָה קַדְּמָה פָנָיו הַכְרִיעֵהוּ פַּלְּטָה נַפְשִׁי מֵרָשָׁע חַרְבֶּךָ׃
יד מִמְתִים יָדְךָ יְהוָה | מִמְתִים מֵחֶלֶד חֶלְקָם בַּחַיִּים
וּצְפוּנְךָ תְּמַלֵּא בִטְנָם יִשְׂבְּעוּ בָנִים וְהִנִּיחוּ יִתְרָם
לְעוֹלְלֵיהֶם׃ טו אֲנִי בְּצֶדֶק אֶחֱזֶה פָנֶיךָ אֶשְׂבְּעָה בְהָקִיץ
תְּמוּנָתֶךָ׃

יח.

אם נעשה לו נס מפורסם יש לו לומר שירה ויכלול כל הנסים מיום בריאת עולם וכן טובות שעשה לישראל במתן תורה ויאמר מי שעשה נסים הללו יעשה עמי ג״כ:

יום ג

א לַמְנַצֵּחַ לְעֶבֶד יְהוָה לְדָוִד אֲשֶׁר דִּבֶּר | לַיהוָה אֶת־
דִּבְרֵי הַשִּׁירָה הַזֹּאת בְּיוֹם | הִצִּיל־יְהוָה אוֹתוֹ מִכַּף־
כָּל־אֹיְבָיו וּמִיַּד שָׁאוּל׃ ב וַיֹּאמַר אֶרְחָמְךָ יְהוָה חִזְקִי׃
ג יְהוָה | סַלְעִי וּמְצוּדָתִי וּמְפַלְטִי אֵלִי צוּרִי אֶחֱסֶה־בּוֹ
מָגִנִּי וְקֶרֶן יִשְׁעִי מִשְׂגַּבִּי׃ ד מְהֻלָּל אֶקְרָא יְהוָה וּמִן־אֹיְבַי

Своих! 9 От преступников, нападающих на меня, от
врагов души моей, окружающих меня! 10 Они жиром
заплыли, на устах их гордые речи. 11 По следам нашим
вокруг ходят; высматривают, пригибаясь к земле, –
12 подобно льву, жаждущему растерзать, подобно
льву, сидящему в засаде! 13 Восстань, Господь, упре-
ди их; низложи их; спаси мечом Своим жизнь мою
от злодеев! 14 Смертные в руке Твоей, Господь, смер-
тные в мире преходящем. Доля их – жизнь, их чрево
Ты наполняешь Своими сокровищами. Они накормят
досыта детей, а излишки оставят малюткам. 15 Увижу
я в правде лицо Твое, наяву преисполнюсь образом
Твоим!

18

Если с человеком случилось чудо, о котором знают многие, он должен воспеть его, упомянув все чудеса, случившиеся со дня сотворения мира , а также милость, оказанную евреям дарованием Торы, и сказать:"Тот, кто сотворил все эти чудеса, пусть и со мной сделает так же".

День 3 למנצח 1 Руководителю. Псалом раба Господня Дави-
да, произнесшего перед Господом слова этой песни,
когда Господь избавил его от руки всех врагов и от руки
Шауля. 2 Сказал он: Люблю Тебя, Господь, дарующего
мне силы! 3 Господь – скала моя, крепость и спасение
мое; Он – Бог мой, твердыня убежища моего. Он –
щит и меч спасения моего, крепость моя! 4 Восхваляя,
призову Господа, и от врагов спасен буду! 5 Обступили
меня муки смертные, и потоки безвозвратного устра-

אוֹשֵׁעַ: ה אֲפָפוּנִי חֶבְלֵי־מָוֶת וְנַחֲלֵי בְלִיַּעַל
יְבַעֲתוּנִי: ו חֶבְלֵי שְׁאוֹל סְבָבוּנִי קִדְּמוּנִי מוֹקְשֵׁי מָוֶת:
ז בַּצַּר־לִי | אֶקְרָא יְהֹוָה וְאֶל־אֱלֹהַי אֲשַׁוֵּעַ יִשְׁמַע מֵהֵיכָלוֹ
קוֹלִי וְשַׁוְעָתִי לְפָנָיו | תָּבוֹא בְאָזְנָיו: ח וַתִּגְעַשׁ
וַתִּרְעַשׁ | הָאָרֶץ וּמוֹסְדֵי הָרִים יִרְגָּזוּ וַיִּתְגָּעֲשׁוּ כִּי חָרָה
לוֹ: ט עָלָה עָשָׁן | בְּאַפּוֹ וְאֵשׁ מִפִּיו תֹּאכֵל גֶּחָלִים בָּעֲרוּ
מִמֶּנּוּ: י וַיֵּט שָׁמַיִם וַיֵּרַד וַעֲרָפֶל תַּחַת רַגְלָיו: יא וַיִּרְכַּב
עַל־כְּרוּב וַיָּעֹף וַיֵּדֶא עַל כַּנְפֵי־רוּחַ: יב יָשֶׁת חֹשֶׁךְ |
סִתְרוֹ סְבִיבוֹתָיו סֻכָּתוֹ חֶשְׁכַת־מַיִם עָבֵי שְׁחָקִים:
יג מִנֹּגַהּ נֶגְדּוֹ עָבָיו עָבְרוּ בָּרָד וְגַחֲלֵי־אֵשׁ: יד וַיַּרְעֵם
בַּשָּׁמַיִם | יְהֹוָה וְעֶלְיוֹן יִתֵּן קֹלוֹ בָּרָד וְגַחֲלֵי־אֵשׁ: טו וַיִּשְׁלַח
חִצָּיו וַיְפִיצֵם וּבְרָקִים רָב וַיְהֻמֵּם: טז וַיֵּרָאוּ | אֲפִיקֵי
מַיִם וַיִּגָּלוּ מוֹסְדוֹת תֵּבֵל מִגַּעֲרָתְךָ יְהֹוָה מִנִּשְׁמַת רוּחַ
אַפֶּךָ: יז יִשְׁלַח מִמָּרוֹם יִקָּחֵנִי יַמְשֵׁנִי מִמַּיִם רַבִּים:
יח יַצִּילֵנִי מֵאֹיְבִי עָז וּמִשֹּׂנְאַי כִּי־אָמְצוּ מִמֶּנִּי:
יט יְקַדְּמוּנִי בְיוֹם אֵידִי וַיְהִי יְהֹוָה לְמִשְׁעָן לִי: כ וַיּוֹצִיאֵנִי
לַמֶּרְחָב יְחַלְּצֵנִי כִּי חָפֵץ בִּי: כא יִגְמְלֵנִי יְיָ כְּצִדְקִי

шили меня; 6 муки адские обступили меня, впереди
меня капканы смерти; 7 в беде призову Господа, Бога
моего буду умолять; и Он услышит из чертога Свое-
го, и моя мольба к Нему дойдет до слуха Его!... 8 По-
тряслась, поколебалась земля, затрепетали основания
гор; пошатнулись, когда Он прогневался. 9 Поднялся
дым от ноздрей Его, из уст Его – огонь пожирающий;
горящие угли [летят] от Него. 10 Наклонил Он небеса и
сошел, мгла – под ногами Его. 11 Воссел Он на херуви-
ма и полетел, вознесся на крыльях ветра. 12 Тьму сделал
Он покровом Себе, шатром окружающим – – мрак вод
и тучи небесные. 13 Из сияния пред Ним сквозь тучи
выпали град и угли горящие. 14 Возгремел на небесах
Господь, раздался глас Всевышнего – град и угли го-
рящие! 15 Послал Он стрелы Свои – и они рассеялись;
молнии бросил – и привел их в смятение. 16 И стали
видны русла вод, обнажились основания вселенной, –
от грозного крика Твоего, Господь, от дуновений гне-
ва Твоего! 17 Послал Он с высот, взял меня, вытащил из
вод великих; 18 избавил меня от врага могучего, от нена-
вистников, что сильнее меня! 19 Они выступили против
меня в день бедственный; но Господь был опорою мне.
20 Он вывел меня на простор и спас меня, ибо Он
благоволит ко мне. 21 Воздал мне Господь по правед-
ности моей, за чистоту рук наградил меня. 22 Ибо дер-
жался я путей Господних; не совершал преступлений
против Бога моего. 23 Все законы Его предо мною, и

כְּבֹר יָדַי יָשִׁיב לִי׃ כב כִּי־שָׁמַרְתִּי דַּרְכֵי יְהוָה וְלֹא־
רָשַׁעְתִּי מֵאֱלֹהָי׃ כג כִּי כָל־מִשְׁפָּטָיו לְנֶגְדִּי וְחֻקֹּתָיו לֹא־
אָסִיר מֶנִּי׃ כד וָאֱהִי תָמִים עִמּוֹ וָאֶשְׁתַּמֵּר מֵעֲוֺנִי׃
כה וַיָּשֶׁב־יְהוָה לִי כְצִדְקִי כְּבֹר יָדַי לְנֶגֶד עֵינָיו׃ כו עִם־
חָסִיד תִּתְחַסָּד עִם־גְּבַר תָּמִים תִּתַּמָּם׃ כז עִם־נָבָר
תִּתְבָּרָר וְעִם־עִקֵּשׁ תִּתְפַּתָּל׃ כח כִּי־אַתָּה עַם־עָנִי
תוֹשִׁיעַ וְעֵינַיִם רָמוֹת תַּשְׁפִּיל׃ כט כִּי־אַתָּה תָּאִיר נֵרִי
יְהוָה אֱלֹהַי יַגִּיהַּ חָשְׁכִּי׃ ל כִּי־בְךָ אָרֻץ גְּדוּד וּבֵאלֹהַי
אֲדַלֶּג־שׁוּר׃ לא הָאֵל תָּמִים דַּרְכּוֹ אִמְרַת יְהוָה צְרוּפָה מָגֵן
הוּא לְכֹל ׀ הַחֹסִים בּוֹ׃ לב כִּי מִי אֱלוֹהַּ מִבַּלְעֲדֵי יְהוָה וּמִי
צוּר זוּלָתִי אֱלֹהֵינוּ׃ לג הָאֵל הַמְאַזְּרֵנִי חָיִל וַיִּתֵּן תָּמִים
דַּרְכִּי׃ לד מְשַׁוֶּה רַגְלַי כָּאַיָּלוֹת וְעַל בָּמֹתַי יַעֲמִידֵנִי׃
לה מְלַמֵּד יָדַי לַמִּלְחָמָה וְנִחֲתָה קֶשֶׁת־נְחוּשָׁה זְרוֹעֹתָי׃
לו וַתִּתֶּן־לִי מָגֵן יִשְׁעֶךָ וִימִינְךָ תִסְעָדֵנִי וְעַנְוַתְךָ
תַרְבֵּנִי׃ לז תַּרְחִיב צַעֲדִי תַחְתָּי וְלֹא מָעֲדוּ קַרְסֻלָּי׃
לח אֶרְדּוֹף אוֹיְבַי וְאַשִּׂיגֵם וְלֹא־אָשׁוּב עַד־כַּלּוֹתָם׃
לט אֶמְחָצֵם וְלֹא־יֻכְלוּ קוּם יִפְּלוּ תַּחַת רַגְלָי׃ מ וַתְּאַזְּרֵנִי

от установлений Его не уклонялся я. 24 Я был непо-
рочен перед Ним и остерегался греха. 25 Господь же
воздал мне по праведности моей, – по чистоте рук
моих пред глазами Его. 26 С преданным Ты милостив,
с непорочным – непорочен; 27 с чистым – чист, а с лу-
кавым – лукав. 28 Ты спасаешь народ угнетенный, а
высокомерных – унижаешь. 29 Ты зажигаешь светиль-
ник для меня; Господь, Бог мой, освещает мне тьму.
30 С Тобою сокрушаю я полчища; с Богом моим прео-
долеваю крепостную стену. 31 Непорочен путь Божий,
слово Господне чисто; Он щит всем уповающим на
Него. 32 Есть ли божество, кроме Господа, и есть ли
Твердыня, кроме Бога нашего?! 33 Бог, Который
препоясывает меня силою и пролагает мне верный
путь!?… 34 Он делает ноги мои [сильными], как ноги
туров, и на высоты поднимает меня. 35 Обучает руки
мои бою, чтобы мышцы мои могли натянуть медный
лук. 36 Ты дал мне щит спасения Твоего; десница Твоя
поддерживает меня, и призыв к Тебе дарует мне силы.
37 Ты делаешь широкими шаги мои, чтобы не соскольз-
нули ноги мои. 38 Я преследую врагов и настигну их;
и не вернусь, пока не истреблю их. 39 Разгромлю их, и
они не смогут встать – будут лежать у ног моих! 40 Ты
препоясываешь меня силою для битвы; Ты низлага-
ешь восстающих против меня! 41 Ты разворачиваешь ко
мне врагов спиною, и я истребляю их! 42 Молятся они,
– но нет спасителя; к Господу они, – Он им не отвечал.

חַ֭יִל לַמִּלְחָמָ֑ה תַּכְרִ֖יעַ קָמַ֣י תַּחְתָּֽי׃ מא וְֽאֹיְבַ֗י נָתַ֣תָּה
לִּ֣י עֹ֑רֶף וּ֝מְשַׂנְאַ֗י אַצְמִיתֵֽם׃ מב יְשַׁוְּע֥וּ וְאֵ֣ין מוֹשִׁ֑יעַ
עַל־יְ֝הֹוָ֗ה וְלֹ֣א עָנָֽם׃ מג וְֽאֶשְׁחָקֵ֗ם כְּעָפָ֥ר עַל־פְּנֵי־ר֑וּחַ כְּטִ֖יט
חוּצ֣וֹת אֲרִיקֵֽם׃ מד תְּפַלְּטֵנִי֮ מֵרִ֪יבֵ֫י עָ֥ם תְּ֭שִׂימֵנִי לְרֹ֣אשׁ
גּוֹיִ֑ם עַ֖ם לֹא־יָדַ֣עְתִּי יַֽעַבְדֽוּנִי׃ מה לְשֵׁ֣מַֽע אֹ֭זֶן יִשָּׁ֣מְעוּ
לִ֑י בְּֽנֵי־נֵ֝כָ֗ר יְכַחֲשׁוּ־לִֽי׃ מו בְּנֵי־נֵכָ֥ר יִבֹּ֑לוּ וְ֝יַחְרְג֗וּ
מִֽמִּסְגְּרֽוֹתֵיהֶֽם׃ מז חַי־יְ֭הֹוָה וּבָר֣וּךְ צוּרִ֑י וְ֝יָר֗וּם אֱלוֹהֵ֥י
יִשְׁעִֽי׃ מח הָאֵ֗ל הַנּוֹתֵ֣ן נְקָמ֣וֹת לִ֑י וַיַּדְבֵּ֖ר עַמִּ֣ים תַּחְתָּֽי׃
מט מְפַלְּטִ֗י מֵֽאֹ֫יְבָ֥י אַ֣ף מִן־קָ֭מַי תְּרוֹמְמֵ֑נִי מֵאִ֥ישׁ חָ֝מָ֗ס
תַּצִּילֵֽנִי׃ נ עַל־כֵּ֤ן ׀ אוֹדְךָ֖ בַגּוֹיִ֥ם ׀ יְהֹוָ֑ה וּלְשִׁמְךָ֥ אֲזַמֵּֽרָה׃
נא מַגְדִּל֮ יְשׁוּע֪וֹת מַ֫לְכּ֥וֹ וְעֹ֣שֶׂה חֶ֙סֶד ׀ לִמְשִׁיח֗וֹ לְדָוִ֥ד וּלְזַרְע֗וֹ
עַד־עוֹלָֽם׃

יט.

לראות גבורתו של הקב"ה יראה אל השמים והשמש והתורה מתוכם נראה נוראות ונפלאות
עד שהבריות מספרים בשביל זה כבוד הקב"ה:

א לַמְנַצֵּ֗חַ מִזְמ֥וֹר לְדָוִֽד׃ ב הַשָּׁמַיִם֮ מְסַפְּרִ֪ים כְּב֫וֹד־
אֵ֥ל וּמַעֲשֵׂ֥ה יָ֝דָ֗יו מַגִּ֥יד הָרָקִֽיעַ׃ ג י֣וֹם לְ֭יוֹם יַבִּ֣יעַ אֹ֑מֶר
וְלַ֥יְלָה לְּ֝לַ֗יְלָה יְחַוֶּה־דָּֽעַת׃ ד אֵ֣ין אֹ֭מֶר וְאֵ֣ין דְּבָרִ֑ים
בְּ֝לִ֗י נִשְׁמָ֥ע קוֹלָֽם׃ ה בְּכָל־הָאָ֨רֶץ ׀ יָ֘צָ֤א קַוָּ֗ם וּבִקְצֵ֣ה

43 Я рассею их, как пыль по ветру; как грязь уличную
попираю. 44 Спаси меня от распрей в народе; поставь
меня во главе племен, пусть народ, которого я не знал,
служит мне. 45 Только услышав, слушаются меня;
иноплеменники заискивают передо мной. 46 Инопле-
менники приходят в упадок и трепещут в укреплени-
ях своих! 47 Жив Господь, благословен оплот мой; да
будет превознесен Бог спасения моего! – 48 Бог, даю-
щий мне отомстить, подчиняющий[27] мне народы,
49 избавляющий меня от врагов, возносящий меня над
восстающими против меня, спасающий меня от зло-
дея! 50 Поэтому славлю Тебя, Господь, пред народами,
пою имени Твоему. 51 Взращивает спасение для царя
Своего, творит милость помазаннику Своему Давиду
и потомству его вовеки!

19

Чтобы увидеть могущество Всевышнего, следует устремить свой взор на небо, на солнце и на Тору. В них видны грозное величие и чудеса, заставляющие творения славить Всевышнего.

למנצח 1 Руководителю. Псалом Давида. 2 Небеса рас-
сказывают о славе Бога, о делах рук Его повествует
небосвод. 3 Изо дня в день ведут рассказ, из ночи в
ночь учат мудрости. 4 Нет речи и нет слов, не слышен
голос их; 5 а глагол их проходит по всей земле, и сло-
во их до пределов вселенной. Там поставил Он шатер

תֵּבֵל מִלֵּיהֶם לַשֶּׁמֶשׁ שָׂם | אֹהֶל בָּהֶם: ו וְהוּא כְּחָתָן
יֹצֵא מֵחֻפָּתוֹ יָשִׂישׂ כְּגִבּוֹר לָרוּץ אֹרַח: ז מִקְצֵה הַשָּׁמַיִם |
מוֹצָאוֹ וּתְקוּפָתוֹ עַל־קְצוֹתָם וְאֵין נִסְתָּר מֵחַמָּתוֹ:
ח תּוֹרַת יְהֹוָה תְּמִימָה מְשִׁיבַת נָפֶשׁ עֵדוּת יְהֹוָה נֶאֱמָנָה
מַחְכִּימַת פֶּתִי: ט פִּקּוּדֵי יְהֹוָה יְשָׁרִים מְשַׂמְּחֵי־לֵב
מִצְוַת יְהֹוָה בָּרָה מְאִירַת עֵינָיִם: י יִרְאַת יְהֹוָה | טְהוֹרָה
עוֹמֶדֶת לָעַד מִשְׁפְּטֵי־יְהֹוָה אֱמֶת צָדְקוּ יַחְדָּו: יא הַנֶּחֱמָדִים
מִזָּהָב וּמִפַּז רָב וּמְתוּקִים מִדְּבַשׁ וְנֹפֶת צוּפִים: יב גַּם־
עַבְדְּךָ נִזְהָר בָּהֶם בְּשָׁמְרָם עֵקֶב רָב: יג שְׁגִיאוֹת מִי־
יָבִין מִנִּסְתָּרוֹת נַקֵּנִי: יד גַּם מִזֵּדִים | חֲשֹׂךְ עַבְדֶּךָ
אַל־יִמְשְׁלוּ־בִי אָז אֵיתָם וְנִקֵּיתִי מִפֶּשַׁע רָב: טו יִהְיוּ
לְרָצוֹן | אִמְרֵי־פִי וְהֶגְיוֹן לִבִּי לְפָנֶיךָ יְהֹוָה צוּרִי וְגֹאֲלִי:

כ.

מי שיש לו אוהב או קרוב באיזה צרה אף שהוא רחוק ממנו ולא יכול לעזור לו יעשה זו התפלה בכוונה עליו:

א לַמְנַצֵּחַ מִזְמוֹר לְדָוִד: ב יַעַנְךָ יְהֹוָה בְּיוֹם צָרָה
יְשַׂגֶּבְךָ שֵׁם | אֱלֹהֵי יַעֲקֹב: ג יִשְׁלַח עֶזְרְךָ מִקֹּדֶשׁ

Солнцу. 6 И оно выходит, как жених из-под свадебно-
го балдахина; радуется, как богатырь, устремляясь
по своему пути! 7 Выходит оно от краев небес, и со-
вершает круг до краев их; ничто не сокрыто от тепла
его! 8 Тора Господня совершена[a], она возвращает силы
душе; свидетельство Господа верное, дарует мудрость
простаку. 9 Повеления Господни истинны, они весе-
лят сердце; заповедь Господня светла: она просвеща-
ет очи. 10 Страх Господень чист; он пребывает вовек;
суды Господни – истинны: все они справедливы.
11 Они желаннее золота, золота червонного; они сла-
ще меда, текущего из сотов… 12 И раб Твой удостоился
сияния их, и соблюдение их оставило великий след.
13 Кто знает об оплошностях своих? Прости мне неве-
домые [ошибки]. 14 От умышленных грехов удержи
раба Твоего, чтобы они не овладели мною, и тогда я
стану непорочен и чист от грехов великих. 15 Да бу-
дут угодны Тебе слова уст и помыслы сердца моего,
Господь, оплот мой и Избавитель!

20

Если друг или близкий человек попал в беду, даже если он далеко и невозможно ему помочь, следует произнести эту молитву за него.

למנצח 1 Руководителю. Псалом Давида. 2 Ответит
тебе Господь в день бедствия; охранит тебя имя Бога
Яакова! 3 Пошлет Он помощь тебе из святилища и с

а. Закон Господень совершенен… – буквально: «Тора Господа совершенна».

וּמִצִּיּוֹן יִסְעָדֶךָּ: ד יִזְכֹּר כָּל־מִנְחֹתֶךָ וְעוֹלָתְךָ יְדַשְּׁנֶה
סֶלָה: ה יִתֶּן־לְךָ כִלְבָבֶךָ וְכָל־עֲצָתְךָ יְמַלֵּא:
ו נְרַנְּנָה | בִּישׁוּעָתֶךָ וּבְשֵׁם־אֱלֹהֵינוּ נִדְגֹּל יְמַלֵּא יְהוָה כָּל־
מִשְׁאֲלוֹתֶיךָ: ז עַתָּה יָדַעְתִּי כִּי הוֹשִׁיעַ | יְהוָה מְשִׁיחוֹ
יַעֲנֵהוּ מִשְּׁמֵי קָדְשׁוֹ בִּגְבוּרוֹת יֵשַׁע יְמִינוֹ: ח אֵלֶּה
בָרֶכֶב וְאֵלֶּה בַסּוּסִים וַאֲנַחְנוּ | בְּשֵׁם־יְהוָה אֱלֹהֵינוּ נַזְכִּיר:
ט הֵמָּה כָּרְעוּ וְנָפָלוּ וַאֲנַחְנוּ קַּמְנוּ וַנִּתְעוֹדָד: י יְהוָה
הוֹשִׁיעָה הַמֶּלֶךְ יַעֲנֵנוּ בְיוֹם־קָרְאֵנוּ:

כא.

אם אדם היה בשפע רב וכל מה שלבו חפץ לא נמנע ממנו מן הראוי שלא יהא כפוי טובה ויתן שבח והודיה ויתלה הסיבה בשביל הקב״ה שיהיה בטחונו בו והכל מחסד עליון:

א לַמְנַצֵּחַ מִזְמוֹר לְדָוִד: ב יְהוָה בְּעָזְּךָ יִשְׂמַח־מֶלֶךְ
וּבִישׁוּעָתְךָ מַה־יָּגֶל מְאֹד: ג תַּאֲוַת לִבּוֹ נָתַתָּה לּוֹ
וַאֲרֶשֶׁת שְׂפָתָיו בַּל־מָנַעְתָּ סֶּלָה: ד כִּי־תְקַדְּמֶנּוּ
בִּרְכוֹת טוֹב תָּשִׁית לְרֹאשׁוֹ עֲטֶרֶת פָּז: ה חַיִּים |
שָׁאַל מִמְּךָ נָתַתָּה לּוֹ אֹרֶךְ יָמִים עוֹלָם וָעֶד: ו גָּדוֹל
כְּבוֹדוֹ בִּישׁוּעָתֶךָ הוֹד וְהָדָר תְּשַׁוֶּה עָלָיו: ז כִּי־

Сиона поддержит тебя! 4 Вспомнит Он все приноше-
ния твои, и всесожжение твое вовеки примет с благо-
волением! 5 Даст Он тебе то, о чем мечтаешь в сердце
твоем; все замыслы твои приведет в исполнение! 6 Мы
отпразднуем спасение твое, и нашим знаменем будет
имя Бога нашего. Исполнит Господь все пожелания
твои! 7 Теперь я знаю, что Господь спасает помазан-
ника Своего, что это Он отвечает ему со святых небес
Своих могуществом спасительной десницы Своей!
8 Эти – на колесницах, те – на конях[a], а мы Имени
Господа, Бога нашего, молимся[28]. 9 Эти свалятся и па-
дут, а мы встанем и укрепимся! 10 Спаси, Господь! Да
услышит нас Царь, когда мы взываем [к Нему].

21

Человек, одарённый изобилием и каждое желание которого исполняется, не должен быть неблагодарным. Он должен прославлять и благодарить Всевышнего, видеть в Нём источник своего процветания, чтобы полагаться на Него, осознавая, что всё исходит от Его Высшей Милости.

למנצח 1 Руководителю. Псалом Давида. 2 Господь!
Тобой дарованной силе радуется царь, как радует-
ся он и ниспосланному Тобой спасению! 3 То, к чему
стремилось сердце его, Ты даровал ему, Ты никогда
не отвергаешь просьбу уст его! 4 Ты встречаешь его
благословениями; на голову его возложил Ты венец
золота чистого! 5 Он жизни просил у Тебя – Ты дал
ему долголетие на веки веков. 6 Ниспосланное Тобой
спасение возвеличило славу его; Ты возложил на него
красоту и великолепие. 7 Ты навеки одаришь его благо-

---

a. Эти – на колесницах, те – на конях... – другое чтение: «Эти [славятся] колесницами, а те – конями, а мы Именем Господа Бога нашего».

תְּשִׁיתֵהוּ בְרָכוֹת לָעַד תְּחַדֵּהוּ בְשִׂמְחָה אֶת־פָּנֶיךָ׃
ח כִּי־הַמֶּלֶךְ בֹּטֵחַ בַּיהוָה וּבְחֶסֶד עֶלְיוֹן בַּל־יִמּוֹט׃
ט תִּמְצָא יָדְךָ לְכָל־אֹיְבֶיךָ יְמִינְךָ תִּמְצָא שֹׂנְאֶיךָ׃
י תְּשִׁיתֵמוֹ | כְּתַנּוּר אֵשׁ לְעֵת פָּנֶיךָ יְהוָה בְּאַפּוֹ יְבַלְּעֵם
וְתֹאכְלֵם אֵשׁ׃ יא פִּרְיָמוֹ מֵאֶרֶץ תְּאַבֵּד וְזַרְעָם מִבְּנֵי
אָדָם׃ יב כִּי־נָטוּ עָלֶיךָ רָעָה חָשְׁבוּ מְזִמָּה בַּל־יוּכָלוּ׃
יג כִּי תְּשִׁיתֵמוֹ שֶׁכֶם בְּמֵיתָרֶיךָ תְּכוֹנֵן עַל־פְּנֵיהֶם׃
יד רוּמָה יְהוָה בְעֻזֶּךָ נָשִׁירָה וּנְזַמְּרָה גְּבוּרָתֶךָ׃

כב.

יתפלל כל יחיד על אריכת הגלות מעגמת הלב מה שהיינו מקדם במעלה עליונה ועכשיו בשפלות, ולנדור נדרים בצרותיו:

א לַמְנַצֵּחַ עַל־אַיֶּלֶת הַשַּׁחַר מִזְמוֹר לְדָוִד׃ ב אֵלִי
אֵלִי לָמָה עֲזַבְתָּנִי רָחוֹק מִישׁוּעָתִי דִּבְרֵי שַׁאֲגָתִי׃
ג אֱלֹהַי אֶקְרָא יוֹמָם וְלֹא תַעֲנֶה וְלַיְלָה וְלֹא־דֻמִיָּה
לִי׃ ד וְאַתָּה קָדוֹשׁ יוֹשֵׁב תְּהִלּוֹת יִשְׂרָאֵל׃ ה בְּךָ
בָּטְחוּ אֲבֹתֵינוּ בָּטְחוּ וַתְּפַלְּטֵמוֹ׃ ו אֵלֶיךָ זָעֲקוּ וְנִמְלָטוּ
בְּךָ בָטְחוּ וְלֹא־בוֹשׁוּ׃ ז וְאָנֹכִי תוֹלַעַת וְלֹא־אִישׁ

словениями; веселиться он будет пред лицом Твоим.
8 Ибо царь, уповая на Господа и на милость
Всевышнего, не споткнется! 9 «Твоя рука настигнет всех
врагов; настигнет твоя десница всех ненавидящих тебя!
10 Как в печь огненную поместишь их в пору гнева твоего; Господь во гневе Своем поглотит их, огонь их пожрет.
11 Ты истребишь потомство их с лика земли, семя
их – из среды сынов человеческих. 12 На тебя умышляли они навести погибель, неисполнимые козни затевали против тебя!
13 Ты заставил их обратиться в бегство,
направив стрелы в лица их!» 14 Вознесись, Господь, в
мощи Своей! Воспоем и прославим могущество Твое!

22

Каждому следует молиться с печалью в сердце, сетуя на длительность изгнания и на падение с былых высот в теперешнюю униженность, и давать обеты [о самосовершенствовании] в личном горе.

למנצח 1 Руководителю; на мотив «Утренняя Звезда». Псалом Давида.
2 Бог мой! Бог мой! Зачем оставил меня? Не близко спасение, несмотря на молитву
мою! 3 Бог мой! Днем я зову Тебя – Ты не внемлешь;
ночью не умолкаю я! 4 А Ты – Свят! Ты пребываешь
среди славословий Израиля! 5 На Тебя уповали отцы
наши; уповали – и Ты спасал их. 6 К Тебе взывали они
– и были спасены; на Тебя уповали – и не знали стыда!
7 Я – червь, а не человек; опозорен людьми, презираем народом.
8 Все, кто меня видит, поносят меня,
кривят губы, качают головою: 9 «Пусть возложит [за-

חֶרְפַּת אָדָם וּבְזוּי עָם: ח כָּל־רֹאַי יַלְעִגוּ לִי יַפְטִירוּ
בְשָׂפָה יָנִיעוּ רֹאשׁ: ט גֹּל אֶל־יְהֹוָה יְפַלְּטֵהוּ יַצִּילֵהוּ כִּי
חָפֵץ בּוֹ: י כִּי־אַתָּה גֹחִי מִבָּטֶן מַבְטִיחִי עַל־שְׁדֵי
אִמִּי: יא עָלֶיךָ הָשְׁלַכְתִּי מֵרָחֶם מִבֶּטֶן אִמִּי אֵלִי אָתָּה:
יב אַל־תִּרְחַק מִמֶּנִּי כִּי־צָרָה קְרוֹבָה כִּי אֵין עוֹזֵר:
יג סְבָבוּנִי פָּרִים רַבִּים אַבִּירֵי בָשָׁן כִּתְּרוּנִי: יד פָּצוּ
עָלַי פִּיהֶם אַרְיֵה טֹרֵף וְשֹׁאֵג: טו כַּמַּיִם נִשְׁפַּכְתִּי
וְהִתְפָּרְדוּ כָּל־עַצְמוֹתָי הָיָה לִבִּי כַּדּוֹנָג נָמֵס בְּתוֹךְ
מֵעָי: טז יָבֵשׁ כַּחֶרֶשׂ | כֹּחִי וּלְשׁוֹנִי מֻדְבָּק מַלְקוֹחָי
וְלַעֲפַר־מָוֶת תִּשְׁפְּתֵנִי: יז כִּי־סְבָבוּנִי כְּלָבִים עֲדַת
מְרֵעִים הִקִּיפוּנִי כָּאֲרִי יָדַי וְרַגְלָי: יח אֲסַפֵּר כָּל־עַצְמוֹתָי
הֵמָּה יַבִּיטוּ יִרְאוּ־בִי: יט יְחַלְּקוּ בְגָדַי לָהֶם וְעַל־לְבוּשִׁי
יַפִּילוּ גוֹרָל: כ וְאַתָּה יְהֹוָה אַל־תִּרְחָק אֱיָלוּתִי לְעֶזְרָתִי
חוּשָׁה: כא הַצִּילָה מֵחֶרֶב נַפְשִׁי מִיַּד־כֶּלֶב יְחִידָתִי:
כב הוֹשִׁיעֵנִי מִפִּי אַרְיֵה וּמִקַּרְנֵי רֵמִים עֲנִיתָנִי: כג אֲסַפְּרָה
שִׁמְךָ לְאֶחָי בְּתוֹךְ קָהָל אֲהַלְלֶךָּ: כד יִרְאֵי יְהֹוָה | הַלְלוּהוּ
כָּל־זֶרַע יַעֲקֹב כַּבְּדוּהוּ וְגוּרוּ מִמֶּנּוּ כָּל־זֶרַע יִשְׂרָאֵל:

боты свои] на Господа! Пусть Он избавит его; пусть
спасет его, если благоволит к нему!» 10 Ты воспринял
меня из чрева; Ты хранил меня у груди матери моей.
11 На Тебя я был брошен с рождения; Ты был мне
Богом от чрева матери моей. 12 Не удаляйся от меня,
ибо близится беда, и нет помощника! 13 Множест-
во быков обступило меня; мощные быки Башанские
окружили меня. 14 Разверзли на меня пасти. «Лев, ал-
чущий добычи, рыкающий!»… 15 Я растекся как вода;
кости мои рассыпались; сердце как воск расплави-
лось и стекло во чрево мое. 16 Иссохла как черепок
сила моя; прильнул к нёбу язык мой; в прах могиль-
ный Ты повергаешь меня! 17 Как псы окружили меня
злодеи, как лев терзают руки и ноги мои; 18 Я рас-
сказываю о горестях своих, а они смотрят, глазеют
на меня! 19 Делят платья мои, об одежде моей броса-
ют жребий! 20 Но Ты, Господь, не оставайся вдалеке!
Источник силы моей, поспеши мне на помощь! 21 Спа-
си от меча душу мою, от псов – единственную мою!
22 Спаси меня от пасти льва и от рогов буйвола[29]! От-
веть мне! 23 Я расскажу [о величии] имени Твоего
братьям своим; в общине воспою Тебе хвалу!
24 Почитающие Господа, пойте Ему хвалу! Все дети
Яакова, пойте Ему хвалу! Трепещите перед Ним, все
дети Израиля! 25 Ибо не презрел, не отверг Он молит-
вы страждущего, не скрыл лика Своего от него, но

а. Благодаря Тебе я могу петь песнь хвалы – другое чтение: «Тобой дана песнь хвалы».

כה כִּי לֹא־בָזָה וְלֹא שִׁקַּץ עֱנוּת עָנִי וְלֹא־הִסְתִּיר
פָּנָיו מִמֶּנּוּ וּבְשַׁוְּעוֹ אֵלָיו שָׁמֵעַ: כו מֵאִתְּךָ תְּהִלָּתִי
בְּקָהָל רָב נְדָרַי אֲשַׁלֵּם נֶגֶד יְרֵאָיו: כז יֹאכְלוּ עֲנָוִים
וְיִשְׂבָּעוּ יְהַלְלוּ יְהֹוָה דֹּרְשָׁיו יְחִי לְבַבְכֶם לָעַד: כח יִזְכְּרוּ
וְיָשֻׁבוּ אֶל־יְהֹוָה כָּל־אַפְסֵי־אָרֶץ וְיִשְׁתַּחֲווּ לְפָנֶיךָ כָּל־
מִשְׁפְּחוֹת גּוֹיִם: כט כִּי לַיהֹוָה הַמְּלוּכָה וּמֹשֵׁל בַּגּוֹיִם:
ל אָכְלוּ וַיִּשְׁתַּחֲווּ כָּל־דִּשְׁנֵי־אֶרֶץ לְפָנָיו יִכְרְעוּ כָּל־
יוֹרְדֵי עָפָר וְנַפְשׁוֹ לֹא חִיָּה: לא זֶרַע יַעַבְדֶנּוּ יְסֻפַּר
לַאדֹנָי לַדּוֹר: לב יָבֹאוּ וְיַגִּידוּ צִדְקָתוֹ לְעַם נוֹלָד כִּי עָשָׂה:

כג.

כשהיה דוד המלך ביער חרת ולא היה לו לאכול ולשתות וכמעט יצאה נשמתו והזדמן לו הקב"ה שטעם מעין עולם הבא חיבר מזמור זה על גודל הבטחון שהיה לו:

יום ד

א מִזְמוֹר לְדָוִד יְהֹוָה רֹעִי לֹא אֶחְסָר: ב בִּנְאוֹת דֶּשֶׁא
יַרְבִּיצֵנִי עַל־מֵי מְנֻחוֹת יְנַהֲלֵנִי: ג נַפְשִׁי יְשׁוֹבֵב יַנְחֵנִי
בְמַעְגְּלֵי־צֶדֶק לְמַעַן שְׁמוֹ: ד גַּם כִּי־אֵלֵךְ בְּגֵיא צַלְמָוֶת
לֹא־אִירָא רָע כִּי־אַתָּה עִמָּדִי שִׁבְטְךָ וּמִשְׁעַנְתֶּךָ הֵמָּה
יְנַחֲמֻנִי: ה תַּעֲרֹךְ לְפָנַי שֻׁלְחָן נֶגֶד צֹרְרָי דִּשַּׁנְתָּ

услышал молитву, к Нему обращенную. 26 Благодаря[a]
Тебе я могу петь песнь хвалы[30].В собрании великом
я обеты исполняю перед почитающими Его! 27 Пусть
едят страждущие и насыщаются, и да восхвалят
Господа ищущие Его: «Вовек будет живо сердце ваше!»
28 Вспомнят – и обратятся к Господу все края земли,
преклонятся пред Ним племена всех народов. 29 Ибо
Тебе, Господь, и царство, и власть над народами...
30 Вкусите от всех земных благ и преклонитесь перед
Ним! Падут перед Ним на колени нисходящие в прах,
чья душа не останется в живых. 31 Потомки тех, кто
служит Владыке, перескажут [следующим] поколени-
ям. 32 А те, кто придет за ними, поведают о милосер-
дии, совершенном Им, народу, что родится.

23

Когда царь Давид находился в лесу Херета без воды и пищи и душа его почти покинула тело, насытил его Всевышний вкусом, подобным Грядущему миру. Давид сложил эту песнь о великом уповании, которое у него было.

День 4 מזמור 1 Псалом Давида. Господь – мой пастырь и я
не знаю лишений! 2 Он укладывает меня на пастбищах
зеленых, приводит к водам тихим. 3 Дарует покой душе
моей[31], ведет меня тропами верными, ради имени Сво-
его. 4 Даже проходя ущельем во тьме смертной, не убо-
юсь беды; ибо Ты – со мною! Дубина и посох[a] в Твоих
руках вселяют в меня уверенность. 5 Ты накрываешь
предо мною стол, когда кругом враги; Ты умащаешь

а. Твои дубина и посох... – вселяют в меня уверенность – два орудия пастуха: дубина – для защиты от диких животных, посох – для управления стадом.

בְּשֶׁמֶן רֹאשִׁי כּוֹסִי רְוָיָה׃ ו אַךְ טוֹב וָחֶסֶד יִרְדְּפוּנִי
כָּל־יְמֵי חַיָּי וְשַׁבְתִּי בְּבֵית יְהֹוָה לְאֹרֶךְ יָמִים׃

כד.

אם יש בתפלה איזה דבר שהוא קידוש השם יתפלל שיעשה בשביל קדושת שמו יתברך לא בשבילו ויזכור זכות אבותיו שמצינו גדולים צדיקים במיתתם מבחייהם:

א לְדָוִד מִזְמוֹר לַיהֹוָה הָאָרֶץ וּמְלוֹאָהּ תֵּבֵל וְיֹשְׁבֵי
בָהּ׃ ב כִּי הוּא עַל־יַמִּים יְסָדָהּ וְעַל־נְהָרוֹת יְכוֹנְנֶהָ׃
ג מִי־יַעֲלֶה בְהַר יְהֹוָה וּמִי־יָקוּם בִּמְקוֹם קָדְשׁוֹ׃ ד נְקִי
כַפַּיִם וּבַר לֵבָב אֲשֶׁר ׀ לֹא־נָשָׂא לַשָּׁוְא נַפְשִׁי וְלֹא
נִשְׁבַּע לְמִרְמָה׃ ה יִשָּׂא בְרָכָה מֵאֵת יְהֹוָה וּצְדָקָה מֵאֱלֹהֵי
יִשְׁעוֹ׃ ו זֶה דּוֹר דֹּרְשָׁיו מְבַקְשֵׁי פָנֶיךָ יַעֲקֹב סֶלָה׃
ז שְׂאוּ שְׁעָרִים ׀ רָאשֵׁיכֶם וְהִנָּשְׂאוּ פִּתְחֵי עוֹלָם וְיָבוֹא
מֶלֶךְ הַכָּבוֹד׃ ח מִי זֶה מֶלֶךְ הַכָּבוֹד יְהֹוָה עִזּוּז וְגִבּוֹר יְהֹוָה
גִּבּוֹר מִלְחָמָה׃ ט שְׂאוּ שְׁעָרִים ׀ רָאשֵׁיכֶם וּשְׂאוּ פִּתְחֵי
עוֹלָם וְיָבֹא מֶלֶךְ הַכָּבוֹד׃ י מִי הוּא זֶה מֶלֶךְ הַכָּבוֹד
יְהֹוָה צְבָאוֹת הוּא מֶלֶךְ הַכָּבוֹד סֶלָה׃

благовонным маслом[32] голову мою; наполняешь чашу
мою! 6 Во все дни жизни моей настичь меня смогут
только блага и милости[a], и долгие годы я буду вновь
приходить в дом Господень!

24

Если исполнение молитвы человека приведёт к Освящению Имени Всевышнего, следует молиться, чтобы Всевышний исполнил молитву ради Святости Его Имени, а не ради человека. И в молитве следует упомянуть заслуги его предков, ибо "праведники более значительны после смерти, чем при жизни".

לדוד 1 Давида псалом. Господня земля и всё, что ее
наполняет, вселенная и все обитающие в ней! 2 Он по-
ставил ее устои у морей, у рек основал ее! 3 Кто взой-
дет на гору Господню, и кто устоит в святой Его об-
ители? – 4 Тот, чьи руки чисты и сердце непорочно; чья
душа не была устремлена ко лжи[33], кто не дает клятв
ложных. 5 Он удостоится благословения от Господа,
милости Бога, Спасителя своего. 6 Таково поколение
ищущих Его, потомков Яакова, вовеки желающих
предстать пред лицом Твоим! 7 Станьте выше, вра-
та! Откройтесь, порталы вечности[34]! Да войдет Царь
славы! 8 Кто этот Царь славы? – Господь сильный и
могущественный, Господь могущественный в бою!
9 Станьте выше, врата! Откройтесь, порталы вечнос-
ти! Да войдет Царь славы! 10 Кто этот Царь славы? –
Господь Воинств, только Он – вовеки Царь славы!

а. Настичь меня смогут только блага и милости – но не враги.

כה.

בו חסר (בו״ק) בגי׳ עם הכולל גיהנום והאומרו בכל יום אינו רואה פני גיהנום:

א לְדָוִד אֵלֶיךָ יְהֹוָה נַפְשִׁי אֶשָּׂא: ב אֱלֹהַי בְּךָ בָטַחְתִּי
אַל־אֵבוֹשָׁה אַל־יַעַלְצוּ אֹיְבַי לִי: ג גַּם כָּל־קֹוֶיךָ לֹא
יֵבֹשׁוּ יֵבֹשׁוּ הַבּוֹגְדִים רֵיקָם: ד דְּרָכֶיךָ יְהֹוָה הוֹדִיעֵנִי
אֹרְחוֹתֶיךָ לַמְּדֵנִי: ה הַדְרִיכֵנִי בַאֲמִתֶּךָ | וְלַמְּדֵנִי כִּי
אַתָּה אֱלֹהֵי יִשְׁעִי אוֹתְךָ קִוִּיתִי כָּל־הַיּוֹם: ו זְכֹר רַחֲמֶיךָ
יְהֹוָה וַחֲסָדֶיךָ כִּי מֵעוֹלָם הֵמָּה: ז חַטֹּאות נְעוּרַי | וּפְשָׁעַי
אַל־תִּזְכֹּר כְּחַסְדְּךָ זְכָר־לִי־אַתָּה לְמַעַן טוּבְךָ יְהֹוָה: ח טוֹב
וְיָשָׁר יְהֹוָה עַל־כֵּן יוֹרֶה חַטָּאִים בַּדָּרֶךְ: ט יַדְרֵךְ עֲנָוִים
בַּמִּשְׁפָּט וִילַמֵּד עֲנָוִים דַּרְכּוֹ: י כָּל־אָרְחוֹת יְהֹוָה חֶסֶד
וֶאֱמֶת לְנֹצְרֵי בְרִיתוֹ וְעֵדֹתָיו: יא לְמַעַן־שִׁמְךָ יְהֹוָה וְסָלַחְתָּ
לַעֲוֹנִי כִּי רַב־הוּא: יב מִי זֶה הָאִישׁ יְרֵא יְהֹוָה יוֹרֶנּוּ
בְּדֶרֶךְ יִבְחָר: יג נַפְשׁוֹ בְּטוֹב תָּלִין וְזַרְעוֹ יִירַשׁ אָרֶץ:
יד סוֹד יְהֹוָה לִירֵאָיו וּבְרִיתוֹ לְהוֹדִיעָם: טו עֵינַי תָּמִיד
אֶל־יְהֹוָה כִּי הוּא יוֹצִיא מֵרֶשֶׁת רַגְלָי: טז פְּנֵה־אֵלַי וְחָנֵּנִי
כִּי־יָחִיד וְעָנִי אָנִי: יז צָרוֹת לְבָבִי הִרְחִיבוּ מִמְּצוּקוֹתַי

25

Стихи этого псалма начинаются с букв в порядке Алеф-Бет, при этом стихи, начинающиеся с букв Бет, Вав и Куф, отсутствуют. Обобщенная гематрия этих букв (109) равна гематрии слова Ге́еном (ад). Тот, кто читает этот псалом ежедневно, не увидит ада.

לדוד 1 Давида. К Тебе, Господи, возношу душу свою!
2 Бог мой! На Тебя уповаю; не дай мне узнать стыда;
не дай врагам торжествовать надо мною! 3 И пусть не
узнают стыда все, надеющиеся на Тебя; а стыд падет
на предавших без причины[а]! 4 Укажи мне, Господь,
пути Твои, научи меня стезям Твоим! 5 Веди меня пу-
тем истины Твоей; ибо Ты – Бог спасения моего – вся-
кий день на Тебя лишь уповаю. 6 Вспомни милосердие
Твое, Господь, и милости Твои; те, что были издав-
на. 7 Грехов и преступлений юности моей не поми-
най; вспомни обо мне в милости, по доброте Твоей,
Господь! 8 Благ и праведен Господь; поэтому Он
указывает грешникам путь, – 9 смиренных направляет
к правде, и обучает смиренных пути Своему. 10 На всех
путях Господних – покровительство и истина всякому,
кто хранит союз и откровение Его. 11 Ради имени Твоего
великого, Господь, прости мое великое преступление.
12 Человеку, что страшится Господа, Он укажет, какой
путь избрать. 13 Его душа отдохнет во благе; потомст-
во его унаследует землю. 14 Тайна Господня извест-
на[б] боящимся Его[35], слову союза Своего их обучает.
15 Взоры мои всегда – к Господу, Он вытащит меня
из капкана. 16 Обратись ко мне, пожалей меня, ибо я
одинок и несчастен! 17 Неисчислимы горести сердца

а. Стыд падет на предавших без причины! – вариант чтения: «Пусть предатели со стыдом узнают, что напрасно оставили [Тебя]!». б. Тайна Господня известна… – вариант чтения: «Близок Господь к боящимся Его…».

הוֹצִיאֵנִי׃ יח רְאֵה־עָנְיִי וַעֲמָלִי וְשָׂא לְכָל־חַטֹּאותָי׃
יט רְאֵה־אוֹיְבַי כִּי־רָבּוּ וְשִׂנְאַת חָמָס שְׂנֵאוּנִי׃ כ שָׁמְרָה
נַפְשִׁי וְהַצִּילֵנִי אַל־אֵבוֹשׁ כִּי־חָסִיתִי בָךְ׃ כא תֹּם־וָיֹשֶׁר
יִצְּרוּנִי כִּי קִוִּיתִיךָ׃ כב פְּדֵה אֱלֹהִים אֶת־יִשְׂרָאֵל מִכֹּל
צָרוֹתָיו׃

כו.

היאך דוד המלך מתחזק בתפלות ובחסידות נגד הקדוש ברוך הוא שהיה מקנא למי שהיה במעלה וביראה יותר ממנו ואמר מי יתן והייתי כמוהו בחסידות ובמעלות:

א לְדָוִד ׀ שָׁפְטֵנִי יְהוָה כִּי־אֲנִי בְּתֻמִּי הָלַכְתִּי וּבַיהוָה
בָּטַחְתִּי לֹא אֶמְעָד׃ ב בְּחָנֵנִי יְהוָה וְנַסֵּנִי צָרְפָה כִלְיוֹתַי
וְלִבִּי׃ ג כִּי־חַסְדְּךָ לְנֶגֶד עֵינָי וְהִתְהַלַּכְתִּי בַּאֲמִתֶּךָ׃
ד לֹא־יָשַׁבְתִּי עִם־מְתֵי־שָׁוְא וְעִם־נַעֲלָמִים לֹא אָבוֹא׃
ה שָׂנֵאתִי קְהַל מְרֵעִים וְעִם־רְשָׁעִים לֹא אֵשֵׁב׃ ו אֶרְחַץ
בְּנִקָּיוֹן כַּפָּי וַאֲסֹבְבָה אֶת־מִזְבַּחֲךָ יְהוָה׃ ז לַשְׁמִעַ בְּקוֹל
תּוֹדָה וּלְסַפֵּר כָּל־נִפְלְאוֹתֶיךָ׃ ח יְהוָה אָהַבְתִּי מְעוֹן
בֵּיתֶךָ וּמְקוֹם מִשְׁכַּן כְּבוֹדֶךָ׃ ט אַל־תֶּאֱסֹף עִם־חַטָּאִים
נַפְשִׁי וְעִם־אַנְשֵׁי דָמִים חַיָּי׃ י אֲשֶׁר־בִּידֵיהֶם זִמָּה
וִימִינָם מָלְאָה שֹּׁחַד׃ יא וַאֲנִי בְּתֻמִּי אֵלֵךְ פְּדֵנִי וְחָנֵּנִי׃
יב רַגְלִי עָמְדָה בְמִישׁוֹר בְּמַקְהֵלִים אֲבָרֵךְ יְהוָה׃

моего, выведи меня из теснины бедствий! 18 Взгляни
на страдание и тяготы мои, прости мне все грехи!
19 Взгляни, как многочисленны враги мои, как жесто-
ко они ненавидят меня! 20 Сохрани душу мою[а] и спаси
меня; не узнаю стыда, ведь я[36] на Тебя уповаю! 21 Пусть
хранят меня непорочность и прямодушие мои, ведь на
Тебя я надеюсь. 22 Охрани, Боже, Израиль от всех бед-
ствий его!

26

В этом псалме царь Давид укрепляет себя для молитвы и праведности перед Всевышним, мечтая уподобиться тем, кто превзошёл его в благочестии и богобоязненности, и говоря: "Если бы я только обладал их праведностью и достоинствами!"

לדוד 1 Давида. Господи, рассуди меня: ходил я в непо-
рочности, на Господа уповал, не дай мне поскользнуться!
2 Проверь меня, Господи, испытай меня; узнай пробу
моих[б] почек и сердца[в]! 3 Твое покровительство предо
мною, и по данной Тобой истине ходил я. 4 Не сидел я в
собрании со смертными, [живущими] напрасно, не об-
щался с поступающими исподтишка. 5 Ненавидел сбо-
рища злодеев, не сидел в собрании с преступниками.
6 До чистоты отмывал я руки свои и обходил жертвен-
ник Твой, Господь; 7 и вел с благодарностью рассказ обо
всех чудесах Твоих! 8 Господь! Люблю я обитель дома
Твоего, место пребывания славы Твоей! 9 Не забирай
души моей вместе с душами грешников, жизни моей – с
убийцами, 10 на чьих руках злодейство, а десницы пере-
полняют взятки. 11 Ведь я хожу в простоте моей; осво-
боди и пожалей меня! 12 Ноги мои – на прямой стезе.
Благословляю я Господа в собраниях великих!

а. Сохрани душу мою – ...и тело – ведь на земле душа и тело единое целое. б. Узнай пробу... – второе чтение: «Очистил от [примесей] мои...», как ювелир очищает золото. в. Почки и сердце... – в символике Писания сердце принимает решения; почки – «советуют», нашептывают не оформленные в решениях мысли.

כז.

הודאה ושבח ובטחונו שמנצח מלחמותיו ומ"מ אינני חפץ במלחמות באשר שאינני יכול לקנות שלימות רק אחת שאלתי לשבת יומם ולילה בבה"מ ללמוד תורה לקנות שלימות לזכות נשמתי לחיי העולם הבא:

א לְדָוִד | יְהוָה | אוֹרִי וְיִשְׁעִי מִמִּי אִירָא יְהוָה מָעוֹז חַיַּי מִמִּי
אֶפְחָד: ב בִּקְרֹב עָלַי | מְרֵעִים לֶאֱכֹל אֶת־בְּשָׂרִי צָרַי
וְאֹיְבַי לִי הֵמָּה כָּשְׁלוּ וְנָפָלוּ: ג אִם־תַּחֲנֶה עָלַי | מַחֲנֶה
לֹא־יִירָא לִבִּי אִם־תָּקוּם עָלַי מִלְחָמָה בְּזֹאת אֲנִי
בוֹטֵחַ: ד אַחַת | שָׁאַלְתִּי מֵאֵת־יְהוָה אוֹתָהּ אֲבַקֵּשׁ שִׁבְתִּי
בְּבֵית־יְהוָה כָּל־יְמֵי חַיַּי לַחֲזוֹת בְּנֹעַם־יְהוָה וּלְבַקֵּר
בְּהֵיכָלוֹ: ה כִּי יִצְפְּנֵנִי | בְּסֻכֹּה בְּיוֹם רָעָה יַסְתִּרֵנִי בְּסֵתֶר
אָהֳלוֹ בְּצוּר יְרוֹמְמֵנִי: ו וְעַתָּה יָרוּם רֹאשִׁי עַל־אֹיְבַי
סְבִיבוֹתַי וְאֶזְבְּחָה בְאָהֳלוֹ זִבְחֵי תְרוּעָה אָשִׁירָה וַאֲזַמְּרָה
לַיהוָה: ז שְׁמַע־יְהוָה קוֹלִי אֶקְרָא וְחָנֵּנִי וַעֲנֵנִי: ח לְךָ אָמַר
לִבִּי בַּקְּשׁוּ פָנָי אֶת־פָּנֶיךָ יְהוָה אֲבַקֵּשׁ: ט אַל־תַּסְתֵּר פָּנֶיךָ |
מִמֶּנִּי אַל־תַּט בְּאַף עַבְדֶּךָ עֶזְרָתִי הָיִיתָ אַל־תִּטְּשֵׁנִי
וְאַל־תַּעַזְבֵנִי אֱלֹהֵי יִשְׁעִי: י כִּי אָבִי וְאִמִּי עֲזָבוּנִי וַיהוָה
יַאַסְפֵנִי: יא הוֹרֵנִי יְהוָה דַּרְכֶּךָ וּנְחֵנִי בְּאֹרַח מִישׁוֹר לְמַעַן

27

Благодарность и прославление и уверенность в победе в войнах, но "я не хочу войн, потому что они не принесут мне совершенства. Одного только прошу - день и ночь быть в доме учения, изучать Тору и приобретать совершенство души для жизни в будущем мире".

לדוד 1 Давида. Господь – свет и спасение мое: кого
мне бояться? Господь – крепость жизни моей: кого
мне опасаться? 2 Когда выступают против меня зло-
деи, ненавистники и враги, чтобы растерзать плоть
мою, – они потерпят поражение и падут! 3 Когда рас-
полагается против меня лагерь врагов, не страшит-
ся сердце мое; когда на меня идут войной, я храню
уверенность! 4 Одна просьба у меня к Господу, толь-
ко об этом прошу: пребывать в доме Господнем все
дни жизни моей, созерцать благо Господне, прихо-
дить в обитель Его, 5 чтобы в день бедствия укрыл Он
меня покровом Своим, скрыл под покровом шатра
Своего, вознес в убежище твердокаменное! 6 Тогда
вознесусь я над окружающими врагами и под звуки
труб принесу жертвоприношения в шатре Его, буду
петь и восхвалять Господа! 7 Господь! Услышь при-
зыв мой; пожалей меня и ответь мне! 8 Сердце под-
сказывает: «Ищите лица Моего!» – и я ищу Лик Твой,
Господь! 9 Не скрывай от меня Лика Своего, не отвергай
в гневе раба Твоего. Ты всегда был мне поддержкою;
не бросай, не оставляй меня, Бог спасения моего!
10 Оставили меня отец и мать, но Господь приютил
меня! 11 Укажи мне, Господь, путь Твой, веди меня

שֹׁרְרָי: יב אַל־תִּתְּנֵנִי בְּנֶפֶשׁ צָרָי כִּי קָמוּ־בִי עֵדֵי־
שֶׁקֶר וִיפֵחַ חָמָס: יג לוּלֵא הֶאֱמַנְתִּי לִרְאוֹת בְּטוּב־יְהֹוָה
בְּאֶרֶץ חַיִּים: יד קַוֵּה אֶל־יְהֹוָה חֲזַק וְיַאֲמֵץ לִבֶּךָ וְקַוֵּה
אֶל־יְהֹוָה:

כח.

תפלה לכל יחיד ויחיד שהקדוש ברוך הוא יעזרו ללכת בדרך הטוב וימניעו מלכת עם הרשעים פועלי און וישלם לרשעים כרשעתם ולצדיקים כצדקתם:

א לְדָוִד אֵלֶיךָ יְהֹוָה | אֶקְרָא צוּרִי אַל־תֶּחֱרַשׁ מִמֶּנִּי פֶּן
תֶּחֱשֶׁה מִמֶּנִּי וְנִמְשַׁלְתִּי עִם־יוֹרְדֵי בוֹר: ב שְׁמַע קוֹל
תַּחֲנוּנַי בְּשַׁוְּעִי אֵלֶיךָ בְּנָשְׂאִי יָדַי אֶל־דְּבִיר קָדְשֶׁךָ:
ג אַל־תִּמְשְׁכֵנִי עִם־רְשָׁעִים וְעִם־פֹּעֲלֵי אָוֶן דֹּבְרֵי שָׁלוֹם
עִם־רֵעֵיהֶם וְרָעָה בִּלְבָבָם: ד תֶּן־לָהֶם כְּפָעֳלָם וּכְרֹעַ
מַעַלְלֵיהֶם כְּמַעֲשֵׂה יְדֵיהֶם תֵּן לָהֶם הָשֵׁב גְּמוּלָם לָהֶם:
ה כִּי לֹא יָבִינוּ אֶל־פְּעֻלֹּת יְהֹוָה וְאֶל־מַעֲשֵׂה יָדָיו יֶהֶרְסֵם
וְלֹא יִבְנֵם: ו בָּרוּךְ יְהֹוָה כִּי־שָׁמַע קוֹל תַּחֲנוּנָי: ז יְהֹוָה |
עֻזִּי וּמָגִנִּי בּוֹ בָטַח לִבִּי וְנֶעֱזָרְתִּי וַיַּעֲלֹז לִבִּי וּמִשִּׁירִי
אֲהוֹדֶנּוּ: ח יְהֹוָה עֹז־לָמוֹ וּמָעוֹז יְשׁוּעוֹת מְשִׁיחוֹ הוּא:

дорогой прямой, вопреки всем врагам! 12 Не выдавай
меня на произвол врагам, когда встают против меня
лжесвидетели, дышащие злобою; 13 если бы не был я
уверен в том, что еще увижу благо Господне на зем-
ле живых[a]... 14 Надейся на Господа! Будь мужествен,
пусть будет твердым сердце твое! Надейся на Господа!

28

Молитва для каждого человека, чтобы Всевышний помог ему идти по правильному пути и предотвратил от общих дел со злодеями, творящими греховное. И чтобы воздал Он злодеям за злодейства их и праведникам - за праведность их.

לדוד 1 Давида. К Тебе, Господи, взываю! Твердыня
моя, не останься глух ко мне! Не молчи, чтобы не стал
я похож на сошедших в могилу! 2 Услышь мольбу мою,
когда руки мои воздеты к Святая Святых Твоей! 3 Не
привлекай меня со злодеями, с творящими зло, с тем,
кто [на словах] желает благополучия ближним, но в
сердце своем умышляет злодейство. 4 Не сделай мне
привлекательными злодеев, творящих зло, тех, кто [на
словах] желает благополучия ближним, но в сердце
своем умышляет злодейство. 5 За то, что не осознают
деяний Господа, дел рук Его, Он разрушит их и не
даст им отстроиться! 6 Благословен Господь, Который
слышит мольбу мою! 7 Господь – крепость моя и щит
мой; на Него уповает сердце мое, и от Него поддерж-
ка мне. Сердцу отрадно, и я пою песнь хвалы Ему. 8 В
Господе – сила народа, Он – твердыня спасения пома-
занника Своего! 9 Спаси народ Твой, благослови удел

а. Если бы не был... на земле живых – стих не завершен, чтобы читатель сам дополнил, что было бы тогда. Масора (традиция записи и чтения) помечает слово «если бы не» точками над и под буквами, чтобы подчеркнуть, что читатель должен додумать стих сам (Минхат Шай).

ט הוֹשִׁיעָה אֶת־עַמֶּךָ וּבָרֵךְ אֶת־נַחֲלָתֶךָ וּרְעֵם וְנַשְּׂאֵם
עַד־הָעוֹלָם׃

כט.

במזמור זה הם ח"י אזכרות נגדם תקנו חכמינו ז"ל ח"י ברכות. ויש לפרש כל המזמור על מתן תורה ועל קבוץ גליות:

יום ה

א מִזְמוֹר לְדָוִד הָבוּ לַיהוָה בְּנֵי אֵלִים הָבוּ לַיהוָה כָּבוֹד
וָעֹז׃ ב הָבוּ לַיהוָה כְּבוֹד שְׁמוֹ הִשְׁתַּחֲווּ לַיהוָה בְּהַדְרַת־
קֹדֶשׁ׃ ג קוֹל יְהוָה עַל־הַמָּיִם אֵל־הַכָּבוֹד הִרְעִים יְהוָה עַל־
מַיִם רַבִּים׃ ד קוֹל־יְהוָה בַּכֹּחַ קוֹל יְהוָה בֶּהָדָר׃ ה קוֹל יְהוָה
שֹׁבֵר אֲרָזִים וַיְשַׁבֵּר יְהוָה אֶת־אַרְזֵי הַלְּבָנוֹן׃ ו וַיַּרְקִידֵם
כְּמוֹ־עֵגֶל לְבָנוֹן וְשִׂרְיוֹן כְּמוֹ בֶן־רְאֵמִים׃ ז קוֹל־יְהוָה חֹצֵב
לַהֲבוֹת אֵשׁ׃ ח קוֹל יְהוָה יָחִיל מִדְבָּר יָחִיל יְהוָה מִדְבַּר
קָדֵשׁ׃ ט קוֹל יְהוָה ׀ יְחוֹלֵל אַיָּלוֹת וַיֶּחֱשֹׂף יְעָרוֹת וּבְהֵיכָלוֹ
כֻּלּוֹ אֹמֵר כָּבוֹד׃ י יְהוָה לַמַּבּוּל יָשָׁב וַיֵּשֶׁב יְהוָה מֶלֶךְ
לְעוֹלָם׃ יא יְהוָה עֹז לְעַמּוֹ יִתֵּן יְהוָה ׀ יְבָרֵךְ אֶת־עַמּוֹ בַשָּׁלוֹם׃

ליום שני

ל.

מוסר שאל יצטער אדם אם הקב"ה שולח עליו יסורים בעוה"ז שא"א לבא לידי עוה"ב אלא ע"י יסורים גם אם הוא במעלה עליונה אל יחשוב שלא ימוט לעולם רק שהכל ברשות הקב"ה:

א מִזְמוֹר שִׁיר־חֲנֻכַּת הַבַּיִת לְדָוִד׃ ב אֲרוֹמִמְךָ יְהוָה

Свой; будь им Пастырем и Хранителем во веки веков!

29

В этом псалме содержится восемнадцать упоминаний Божественного Имени. В соответствии с этим мудрецами были установлены восемнадцать благословений молитвы Амида. Псалом может быть интерпретирован как описание дарования Торы и грядущего возвращения изгнанников Израиля.

День 5 מזמור 1 Псалом Давида. Воздайте Господу, сыны
сильных, воздайте Господу славу и могущество!
2 Воздайте Господу славу имени Его: поклонитесь пе-
ред величием святыни Господа! 3 Голос Господа – над
водами; в Божественной Славе грохочет Господь над
водами великими! 4 В голосе Господа – сила; в голосе
Господа – величие. 5 Голос Господа сокрушает кедры;
Господь сокрушает кедры ливанские; 6 словно бычка
заставляет Он скакать Ливан и Сирион[37], словно буй-
волов молодых! 7 Голос Господа высекает языки пла-
мени; 8 голос Господа сотрясает пустыню, сотрясает
Господь пустыню Кадеш! 9 Голос Господа распугива-
ет туров, обнажаются леса. В храме Его – все гласит:
«Слава!» 10 Господь над потопом воссел, на царском
престоле восседает Господь навек! 11 Господь дарует
силу народу Своему; Господь благословляет народ
Свой благоденствием!

ПОНЕДЕЛЬНИК

30

Поучение человеку не печалиться, когда Всевышний посылает ему страдания в этом мире, ведь невозможно войти в Мир Грядущий, не пройдя через них. Даже если он на высоком духовном уровне, не должен думать, что никогда не падёт, а осознавать, что всё от Бога.

מזמור 1 Псалом. Песнь освящения дома. Давида.

כִּי דִלִּיתָנִי וְלֹא־שִׂמַּחְתָּ אֹיְבַי לִי: ג יְהוָה אֱלֹהָי שִׁוַּעְתִּי
אֵלֶיךָ וַתִּרְפָּאֵנִי: ד יְהוָה הֶעֱלִיתָ מִן־שְׁאוֹל נַפְשִׁי חִיִּיתַנִי
מִיָּרְדִי בוֹר: ה זַמְּרוּ לַיהוָה חֲסִידָיו וְהוֹדוּ לְזֵכֶר קָדְשׁוֹ:
ו כִּי רֶגַע בְּאַפּוֹ חַיִּים בִּרְצוֹנוֹ בָּעֶרֶב יָלִין בֶּכִי וְלַבֹּקֶר רִנָּה:
ז וַאֲנִי אָמַרְתִּי בְשַׁלְוִי בַּל־אֶמּוֹט לְעוֹלָם: ח יְהוָה בִּרְצוֹנְךָ
הֶעֱמַדְתָּה לְהַרְרִי עֹז הִסְתַּרְתָּ פָנֶיךָ הָיִיתִי נִבְהָל:
ט אֵלֶיךָ יְהוָה אֶקְרָא וְאֶל־אֲדֹנָי אֶתְחַנָּן: י מַה־בֶּצַע בְּדָמִי
בְּרִדְתִּי אֶל־שָׁחַת הֲיוֹדְךָ עָפָר הֲיַגִּיד אֲמִתֶּךָ: יא שְׁמַע־
יְהוָה וְחָנֵּנִי יְהוָה הֱיֵה | עֹזֵר לִי: יב הָפַכְתָּ מִסְפְּדִי לְמָחוֹל
לִי פִּתַּחְתָּ שַׂקִּי וַתְּאַזְּרֵנִי שִׂמְחָה: יג לְמַעַן יְזַמֶּרְךָ כָבוֹד
וְלֹא יִדֹּם יְהוָה אֱלֹהַי לְעוֹלָם אוֹדֶךָּ:

לא.

תפלה לדוד בברחו מפני שאול בהיותו בעניו ומרודו ושם מבטחו בה׳ ומוסר הוא לאדם שישים בטחונו רק בה׳:

א לַמְנַצֵּחַ מִזְמוֹר לְדָוִד: ב בְּךָ־יְהוָה חָסִיתִי אַל־
אֵבוֹשָׁה לְעוֹלָם בְּצִדְקָתְךָ פַלְּטֵנִי: ג הַטֵּה אֵלַי | אָזְנְךָ
מְהֵרָה הַצִּילֵנִי הֱיֵה לִי | לְצוּר־מָעוֹז לְבֵית מְצוּדוֹת
לְהוֹשִׁיעֵנִי: ד כִּי־סַלְעִי וּמְצוּדָתִי אָתָּה וּלְמַעַן שִׁמְךָ

2 Превозношу Тебя, Господь, за то, что вызволил меня,
за то, что не дал врагам торжествовать надо мной!
3 Господь, Бог мой, Тебе я молился – и Ты исцелил
меня! 4 Господи! Ты вытащил мою душу из бездны;
Ты сохранил мне жизнь, не дал мне спустится в моги-
лу! 5 Пойте Господу, преданные Ему, славьте святое
Имя Его! 6 Гнев Его – на мгновение, а любовь – на всю
жизнь[a]. Вечером засыпаешь в слезах, а утром [просы-
паешься] в радости. 7 Я сказал беззаботно: «Никогда
не споткнусь!» 8 Это по Твоей воле, Господь, мощь
моя вознесена до горных вершин, но когда Ты сокрыл
лик Свой, объял меня ужас. 9 Начал к Тебе, Господь,
взывать, Владыку своего умолять: 10 «Какая польза,
если прольется кровь моя, если сойду я в могилу? Бу-
дет ли прах воздавать Тебе хвалу, возвещать истину
Твою?» 11 «Услышь, Господи, пожалей меня! Господи,
помоги мне!» 12 Ты превратил траур в ликование; дал
мне снять рубище, облачиться в праздничный наряд!
13 Потому, не умолкая, пою о славе Твоей! Господь,
Бог мой, навек моя благодарность Тебе!

31

Молитва Давида, бегущего от Саула. Когда Давид был беден, он возложил все свои надежды на Всевышнего. Псалом учит каждого человека уповать только на Всевышнего.

למנצח 1 Руководителю. Псалом Давида. 2 На Тебя,
Господи, уповаю, никогда не узнаю позора! Спаси
меня по милосердию Твоему! 3 Преклони ухо Свое;

a. Гнев Его – на мгновение, а любовь – на всю жизнь – вариант понимания стиха: «Гнев Его [только] на мгновение, потому как Он любит даровать жизнь" (Тиферет Шломо).

תַּנְחֵנִי וּתְנַהֲלֵנִי׃ ה תּוֹצִיאֵנִי מֵרֶשֶׁת זוּ טָמְנוּ לִי כִּי
אַתָּה מָעוּזִּי׃ ו בְּיָדְךָ אַפְקִיד רוּחִי פָּדִיתָה אוֹתִי יְהוָה אֵל
אֱמֶת׃ ז שָׂנֵאתִי הַשֹּׁמְרִים הַבְלֵי־שָׁוְא וַאֲנִי אֶל־יְהוָה
בָּטָחְתִּי׃ ח אָגִילָה וְאֶשְׂמְחָה בְּחַסְדֶּךָ אֲשֶׁר רָאִיתָ אֶת־
עָנְיִי יָדַעְתָּ בְּצָרוֹת נַפְשִׁי׃ ט וְלֹא הִסְגַּרְתַּנִי בְּיַד־אוֹיֵב
הֶעֱמַדְתָּ בַמֶּרְחָב רַגְלָי׃ י חָנֵּנִי יְהוָה כִּי צַר לִי עָשְׁשָׁה
בְכַעַס עֵינִי נַפְשִׁי וּבִטְנִי׃ יא כִּי כָלוּ בְיָגוֹן חַיַּי וּשְׁנוֹתַי
בַּאֲנָחָה כָּשַׁל בַּעֲוֹנִי כֹחִי וַעֲצָמַי עָשֵׁשׁוּ׃ יב מִכָּל־
צֹרְרַי הָיִיתִי חֶרְפָּה וְלִשְׁכֵנַי ׀ מְאֹד וּפַחַד לִמְיֻדָּעָי רֹאַי
בַּחוּץ נָדְדוּ מִמֶּנִּי׃ יג נִשְׁכַּחְתִּי כְּמֵת מִלֵּב הָיִיתִי כִּכְלִי
אֹבֵד׃ יד כִּי שָׁמַעְתִּי ׀ דִּבַּת רַבִּים מָגוֹר מִסָּבִיב
בְּהִוָּסְדָם יַחַד עָלַי לָקַחַת נַפְשִׁי זָמָמוּ׃ טו וַאֲנִי ׀ עָלֶיךָ
בָטַחְתִּי יְהוָה אָמַרְתִּי אֱלֹהַי אָתָּה׃ טז בְּיָדְךָ עִתֹּתָי הַצִּילֵנִי
מִיַּד־אוֹיְבַי וּמֵרֹדְפָי׃ יז הָאִירָה פָנֶיךָ עַל־עַבְדֶּךָ
הוֹשִׁיעֵנִי בְחַסְדֶּךָ׃ יח יְהוָה אַל אֵבוֹשָׁה כִּי קְרָאתִיךָ יֵבֹשׁוּ
רְשָׁעִים יִדְּמוּ לִשְׁאוֹל׃ יט תֵּאָלַמְנָה שִׂפְתֵי שָׁקֶר
הַדֹּבְרוֹת עַל־צַדִּיק עָתָק בְּגַאֲוָה וָבוּז׃ כ מָה רַב טוּבְךָ

поспеши мне на помощь! Стань мне твердынею креп-
кой, домом укрепленным, чтобы спасти меня! 4 Ибо
Ты скала и твердыня моя! Ради имени Твоего направь
и веди меня! 5 Освободи из силка, установленного на
меня: ведь Ты – твердыня моя! 6 В Твою руку предаю
дух мой, избавь меня, Господь, Бог, верный слову
Своему! 7 Презираю я надеющихся на суеверия лож-
ные – на Господа я уповаю! 8 Я ликую и радуюсь пок-
ровительству Твоему, ибо Ты увидел невзгоды мои,
распознал горести души моей, 9 Не предал меня в ру-
ки врага, вывел меня на простор! 10 Пожалей меня,
Господи, ведь мне очень плохо; иссохли в печали гла-
за мои, душа и тело мое. 11 В смертной тоске проходит
жизнь моя, годы мои – в стенаниях; в грехе иссякли
силы мои, кости мои иссохли. 12 Всеми врагами поно-
симый, жестоко поносимый соседями, стал я угрозой
для знакомых; сторонятся меня, когда видят на улице.
13 Забыт в сердцах я, как мертвый, как утварь пропав-
шая. 14 Уже слышу я многочисленные перешептывания,
угрозы отовсюду, заговоры против меня: душу мою
погубить умышляют. 15 На Тебя, Господи, уповаю; го-
ворю: «Ты – Бог мой; 16 В Твоей руке – события жизни
моей[38]: спаси меня от врагов и гонителей моих! 17 Яви
лик Свой сияющий рабу Твоему; спаси меня по ми-
лости Твоей! 18 Господи, да не испытаю позора, когда
призываю Тебя! Пусть посрамятся преступники, про-
падут в бездне безмолвия. 19 Онемеют уста лживые,
рассказывающие небывальщину о праведнике в гор-

אֲשֶׁר־צָפַנְתָּ לִּירֵאֶיךָ פָּעַלְתָּ לַחֹסִים בָּךְ נֶגֶד בְּנֵי
אָדָם׃ כא תַּסְתִּירֵם ׀ בְּסֵתֶר פָּנֶיךָ מֵרֻכְסֵי אִישׁ תִּצְפְּנֵם
בְּסֻכָּה מֵרִיב לְשֹׁנוֹת׃ כב בָּרוּךְ יְהֹוָה כִּי־הִפְלִיא חַסְדּוֹ לִי
בְּעִיר מָצוֹר׃ כג וַאֲנִי ׀ אָמַרְתִּי בְחָפְזִי נִגְרַזְתִּי מִנֶּגֶד
עֵינֶיךָ אָכֵן שָׁמַעְתָּ קוֹל תַּחֲנוּנַי בְּשַׁוְּעִי אֵלֶיךָ׃ כד אֶהֱבוּ
אֶת־יְהֹוָה כָּל־חֲסִידָיו אֱמוּנִים נֹצֵר יְהֹוָה וּמְשַׁלֵּם עַל־
יֶתֶר עֹשֵׂה גַאֲוָה׃ כה חִזְקוּ וְיַאֲמֵץ לְבַבְכֶם כָּל־
הַמְיַחֲלִים לַיהֹוָה׃

לב.

בו ידובר מסליחת העון ואשרי לאדם שיעשה תשובה ויתודה לאל בכל לבו:

א לְדָוִד מַשְׂכִּיל אַשְׁרֵי נְשׂוּי־פֶּשַׁע ׀ כְּסוּי חֲטָאָה׃
ב אַשְׁרֵי אָדָם לֹא־יַחְשֹׁב יְהֹוָה לוֹ עָוֺן וְאֵין בְּרוּחוֹ רְמִיָּה׃
ג כִּי הֶחֱרַשְׁתִּי בָּלוּ עֲצָמָי בְּשַׁאֲגָתִי כָּל־הַיּוֹם׃ ד כִּי ׀
יוֹמָם וָלַיְלָה ׀ תִּכְבַּד עָלַי יָדֶךָ נֶהְפַּךְ לְשַׁדִּי בְּחַרְבֹנֵי
קַיִץ סֶלָה׃ ה חַטָּאתִי אוֹדִיעֲךָ וַעֲוֺנִי לֹא־כִסִּיתִי אָמַרְתִּי
אוֹדֶה עֲלֵי פְשָׁעַי לַיהֹוָה וְאַתָּה נָשָׂאתָ עֲוֺן חַטָּאתִי סֶלָה׃
ו עַל־זֹאת יִתְפַּלֵּל כָּל־חָסִיד ׀ אֵלֶיךָ לְעֵת מְצֹא רַק

дости своей». 20 Как велико благо, которое Ты сложил
в сокровищницу боящихся Тебя, которое Ты на глазах
у сынов человеческих даруешь уповающим на Тебя!
21 Ты их укрываешь под покровом Своим от людских
козней; скрываешь их от раздоров под сенью [Своей].
22 Благословен Господь, что явил мне дивную милость
в граде осажденном! 23 Я в смятении подумал было:
«Отлучен я взора Твоего», – но Ты услышал мою
мольбу, мою молитву Тебе. 24 Любите Господа, все
преданные Ему. Хранит Господь верных; гордецам же
воздает выше меры. 25 Все полагающиеся на Господа!
Будьте мужественны, пусть будет твердо сердце ваше.

32

Псалом говорит о прощении греха и прославляет человека, возвращающегося ко Всевышнему и кающегося перед Ним от всего сердца.

לדוד 1 Давида. Учение. Славен тот, чей грех прощен,
чей проступок прикрыт! 2 Славен человек, которому
Господь не вменит вины, в душе которого нет обма-
на! 3 Пока я молчал, а только стонал непрерывно [от
боли], кости мои истлели. 4 С каждым днем и ночью
все тяжелей становилась рука Твоя; высох я как выж-
женная навеки летняя пустошь. 5 В грехе своем при-
знаюсь Тебе, не утаю вины. Я сказал: «Признаю перед
Господом преступления мои», и Ты всегда простишь
вину преступления моего. 6 Об этом пусть молится
Тебе всякий праведник в пору близости к Тебе, и тог-
да поток бурных вод не настигнет его[a]. 7 Ты – укры-

a. Об этом... не настигнет его – вариант чтения: «Об этом (о прощении вины) пусть молится Тебе всякий праведник, если постигнет его [беда], чтобы поток бурных вод не настиг его».

לְשֵׁטֶף מַיִם רַבִּים אֵלָיו לֹא יַגִּיעוּ: ז אַתָּה סֵתֶר לִי
מִצַּר תִּצְּרֵנִי רָנֵּי פַלֵּט תְּסוֹבְבֵנִי סֶלָה: ח אַשְׂכִּילְךָ |
וְאוֹרְךָ בְּדֶרֶךְ־זוּ תֵלֵךְ אִיעֲצָה עָלֶיךָ עֵינִי: ט אַל־תִּהְיוּ |
כְּסוּס כְּפֶרֶד אֵין הָבִין בְּמֶתֶג וָרֶסֶן עֶדְיוֹ לִבְלוֹם בַּל
קְרֹב אֵלֶיךָ: י רַבִּים מַכְאוֹבִים לָרָשָׁע וְהַבּוֹטֵחַ בַּיהוָה
חֶסֶד יְסוֹבְבֶנּוּ: יא שִׂמְחוּ בַיהוָה וְגִילוּ צַדִּיקִים וְהַרְנִינוּ
כָּל־יִשְׁרֵי־לֵב:

לג.

מוסר גדול לצדיקים ולישרים שיהללו את הקדוש ברוך הוא באשר שכל מי שיודע יותר בחכמת התורה יותר ראוי להודות להי' שיודעים ומבינים בגבורות הקדוש ברוך הוא:

א רַנְּנוּ צַדִּיקִים בַּיהוָה לַיְשָׁרִים נָאוָה תְהִלָּה: ב הוֹדוּ
לַיהוָה בְּכִנּוֹר בְּנֵבֶל עָשׂוֹר זַמְּרוּ־לוֹ: ג שִׁירוּ לוֹ שִׁיר
חָדָשׁ הֵיטִיבוּ נַגֵּן בִּתְרוּעָה: ד כִּי־יָשָׁר דְּבַר־יְהוָה וְכָל־
מַעֲשֵׂהוּ בֶּאֱמוּנָה: ה אֹהֵב צְדָקָה וּמִשְׁפָּט חֶסֶד יְהוָה
מָלְאָה הָאָרֶץ: ו בִּדְבַר יְהוָה שָׁמַיִם נַעֲשׂוּ וּבְרוּחַ פִּיו
כָּל־צְבָאָם: ז כֹּנֵס כַּנֵּד מֵי הַיָּם נֹתֵן בְּאוֹצָרוֹת תְּהוֹמוֹת:
ח יִירְאוּ מֵיְהוָה כָּל־הָאָרֶץ מִמֶּנּוּ יָגוּרוּ כָּל־יֹשְׁבֵי תֵבֵל:
ט כִּי הוּא אָמַר וַיֶּהִי הוּא־צִוָּה וַיַּעֲמֹד: י יְהוָה הֵפִיר עֲצַת

тие мое, защита от врага. Ты всегда окружаешь меня
радостью спасения. 8 «Дарую тебе удачу[39], дарую
свет на пути, по которому идти; взглядом укажу». –
9 «Не будьте, как конь, как мул несмышленый, которые
от удил и узды шарахаются, не подходят к тебе!»...
10 Многие страдания ждут злодея, а уповающий на
Господа окружен покровительством. 11 Радуйтесь с
Господом, ликуйте праведники, и торжествуйте все
благородные сердцем!

33

Псалом наставляет праведных и честных восхвалять Всевышнего. Ведь чем больше человек познаёт мудрость Торы, тем больше он знает и понимает величие Всевышнего.

רננו 1 Ликуйте, праведники в Господе[a]; достой-
но праведников воздавать [Ему] хвалу! 2 Славьте
Господа под звуки арфы, под лиру десятиструнную
пойте Ему! 3 Пойте Ему новую песнь под стройное зву-
чание труб, 4 о том, что справедливо слово Господне, что
всякое дело Его непоколебимо! 5 О том, что Он любит
правду и справедливость; о том, что покровитель-
ством Господним полна земля. 6 О том, что словом
Господним сотворены небеса, и исходящим с уст Его[40]
– все воинство их! 7 О том, что как будто в дюны, соби-
рал Он воды морские; поместил воды великие в храни-
лища! 8 Страшись Господа, вся земля; трепещите пред
Ним, все обитатели вселенной! 9 Ибо сказал Он – и
возникло; повелел – и предстало! 10 Господь разрушил

а. Ликуйте... в Господе – варианты понимания: «Ликуйте, что Господь – ваш Бог», «Ликуйте перед Богом», «Воспойте деяния Господа».

גּוֹיִם הֵנִיא מַחְשְׁבוֹת עַמִּים: יא עֲצַת יְהוָה לְעוֹלָם תַּעֲמֹד
מַחְשְׁבוֹת לִבּוֹ לְדֹר וָדֹר: יב אַשְׁרֵי הַגּוֹי אֲשֶׁר־יְהוָה אֱלֹהָיו
הָעָם | בָּחַר לְנַחֲלָה לוֹ: יג מִשָּׁמַיִם הִבִּיט יְהוָה רָאָה אֶת־
כָּל־בְּנֵי הָאָדָם: יד מִמְּכוֹן־שִׁבְתּוֹ הִשְׁגִּיחַ אֶל כָּל־יֹשְׁבֵי
הָאָרֶץ: טו הַיֹּצֵר יַחַד לִבָּם הַמֵּבִין אֶל־כָּל־מַעֲשֵׂיהֶם:
טז אֵין הַמֶּלֶךְ נוֹשָׁע בְּרָב־חָיִל גִּבּוֹר לֹא־יִנָּצֵל בְּרָב־
כֹּחַ: יז שֶׁקֶר הַסּוּס לִתְשׁוּעָה וּבְרֹב חֵילוֹ לֹא יְמַלֵּט:
יח הִנֵּה עֵין יְהוָה אֶל־יְרֵאָיו לַמְיַחֲלִים לְחַסְדּוֹ: יט לְהַצִּיל
מִמָּוֶת נַפְשָׁם וּלְחַיּוֹתָם בָּרָעָב: כ נַפְשֵׁנוּ חִכְּתָה לַיהוָה
עֶזְרֵנוּ וּמָגִנֵּנוּ הוּא: כא כִּי־בוֹ יִשְׂמַח לִבֵּנוּ כִּי בְשֵׁם
קָדְשׁוֹ בָטָחְנוּ: כב יְהִי־חַסְדְּךָ יְהוָה עָלֵינוּ כַּאֲשֶׁר יִחַלְנוּ לָךְ:

לד.

בו נתבאר כשהיה דוד אצל אכיש אחיו של גלית, והיה בסכנה גדולה, היה עושה עצמו כשוטה והוריד רירו על זקנו והיה כותב על דלתות אכיש מלך גת חייב לו מאה רבוא זהובים וגרשו מביתו ומרוב שמחה עשה זה המזמור בא"ב:

א לְדָוִד בְּשַׁנּוֹתוֹ אֶת־טַעְמוֹ לִפְנֵי אֲבִימֶלֶךְ וַיְגָרְשֵׁהוּ
וַיֵּלַךְ: ב אֲבָרְכָה אֶת־יְהוָה בְּכָל־עֵת תָּמִיד תְּהִלָּתוֹ בְּפִי:
ג בַּיהוָה תִּתְהַלֵּל נַפְשִׁי יִשְׁמְעוּ עֲנָוִים וְיִשְׂמָחוּ: ד גַּדְּלוּ
לַיהוָה אִתִּי וּנְרוֹמְמָה שְׁמוֹ יַחְדָּו: ה דָּרַשְׁתִּי אֶת־יְהוָה וְעָנָנִי

планы племен; расстроил замыслы народов. 11 План
Господень – устоит в веках; замыслы сердца Его – из
рода в род. 12 Счастлив народ, Бог которого – Господь;
счастлив народ, избранный Им в удел Себе! 13 С небес
смотрит Господь, видит всех сынов человеческих. 14 Из
места пребывания Своего видит Он всех живущих на
земле. 15 Он сотворил все их сердца, Он замечает все их
поступки. 16 Войско многочисленное не принесет побе-
ды царю, не спасет богатыря сила великая. 17 Не прине-
сет конь победы, все войско многочисленное не спасет
воителя. 18 Взор Господень – на боящихся Его, на по-
лагающихся на покровительство Его; 19 чтобы спасти
душу их от смерти, во время голода сохранить жизнь их.
20 Душа наша уповает на Господа; Он – помощь и щит
нам. 21 Он дарует веселье сердцу нашему, ибо на свя-
тое имя Его мы уповаем. 22 Да будет покровительство
Твое, Господь, над нами, ибо мы на Тебя полагаемся[a]!

34

Этот псалом рассказывает, что когда Давид был во дворце Ахиша, брата Голиафа, он находился в большой опасности. Давид притворился умалишённым, давая слюне стекать по его бороде и делая записи на дверях: "Ахиш, царь Гатский, должен мне сто раз по десять тысяч золотых монет", и Ахиш изгнал его из дворца. В своей великой радости Давид сочинил эту песнь, первые буквы стихов которой следуют Алеф-Бету.

לדוד 1 Давида. Когда он притворился безумным пе-
ред Авимелехом, и тот изгнал его, и он ушел. 2 Бла-
гословляю Господа во всякое время! Всегда хвала
Ему на устах моих! 3 Я горжусь Господом, – услы-

a. Да будет покровительство Твое, Господь, над нами, ибо мы на Тебя полагаемся! – варианты прочтения: «Так как мы на Тебя уповаем», или: «В той мере, в какой мы уповаем на Тебя» (Мецудат Давид).

וּמִכׇּל מְגוּרוֹתַי הִצִּילָנִי: ו הִבִּיטוּ אֵלָיו וְנָהָרוּ וּפְנֵיהֶם
אַל־יֶחְפָּרוּ: ז זֶה עָנִי קָרָא וַיהֹוָה שָׁמֵעַ וּמִכׇּל־צָרוֹתָיו
הוֹשִׁיעוֹ: ח חֹנֶה מַלְאַךְ־יְהֹוָה סָבִיב לִירֵאָיו וַיְחַלְּצֵם:
ט טַעֲמוּ וּרְאוּ כִּי־טוֹב יְהֹוָה אַשְׁרֵי הַגֶּבֶר יֶחֱסֶה־בּוֹ:
יְראוּ אֶת־יְהֹוָה קְדֹשָׁיו כִּי אֵין מַחְסוֹר לִירֵאָיו: יא כְּפִירִים
רָשׁוּ וְרָעֵבוּ וְדֹרְשֵׁי יְהֹוָה לֹא־יַחְסְרוּ כׇל־טוֹב: יב לְכוּ־
בָנִים שִׁמְעוּ־לִי יִרְאַת יְהֹוָה אֲלַמֶּדְכֶם: יג מִי־הָאִישׁ
הֶחָפֵץ חַיִּים אֹהֵב יָמִים לִרְאוֹת טוֹב: יד נְצֹר לְשׁוֹנְךָ
מֵרָע וּשְׂפָתֶיךָ מִדַּבֵּר מִרְמָה: טו סוּר מֵרָע וַעֲשֵׂה־
טוֹב בַּקֵּשׁ שָׁלוֹם וְרׇדְפֵהוּ: טז עֵינֵי יְהֹוָה אֶל־צַדִּיקִים
וְאׇזְנָיו אֶל־שַׁוְעָתָם: יז פְּנֵי יְהֹוָה בְּעֹשֵׂי רָע לְהַכְרִית מֵאֶרֶץ
זִכְרָם: יח צָעֲקוּ וַיהֹוָה שָׁמֵעַ וּמִכׇּל־צָרוֹתָם הִצִּילָם:
יט קָרוֹב יְהֹוָה לְנִשְׁבְּרֵי־לֵב וְאֶת־דַּכְּאֵי־רוּחַ יוֹשִׁיעַ:
כ רַבּוֹת רָעוֹת צַדִּיק וּמִכֻּלָּם יַצִּילֶנּוּ יְהֹוָה: כא שֹׁמֵר כׇּל־
עַצְמוֹתָיו אַחַת מֵהֵנָּה לֹא נִשְׁבָּרָה: כב תְּמוֹתֵת רָשָׁע
רָעָה וְשֹׂנְאֵי צַדִּיק יֶאְשָׁמוּ: כג פּוֹדֶה יְהֹוָה נֶפֶשׁ עֲבָדָיו
וְלֹא יֶאְשְׁמוּ כׇּל־הַחֹסִים בּוֹ:

шат страдальцы и возрадуются! 4 Возглашайте со
мной величие Господа, вместе превознесем имя Его!
5 Когда искал я Господа, Он отвечал мне, и от всех
опасностей спасал меня. 6 Вознесут к Нему взоры и
просияют, и лица их не будут мрачными от стыда.
7 Воззвал страдалец, услышал Господь и спас его от
всех бед! 8 Лагерь ангела Господня стоит вокруг бо-
ящихся Его, и выручает их. 9 Попробуйте, и увиди-
те – благ Господь! Счастлив человек, уповающий на
Него! 10 Трепещите перед Господом, праведники Его,
ибо не будет лишений у трепещущих перед Ним!
11 Голодают львы и хиреют, а ищущие Господа не ли-
шатся никаких благ. 12 Придите ко мне, дети мои, пос-
лушайте: я научу вас трепету перед Господом. 13 Тот,
кто желает жизни, кто желает долгих дней, кто желает
видеть только добро – 14 береги язык свой от зла и уста –
от обмана; 15 уклоняйся от зла и делай добро; ищи мира
и добивайся его! 16 Взор Господа – к праведникам, и
слух Его – к их молитве. 17 Поворачивается Господа – к
творящим зло, чтобы истребить с земли память о них.
18 Когда взывают, Господь слышит, от всех бедствий
избавляет. 19 Близок Господь к сокрушенным сердцем,
спасает Он смиренных духом. 20 Велики страдания
праведника, но от всех спасает его Господь. 21 Он бе-
режет каждую кость его, чтобы ни одна не сломалась.
22 Зло умертвит преступника, ненавидящие праведни-
ка будут наказаны. 23 Освободит Господь душу рабов
Своих, не будет наказан никто из уповающих на Него!

לה.

תפלה נוראה ונפלאה על שונאיו שיהיו כמוץ ומלאך ה' יהיה רודפם והכל בא מעזרת ה' ית':

יום ו

א לְדָוִד | רִיבָה יְהוָה אֶת־יְרִיבַי לְחַם אֶת־לֹחֲמָי׃
ב הַחֲזֵק מָגֵן וְצִנָּה וְקוּמָה בְּעֶזְרָתִי׃ ג וְהָרֵק חֲנִית
וּסְגֹר לִקְרַאת רֹדְפָי אֱמֹר לְנַפְשִׁי יְשֻׁעָתֵךְ אָנִי׃ ד יֵבֹשׁוּ
וְיִכָּלְמוּ מְבַקְשֵׁי נַפְשִׁי יִסֹּגוּ אָחוֹר וְיַחְפְּרוּ חֹשְׁבֵי רָעָתִי׃
ה יִהְיוּ כְּמֹץ לִפְנֵי־רוּחַ וּמַלְאַךְ יְהוָה דּוֹחֶה׃ ו יְהִי־דַרְכָּם
חֹשֶׁךְ וַחֲלַקְלַקֹּת וּמַלְאַךְ יְהוָה רֹדְפָם׃ ז כִּי־חִנָּם טָמְנוּ־
לִי שַׁחַת רִשְׁתָּם חִנָּם חָפְרוּ לְנַפְשִׁי׃ ח תְּבוֹאֵהוּ שׁוֹאָה
לֹא יֵדָע וְרִשְׁתּוֹ אֲשֶׁר־טָמַן תִּלְכְּדוֹ בְּשׁוֹאָה יִפָּל־בָּהּ׃
ט וְנַפְשִׁי תָּגִיל בַּיהוָה תָּשִׂישׂ בִּישׁוּעָתוֹ׃ י כָּל עַצְמוֹתַי |
תֹּאמַרְנָה יְהוָה מִי כָמוֹךָ מַצִּיל עָנִי מֵחָזָק מִמֶּנּוּ וְעָנִי
וְאֶבְיוֹן מִגֹּזְלוֹ׃ יא יְקוּמוּן עֵדֵי חָמָס אֲשֶׁר לֹא־יָדַעְתִּי
יִשְׁאָלוּנִי׃ יב יְשַׁלְּמוּנִי רָעָה תַּחַת טוֹבָה שְׁכוֹל לְנַפְשִׁי׃
יג וַאֲנִי | בַּחֲלוֹתָם לְבוּשִׁי שָׂק עִנֵּיתִי בַצּוֹם נַפְשִׁי
וּתְפִלָּתִי עַל־חֵיקִי תָשׁוּב׃ יד כְּרֵעַ כְּאָח־לִי הִתְהַלָּכְתִּי
כַּאֲבֶל־אֵם קֹדֵר שַׁחוֹתִי׃ טו וּבְצַלְעִי שָׂמְחוּ וְנֶאֱסָפוּ

35

Грозная и дивная молитва о том, чтобы его ненавистники стали "...мякиной на ветру, которую гоняет ангел Божий", и все приходит с помощью Бога, да будет Он благословен.

День 6 לדוד 1 Давида. Господи, стань врагом врагам моим;
веди войну мою. 2 Возьми щит и доспехи, восстань на
помощь мне. 3 Возьми копье и закрой дорогу пресле-
дователям! Скажи мне[а]: «Я – спасение твое!» 4 Пусть
испытают позор и срам ищущие жизни моей; пусть
отступят и помрачнеют от стыда замыслившие зло
против меня. 5 Пусть станут они как мякина на ветру, и
пусть ангел Господень развеет их. 6 Пусть станет путь
их мрачным и скользким, и пусть ангел Господень
преследует их. 7 Ибо без вины моей они поставили
мне западню, без вины моей поставили силки на меня.
8 Пусть падет на них туман непроглядный, в сеть, ко-
торую они замаскировали, пусть сами попадутся в
павшем на них тумане! 9 Моя же душа возрадуется в
Господе, будет радоваться ниспосланному Им
спасению. 10 Все жилы мои скажут: «Господь, кто по-
добно Тебе избавляет бедного от власть имущего, бед-
ного и нищего – от грабителя!» 11 Встают лжесвидете-
ли; о чем, не знаю, допрашивают меня[б]. 12 Платят мне
злом за добро, сиротством – душе моей. 13 Когда они
болели, я одевался во вретище, изнурял постом душу
мою! Да воздастся мне за молитву мою. 14 Я ходил с
поникшей головою, как если бы был [болен] друг или
брат мой; будто мать оплакивал. 15 А лишь охромел я,
они обрадовались, собрались! Собрались против меня
люди низкие, незнакомые, терзают непрестанно. 16 Го-

а. Скажи мне… – в оригинале: «Скажи душе моей». Ибо слова Всевышнего звучат в душе человека. б. О чем, не знаю, допрашивают меня – вариант понимания: «Требуют у меня чего-то, о чем не ведаю».

נֶאֶסְפוּ עָלַי נֵכִים וְלֹא יָדַעְתִּי קָרְעוּ וְלֹא־דָמּוּ: טז בְּחַנְפֵי
לַעֲגֵי מָעוֹג חָרֹק עָלַי שִׁנֵּימוֹ: יז אֲדֹנָי כַּמָּה תִּרְאֶה
הָשִׁיבָה נַפְשִׁי מִשֹּׁאֵיהֶם מִכְּפִירִים יְחִידָתִי: יח אוֹדְךָ
בְּקָהָל רָב בְּעַם עָצוּם אֲהַלְלֶךָּ: יט אַל־יִשְׂמְחוּ־לִי אֹיְבַי
שֶׁקֶר שֹׂנְאַי חִנָּם יִקְרְצוּ־עָיִן: כ כִּי לֹא שָׁלוֹם יְדַבֵּרוּ
וְעַל רִגְעֵי־אֶרֶץ דִּבְרֵי מִרְמוֹת יַחֲשֹׁבוּן: כא וַיַּרְחִיבוּ עָלַי
פִּיהֶם אָמְרוּ הֶאָח | הֶאָח רָאֲתָה עֵינֵינוּ: כב רָאִיתָה יְהֹוָה
אַל־תֶּחֱרַשׁ אֲדֹנָי אַל־תִּרְחַק מִמֶּנִּי: כג הָעִירָה וְהָקִיצָה
לְמִשְׁפָּטִי אֱלֹהַי וַאדֹנָי לְרִיבִי: כד שָׁפְטֵנִי כְצִדְקְךָ יְהֹוָה
אֱלֹהָי וְאַל־יִשְׂמְחוּ־לִי: כה אַל־יֹאמְרוּ בְלִבָּם הֶאָח נַפְשֵׁנוּ
אַל־יֹאמְרוּ בִּלַּעֲנוּהוּ: כו יֵבֹשׁוּ וְיַחְפְּרוּ | יַחְדָּו שְׂמֵחֵי
רָעָתִי יִלְבְּשׁוּ־בֹשֶׁת וּכְלִמָּה הַמַּגְדִּילִים עָלָי: כז יָרֹנּוּ
וְיִשְׂמְחוּ חֲפֵצֵי צִדְקִי וְיֹאמְרוּ תָמִיד יִגְדַּל יְהֹוָה הֶחָפֵץ
שְׁלוֹם עַבְדּוֹ: כח וּלְשׁוֹנִי תֶּהְגֶּה צִדְקֶךָ כָּל־הַיּוֹם תְּהִלָּתֶךָ:

לו.

מוסר על אותם אנשים אשר הלכו אחר יצרם והיצר הרע אומר להם שאל ישימו מוראו של הקב"ה נגד פניהם ומיפה להם המעשים הרעים כדי למצוא עונם שכך הוא דרך של יצר הרע יורד ומשטין ועולה ומקטרג:

א לַמְנַצֵּחַ לְעֶבֶד־יְהֹוָה לְדָוִד: ב נְאֻם־פֶּשַׁע לָרָשָׁע

товы они подлизываться за лепешку, а на меня скреже-
щут зубами! 17 Владыка мой, долго ли Ты будешь смо-
треть? Спаси от их козней душу мою, от львов – един-
ственную мою! 18 Воздам благодарность Тебе в собра-
нии многочисленном; посреди народа сильного вознe-
су хвалу Тебе. 19 Пусть не злорадствуют враги лживые;
пусть не перемигиваются ненавистники беспричин-
ные! 20 Ибо не о мире они говорят; но против унижен-
ных людей земли составляют лукавые замыслы. 21 Во
весь голос кричат: «Ага, ага! [Наконец-то] увидели
собственными глазами!» 22 Ты видишь, Господь! Не
оставайся глухим! Не оставайся в отдалении от меня,
Боже мой! 23 Пробудись, встань на защиту мне, Боже и
Владыка мой, – заступись за меня! 24 Справедливо суди
меня, Господь, Бог мой, – пусть не злорадствуют они!
25 Пусть не думают: «Ага! Это по душе нам!» Пусть не
говорят: «Уничтожили его!» 26 Пусть испытают и срам,
и позор радующиеся моему несчастию; пусть обле-
кутся в стыд и бесчестие возносящиеся предо мною!
27 Пусть торжествуют и радуются чающие оправдания
моего, пусть беспрестанно говорят: «Велик Господь,
желающий благополучия рабу своему!» 28 На языке у
меня рассказ о справедливости Твоей, хвала Тебе во
все времена[41]!

36

Псалом увещевает идущих за своим злым началом, говорящим: "Не бойтесь Всевышнего".Оправдывая их дурные поступки, злое начало вводит в грех. Таков его обычай: "Оно спускается (в этот мир), сбивает с пути, а затем поднимается (в Небесный Суд) и обвиняет".

למנצח 1 Руководителю. Псалом раба Господня, Да-

בְּקֶרֶב לִבִּי אֵין־פַּחַד אֱלֹהִים לְנֶגֶד עֵינָיו׃ ג כִּי־הֶחֱלִיק
אֵלָיו בְּעֵינָיו לִמְצֹא עֲוֺנוֹ לִשְׂנֹא׃ ד דִּבְרֵי־פִיו אָוֶן
וּמִרְמָה חָדַל לְהַשְׂכִּיל לְהֵיטִיב׃ ה אָוֶן ׀ יַחְשֹׁב עַל־
מִשְׁכָּבוֹ יִתְיַצֵּב עַל־דֶּרֶךְ לֹא־טוֹב רָע לֹא יִמְאָס׃ ו יְהֹוָה
בְּהַשָּׁמַיִם חַסְדֶּךָ אֱמוּנָתְךָ עַד־שְׁחָקִים׃ ז צִדְקָתְךָ ׀
כְּהַרְרֵי־אֵל מִשְׁפָּטֶךָ תְּהוֹם רַבָּה אָדָם וּבְהֵמָה תוֹשִׁיעַ
יְהֹוָה׃ ח מַה־יָּקָר חַסְדְּךָ אֱלֹהִים וּבְנֵי אָדָם בְּצֵל כְּנָפֶיךָ
יֶחֱסָיוּן׃ ט יִרְוְיֻן מִדֶּשֶׁן בֵּיתֶךָ וְנַחַל עֲדָנֶיךָ תַשְׁקֵם׃
י כִּי־עִמְּךָ מְקוֹר חַיִּים בְּאוֹרְךָ נִרְאֶה־אוֹר׃ יא מְשֹׁךְ
חַסְדְּךָ לְיֹדְעֶיךָ וְצִדְקָתְךָ לְיִשְׁרֵי־לֵב׃ יב אַל־תְּבוֹאֵנִי
רֶגֶל גַּאֲוָה וְיַד־רְשָׁעִים אַל־תְּנִדֵנִי׃ יג שָׁם נָפְלוּ פֹּעֲלֵי
אָוֶן דֹּחוּ וְלֹא־יָכְלוּ קוּם׃

לז.

דוד המלך מוכיח דורו שאל יקנאו ברשעים בהצלחתם ויש לחוש שיתפתו להם אלא יבטחו בה' וישאו ויתנו באמונה והקדוש ברוך הוא יעשה להם הכל:

א לְדָוִד ׀ אַל־תִּתְחַר בַּמְּרֵעִים אַל־תְּקַנֵּא בְּעֹשֵׂי עַוְלָה׃
ב כִּי כֶחָצִיר מְהֵרָה יִמָּלוּ וּכְיֶרֶק דֶּשֶׁא יִבּוֹלוּן׃ ג בְּטַח
בַּיהֹוָה וַעֲשֵׂה־טוֹב שְׁכָן־אֶרֶץ וּרְעֵה אֱמוּנָה׃ ד וְהִתְעַנַּג

вида. 2 Злодейскую речь преступника [представляю] я
в сердце своем, нет страха Божьего пред взором его.
3 Подмигивает, подставляет ножку, выискивает грех,
повод для ненависти. 4 На устах его ложь и обман; пе-
рестал думать, как исправиться[a]; 5 Преступление за-
мышляет на ложе своем. Встал он на путь недобрый,
не гнушается злом. 6 Покровительство Твое, Господь,
до небес; верность слову Своему – до облаков! 7 Спра-
ведливость Твоя – как высочайшие горы; правосудие
Твое – пучина великая! Человека и скотину спасаешь
Ты, Господь! 8 Как драгоценно покровительство Твое,
Боже! Сыны человеческие укрываются в тени крыл
Твоих, 9 насыщаются яствами в доме Твоем, Ты даешь
им напиться потоками сладостными! 10 Ибо Тебе при-
надлежит источник жизни; и в свете Твоем видим свет.
11 Возьми под покровительство знающих Тебя, и даруй
милосердие Твое прямодушным. 12 Да не подступит ко
мне нога гордеца, и рука преступная не поколеблет
меня! 13 На месте пали совершившие преступление,
упали так, что и встать не смогли!

37

Царь Давид увещевает своё поколение, чтобы не завидовали успеху злодеев, так как это может соблазнить к следованию путями их, а чтобы уповали на Всевышнего и жили честно, и Всевышний позаботится обо всём.

לדוד 1 Давида. Не соревнуйся с преступниками, не
увлекайся делающим беззаконие. 2 Ибо они, как трава,
быстро усохнут, как зеленый покров увянут. 3 Пола-
гайся на Господа, делай добро; заселяй землю, храни

а. Перестал думать, как исправиться – может быть: «Даже не думает о том, как бы исправиться».

עַל־יְהֹוָה וְיִתֶּן־לְךָ מִשְׁאֲלֹת לִבֶּךָ׃ ה גּוֹל עַל־יְהֹוָה דַּרְכֶּךָ
וּבְטַח עָלָיו וְהוּא יַעֲשֶׂה׃ ו וְהוֹצִיא כָאוֹר צִדְקֶךָ
וּמִשְׁפָּטֶךָ כַּצָּהֳרָיִם׃ ז דּוֹם ׀ לַיהֹוָה וְהִתְחוֹלֵל לוֹ אַל־
תִּתְחַר בְּמַצְלִיחַ דַּרְכּוֹ בְּאִישׁ עֹשֶׂה מְזִמּוֹת׃ ח הֶרֶף
מֵאַף וַעֲזֹב חֵמָה אַל־תִּתְחַר אַךְ לְהָרֵעַ׃ ט כִּי־מְרֵעִים
יִכָּרֵתוּן וְקֹוֵי יְהֹוָה הֵמָּה יִירְשׁוּ־אָרֶץ׃ י וְעוֹד מְעַט וְאֵין
רָשָׁע וְהִתְבּוֹנַנְתָּ עַל־מְקוֹמוֹ וְאֵינֶנּוּ׃ יא וַעֲנָוִים יִירְשׁוּ־
אָרֶץ וְהִתְעַנְּגוּ עַל־רֹב שָׁלוֹם׃ יב זֹמֵם רָשָׁע לַצַּדִּיק
וְחֹרֵק עָלָיו שִׁנָּיו׃ יג אֲדֹנָי יִשְׂחַק־לוֹ כִּי־רָאָה כִּי־יָבֹא
יוֹמוֹ׃ יד חֶרֶב ׀ פָּתְחוּ רְשָׁעִים וְדָרְכוּ קַשְׁתָּם לְהַפִּיל
עָנִי וְאֶבְיוֹן לִטְבוֹחַ יִשְׁרֵי־דָרֶךְ׃ טו חַרְבָּם תָּבוֹא בְלִבָּם
וְקַשְּׁתוֹתָם תִּשָּׁבַרְנָה׃ טז טוֹב מְעַט לַצַּדִּיק מֵהֲמוֹן
רְשָׁעִים רַבִּים׃ יז כִּי זְרוֹעוֹת רְשָׁעִים תִּשָּׁבַרְנָה וְסוֹמֵךְ
צַדִּיקִים יְהֹוָה׃ יח יוֹדֵעַ יְהֹוָה יְמֵי תְמִימִם וְנַחֲלָתָם לְעוֹלָם
תִּהְיֶה׃ יט לֹא־יֵבֹשׁוּ בְּעֵת רָעָה וּבִימֵי רְעָבוֹן יִשְׂבָּעוּ׃
כ כִּי רְשָׁעִים ׀ יֹאבֵדוּ וְאֹיְבֵי יְהֹוָה כִּיקַר כָּרִים כָּלוּ בֶעָשָׁן
כָּלוּ׃ כא לֹוֶה רָשָׁע וְלֹא יְשַׁלֵּם וְצַדִּיק חוֹנֵן וְנוֹתֵן׃

верность. 4 Радуйся благу, данному Господом, – и Он ис-
полнит пожелания сердца твоего. 5 Вверь Господу пути
свои, уповай на Него и Он исполнит. 6 Как свет взой-
дет невиновность твоя, и правота твоя – как полдень.
7 Молча жди[42] Господа, не соревнуйся с теми, кто коз-
нями добивается успеха на пути своем. 8 Успокой гнев
свой, оставь ярость; не завидуй причиняющему зло.
9 Ибо злодеи будут истреблены, а уповающие на
Господа наследуют землю. 10 Еще немного – и не будет
злодея; осмотришь место его – а его нет! 11 Кроткие на-
следуют землю и насладятся великим благополучием.
12 Зло замышляет преступник против праведника, скре-
жещет зубами. 13 Но Владыка мой посмеется над ним,
видит Он, когда придет [последний] день его. 14 Обна-
жают преступники меч, прилаживают тетиву, чтобы
сразить бедного и нищего, чтобы убить идущих пря-
мым путем; 15 их собственный меч пронзит их же сер-
дце, а луки сломаются. 16 Немногое, что у праведника,
лучше, чем несметные [сокровища] у преступников.
17 Сломается рука преступника, а праведников укреп-
ляет Господь. 18 Господь знает жизнь непорочных, и
наследие их пребудет вовек. 19 Не испытают стыда в
пору бедствий; будут сыты в дни голода. 20 Исчезнут
злодеи. Враги Господа пропадут, как великолепие до-
лин исчезает в дымке. 21 Берет в долг преступник – и не
возвращает; а праведник сам дает милостиво и дарит.
22 Ибо благословенные Им унаследуют землю, а Им

כב כִּי מְבֹרָכָיו יִירְשׁוּ אָרֶץ וּמְקֻלָּלָיו יִכָּרֵתוּ: כג מֵיְהֹוָה
מִצְעֲדֵי־גֶבֶר כּוֹנָנוּ וְדַרְכּוֹ יֶחְפָּץ: כד כִּי־יִפֹּל לֹא־יוּטָל
כִּי־יְהֹוָה סוֹמֵךְ יָדוֹ: כה נַעַר הָיִיתִי גַּם־זָקַנְתִּי וְלֹא־רָאִיתִי
צַדִּיק נֶעֱזָב וְזַרְעוֹ מְבַקֶּשׁ־לָחֶם: כו כָּל־הַיּוֹם חוֹנֵן
וּמַלְוֶה וְזַרְעוֹ לִבְרָכָה: כז סוּר מֵרָע וַעֲשֵׂה־טוֹב וּשְׁכֹן
לְעוֹלָם: כח כִּי יְהֹוָה | אֹהֵב מִשְׁפָּט וְלֹא־יַעֲזֹב אֶת־חֲסִידָיו
לְעוֹלָם נִשְׁמָרוּ וְזֶרַע רְשָׁעִים נִכְרָת: כט צַדִּיקִים יִירְשׁוּ־
אָרֶץ וְיִשְׁכְּנוּ לָעַד עָלֶיהָ: ל פִּי־צַדִּיק יֶהְגֶּה חָכְמָה
וּלְשׁוֹנוֹ תְּדַבֵּר מִשְׁפָּט: לא תּוֹרַת אֱלֹהָיו בְּלִבּוֹ לֹא
תִמְעַד אֲשֻׁרָיו: לב צוֹפֶה רָשָׁע לַצַּדִּיק וּמְבַקֵּשׁ לַהֲמִיתוֹ:
לג יְהֹוָה לֹא־יַעַזְבֶנּוּ בְיָדוֹ וְלֹא יַרְשִׁיעֶנּוּ בְּהִשָּׁפְטוֹ: לד קַוֵּה
אֶל־יְהֹוָה | וּשְׁמֹר דַּרְכּוֹ וִירוֹמִמְךָ לָרֶשֶׁת אָרֶץ בְּהִכָּרֵת
רְשָׁעִים תִּרְאֶה: לה רָאִיתִי רָשָׁע עָרִיץ וּמִתְעָרֶה כְּאֶזְרָח
רַעֲנָן: לו וַיַּעֲבֹר וְהִנֵּה אֵינֶנּוּ וָאֲבַקְשֵׁהוּ וְלֹא נִמְצָא:
לז שְׁמָר־תָּם וּרְאֵה יָשָׁר כִּי־אַחֲרִית לְאִישׁ שָׁלוֹם: לח וּפֹשְׁעִים
נִשְׁמְדוּ יַחְדָּו אַחֲרִית רְשָׁעִים נִכְרָתָה: לט וּתְשׁוּעַת
צַדִּיקִים מֵיְהֹוָה מָעוּזָּם בְּעֵת צָרָה: מ וַיַּעְזְרֵם יְהֹוָה

проклятые – истребятся. 23 Господь делает твердыми
шаги героя, если путь угоден Ему, – 24 пошатнется – и
не упадет, ибо Господь поддерживает его. 25 Я был мо-
лод и уже состарился, но не видел, чтобы праведник
был оставлен, и чтобы дети его просили хлеба. 26 Вся-
кий день дает [он] милостиво и одалживает, и им посе-
янное благословенно. 27 Уклоняйся от зла, делай добро
и будешь пребывать вовеки. 28 Ибо Господь любит пра-
восудие, не оставляет преданных Ему; под вечной ох-
раной они; потомство же преступников будет истреб-
лено. 29 Праведники унаследуют землю, и утвердятся
на ней навеки. 30 На устах праведника – мудрость, на
языке его – правосудие. 31 В сердце его – закон Бога; не
поскользнется на пути своем. 32 Преступник подстере-
гает праведника, ищет, как бы убить его; 33 Господь не
оставит [праведника] в руках его, не сможет [злодей]
засудить его. 34 Надейся на Господа, держись путей
Его: и Он вознесет тебя, чтобы завладел ты землею,
чтобы узрел, как истребляются преступники. 35 Видел
я грозного преступника, пустившего корни, как дере-
во в родной земле; 36 прошло время – и нет его; ищу
его – и не могу найти! 37 Храни чистоту и береги бла-
городство, ибо будущее принадлежит миролюбивым.
38 Все преступники погибнут; будущее преступников
пресечется. 39 Спасение праведников – от Господа;
Он – прибежище им в пору бедствия. 40 Поддержит их

וַיְפַלְּטֵם יְפַלְּטֵם מֵרְשָׁעִים וְיוֹשִׁיעֵם כִּי חָסוּ בוֹ׃

לח.

תפלה לכל יחיד להתפלל על אריכות הגלות וכל יחיד שהוא בצרה יש לו להתפלל זה המזמור לכך אמר להזכיר וממוצא המזמור נשמע מוסרים רבים:

א מִזְמוֹר לְדָוִד לְהַזְכִּיר׃ ב יְהוָה אַל־בְּקֶצְפְּךָ תוֹכִיחֵנִי
וּבַחֲמָתְךָ תְיַסְּרֵנִי׃ ג כִּי־חִצֶּיךָ נִחֲתוּ־בִי וַתִּנְחַת עָלַי
יָדֶךָ׃ ד אֵין־מְתֹם בִּבְשָׂרִי מִפְּנֵי זַעְמֶךָ אֵין־שָׁלוֹם
בַּעֲצָמַי מִפְּנֵי חַטָּאתִי׃ ה כִּי־עֲוֺנֹתַי עָבְרוּ רֹאשִׁי כְּמַשָּׂא
כָבֵד יִכְבְּדוּ מִמֶּנִּי׃ ו הִבְאִישׁוּ נָמַקּוּ חַבּוּרֹתָי מִפְּנֵי
אִוַּלְתִּי׃ ז נַעֲוֵיתִי שַׁחֹתִי עַד־מְאֹד כָּל־הַיּוֹם קֹדֵר
הִלָּכְתִּי׃ ח כִּי־כְסָלַי מָלְאוּ נִקְלֶה וְאֵין מְתֹם בִּבְשָׂרִי׃
ט נְפוּגוֹתִי וְנִדְכֵּיתִי עַד־מְאֹד שָׁאַגְתִּי מִנַּהֲמַת לִבִּי׃
י אֲדֹנָי נֶגְדְּךָ כָל־תַּאֲוָתִי וְאַנְחָתִי מִמְּךָ לֹא־נִסְתָּרָה׃
יא לִבִּי סְחַרְחַר עֲזָבַנִי כֹחִי וְאוֹר עֵינַי גַּם־הֵם אֵין אִתִּי׃
יב אֹהֲבַי ׀ וְרֵעַי מִנֶּגֶד נִגְעִי יַעֲמֹדוּ וּקְרוֹבַי מֵרָחֹק
עָמָדוּ׃ יג וַיְנַקְשׁוּ ׀ מְבַקְשֵׁי נַפְשִׁי וְדֹרְשֵׁי רָעָתִי דִּבְּרוּ
הַוּוֹת וּמִרְמוֹת כָּל־הַיּוֹם יֶהְגּוּ׃ יד וַאֲנִי כְחֵרֵשׁ לֹא
אֶשְׁמָע וּכְאִלֵּם לֹא יִפְתַּח־פִּיו׃ טו וָאֱהִי כְּאִישׁ אֲשֶׁר

Господь и спасет. Спасет от злодеев и дарует победу за то, что на Него полагаются!

38

Молитва для каждого человека о продолжительности изгнания. И каждый, кто в беде, должен произносить этот псалом, поэтому он начинается со слов "В напоминание". Из этого псалма можно выучить множество наставлений.

מזמור 1 Псалом Давида. В напоминание. 2 Господь! Не
во гневе Твоем обличай меня! И не в ярости Твоей нака-
зывай меня! 3 Стрелы Твои поразили меня, они, [пущен-
ные] рукой Твоей, меня поразили. 4 Нет целого места на
теле моем из-за гнева Твоего; нет покоя в костях моих
из-за греха моего. 5 Преступления поднялись выше го-
ловы моей; как бремя тяжкое, мне непосильное. 6 Смер-
дят, гноятся раны мои из-за безрассудства моего. 7 В
ужасе я, поник совсем, весь день хожу, опустив голову.
8 По глупости[43] своей стал я весь достоин презрения,
нет целого места на теле моем. 9 Разуверился я, край-
не подавлен; сердце заходится в плаче. 10 Властелин
мой, открыты Тебе все вожделения мои, вздохи мои
не скрыты от Тебя! 11 Сердце мое трепещет, силы ос-
тавили меня; даже свет очей моих – и того нет у меня.
12 Товарищи и друзья держатся подальше от недуга
моего; поодаль стоят ближние мои. 13 Ищущие души
моей строят козни; желающие мне зла рассуждают,
как погубить меня, коварства замышляют все время.
14 Я как глухой не услышу, как немой – не открою уст
своих. 15 Стою, как будто я ничего не слышу, как будто

לֹא־שֹׁמֵעַ וְאֵין בְּפִיו תּוֹכָחוֹת׃ טז כִּי־לְךָ יְהֹוָה הוֹחָלְתִּי
אַתָּה תַעֲנֶה אֲדֹנָי אֱלֹהָי׃ יז כִּי־אָמַרְתִּי פֶּן־יִשְׂמְחוּ־לִי
בְּמוֹט רַגְלִי עָלַי הִגְדִּילוּ׃ יח כִּי־אֲנִי לְצֶלַע נָכוֹן וּמַכְאוֹבִי
נֶגְדִּי תָמִיד׃ יט כִּי־עֲוֹנִי אַגִּיד אֶדְאַג מֵחַטָּאתִי׃ כ וְאֹיְבַי
חַיִּים עָצֵמוּ וְרַבּוּ שֹׂנְאַי שָׁקֶר׃ כא וּמְשַׁלְּמֵי רָעָה תַּחַת
טוֹבָה יִשְׂטְנוּנִי תַּחַת רָדְפִי־טוֹב׃ כב אַל־תַּעַזְבֵנִי יְהֹוָה
אֱלֹהַי אַל־תִּרְחַק מִמֶּנִּי׃ כג חוּשָׁה לְעֶזְרָתִי אֲדֹנָי
תְּשׁוּעָתִי׃

לט.

תפלת דוד על יסוריו לא שהיה מבעט ביסורים רק היה מצטער באשר שהיסורים מבטלין אותו מתורה וימי אדם המה מועטים, ואם לא עכשיו אימתי שהוא ימות היום או מחר לכך הוא מבקש להסיר ממנו היסורים כדי שיוכל ללמוד ולקנות עולם הבא:

יום ז

א לַמְנַצֵּחַ לִידוּתוּן מִזְמוֹר לְדָוִד׃ ב אָמַרְתִּי אֶשְׁמְרָה
דְרָכַי מֵחֲטוֹא בִלְשׁוֹנִי אֶשְׁמְרָה לְפִי מַחְסוֹם בְּעֹד
רָשָׁע לְנֶגְדִּי׃ ג נֶאֱלַמְתִּי דוּמִיָּה הֶחֱשֵׁיתִי מִטּוֹב וּכְאֵבִי
נֶעְכָּר׃ ד חַם־לִבִּי ׀ בְּקִרְבִּי בַּהֲגִיגִי תִבְעַר־אֵשׁ דִּבַּרְתִּי
בִּלְשׁוֹנִי׃ ה הוֹדִיעֵנִי יְהֹוָה ׀ קִצִּי וּמִדַּת יָמַי מַה־הִיא
אֵדְעָה מֶה־חָדֵל אָנִי׃ ו הִנֵּה טְפָחוֹת ׀ נָתַתָּה יָמַי

нет у меня оправданий. 16 На Тебя, Господь, полагаюсь;
Ты ответишь, Владыка и Бог мой, – 17 потому что го-
ворю я: «Как бы не обрадовались те моему падению!
Как бы не стали гордиться тем, что мои ноги подкоси-
лись!» 18 Я готов к несчастью; боль – всегда рядом со
мной. 19 Я признаю свою вину; подавлен грехами сво-
ими. 20 Мои враги полны жизни, возвеличились на лжи
мои недруги, 21 они воздают злом за добро, пресле-
дуют меня, хотя я желал им добра. 22 Не оставь меня,
Господь; Бог мой, не оставайся вдали от меня! 23 Пос-
пеши на помощь мне, Владыка спасения моего!

39

Молитва Давида о ниспосланных ему страданиях. Не сами страдания огорчают Давида, а тот факт, что страдания отвлекают его от занятий Торой. Ибо дни человека немногочисленны, "и если не сейчас, то когда (он сможет заниматься)?", так как он умрёт сегодня или завтра. Поэтому Давид просит отвратить от него страдания, чтобы он смог заниматься Торой и приобрести удел в Будущем Мире

День 7 למנצח 1 Руководителю, Йедутуну. Псалом Давида.
2 Решил я: «Буду осторожен на путях моих, чтобы не
согрешить словом; буду обуздывать уста свои, даже
если преступник предо мною!» 3 Безмолвствовал я,
молчал даже о хорошем, но боль вскипела во мне!
4 Горит сердце в груди моей, из горла огонь вырыва-
ется, слово на устах моих: 5 «Скажи мне, Господь, ког-
да наступит конец, сколько дней мне еще отпущено,
чтобы знал я, когда меня не станет! 6 Ты [немногими]
пядями отмерил дни мне; жизнь моя – ничто пред

וְחֶלְדִּי כְאַיִן נֶגְדֶּךָ אַךְ־כָּל־הֶבֶל כָּל־אָדָם נִצָּב סֶלָה׃
ז אַךְ־בְּצֶלֶם ׀ יִתְהַלֶּךְ־אִישׁ אַךְ־הֶבֶל יֶהֱמָיוּן יִצְבֹּר וְלֹא־
יֵדַע מִי־אֹסְפָם׃ ח וְעַתָּה מַה־קִּוִּיתִי אֲדֹנָי תּוֹחַלְתִּי לְךָ
הִיא׃ ט מִכָּל־פְּשָׁעַי הַצִּילֵנִי חֶרְפַּת נָבָל אַל־תְּשִׂימֵנִי׃
י נֶאֱלַמְתִּי לֹא אֶפְתַּח־פִּי כִּי אַתָּה עָשִׂיתָ׃ יא הָסֵר
מֵעָלַי נִגְעֶךָ מִתִּגְרַת יָדְךָ אֲנִי כָלִיתִי׃ יב בְּתוֹכָחוֹת
עַל־עָוֺן ׀ יִסַּרְתָּ אִישׁ וַתֶּמֶס כָּעָשׁ חֲמוּדוֹ אַךְ הֶבֶל כָּל־
אָדָם סֶלָה׃ יג שִׁמְעָה תְפִלָּתִי ׀ יְהוָה וְשַׁוְעָתִי ׀ הַאֲזִינָה
אֶל־דִּמְעָתִי אַל־תֶּחֱרַשׁ כִּי גֵר אָנֹכִי עִמָּךְ תּוֹשָׁב כְּכָל־
אֲבוֹתָי׃ יד הָשַׁע מִמֶּנִּי וְאַבְלִיגָה בְּטֶרֶם אֵלֵךְ וְאֵינֶנִּי׃

מ.

כמה מעלות טובות שעשה הקדוש ברוך הוא עם ישראל ומי יכול למלל גבורתו אגידה ואדברה עצמו מספר. ברא העולם בשביל ישראל קרע הים בשביל ישראל ואיננו חפץ בזבחים רק לשמוע בקולו:

א לַמְנַצֵּחַ לְדָוִד מִזְמוֹר׃ ב קַוֺּה קִוִּיתִי יְהוָה וַיֵּט אֵלַי
וַיִּשְׁמַע שַׁוְעָתִי׃ ג וַיַּעֲלֵנִי ׀ מִבּוֹר שָׁאוֹן מִטִּיט הַיָּוֵן
וַיָּקֶם עַל־סֶלַע רַגְלַי כּוֹנֵן אֲשֻׁרָי׃ ד וַיִּתֵּן בְּפִי ׀ שִׁיר
חָדָשׁ תְּהִלָּה לֵאלֹהֵינוּ יִרְאוּ רַבִּים וְיִירָאוּ וְיִבְטְחוּ בַּיהוָה׃

Тобою. Воистину, слабое дуновение ветра всякий че-
ловек, гордо стоящий. 7 Призраком скользит человек,
поднимаемый им шум – лишь слабое дуновение; со-
бирает урожай и не знает, кто уберет его в амбары.
8 Если так, на что мне надеяться, Владыка? – На Тебя
упование мое. 9 Избавь меня от [последствий] всех
беззаконий моих; негодяям на поругание не предай
меня! 10 Я безмолвствую, не открываю уст своих, ибо
Ты причинил это. 11 Избавь меня от недуга, я погибаю
от тяжести руки Твоей! 12 Ты наказываешь человека,
обличая его за грехи. Как от моли рассыпается краса
его, а воистину человек – только слабое дуновение!
13 Внемли молитве моей, Господь, услышь мой зов, не
оставайся глухим к слезам моим! Странник я у Тебя;
пришелец, как и все предки мои! 14 Ослабь руку Свою,
дай собраться с силами, прежде чем я уйду и меня не
станет!»

40

Псалмопевец говорит о множестве благ, содеянных Всевышним для народа Израиля: "Кто может выразить всё Его Величие? Я бы рассказывал и говорил о них, но их не счесть". Он сотворил мир и рассёк море ради Израиля, [при этом] не желает Он жертвоприношения, а только чтобы мы слушались Его.

למנצח 1 Руководителю. Давида псалом. 2 Крепко на-
деялся я на Господа, – и Он склонился ко мне, услы-
шал зов мой! 3 Он вытащил меня из бездны вод бур-
ных, из болота засасывающего; ноги мои поставил на
утес, сделал твердыми шаги мои! 4 Он вложил в уста
мои новую песнь, хвалу Богу нашему. Увидят многие

ה אַשְׁרֵי הַגֶּבֶר אֲשֶׁר־שָׂם יְהֹוָה מִבְטַחוֹ וְלֹא־פָנָה אֶל־
רְהָבִים וְשָׂטֵי כָזָב: ו רַבּוֹת עָשִׂיתָ | אַתָּה יְהֹוָה אֱלֹהַי
נִפְלְאֹתֶיךָ וּמַחְשְׁבֹתֶיךָ אֵלֵינוּ אֵין | עֲרֹךְ אֵלֶיךָ אַגִּידָה
וַאֲדַבֵּרָה עָצְמוּ מִסַּפֵּר: ז זֶבַח וּמִנְחָה | לֹא־חָפַצְתָּ
אָזְנַיִם כָּרִיתָ לִּי עוֹלָה וַחֲטָאָה לֹא שָׁאָלְתָּ: ח אָז
אָמַרְתִּי הִנֵּה־בָאתִי בִּמְגִלַּת־סֵפֶר כָּתוּב עָלָי: ט לַעֲשׂוֹת
רְצוֹנְךָ אֱלֹהַי חָפָצְתִּי וְתוֹרָתְךָ בְּתוֹךְ מֵעָי: י בִּשַּׂרְתִּי
צֶדֶק | בְּקָהָל רָב הִנֵּה שְׂפָתַי לֹא אֶכְלָא יְהֹוָה אַתָּה
יָדָעְתָּ: יא צִדְקָתְךָ לֹא־כִסִּיתִי | בְּתוֹךְ לִבִּי אֱמוּנָתְךָ
וּתְשׁוּעָתְךָ אָמָרְתִּי לֹא־כִחַדְתִּי חַסְדְּךָ וַאֲמִתְּךָ לְקָהָל
רָב: יב אַתָּה יְהֹוָה לֹא־תִכְלָא רַחֲמֶיךָ מִמֶּנִּי חַסְדְּךָ
וַאֲמִתְּךָ תָּמִיד יִצְּרוּנִי: יג כִּי אָפְפוּ עָלַי רָעוֹת עַד־אֵין
מִסְפָּר הִשִּׂיגוּנִי עֲוֹנֹתַי וְלֹא־יָכֹלְתִּי לִרְאוֹת עָצְמוּ
מִשַּׂעֲרוֹת רֹאשִׁי וְלִבִּי עֲזָבָנִי: יד רְצֵה־יְהֹוָה לְהַצִּילֵנִי
יְהֹוָה לְעֶזְרָתִי חוּשָׁה: טו יֵבֹשׁוּ וְיַחְפְּרוּ | יַחַד מְבַקְשֵׁי
נַפְשִׁי לִסְפּוֹתָהּ יִסֹּגוּ אָחוֹר וְיִכָּלְמוּ חֲפֵצֵי רָעָתִי:
טז יָשֹׁמּוּ עַל־עֵקֶב בָּשְׁתָּם הָאֹמְרִים לִי הֶאָח | הֶאָח:

– и Господа начнут бояться и на Него уповать будут!
5 Славен человек, который надежды свои возлагает
на Господа, а не обращается к спесивым властите-
лям, соблазняющих напраслиной! 6 Многочисленны
дела Твои! Господь, Бог мой, многочисленны чудеса
и замыслы Твои, нам [дарованные]! Нет сравнимого с
Тобой! Число моих рассказов и повестей о них – ог-
ромно! 7 Жертв и приношений Ты не желал; Ты даро-
вал мне слух[44], [но] всесожжений и жертв очищающих
Ты не просил[а]. 8 Тогда решил я: «Буду поступать по
книге, мне предписанной: 9 волю Твою, Бог мой, же-
лаю исполнить; закон Твой переполняет меня!» 10 Я
проповедовал справедливость Твою в собраниях ве-
ликих; не держал взаперти уст своих; Ты знаешь это,
Господь! 11 Правды Твоей не скрывал я в сердце; о вер-
ности Твоей, о спасении, ниспосланном Тобой, я рас-
сказывал; не утаивал милости Твоей и истины Твоей
пред собранием великим. 12 И Ты, Господь, не держи
взаперти милосердие Твое! Пусть постоянно охраня-
ют меня покровительство и верность Твои! 13 Окру-
жили меня беды неисчислимые; настигли меня грехи
мои, так что не могу смотреть; их больше, чем у меня
волос на голове, пропало сердце мое[б]. 14 Да будет воля
Господа спасти меня! Господи, поспеши мне на помощь!
15 Пусть осрамятся и опозорятся ищущие гибели души
моей. Пусть отступят в стыде желающие мне зла.
16 оцепенеют когда обернется позор на говорящих обо

а. Ты даровал мне слух, [но] всесожжений... не просил – т. е. Ты просил послушания, а не жертв (Ибн-Эзра). б. Пропало сердце мое – буквально сказано: «Оставило меня сердце мое». Варианты понимания: «Сердце не подает совета» (р. Йшаяѓу из Трани), «Потерял мужество» (Мецудот), «Словно остался без сердца» (Ибн-Эзра).

יז יָשִׂישׂוּ | וְיִשְׂמְחוּ | בְּךָ כׇּל־מְבַקְשֶׁיךָ יֹאמְרוּ תָמִיד
יִגְדַּל יְהֹוָה אֹהֲבֵי תְּשׁוּעָתֶךָ: יח וַאֲנִי | עָנִי וְאֶבְיוֹן
אֲדֹנָי יַחֲשׇׁב לִי עֶזְרָתִי וּמְפַלְטִי אַתָּה אֱלֹהַי אַל־תְּאַחַר:

מא.

כמה מדות טובות והתעוררות רב להשכיל ולהשגיח היאך יתן צדקה מי ומי קודם ואשרי מי שמשכיל על החולה ונותן לו מה שצריך לחליו:

א לַמְנַצֵּחַ מִזְמוֹר לְדָוִד: ב אַשְׁרֵי מַשְׂכִּיל אֶל־דָּל
בְּיוֹם רָעָה יְמַלְּטֵהוּ יְהֹוָה: ג יְהֹוָה | יִשְׁמְרֵהוּ וִיחַיֵּהוּ
וְאֻשַּׁר בָּאָרֶץ וְאַל־תִּתְּנֵהוּ בְּנֶפֶשׁ אֹיְבָיו: ד יְהֹוָה
יִסְעָדֶנּוּ עַל־עֶרֶשׂ דְּוָי כׇּל־מִשְׁכָּבוֹ הָפַכְתָּ בְחׇלְיוֹ: ה אֲנִי
אָמַרְתִּי יְהֹוָה חׇנֵּנִי רְפָאָה נַפְשִׁי כִּי־חָטָאתִי לָךְ:
ו אוֹיְבַי יֹאמְרוּ רַע לִי מָתַי יָמוּת וְאָבַד שְׁמוֹ: ז וְאִם־
בָּא לִרְאוֹת | שָׁוְא יְדַבֵּר לִבּוֹ יִקְבׇּץ־אָוֶן לוֹ יֵצֵא לַחוּץ
יְדַבֵּר: ח יַחַד עָלַי יִתְלַחֲשׁוּ כׇּל־שֹׂנְאָי עָלַי | יַחְשְׁבוּ
רָעָה לִי: ט דְּבַר־בְּלִיַּעַל יָצוּק בּוֹ וַאֲשֶׁר שָׁכַב לֹא־
יוֹסִיף לָקוּם: י גַּם אִישׁ־שְׁלוֹמִי | אֲשֶׁר־בָּטַחְתִּי בוֹ
אוֹכֵל לַחְמִי הִגְדִּיל עָלַי עָקֵב: יא וְאַתָּה יְהֹוָה חׇנֵּנִי
וַהֲקִימֵנִי וַאֲשַׁלְּמָה לָהֶם: יב בְּזֹאת יָדַעְתִּי כִּי־חָפַצְתָּ

мне: «Ага! Ага!» 17 Пусть радуются и веселятся Тебе
все ищущие Тебя! Пусть все время повторяют возлю-
бленные, Тобой спасенные: «Велик Господь!» 18 Я же
несчастен и беден. Вспомни обо мне, Владыка мой!
Ты помощь моя и Избавитель мой! Боже мой, не мед-
ли!

41

Псалом учит ряду хороших душевных качеств, а также вдохновляет человека задумываться и заботиться о том, как жертвовать на благотворительность, кому помогать в первую очередь. Счастлив тот, кто заботится о больном, предоставляя ему то, в чём больной нуждается.

למנצח 1 Руководителю. Псалом Давида. 2 Славен вни-
мательный к несчастному! В день бедствия Господь
спасет его! 3 Господь охранит его, сохранит ему жизнь,
даст ему счастье на земле. Ты не выдашь его жизнь
врагам! 4 Господь позаботится о нем на ложе скор-
бном. Ты перестелишь его кровать во время болезни!
5 Я прошу: «Господь, пожалей меня; исцели душу
мою, несмотря на то, что я грешен перед Тобою!»
6 Враги желают мне зла: «Когда же умрет [он] и ис-
чезнет имя его?!» 7 Если кто приходит проведать меня,
говорит неправду, а в сердце копит небылицы, чтобы
рассказывать их по выходе! 8 Перешептываются обо
мне враги, замышляют против меня зло: 9 «Хворь па-
губная крепко сидит в нем; слег – и не встать ему!»
10 Даже союзник, на которого я полагался, который ел
хлеб мой, поднялся на меня из засады! 11 Ты, Господи,
пожалей меня, поставь меня на ноги, и я воздам им!

בִּי כִּי לֹא־יָרִיעַ אֹיְבִי עָלָי׃ יג וַאֲנִי בְּתֻמִּי תָּמַכְתָּ בִּי
וַתַּצִּיבֵנִי לְפָנֶיךָ לְעוֹלָם׃ יד בָּרוּךְ יְהוָה ׀ אֱלֹהֵי יִשְׂרָאֵל
מֵהָעוֹלָם וְעַד־הָעוֹלָם אָמֵן ׀ וְאָמֵן׃

ספר שני

מב.

זה המזמור מעורר לבבות בני ישראל הבלתי מרגישים חורבן הגדול ואבדה ורעה שגלו מעל שלחן אביהם. ולו חכמו ישכילו אשר היו להם טובה גדולה בבואם ליראות שלש פעמים בשנה לרגל בשמחה בחיל גדול ולא היה להם שטן ופגע רע. והי׳ יתן רחמים לפנינו מעתה ועד עולם אמן סלה:

א לַמְנַצֵּחַ מַשְׂכִּיל לִבְנֵי־קֹרַח׃ ב כְּאַיָּל תַּעֲרֹג עַל־
אֲפִיקֵי־מָיִם כֵּן נַפְשִׁי תַעֲרֹג אֵלֶיךָ אֱלֹהִים׃ ג צָמְאָה
נַפְשִׁי ׀ לֵאלֹהִים לְאֵל חָי מָתַי אָבוֹא וְאֵרָאֶה פְּנֵי
אֱלֹהִים׃ ד הָיְתָה־לִּי דִמְעָתִי לֶחֶם יוֹמָם וָלָיְלָה בֶּאֱמֹר
אֵלַי כָּל־הַיּוֹם אַיֵּה אֱלֹהֶיךָ׃ ה אֵלֶּה אֶזְכְּרָה ׀ וְאֶשְׁפְּכָה
עָלַי ׀ נַפְשִׁי כִּי אֶעֱבֹר ׀ בַּסָּךְ אֶדַּדֵּם עַד־בֵּית אֱלֹהִים
בְּקוֹל־רִנָּה וְתוֹדָה הָמוֹן חוֹגֵג׃ ו מַה־תִּשְׁתּוֹחֲחִי ׀ נַפְשִׁי
וַתֶּהֱמִי עָלָי הוֹחִילִי לֵאלֹהִים כִּי עוֹד אוֹדֶנּוּ יְשׁוּעוֹת
פָּנָיו׃ ז אֱלֹהַי עָלַי נַפְשִׁי תִשְׁתּוֹחָח עַל־כֵּן אֶזְכָּרְךָ
מֵאֶרֶץ יַרְדֵּן וְחֶרְמוֹנִים מֵהַר מִצְעָר׃ ח תְּהוֹם אֶל־

12 Узнаю я, что Ты благосклонен ко мне, когда враг мой
не будет ликовать! 13 Ты поддержишь меня за непороч-
ность мою, дашь мне возможность вечно стоять перед
лицом Твоим! 14 Благословен Господь, Бог Израиля, от
века и до века! Амен и амен!

КНИГА ВТОРАЯ

42

Этот псалом пробуждает сердца евреев, которые не ощущают факта огромного разрушения, потери и несчастья изгнания из дома своего Небесного Отца. Будь они мудры, они были бы признательны за величайшее благо прошлого – являться три раза в год в радости и великом трепете перед Всевышним в праздники, свободными от преследований и неприятностей. И пусть Всевышний смилостивится над нами отныне и вовеки, Амен. Сэла.

למנצח 1 Руководителю. Поучение сынов Кора-
ха. 2 Как лань взывает[a] об источниках вод, так душа
моя взывает к Тебе, Боже! 3 Жаждет душа моя Бога,
Бога живого, когда приду и предстану пред лицом
Божьим! 4 Слезы стали мне пищей на день и на ночь;
когда вопрошают меня все время: «Где же Бог твой?»
5 Душа моя исходит в слезах, когда воспоминаю, как
шествовал в собрании многолюдном к дому Божию,
меж криков радости и песен благодарности в празд-
ничной толпе. 6 Чего ж ты поникла, душа моя, что сто-
нешь? Уповай на Бога: еще буду петь песни благодар-
ности за спасение, ниспосланное Им! 7 Боже мой!
Никнет душа моя, когда я вспоминаю о Тебе на зем-

а. Как лань взывает – вариант перевода: «Как лань стремится к источнику вод, так душа моя стремится к Тебе, Боже».

תְּהוֹם קוֹרֵא לְקוֹל צִנּוֹרֶיךָ כָּל־מִשְׁבָּרֶיךָ וְגַלֶּיךָ עָלַי
עָבָרוּ: ט יוֹמָם | יְצַוֶּה יְהוָה | חַסְדּוֹ וּבַלַּיְלָה שִׁירֹה עִמִּי
תְּפִלָּה לְאֵל חַיָּי: י אוֹמְרָה | לְאֵל סַלְעִי לָמָה שְׁכַחְתָּנִי
לָמָּה־קֹדֵר אֵלֵךְ בְּלַחַץ אוֹיֵב: יא בְּרֶצַח | בְּעַצְמוֹתַי
חֵרְפוּנִי צוֹרְרָי בְּאָמְרָם אֵלַי כָּל־הַיּוֹם אַיֵּה אֱלֹהֶיךָ:
יב מַה־תִּשְׁתּוֹחֲחִי | נַפְשִׁי וּמַה־תֶּהֱמִי עָלָי הוֹחִילִי
לֵאלֹהִים כִּי־עוֹד אוֹדֶנּוּ יְשׁוּעֹת פָּנַי וֵאלֹהָי:

מג.

תפלה גדולה על גודל הצרות מגוי לא חסיד. ויהי רצון שישלח מלך המשיח ואליהו הנביא, והמה ינחונו לבהמ״ק להקריב קרבנות כבתחלה:

א שָׁפְטֵנִי אֱלֹהִים | וְרִיבָה רִיבִי מִגּוֹי לֹא־חָסִיד מֵאִישׁ
מִרְמָה וְעַוְלָה תְפַלְּטֵנִי: ב כִּי־אַתָּה | אֱלֹהֵי מָעוּזִּי לָמָה
זְנַחְתָּנִי לָמָּה קֹדֵר אֶתְהַלֵּךְ בְּלַחַץ אוֹיֵב: ג שְׁלַח־אוֹרְךָ
וַאֲמִתְּךָ הֵמָּה יַנְחוּנִי יְבִיאוּנִי אֶל־הַר־קָדְשְׁךָ וְאֶל־
מִשְׁכְּנוֹתֶיךָ: ד וְאָבוֹאָה | אֶל־מִזְבַּח אֱלֹהִים אֶל־אֵל
שִׂמְחַת גִּילִי וְאוֹדְךָ בְכִנּוֹר אֱלֹהִים אֱלֹהָי: ה מַה־
תִּשְׁתּוֹחֲחִי | נַפְשִׁי וּמַה־תֶּהֱמִי עָלָי הוֹחִילִי לֵאלֹהִים
כִּי־עוֹד אוֹדֶנּוּ יְשׁוּעֹת פָּנַי וֵאלֹהָי:

ле Иорданской, на горах Хермона и Мицара! 8 Бездна
кличет бездне шумом водопадов Твоих, – сокрушаю-
щие потоки и валы Твои проходят надо мною! 9 Днем
Господь являл милость Свою, а ночью молю Бога
жизни моей: «Пусть остается среди нас». 10 Вопро-
шаю Бога, Твердыню мою: «Отчего Ты забыл меня?
Почему я хожу согбенный от преследований врагов?»
11 Поношения притеснителей дробят[45] кости мои, когда
они повторяют весь день: «Где же Бог твой?» 12 Чего
ты поникла, душа моя, что стонешь? Уповай на Бога:
еще буду петь песни благодарности за спасение, Им,
Богом Моим!

43

Великая молитва о колоссальных страданиях, пришедших от рук нечестивых народов. И да будет угодно Всевышнему, чтобы Он привел короля *Мошиаха* и пророка *Элияѓу*, и они поведут нас к Святому Храму совершать там жертвоприношения, как в прежние времена.

שפטני 1 Рассуди меня, Боже, веди тяжбу мою с на-
родом неправедным; от человека лукавого и беззакон-
ного спаси меня! 2 Ибо Ты, Бог крепости моей, поче-
му Ты оставил меня? Почему я хожу согбенным от
преследований врагов? 3 Пошли свет и истину Твою
– пусть они указывают мне дорогу и приведут меня
к святой горе Твоей, к обители Твоей! 4 Там я подой-
ду к жертвеннику Божию, к Богу радости моей, спою
песнь благодарности под звуки арфы Тебе, Бог, Боже
мой! 5 Чего ж ты так поникла, душа моя, что стонешь?
Уповай на Бога: еще буду петь песни благодарности за
спасение, ниспосланное Богом моим!

מד.

המשורר מאונן ומקונן במר נפש על גלות המר הזה, וכל יום אנו ותורתנו מוכלמים באמרם החליף ה' אותנו באומה אחרת, ונחשבנו כצאן לטבח למשל ולשנינה, לכך ראוי לפדות אותנו למען שמו הגדול אשר עמנו בגלות:

יום ח

א לַמְנַצֵּחַ לִבְנֵי־קֹרַח מַשְׂכִּיל: ב אֱלֹהִים | בְּאָזְנֵינוּ
שָׁמַעְנוּ אֲבוֹתֵינוּ סִפְּרוּ־לָנוּ פֹּעַל־פָּעַלְתָּ בִימֵיהֶם בִּימֵי
קֶדֶם: ג אַתָּה | יָדְךָ גּוֹיִם הוֹרַשְׁתָּ וַתִּטָּעֵם תָּרַע לְאֻמִּים
וַתְּשַׁלְּחֵם: ד כִּי לֹא בְחַרְבָּם יָרְשׁוּ־אָרֶץ וּזְרוֹעָם לֹא־
הוֹשִׁיעָה לָּמוֹ כִּי־יְמִינְךָ וּזְרוֹעֲךָ וְאוֹר פָּנֶיךָ כִּי רְצִיתָם:
ה אַתָּה־הוּא מַלְכִּי אֱלֹהִים צַוֵּה יְשׁוּעוֹת יַעֲקֹב: ו בְּךָ
צָרֵינוּ נְנַגֵּחַ בְּשִׁמְךָ נָבוּס קָמֵינוּ: ז כִּי לֹא בְקַשְׁתִּי
אֶבְטָח וְחַרְבִּי לֹא תוֹשִׁיעֵנִי: ח כִּי הוֹשַׁעְתָּנוּ מִצָּרֵינוּ
וּמְשַׂנְאֵינוּ הֱבִישׁוֹתָ: ט בֵּאלֹהִים הִלַּלְנוּ כָל־הַיּוֹם
וְשִׁמְךָ | לְעוֹלָם נוֹדֶה סֶלָה: י אַף־זָנַחְתָּ וַתַּכְלִימֵנוּ וְלֹא־
תֵצֵא בְּצִבְאוֹתֵינוּ: יא תְּשִׁיבֵנוּ אָחוֹר מִנִּי־צָר וּמְשַׂנְאֵינוּ
שָׁסוּ לָמוֹ: יב תִּתְּנֵנוּ כְּצֹאן מַאֲכָל וּבַגּוֹיִם זֵרִיתָנוּ:
יג תִּמְכֹּר עַמְּךָ בְלֹא־הוֹן וְלֹא־רִבִּיתָ בִּמְחִירֵיהֶם:
יד תְּשִׂימֵנוּ חֶרְפָּה לִשְׁכֵנֵינוּ לַעַג וָקֶלֶס לִסְבִיבוֹתֵינוּ:

44

Псалмопевец сокрушается и сетует с болью в душе о горечи этого изгнания, когда каждый день мы и наша Тора посрамляются народами мира, говорящими:"Всевышний променял вас на другой народ", а мы считаемся стадом для заклания, притчей во языцах, посмешищем. Потому подобает Всевышнему освободить нас ради Его Великого Имени, пребывающего с нами в изгнании.

День 8 למנצח 1 Руководителю. Сынов Кораха. Поучение.
2 Боже! Собственными ушами мы слышали, -- предки
рассказывали нам про дела, которые Ты творил в их
дни, во дни древние. 3 Про то, как Ты рукою Своею из-
гнал племена, а их насадил, – истребил народы, а им
даровал процветание. 4 Ибо не мечом захватили они
землю, не рукой своей победили, но Твоей десницей,
Твоей рукой, светом лика Твоего, ибо были желан-
ны Тебе. 5 Ты Царь мой, Боже! Ты повелел победить
Яакову! 6 С Тобой мы одолеем врага; именем Твоим
разгромим восстающих на нас. 7 Не на лук свой пола-
гаюсь я, и не меч дарует мне победу. 8 Но Ты даруешь
нам победу над врагами, Ты заставляешь недругов ис-
пытать позор. 9 Мы все время славим Бога, воистину,
вечно воздаем благодарность имени Твоему, 10 хотя Ты
оставил нас, заставил нас испытать позор, не выхо-
дишь с войсками нашими, – 11 заставил нас отступить,
отдал противникам на разграбление... 12 Ты отдал нас,
как овец на съедение, рассеял нас между народами.
13 Продал Ты народ Свой за бесценок; не требовал вы-
сокой цены за него. 14 Ты отдал нас соседям на пору-
гание, на осмеяние и посрамление окружающим нас.
15 Ты сделал нас притчею среди племен, [презритель-

טו תְּשִׂימֵנוּ מָשָׁל בַּגּוֹיִם מְנוֹד רֹאשׁ בַּלְאֻמִּים׃ טז כָּל־
הַיּוֹם כְּלִמָּתִי נֶגְדִּי וּבֹשֶׁת פָּנַי כִּסָּתְנִי׃ יז מִקּוֹל מְחָרֵף
וּמְגַדֵּף מִפְּנֵי אוֹיֵב וּמִתְנַקֵּם׃ יח כָּל־זֹאת בָּאַתְנוּ וְלֹא
שְׁכַחֲנוּךָ וְלֹא־שִׁקַּרְנוּ בִּבְרִיתֶךָ׃ יט לֹא־נָסוֹג אָחוֹר
לִבֵּנוּ וַתֵּט אֲשֻׁרֵינוּ מִנִּי אָרְחֶךָ׃ כ כִּי דִכִּיתָנוּ בִּמְקוֹם
תַּנִּים וַתְּכַס עָלֵינוּ בְצַלְמָוֶת׃ כא אִם־שָׁכַחְנוּ שֵׁם
אֱלֹהֵינוּ וַנִּפְרֹשׂ כַּפֵּינוּ לְאֵל זָר׃ כב הֲלֹא אֱלֹהִים יַחֲקָר־
זֹאת כִּי הוּא יֹדֵעַ תַּעֲלֻמוֹת לֵב׃ כג כִּי־עָלֶיךָ הֹרַגְנוּ
כָל־הַיּוֹם נֶחְשַׁבְנוּ כְּצֹאן טִבְחָה׃ כד עוּרָה | לָמָּה תִישַׁן |
אֲדֹנָי הָקִיצָה אַל־תִּזְנַח לָנֶצַח׃ כה לָמָּה פָנֶיךָ תַסְתִּיר
תִּשְׁכַּח עָנְיֵנוּ וְלַחֲצֵנוּ׃ כו כִּי שָׁחָה לֶעָפָר נַפְשֵׁנוּ דָּבְקָה
לָאָרֶץ בִּטְנֵנוּ׃ כז קוּמָה עֶזְרָתָה לָּנוּ וּפְדֵנוּ לְמַעַן חַסְדֶּךָ׃

מה.

המשורר אמר שיר זה על מלך המשיח, ומספר מעלתו ומדותיו וכבודו ועשרו וממשלתו, וישראל מצפים וזוכרים ואומרים בכל דור ודור מתי יבא מלך המשיח:

א לַמְנַצֵּחַ עַל־שֹׁשַׁנִּים לִבְנֵי־קֹרַח מַשְׂכִּיל שִׁיר
יְדִידֹת׃ ב רָחַשׁ לִבִּי | דָּבָר טוֹב אֹמֵר אָנִי מַעֲשַׂי לְמֶלֶךְ

но] качают головами народы. 16 Все время позор мой
– предо мною; стыд покрывает лицо мое, – 17 от слов
оскорблений и поношений, из-за врагов и мстителей!
18 Все это постигло нас, но мы не забывали Тебя, не на-
рушали союза с Тобой, 19 Не отступились от него в сер-
дце своем, не свернули с пути Твоего. 20 Когда Ты вверг
нас в пустыню к шакалам, когда покрыл нас смертной
тенью, – 21 разве забыли мы имя Бога нашего? Разве
простерли руки к богу чужому? 22 Разве не открыто
это Богу, Который знает тайны, сокрытые в сердцах?!
23 Из-за Тебя убивают нас все время, считают нас ов-
цами на заклание... 24 Пробудись! Почему Ты спишь,
Владыка мой?! Пробудись, навсегда не оставь! 25 Зачем
скрываешь лик Свой? Почему забываешь бедствия и
гонения наши? 26 Унижена до праха душа наша; не от-
рываем от земли живот наш. 27 Встань на помощь нам
и спаси нас ради милости Твоей!

45

Псалмопевец сочинил этот псалом о Мошиахе. Он описывает его величие, душевные качества, славу, его богатство и власть и что Израиль ожидает его, помня и произнося в каждом поколении: "Когда уже придёт властитель Мошиах?"

למנצח 1 Руководителю. На шестиструне. Сынов Ко-
раха. Поучение. Песнь любви. 2 Льется из сердца мо-
его слово прекрасное; зачитаю царю произведение
свое; язык мой словно перо скорописца! 3 Ты самый

לְשׁוֹנִי עֵט ׀ סוֹפֵר מָהִיר׃ ג יׇפְיָפִיתָ מִבְּנֵי אָדָם הוּצַק
חֵן בְּשְׂפְתוֹתֶיךָ עַל־כֵּן בֵּרַכְךָ אֱלֹהִים לְעוֹלָם׃ ד חֲגוֹר
חַרְבְּךָ עַל־יָרֵךְ גִּבּוֹר הוֹדְךָ וַהֲדָרֶךָ׃ ה וַהֲדָרְךָ ׀ צְלַח
רְכַב עַל־דְּבַר־אֱמֶת וְעַנְוָה־צֶדֶק וְתוֹרְךָ נוֹרָאוֹת יְמִינֶךָ׃
ו חִצֶּיךָ שְׁנוּנִים עַמִּים תַּחְתֶּיךָ יִפְּלוּ בְּלֵב אוֹיְבֵי הַמֶּלֶךְ׃
ז כִּסְאֲךָ אֱלֹהִים עוֹלָם וָעֶד שֵׁבֶט מִישֹׁר שֵׁבֶט מַלְכוּתֶךָ׃
ח אָהַבְתָּ צֶּדֶק וַתִּשְׂנָא רֶשַׁע עַל־כֵּן ׀ מְשָׁחֲךָ אֱלֹהִים
אֱלֹהֶיךָ שֶׁמֶן שָׂשׂוֹן מֵחֲבֵרֶךָ׃ ט מֹר וַאֲהָלוֹת קְצִיעוֹת
כׇּל־בִּגְדֹתֶיךָ מִן־הֵיכְלֵי שֵׁן מִנִּי שִׂמְּחוּךָ׃ י בְּנוֹת מְלָכִים
בִּיקְּרוֹתֶיךָ נִצְּבָה שֵׁגַל לִימִינְךָ בְּכֶתֶם אוֹפִיר׃ יא שִׁמְעִי־
בַת וּרְאִי וְהַטִּי אׇזְנֵךְ וְשִׁכְחִי עַמֵּךְ וּבֵית אָבִיךְ׃
יב וְיִתְאָו הַמֶּלֶךְ יׇפְיֵךְ כִּי הוּא אֲדֹנַיִךְ וְהִשְׁתַּחֲוִי־לוֹ׃
יג וּבַת־צֹר ׀ בְּמִנְחָה פָּנַיִךְ יְחַלּוּ עֲשִׁירֵי עָם׃ יד כׇּל־
כְּבוּדָּה בַת־מֶלֶךְ פְּנִימָה מִמִּשְׁבְּצוֹת זָהָב לְבוּשָׁהּ׃
טו לִרְקָמוֹת תּוּבַל לַמֶּלֶךְ בְּתוּלוֹת אַחֲרֶיהָ רֵעוֹתֶיהָ
מוּבָאוֹת לָךְ׃ טז תּוּבַלְנָה בִּשְׂמָחֹת וָגִיל תְּבֹאֶינָה
בְּהֵיכַל מֶלֶךְ׃ יז תַּחַת אֲבֹתֶיךָ יִהְיוּ בָנֶיךָ תְּשִׁיתֵמוֹ

красивый среди сынов человеческих; прекрасно от-
литы губы твои, потому что Бог даровал тебе вечное
благословение! 4 Опояшься мечом своим, богатырь,
великолепием и красою твоею! 5 В красе своей вскочи
на коня, истины ради и кроткой правды. Пусть ужас
сеет десница твоя. 6 Стрелы острые – прямо в сердца
врагов царских[46]! Народы падут пред тобой! 7 Престол
твой божественный, вечный; скипетр царства твое-
го – скипетр правды! 8 Возлюбил ты справедливость
и ненавидишь беззаконие, поэтому помазал тебя Бог,
Бог твой, елеем радости пред собратьями твоими.
9 Всяческие одежды твои, благоухающие мирром,
алоем и корицей;[47] разнообразные чертоги слоновой
кости радуют тебя. 10 Дочери царские навещают тебя;
по правую руку от тебя стоит царица в украшениях
золота офирского! 11 Услышь, дева, воззри и преклони
ухо свое! Забудь народ твой и дом отца твоего. 12 Царь
полюбит красу твою. Он государь твой – преклонись
перед ним! 13 Дочери Тира, богатейшие представители
его с дарами ожидают предстать перед ликом твоим!
14 Все приданное дочери царской [вносится] во внутрь;
шито золотом платье ее! 15 Ведут ее в вышитых оде-
ждах к царю; за нею девицы, подруги ее, приведенные
к тебе! 16 Их ведут с весельем и ликованием, вводят в
царский чертог! 17 Дети займут место предков твоих;
князьями поставишь ты их по всей земле! 18 Я прослав-

לְשָׂרִים בְּכָל־הָאָרֶץ: יח אַזְכִּירָה שִׁמְךָ בְּכָל־דֹּר וָדֹר
עַל־כֵּן עַמִּים יְהוֹדֻךָ לְעֹלָם וָעֶד:

מו.

בו יסופר בעת שיבוא גוג ומגוג, ישליכו איש כלי מלחמתו, ולא יהיה עוד מלחמה בעולם:

א לַמְנַצֵּחַ לִבְנֵי־קֹרַח עַל־עֲלָמוֹת שִׁיר: ב אֱלֹהִים
לָנוּ מַחֲסֶה וָעֹז עֶזְרָה בְצָרוֹת נִמְצָא מְאֹד: ג עַל־כֵּן
לֹא־נִירָא בְּהָמִיר אָרֶץ וּבְמוֹט הָרִים בְּלֵב יַמִּים:
ד יֶהֱמוּ יֶחְמְרוּ מֵימָיו יִרְעֲשׁוּ הָרִים בְּגַאֲוָתוֹ סֶלָה:
ה נָהָר פְּלָגָיו יְשַׂמְּחוּ עִיר־אֱלֹהִים קְדֹשׁ מִשְׁכְּנֵי עֶלְיוֹן:
ו אֱלֹהִים בְּקִרְבָּהּ בַּל־תִּמּוֹט יַעְזְרֶהָ אֱלֹהִים לִפְנוֹת
בֹּקֶר: ז הָמוּ גוֹיִם מָטוּ מַמְלָכוֹת נָתַן בְּקוֹלוֹ תָּמוּג
אָרֶץ: ח יְהוָה צְבָאוֹת עִמָּנוּ מִשְׂגָּב־לָנוּ אֱלֹהֵי יַעֲקֹב
סֶלָה: ט לְכוּ־חֲזוּ מִפְעֲלוֹת יְהוָה אֲשֶׁר־שָׂם שַׁמּוֹת
בָּאָרֶץ: י מַשְׁבִּית מִלְחָמוֹת עַד־קְצֵה הָאָרֶץ קֶשֶׁת
יְשַׁבֵּר וְקִצֵּץ חֲנִית עֲגָלוֹת יִשְׂרֹף בָּאֵשׁ: יא הַרְפּוּ וּדְעוּ
כִּי־אָנֹכִי אֱלֹהִים אָרוּם בַּגּוֹיִם אָרוּם בָּאָרֶץ: יב יְהוָה
צְבָאוֹת עִמָּנוּ מִשְׂגָּב־לָנוּ אֱלֹהֵי יַעֲקֹב סֶלָה:

лю Имя Твое из поколения в поколение; и потому народы будут восхвалять Тебя вовеки веков!

46

Псалом говорит об эпохе Гога и Магога (мессианском времени), когда человечество отбросит своё оружие и в мире больше не будет войн.

למנצח 1 Руководителю. Сынов Кораха. На аламот.
Песнь. 2 Бог нам убежище и крепость, помощь в бед-
ствиях, всегда доступная! 3 Поэтому нам не страшно,
когда колеблется земля, когда горы обрушиваются в
сердце морей! 4 Пусть шумят, кипят воды их, пусть
сотрясаются горы перед вечными величием Его!
5 Их бурные потоки веселят град Божий, святыню
обители Всевышнего. 6 Бог посреди него – он не по-
колеблется; к утру Бог явит помощь Свою! 7 Шумят на-
роды, падают царства. Раздался глас Его – тает земля!
8 Господь Воинств с нами! Бог Яакова – воистину за-
щитник нам! 9 Идите, смотрите на дела Господни, на
опустошения, которые Он произвел на земле! 10 Он
прекращает войны до самого края земли, Он лома-
ет луки, обрубает копья, сжигает колесницы в огне!
11 «Остановитесь! Знайте, что Я – Бог! Я вознесен над
народами! Я вознесен над землей!» 12 Бог Воинств с
нами! Бог Яакова – воистину защитник нам!

מז.

בו מבואר שלא יהיה עוד מלחמה אחר מלחמת גוג ומגוג, והקדוש ברוך הוא יתן לנו התשועה ונזכה לעלות לרגל אמן:

א לַמְנַצֵּחַ לִבְנֵי־קֹרַח מִזְמוֹר: ב כָּל־הָעַמִּים תִּקְעוּ־
כָף הָרִיעוּ לֵאלֹהִים בְּקוֹל רִנָּה: ג כִּי־יְהוָה עֶלְיוֹן נוֹרָא
מֶלֶךְ גָּדוֹל עַל־כָּל־הָאָרֶץ: ד יַדְבֵּר עַמִּים תַּחְתֵּינוּ
וּלְאֻמִּים תַּחַת רַגְלֵינוּ: ה יִבְחַר־לָנוּ אֶת־נַחֲלָתֵנוּ אֶת
גְּאוֹן יַעֲקֹב אֲשֶׁר־אָהֵב סֶלָה: ו עָלָה אֱלֹהִים בִּתְרוּעָה
יְהוָה בְּקוֹל שׁוֹפָר: ז זַמְּרוּ אֱלֹהִים זַמֵּרוּ זַמְּרוּ לְמַלְכֵּנוּ
זַמֵּרוּ: ח כִּי מֶלֶךְ כָּל־הָאָרֶץ אֱלֹהִים זַמְּרוּ מַשְׂכִּיל:
ט מָלַךְ אֱלֹהִים עַל־גּוֹיִם אֱלֹהִים יָשַׁב | עַל כִּסֵּא קָדְשׁוֹ:
י נְדִיבֵי עַמִּים | נֶאֱסָפוּ עַם אֱלֹהֵי אַבְרָהָם כִּי לֵאלֹהִים
מָגִנֵּי־אֶרֶץ מְאֹד נַעֲלָה:

מח.

המשורר מתנבא על ימות המשיח ושבח ירושלים בבנינה ובקרבנות ובאותו פעם יאמרו ישראל כאשר שמענו מפי הנביאים כן זכינו לראות:

א שִׁיר מִזְמוֹר לִבְנֵי־קֹרַח: ב גָּדוֹל יְהוָה וּמְהֻלָּל
מְאֹד בְּעִיר אֱלֹהֵינוּ הַר־קָדְשׁוֹ: ג יְפֵה נוֹף מְשׂוֹשׂ כָּל־
הָאָרֶץ הַר־צִיּוֹן יַרְכְּתֵי צָפוֹן קִרְיַת מֶלֶךְ רָב: ד אֱלֹהִים

47

В этом псалме говорится, что после войны Гога и Магога (в мессианское время) больше не будет войн. И Всевышний даст нам спасение, и мы удостоимся приходить в Храм в праздники. Амен.

למנצח 1 Руководителю. Сынов Кораха. Псалом.
2 Все народы, протяните друг другу руку, приветс-
твуйте Бога ликующими голосами! 3 Ибо Всевышний
Господь грозен, Он – великий Царь над всею землею!
4 Он наслал мор на народы[48], а не на нас, племена поверг
к ногам нашим; 5 Он выбрал надел нам: возвышенность
Яакова, возлюбленную Им! 6 Восходит Бог под звуки
труб, Господь – под звуки рога! 7 Пойте Богу, пойте;
пойте Царю нашему, пойте! 8 Ибо Бог – Царь над всею
землею; пойте Ему гимн поучительный! 9 Бог царит над
народами! Бог восседает на святом престоле Своем!
10 Князья народов собрались, народ Бога Авраамова;
ибо Всевышнему Богу [принадлежат] защитники земли!

48

Псалмопевец пророчествует о днях Мошиаха, превознося отстроенный Иерусалим и совершаемые там жертвоприношения. И тогда Израиль скажет: "Мы удостоились видеть, как слова пророков сбываются".

שיר 1 Песнь. Псалом сынов Кораха. 2 Велик Господь
и прославлен сверх меры во граде Бога нашего, на Его
святой горе! 3 Прекрасный край, отрада всей земли,
гора Сион на северном краю города Царя великого!

בְּאַרְמְנוֹתֶיהָ נוֹדַע לְמִשְׂגָּב׃ ה כִּי־הִנֵּה הַמְּלָכִים נוֹעֲדוּ
עָבְרוּ יַחְדָּו׃ ו הֵמָּה רָאוּ כֵּן תָּמָהוּ נִבְהֲלוּ נֶחְפָּזוּ׃
ז רְעָדָה אֲחָזָתַם שָׁם חִיל כַּיּוֹלֵדָה׃ ח בְּרוּחַ קָדִים
תְּשַׁבֵּר אֳנִיּוֹת תַּרְשִׁישׁ׃ ט כַּאֲשֶׁר שָׁמַעְנוּ | כֵּן רָאִינוּ
בְּעִיר יְהוָה־צְבָאוֹת בְּעִיר אֱלֹהֵינוּ אֱלֹהִים יְכוֹנְנֶהָ עַד־
עוֹלָם סֶלָה׃ י דִּמִּינוּ אֱלֹהִים חַסְדֶּךָ בְּקֶרֶב הֵיכָלֶךָ׃
יא כְּשִׁמְךָ | אֱלֹהִים כֵּן תְּהִלָּתְךָ עַל־קַצְוֵי־אֶרֶץ צֶדֶק
מָלְאָה יְמִינֶךָ׃ יב יִשְׂמַח | הַר־צִיּוֹן תָּגֵלְנָה בְּנוֹת יְהוּדָה
לְמַעַן מִשְׁפָּטֶיךָ׃ יג סֹבּוּ צִיּוֹן וְהַקִּיפוּהָ סִפְרוּ מִגְדָּלֶיהָ׃
יד שִׁיתוּ לִבְּכֶם | לְחֵילָה פַּסְּגוּ אַרְמְנוֹתֶיהָ לְמַעַן תְּסַפְּרוּ
לְדוֹר אַחֲרוֹן׃ טו כִּי זֶה | אֱלֹהִים אֱלֹהֵינוּ עוֹלָם וָעֶד הוּא
יְנַהֲגֵנוּ עַל־מוּת׃

מט.

מוסר רב והתעוררות על כל העולם על עשיר עני ואביון, ומוכיח על עבירות שאין אדם סובר שהם עבירות לרוב רגילות ומרשיעים את האדם ליום הדין, בפרטות העשירים שאין להם בטחון בהקב"ה רק על ממונם:

יום ט

א לַמְנַצֵּחַ לִבְנֵי־קֹרַח מִזְמוֹר׃ ב שִׁמְעוּ־זֹאת כָּל־
הָעַמִּים הַאֲזִינוּ כָּל־יֹשְׁבֵי חָלֶד׃ ג גַּם־בְּנֵי אָדָם גַּם־

4 По дворцам его ясно, что оплот его – Бог! 5 Как-то
пришли цари, собрались вместе[а], 6 увидели они – и
изумились, пришли в смущение, поразились! 7 Трепет
объял их там, судороги, как у роженицы, 8 словно под
восточным ветром, которым Ты сокрушаешь корабли
Таршиша[49]! 9 То, о чем мы столько слышали, наконец,
увидели в граде Господа Воинств, в граде Бога нашего,
который Бог утвердил навеки! 10 Мы надеемся, Боже,
на покровительство Твое над храмом Твоим: 11 имя
Твое, Боже, и слава Твоя над всеми пределами земли!
Милосердием наполнена десница Твоя! 12 Радуется
гора Сионская, веселится девы Иудеи решениям суда
Твоего! 13 Пройдите вокруг Сиона, обойдите его, пе-
ресчитайте башни. 14 Обратите внимание на валы его;
подымитесь к дворцам его, чтобы пересказать следу-
ющему поколению, 15 что здесь Бог, наш Бог на веки
веков. Он вечно будет править нами[б]!

49

Наставление и призыв всему миру, от богатых до самых бедных, обличение в грехах, которые люди уже не считают грехами, настолько они привыкли их совершать. Но в день суда эти грехи станут обвинением против человека, и в особенности против богатых, которые полагаются не на Всевышнего, а только на свои деньги.

День 9 למנצח 1 Руководителю. Сынов Кораха. Псалом.
2 Слушайте это, все народы; внимайте, все обитате-
ли земли! 3 И дети [простых] людей и дети вельмож,

а. Как-то пришли цари, собрались вместе – многие комментаторы и переводчики дополняют стих: «Собрались [было] цари, пошли вместе [войною]...» б. Он вечно будет править нами – не ясный стих. Возможное понимание: «Он проведет нас над смертью». Или: «Он будет водить нас до нашей смерти».

בְּנֵי־אִישׁ יַחַד עָשִׁיר וְאֶבְיוֹן: ד פִּי יְדַבֵּר חָכְמוֹת
וְהָגוּת לִבִּי תְבוּנוֹת: ה אַטֶּה לְמָשָׁל אָזְנִי אֶפְתַּח בְּכִנּוֹר
חִידָתִי: ו לָמָּה אִירָא בִּימֵי רָע עֲוֹן עֲקֵבַי יְסוּבֵּנִי:
ז הַבֹּטְחִים עַל־חֵילָם וּבְרֹב עָשְׁרָם יִתְהַלָּלוּ: ח אָח
לֹא־פָדֹה יִפְדֶּה אִישׁ לֹא־יִתֵּן לֵאלֹהִים כָּפְרוֹ: ט וְיֵקַר
פִּדְיוֹן נַפְשָׁם וְחָדַל לְעוֹלָם: י וִיחִי־עוֹד לָנֶצַח לֹא
יִרְאֶה הַשָּׁחַת: יא כִּי יִרְאֶה | חֲכָמִים יָמוּתוּ יַחַד כְּסִיל
וָבַעַר יֹאבֵדוּ וְעָזְבוּ לַאֲחֵרִים חֵילָם: יב קִרְבָּם בָּתֵּימוֹ |
לְעוֹלָם מִשְׁכְּנֹתָם לְדוֹר וָדֹר קָרְאוּ בִשְׁמוֹתָם עֲלֵי אֲדָמוֹת:
יג וְאָדָם בִּיקָר בַּל־יָלִין נִמְשַׁל כַּבְּהֵמוֹת נִדְמוּ: יד זֶה
דַרְכָּם כֵּסֶל לָמוֹ וְאַחֲרֵיהֶם | בְּפִיהֶם יִרְצוּ סֶלָה: טו כַּצֹּאן
לִשְׁאוֹל שַׁתּוּ מָוֶת יִרְעֵם וַיִּרְדּוּ בָם יְשָׁרִים | לַבֹּקֶר
וְצוּרָם לְבַלּוֹת שְׁאוֹל מִזְּבֻל לוֹ: טז אַךְ־אֱלֹהִים יִפְדֶּה־
נַפְשִׁי מִיַּד־שְׁאוֹל כִּי יִקָּחֵנִי סֶלָה: יז אַל־תִּירָא כִּי־
יַעֲשִׁר אִישׁ כִּי־יִרְבֶּה כְּבוֹד בֵּיתוֹ: יח כִּי לֹא בְמוֹתוֹ
יִקַּח הַכֹּל לֹא־יֵרֵד אַחֲרָיו כְּבוֹדוֹ: יט כִּי־נַפְשׁוֹ בְּחַיָּיו
יְבָרֵךְ וְיוֹדֻךָ כִּי־תֵיטִיב לָךְ: כ תָּבֹא עַד־דּוֹר אֲבוֹתָיו

и богатый и нищий! 4 На устах моих мудрость, в сер-
дце – разум. 5 Сам преклоню ухо к притче моей, под
арфу спою разгадку мою: 6 «Чего бояться мне дней
бедствия, когда последствия греха окружат меня?!»
7 Вы, кто уверен в силе своей, кто хвастается величием
богатств своих, – 8 не выкупить брата своего, не дать
Богу выкупа за него. 9 Столь дорог выкуп души, что
вовек не собрать его. 10 [Столь дорог, чтобы] жил кто-
нибудь вечно, так и не узнав могилы! 11 Видели же, как
мудрецы умирают, как пропадает и глупец, и невеж-
да, оставляя другим имущество свое! 12 Они про себя
думают, что дома их вечны, жилища их – на все по-
коления рода, которому они дали свое имя на земле;
13 не сойдет человек [в могилу] с богатствами своими,
а будет подобен скотине немой. 14 Путь их – путь глу-
пости, а те, кто придут за ними, вечно будут рассказы-
вать [о них]. но они навеки оставляют его в завещание
потомкам! 15 Как скот, на гибель обреченный, смерть
пасет их, а те, кто утром будут признаны праведни-
ками, получат власть над ними, тело же их удобрит
могилу… 16 Бог, когда заберет меня, Он навеки изба-
вит душу мою от преисподней. 17 Не огорчайся, когда
богатеет вельможа, когда множатся сокровища в доме
его. 18 Ибо, умирая, не возьмет с собой ничего; сокро-
вищница не спустится за ним [в могилу]. 19 Душа его
была благословлена при жизни, тебя же благодарили
за содеянное тобой добро. 20 [Его душа] присоединится

עַד־נֵצַח לֹא יִרְאוּ־אוֹר׃ כא אָדָם בִּיקָר וְלֹא יָבִין
נִמְשַׁל כַּבְּהֵמוֹת נִדְמוּ׃

נ.

בזה המזמור מדובר כמה תוכחות ומוסרים גדולים, אשר המשורר מוכיח לאותם שאינם עושים תשובה בהכנעה ובנמיכות רוח, וגם הלומדים שאינם מקיימים מה שלומדים רק מן השפה ולחוץ, הם חוטאים ומחטיאים הרבה כהנה וכהנה:

א מִזְמוֹר לְאָסָף אֵל ׀ אֱלֹהִים יְהוָה דִּבֶּר וַיִּקְרָא־אָרֶץ
מִמִּזְרַח־שֶׁמֶשׁ עַד־מְבֹאוֹ׃ ב מִצִּיּוֹן מִכְלַל־יֹפִי אֱלֹהִים
הוֹפִיעַ׃ ג יָבֹא אֱלֹהֵינוּ וְאַל־יֶחֱרַשׁ אֵשׁ־לְפָנָיו תֹּאכֵל
וּסְבִיבָיו נִשְׂעֲרָה מְאֹד׃ ד יִקְרָא אֶל־הַשָּׁמַיִם מֵעָל
וְאֶל־הָאָרֶץ לָדִין עַמּוֹ׃ ה אִסְפוּ־לִי חֲסִידָי כֹּרְתֵי בְרִיתִי
עֲלֵי־זָבַח׃ ו וַיַּגִּידוּ שָׁמַיִם צִדְקוֹ כִּי־אֱלֹהִים ׀ שֹׁפֵט
הוּא סֶלָה׃ ז שִׁמְעָה עַמִּי ׀ וַאֲדַבֵּרָה יִשְׂרָאֵל וְאָעִידָה
בָּךְ אֱלֹהִים אֱלֹהֶיךָ אָנֹכִי׃ ח לֹא עַל־זְבָחֶיךָ אוֹכִיחֶךָ
וְעוֹלֹתֶיךָ לְנֶגְדִּי תָמִיד׃ ט לֹא־אֶקַּח מִבֵּיתְךָ פָר
מִמִּכְלְאֹתֶיךָ עַתּוּדִים׃ י כִּי לִי כָל־חַיְתוֹ־יָעַר בְּהֵמוֹת
בְּהַרְרֵי־אָלֶף׃ יא יָדַעְתִּי כָּל־עוֹף הָרִים וְזִיז שָׂדַי עִמָּדִי׃
יב אִם־אֶרְעַב לֹא־אֹמַר לָךְ כִּי־לִי תֵבֵל וּמְלֹאָהּ׃

к поколениям предков, а они вовек не увидят света!
21 Человек, окруженный богатством, но неразумный,
похож на скотину, гибели обреченную!

50

Этот псалом содержит ряд наставлений и нравоучений. Псалмопевец увещевает тех, кто раскаивается в грехах без должного смирения и скромности, а также тех, которые изучают законы, но не соблюдают изученное, лишь делая вид, греша и вводя в грех других и т. д. и т.п.

מזמור 1 Псалом Асафа. Боже! Бог! Господь! Он сло-
вом Своим обращается к земле от восхода солнца
до захода[50]. 2 Бог является из Сиона, совершенного в
красе своей! 3 Приди, Бог наш, не оставайся глухим!
Впереди Него огонь пожирающий 4 Он призывает
высокое небо и землю на суд народа Своего. 5 «Собе-
рите преданных Мне, заключивших со Мною союз
на пиру жертвенном!» 6 И небеса признали справед-
ливость Его, признали, что вовеки Бог судья спра-
ведливый! 7 «Слушай, народ Мой, – Я буду говорить!
Слушай, Израиль – при свидетелях предупреждаю
тебя: Я – Бог, твой Бог! 8 Не в [скудости] жертвопри-
ношений Я буду упрекать тебя, и не в [скудости]
всесожжений предо Мною. 9 Не нужно Мне брать
ни тельца из хлева твоего, ни козлов из загонов тво-
их. 10 Ибо Мои все звери в лесу, скот на тысячах гор.
11 Знаю Я всех горных птиц; Мое – всё, что шевелит-
ся в полях. 12 Если б Я проголодался, то не сказал бы
тебе, ибо Мне – вселенная и все, что наполняет ее.

יג הַאוֹכַל בְּשַׂר אַבִּירִים וְדַם עַתּוּדִים אֶשְׁתֶּה: יד זְבַח
לֵאלֹהִים תּוֹדָה וְשַׁלֵּם לְעֶלְיוֹן נְדָרֶיךָ: טו וּקְרָאֵנִי בְּיוֹם
צָרָה אֲחַלֶּצְךָ וּתְכַבְּדֵנִי: טז וְלָרָשָׁע | אָמַר אֱלֹהִים מַה
לְּךָ לְסַפֵּר חֻקָּי וַתִּשָּׂא בְרִיתִי עֲלֵי־פִיךָ: יז וְאַתָּה
שָׂנֵאתָ מוּסָר וַתַּשְׁלֵךְ דְּבָרַי אַחֲרֶיךָ: יח אִם־רָאִיתָ גַנָּב
וַתִּרֶץ עִמּוֹ וְעִם מְנָאֲפִים חֶלְקֶךָ: יט פִּיךָ שָׁלַחְתָּ בְרָעָה
וּלְשׁוֹנְךָ תַּצְמִיד מִרְמָה: כ תֵּשֵׁב בְּאָחִיךָ תְדַבֵּר בְּבֶן
אִמְּךָ תִּתֶּן־דֹּפִי: כא אֵלֶּה עָשִׂיתָ | וְהֶחֱרַשְׁתִּי דִּמִּיתָ
הֱיוֹת אֶהְיֶה כָמוֹךָ אוֹכִיחֲךָ וְאֶעֶרְכָה לְעֵינֶיךָ: כב בִּינוּ־
נָא זֹאת שֹׁכְחֵי אֱלוֹהַּ פֶּן־אֶטְרֹף וְאֵין מַצִּיל: כג זֹבֵחַ
תּוֹדָה יְכַבְּדָנְנִי וְשָׂם דֶּרֶךְ אַרְאֶנּוּ בְּיֵשַׁע אֱלֹהִים:

ליום שלישי

נא.

בו מבואר מה שנאמר לדוד על ידי נתן הנביא שחטא בבת שבע ונתן הנביא הלך לביתו ואז היה דוד המלך מתבודד בינו לבין הקדוש ברוך הוא ואמר תפלות גדולות ונוראות ואיך התנצל דוד בחטאו. וכל אדם יאמר מזמור זה על חטאיו ופשעיו:

א לַמְנַצֵּחַ מִזְמוֹר לְדָוִד: ב בְּבוֹא־אֵלָיו נָתָן הַנָּבִיא
כַּאֲשֶׁר־בָּא אֶל־בַּת־שָׁבַע: ג חָנֵּנִי אֱלֹהִים כְּחַסְדֶּךָ

13 Разве ем Я мясо быков, разве пью кровь козлиную?
14 Жертва Богу – благодарность, и исполнение обетов
перед Всевышним; 15 призови Меня в день бедствия.
Я избавлю тебя, а ты прославь Меня!»... 16 Преступ-
нику же сказал Бог: «Незачем тебе перечислять Мои
уставы и произносить слова Союза со Мной, 17 если ты
ненавидишь наставление и подальше отбросил слова
Мои! 18 Ты видишь, что человек вор, и дружишь с ним,
с прелюбодеями ты в товарищах! 19 Уста твои разно-
сят беду, к языку обман как приклеенный! 20 Сидишь
и наговариваешь на брата своего, сына матери своей
поносишь! 21 Ты это делаешь – и Я буду молчать!? Ты
воображаешь, что Я буду таким, как ты! Я обвиняю
тебя! Вот всё изложено перед тобою! 22 Осознайте это,
забывшие о Боге, чтобы Я не погубил вас – и никто не
спасет! 23 А приносящий жертву благодарности возда-
ет Мне почет. Стоящим на пути [Моем] дам Я увидеть
ниспосланное Богом спасение!»

ВТОРНИК

51

Рассказывается, что пророк Натан сказал Давиду, когда тот согрешил в истории с Бат-Шевой. Пророк Натан тогда пришел к Давиду домой, после чего Давид уединился и молил Всевышнего великими и страшными молитвами и просил прощения за свой грех. И каждый человек должен говорить этот псалом во искупление своих грехов и преступлений.

למנצח 1 Руководителю. Псалом Давида. 2 По приходе
к нему пророка Натана, после того, как [Давид] вошел

כְּרֹב רַחֲמֶיךָ מְחֵה פְשָׁעָי: ד הֶרֶב כַּבְּסֵנִי מֵעֲוֺנִי
וּמֵחַטָּאתִי טַהֲרֵנִי: ה כִּי־פְשָׁעַי אֲנִי אֵדָע וְחַטָּאתִי
נֶגְדִּי תָמִיד: ו לְךָ לְבַדְּךָ | חָטָאתִי וְהָרַע בְּעֵינֶיךָ
עָשִׂיתִי לְמַעַן־תִּצְדַּק בְּדָבְרֶךָ תִּזְכֶּה בְשָׁפְטֶךָ: ז הֵן
בְּעָווֹן חוֹלָלְתִּי וּבְחֵטְא יֶחֱמַתְנִי אִמִּי: ח הֵן אֱמֶת
חָפַצְתָּ בַטֻּחוֹת וּבְסָתֻם חָכְמָה תוֹדִיעֵנִי: ט תְּחַטְּאֵנִי
בְאֵזוֹב וְאֶטְהָר תְּכַבְּסֵנִי וּמִשֶּׁלֶג אַלְבִּין: י תַּשְׁמִיעֵנִי
שָׂשׂוֹן וְשִׂמְחָה תָּגֵלְנָה עֲצָמוֹת דִּכִּיתָ: יא הַסְתֵּר פָּנֶיךָ
מֵחֲטָאָי וְכָל־עֲוֺנֹתַי מְחֵה: יב לֵב טָהוֹר בְּרָא־לִי אֱלֹהִים
וְרוּחַ נָכוֹן חַדֵּשׁ בְּקִרְבִּי: יג אַל־תַּשְׁלִיכֵנִי מִלְּפָנֶיךָ
וְרוּחַ קָדְשְׁךָ אַל־תִּקַּח מִמֶּנִּי: יד הָשִׁיבָה לִּי שְׂשׂוֹן
יִשְׁעֶךָ וְרוּחַ נְדִיבָה תִסְמְכֵנִי: טו אֲלַמְּדָה פֹשְׁעִים
דְּרָכֶיךָ וְחַטָּאִים אֵלֶיךָ יָשׁוּבוּ: טז הַצִּילֵנִי מִדָּמִים |
אֱלֹהִים אֱלֹהֵי תְּשׁוּעָתִי תְּרַנֵּן לְשׁוֹנִי צִדְקָתֶךָ: יז אֲדֹנָי
שְׂפָתַי תִּפְתָּח וּפִי יַגִּיד תְּהִלָּתֶךָ: יח כִּי | לֹא־תַחְפֹּץ
זֶבַח וְאֶתֵּנָה עוֹלָה לֹא תִרְצֶה: יט זִבְחֵי אֱלֹהִים רוּחַ
נִשְׁבָּרָה לֵב־נִשְׁבָּר וְנִדְכֶּה אֱלֹהִים לֹא תִבְזֶה: כ הֵיטִיבָה

к Бат-Шеве. 3 Пожалей меня, Боже, по милости Твоей;
по величию милосердия Твоего сотри преступление
мое! 4 Отмой меня от беззакония, очисти меня от гре-
ха! 5 Я сознаю преступления свои, грех мой постоянно
предо мною. 6 Только перед Тобой грешен я, и перед
Тобой зло совершил – ради истины власти Твоей, вы-
неси приговор оправдательный. 7 Я уже родился пре-
ступным, грешным зачала меня мать. 8 Ты желаешь,
чтобы совесть [гласила] истину[а], и через сокровенное
даешь мне мудрые советы. 9 Очисти меня от греха ис-
сопом[б], и я стану чист, омой меня – и я стану белее
снега. 10 Дай мне услышать весть радости и веселья;
пусть возрадуются кости, Тобой сокрушенные. 11 От-
вернись от грехов моих, сотри все преступления мои.
12 Сердце чистое создай мне, Боже; дух новый, твер-
дый дай телу моему. 13 Не отвергай меня, духа Твоего
святого[51] не забирай от меня. 14 Возврати мне радость
спасения, поддержи меня духом благодетельным.
15 Научу преступников путям Твоим, которыми к Тебе
грешники вернутся. 16 Спаси меня от крови, Боже, Бог
спасения моего; и я воспою справедливость Твою.
17 Господь, открой уста мои, и язык мой возвестит хва-
лу Тебе. 18 Тебе не нужны жертвоприношения и дары,
всесожжений Ты не желаешь. 19 Жертвоприношение
Господу – дух сокрушенный; сердца разбитого, удру-

а. Несомненно, Ты желаешь истины, и о сокрытом поведаешь мне – другое чтение: «Ибо Ты желаешь истины в почках (вместилище несформированных мыслей), сердце (источник принятия решений) мое мудрости обучаешь». б. Иссоп – при очищении от храмовой скверны на человека кропят водой или кровью, используя ветку иссопа (майоран). Здесь этот образ используется в переносном значении – от греха так не очищают.

בִּרְצוֹנְךָ אֶת־צִיּוֹן תִּבְנֶה חוֹמוֹת יְרוּשָׁלִָם׃ כא אָז
תַּחְפֹּץ זִבְחֵי־צֶדֶק עוֹלָה וְכָלִיל אָז יַעֲלוּ עַל־מִזְבַּחֲךָ פָרִים׃

נב.

בו מבואר היאך המשורר מקונן על דואג מה שמתהלל ומתפאר על הרעה שעשה, מה עלה בדעתו אם גבורה תחשב לו עשות רעה, והקללה שקילל אותו ולכל העושים בו:

א לַמְנַצֵּחַ מַשְׂכִּיל לְדָוִד׃ ב בְּבוֹא | דּוֹאֵג הָאֲדֹמִי
וַיַּגֵּד לְשָׁאוּל וַיֹּאמֶר לוֹ בָּא דָוִד אֶל־בֵּית אֲחִימֶלֶךְ׃
ג מַה־תִּתְהַלֵּל בְּרָעָה הַגִּבּוֹר חֶסֶד אֵל כָּל־הַיּוֹם׃
ד הַוּוֹת תַּחְשֹׁב לְשׁוֹנֶךָ כְּתַעַר מְלֻטָּשׁ עֹשֵׂה רְמִיָּה׃
ה אָהַבְתָּ רָּע מִטּוֹב שֶׁקֶר | מִדַּבֵּר צֶדֶק סֶלָה׃ ו אָהַבְתָּ
כָל־דִּבְרֵי־בָלַע לְשׁוֹן מִרְמָה׃ ז גַּם־אֵל יִתָּצְךָ לָנֶצַח
יַחְתְּךָ וְיִסָּחֲךָ מֵאֹהֶל וְשֵׁרֶשְׁךָ מֵאֶרֶץ חַיִּים סֶלָה׃ ח וְיִרְאוּ
צַדִּיקִים וְיִירָאוּ וְעָלָיו יִשְׂחָקוּ׃ ט הִנֵּה הַגֶּבֶר לֹא־יָשִׂים
אֱלֹהִים מָעוּזּוֹ וַיִּבְטַח בְּרֹב עָשְׁרוֹ יָעֹז בְּהַוָּתוֹ׃ י וַאֲנִי
כְּזַיִת רַעֲנָן בְּבֵית אֱלֹהִים בָּטַחְתִּי בְחֶסֶד אֱלֹהִים עוֹלָם
וָעֶד׃ יא אוֹדְךָ לְעוֹלָם כִּי עָשִׂיתָ וַאֲקַוֶּה שִׁמְךָ כִּי־טוֹב
נֶגֶד חֲסִידֶיךָ׃

ченного Ты не отвергнешь, Боже! 20 Укрась располо-
жением Своим Сион; воздвигни стены Иерусалима:
21 тогда с благоволением примешь жертвы правед-
ности – всесожжения и возношения; тогда вознесут
тельцов на жертвенник Твой!

52

В этом псалме Давид сокрушается о своих страданиях в руках Доэга, похваляющегося и красующегося своими злодеяниями, спрашивает: "Что он думает? Что совершение злодейства зачтётся ему как могущество?" – и проклинает его и ему подобных.

למנצח 1 Руководителю. Поучение Давида. 2 Когда
пришел Доэг Эдумей и сообщил Саулу: «Давид при-
ходил в дом Ахимелеха». 3 Что хвастаешься злодей-
ством, герой, как каждодневной преданностью Богу?
4 Коварный язык твой, как лезвие отточенное, режу-
щее неверно. 5 Ты зло предпочел добру, воистину, ложь
всегда предпочитаешь истине! 6 Тебе нравятся речи
уничтожающие, несчастья на языке твоем... 7 Бог вдре-
безги разобьет тебя, расколет, выкинет из шатра, иско-
ренит с земли живых! 8 А праведники увидят и убоятся,
будут смеяться над тобой: 9 «Вот герой, не считавший
Бога своею крепостью, а полагавшийся на великое
богатство свое, коварство силой своей считавший!»
10 Я, словно вечнозеленая олива, у дома Божьего, буду
зеленеть; уверенный во веки веков в покровительстве
Божьем! 11 Вечно буду славить Тебя в кругу преданных
Тебе за все, что Ты делаешь; буду уповать на благое
имя Твое!

נג.

בו ידובר כשגידר טיטוס את הפרוכת בחרב וחשב שהרג את עצמו:

א לַמְנַצֵּחַ עַל־מָחֲלַת מַשְׂכִּיל לְדָוִד׃ ב אָמַר נָבָל
בְּלִבּוֹ אֵין אֱלֹהִים הִשְׁחִיתוּ וְהִתְעִיבוּ עָוֶל אֵין עֹשֵׂה־
טוֹב׃ ג אֱלֹהִים מִשָּׁמַיִם הִשְׁקִיף עַל־בְּנֵי־אָדָם לִרְאוֹת
הֲיֵשׁ מַשְׂכִּיל דֹּרֵשׁ אֶת־אֱלֹהִים׃ ד כֻּלּוֹ סָג יַחְדָּו נֶאֱלָחוּ
אֵין עֹשֵׂה־טוֹב אֵין גַּם אֶחָד׃ ה הֲלֹא יָדְעוּ פֹּעֲלֵי אָוֶן
אֹכְלֵי עַמִּי אָכְלוּ לֶחֶם אֱלֹהִים לֹא קָרָאוּ׃ ו שָׁם פָּחֲדוּ
פַחַד לֹא־הָיָה פָחַד כִּי־אֱלֹהִים פִּזַּר עַצְמוֹת חֹנָךְ
הֱבִשֹׁתָה כִּי־אֱלֹהִים מְאָסָם׃ ז מִי־יִתֵּן מִצִּיּוֹן יְשֻׁעוֹת
יִשְׂרָאֵל בְּשׁוּב אֱלֹהִים שְׁבוּת עַמּוֹ יָגֵל יַעֲקֹב יִשְׂמַח
יִשְׂרָאֵל׃

נד.

תפלה לאלהים שיושיע בגבורתו לכל המיחלים לחסדו, ועיין ותראה תפלה נוראה ונפלאה שיש לכל אדם לומר בזמנו:

א לַמְנַצֵּחַ בִּנְגִינֹת מַשְׂכִּיל לְדָוִד׃ ב בְּבוֹא הַזִּיפִים
וַיֹּאמְרוּ לְשָׁאוּל הֲלֹא דָוִד מִסְתַּתֵּר עִמָּנוּ׃ ג אֱלֹהִים
בְּשִׁמְךָ הוֹשִׁיעֵנִי וּבִגְבוּרָתְךָ תְדִינֵנִי׃ ד אֱלֹהִים שְׁמַע

53

Псалом говорит о Тите, рассёкшем своим мечом занавес Святая Святых и вообразившем, что убил "Самого..." (эвфемизм, подразумевающий Всевышнего).

למנצח 1 Руководителю. На махалат. Поучение Давида. 2 [Всякий] подлец говорит в сердце своем: «Нет Бога». Губят, мерзости учиняют; нет творящего добро!... 3 Господь с небес взирает на сынов человеческих, чтобы увидеть, есть ли разумеющий, есть ли ищущий Бога. 4 Все отступили, все растлились; нет творящего добро; нет ни одного! 5 Узна́ют все они, все творящие беззаконие, пожирающие народ мой как хлеб, а к Господу не взывающие! 6 Там испытают они ужас – ужас, какого еще не было, ибо Бог рассеет кости вставших лагерем против тебя, опозорит их, ибо Бог их отвергнет! 7 Пусть придет с Сиона спасение Израиля! Когда вернет Господь покой[52] народу Своему[a], возрадуется Яаков, возвеселится Израиль!

54

Молитва к Всевышнему, просящая Его в Своём могуществе спасти всех, кто надеется на Его милость. Внимательно изучив этот псалом, вы увидите великую силу, вселяющую трепет, и дивность этой молитвы, которую следует произносить каждому молящему о спасении.

למנצח 1 Руководителю. На музыкальных инструментах. Поучение Давида. 2 Когда пришли жители Зифа и сказали Саулу: «Давид скрывается у нас!» 3 Боже, именем Твоим спаси меня, и силой Твоею заступись за меня! 4 Боже, услышь молитву мою,

---

a. Когда вернет Господь покой народу Своему – иное чтение: «По возвращении Господнем плененных народа Своего».

תְּפִלָּתִי הַאֲזִינָה לְאִמְרֵי־פִי׃ ה כִּי זָרִים ׀ קָמוּ עָלַי
וְעָרִיצִים בִּקְשׁוּ נַפְשִׁי לֹא שָׂמוּ אֱלֹהִים לְנֶגְדָּם סֶלָה׃
ו הִנֵּה אֱלֹהִים עֹזֵר לִי אֲדֹנָי בְּסֹמְכֵי נַפְשִׁי׃ ז יָשִׁיב
הָרַע לְשֹׁרְרָי בַּאֲמִתְּךָ הַצְמִיתֵם׃ ח בִּנְדָבָה אֶזְבְּחָה
לָּךְ אוֹדֶה שִּׁמְךָ יְהֹוָה כִּי־טוֹב׃ ט כִּי מִכָּל־צָרָה הִצִּילָנִי
וּבְאֹיְבַי רָאֲתָה עֵינִי׃

נה.

זה המזמור אמר דוד כשברח מירושלים מפני בעלי לשון הרע, והם היו דואג ואחיתופל שאמרו עליו שהוא חייב מיתה, ודוד היה מחזיק לאחיתופל לאוהב ועשה לו כל הכבוד והוא היה בוגד וחלל הברית, וקילל דוד כל שונאיו למען ידעו כל הדורות ולא יזידון עוד:

יום י

א לַמְנַצֵּחַ בִּנְגִינֹת מַשְׂכִּיל לְדָוִד׃ ב הַאֲזִינָה אֱלֹהִים
תְּפִלָּתִי וְאַל־תִּתְעַלַּם מִתְּחִנָּתִי׃ ג הַקְשִׁיבָה לִּי וַעֲנֵנִי
אָרִיד בְּשִׂיחִי וְאָהִימָה׃ ד מִקּוֹל אוֹיֵב מִפְּנֵי עָקַת רָשָׁע
כִּי־יָמִיטוּ עָלַי אָוֶן וּבְאַף יִשְׂטְמוּנִי׃ ה לִבִּי יָחִיל בְּקִרְבִּי
וְאֵימוֹת מָוֶת נָפְלוּ עָלָי׃ ו יִרְאָה וָרַעַד יָבֹא בִי וַתְּכַסֵּנִי
פַּלָּצוּת׃ ז וָאֹמַר מִי־יִתֶּן־לִּי אֵבֶר כַּיּוֹנָה אָעוּפָה
וְאֶשְׁכֹּנָה׃ ח הִנֵּה אַרְחִיק נְדֹד אָלִין בַּמִּדְבָּר סֶלָה׃
ט אָחִישָׁה מִפְלָט לִי מֵרוּחַ סֹעָה מִסָּעַר׃ י בַּלַּע אֲדֹנָי

внемли словам моим! 5 Ибо чужаки восстали против
меня, злодеи ищут души моей; никогда не представ-
ляют они Бога пред собою! 6 Вот, Бог помогает мне,
Господь поддерживает душу мою! 7 Обрати зло на вра-
гов моих; яви истину Твою и истреби их! 8 Я даю обет
совершить Тебе жертвоприношение; буду петь славу
благому Имени Твоему, 9 когда от всех бедствий Он
спасет меня, и глаза мои увидят [падение] врагов!

55

Давид сочинил этот псалом во время бегства из Иерусалима от клеветников. Ими были Доэг и Ахитофель, провозгласившие его заслуживающим смерти. Давид считал Ахитофеля своим другом и всячески его почитал. Тот же предал его и нарушил их союз. Давид проклинает всех своих ненавистников, чтобы последующие поколения "знали и не злодействовали более".

День 10 למנצח 1 Руководителю. На музыкальных инстру-
ментах. Поучение Давида. 2 Услышь, Бог, молитву
мою, не пренебреги мольбой моей! 3 Услышь меня и
дай ответ на плач и стенание мое. 4 От криков врага, от
притеснения злодеев, от бед, обрушенных на меня, от
ярости преследований 5 сердце во мне трепещет, ужас
смерти пал на меня, 6 страх и трепет овладели мной,
судороги охватили меня. 7 «Кто бы дал мне крылья го-
лубиные, – сказал я. – Полетел бы я, как голубь, нашел
бы покой; 8 улетел бы далеко, поселился бы в пусты-
не! 9 Поспешил бы найти приют от вихря, от бури!».
10 Владыка, упраздни, изолируй их язык; ибо вижу я
насилие и распри в столице. 11 Денно и нощно [стражи]

פַּלַּג לְשׁוֹנָם כִּי־רָאִיתִי חָמָס וְרִיב בָּעִיר׃ יא יוֹמָם
וָלַיְלָה יְסוֹבְבֻהָ עַל־חוֹמֹתֶיהָ וְאָוֶן וְעָמָל בְּקִרְבָּהּ׃
יב הַוּוֹת בְּקִרְבָּהּ וְלֹא־יָמִישׁ מֵרְחֹבָהּ תֹּךְ וּמִרְמָה׃
יג כִּי לֹא־אוֹיֵב יְחָרְפֵנִי וְאֶשָּׂא לֹא־מְשַׂנְאִי עָלַי הִגְדִּיל
וְאֶסָּתֵר מִמֶּנּוּ׃ יד וְאַתָּה אֱנוֹשׁ כְּעֶרְכִּי אַלּוּפִי וּמְיֻדָּעִי׃
טו אֲשֶׁר יַחְדָּו נַמְתִּיק סוֹד בְּבֵית אֱלֹהִים נְהַלֵּךְ בְּרָגֶשׁ׃
טז יַשִּׁיא מָוֶת ׀ עָלֵימוֹ יֵרְדוּ שְׁאוֹל חַיִּים כִּי־רָעוֹת
בִּמְגוּרָם בְּקִרְבָּם׃ יז אֲנִי אֶל־אֱלֹהִים אֶקְרָא וַיהוָה
יוֹשִׁיעֵנִי׃ יח עֶרֶב וָבֹקֶר וְצָהֳרַיִם אָשִׂיחָה וְאֶהֱמֶה
וַיִּשְׁמַע קוֹלִי׃ יט פָּדָה בְשָׁלוֹם נַפְשִׁי מִקְּרָב־לִי כִּי־
בְרַבִּים הָיוּ עִמָּדִי׃ כ יִשְׁמַע ׀ אֵל ׀ וְיַעֲנֵם וְיֹשֵׁב קֶדֶם
סֶלָה אֲשֶׁר אֵין חֲלִיפוֹת לָמוֹ וְלֹא יָרְאוּ אֱלֹהִים׃ כא שָׁלַח
יָדָיו בִּשְׁלֹמָיו חִלֵּל בְּרִיתוֹ׃ כב חָלְקוּ ׀ מַחְמָאֹת פִּיו
וּקְרָב־לִבּוֹ רַכּוּ דְבָרָיו מִשֶּׁמֶן וְהֵמָּה פְתִחוֹת׃ כג הַשְׁלֵךְ
עַל־יְהוָה ׀ יְהָבְךָ וְהוּא יְכַלְכְּלֶךָ לֹא־יִתֵּן לְעוֹלָם מוֹט
לַצַּדִּיק׃ כד וְאַתָּה ׀ אֱלֹהִים ׀ תּוֹרִדֵם ׀ לִבְאֵר שַׁחַת אַנְשֵׁי
דָמִים וּמִרְמָה לֹא־יֶחֱצוּ יְמֵיהֶם וַאֲנִי אֶבְטַח־בָּךְ׃

ходят они кругами по стенам ее, а посреди нее безза-
коние и подлость; 12 коварство посреди нее; не уходят
с ее площадей притворство и ложь! 13 Не враг поносит
меня, – этого я бы [не] стал терпеть; не ненавистник
восстал на меня, – от него укрылся бы я, 14 но ты, ровня
мне, князь мой и наставник мой! 15 Ты, чье общество
было прекрасно, с кем мы делились тайнами, вместе
шли в шуме толпы в Дом Божий! 16 Смерть и опусто-
шение на них! Пусть сойдут живыми в могилу! Ибо
злодейство в жилищах их, в них самих!» 17 Я к Богу
взываю, и Господь спасет меня! 18 Вечером, утром и в
полдень – стану я сетовать и стенать, пока не услы-
шит Он голоса моего; 19 пока не пошлет мне полного
спасения от теснящих меня, ради тех, кто во множест-
ве встали рядом со мною. 20 Услышит Бог! Подавит их
Пребывающий извечно, ибо у них нет [страха] смер-
ти, они Бога не устрашатся; 21 он поднял руку на тех,
с кем был в дружбе, осквернил союз. 22 Его уста были
гладкими как масло, а на сердце – война; слова – не-
жнее елея, а на самом деле – проклятия! 23 Возложи на
Господа бремя свое, и Он поддержит тебя; никогда не
даст Он праведнику споткнуться! 24 Их же, Боже, Ты
низведешь в глубины преисподней. Люди, [испачкан-
ные] кровью и коварством, не достигнут и половины
дней своих! Я же на Тебя полагаюсь!

נו.

זה המזמור אמר כשהיה אצל אכיש אחיו של גלית ומבקשים אותו להרגו והתנצל עצמו מה שהלך ביד שונאו ונדר נדרים בצרתו:

א לַמְנַצֵּחַ | עַל־יוֹנַת אֵלֶם רְחֹקִים לְדָוִד מִכְתָּם
בֶּאֱחֹז אֹתוֹ פְלִשְׁתִּים בְּגַת: ב חָנֵּנִי אֱלֹהִים כִּי־שְׁאָפַנִי
אֱנוֹשׁ כָּל־הַיּוֹם לֹחֵם יִלְחָצֵנִי: ג שָׁאֲפוּ שׁוֹרְרַי כָּל־
הַיּוֹם כִּי־רַבִּים לֹחֲמִים לִי מָרוֹם: ד יוֹם אִירָא אֲנִי
אֵלֶיךָ אֶבְטָח: ה בֵּאלֹהִים אֲהַלֵּל דְּבָרוֹ בֵּאלֹהִים בָּטַחְתִּי
לֹא אִירָא מַה־יַּעֲשֶׂה בָשָׂר לִי: ו כָּל־הַיּוֹם דְּבָרַי יְעַצֵּבוּ
עָלַי כָּל־מַחְשְׁבֹתָם לָרָע: ז יָגוּרוּ־יִצְפּוֹנוּ הֵמָּה עֲקֵבַי
יִשְׁמֹרוּ כַּאֲשֶׁר קִוּוּ נַפְשִׁי: ח עַל־אָוֶן פַּלֶּט־לָמוֹ בְּאַף
עַמִּים | הוֹרֵד אֱלֹהִים: ט נֹדִי סָפַרְתָּה אָתָּה שִׂימָה
דִמְעָתִי בְנֹאדֶךָ הֲלֹא בְּסִפְרָתֶךָ: י אָז | יָשׁוּבוּ אוֹיְבַי
אָחוֹר בְּיוֹם אֶקְרָא זֶה־יָדַעְתִּי כִּי־אֱלֹהִים לִי: יא בֵּאלֹהִים
אֲהַלֵּל דָּבָר בַּיהוָה אֲהַלֵּל דָּבָר: יב בֵּאלֹהִים בָּטַחְתִּי
לֹא אִירָא מַה־יַּעֲשֶׂה אָדָם לִי: יג עָלַי אֱלֹהִים נְדָרֶיךָ
אֲשַׁלֵּם תּוֹדוֹת לָךְ: יד כִּי הִצַּלְתָּ נַפְשִׁי מִמָּוֶת הֲלֹא
רַגְלַי מִדֶּחִי לְהִתְהַלֵּךְ לִפְנֵי אֱלֹהִים בְּאוֹר הַחַיִּים:

56

Псалом, сочинённый Давидом, когда он находился в смертельной опасности во дворце Ахиша, брата Голиафа, и его хотели убить. Давид раскаивается, что отдал себя в руки ненавидящих его и принимает обеты.

למנצח 1 Руководителю. [На мотив] «Безмолвный го-
лубь вдалеке». Золотая песнь Давида. Когда филис-
тимляне захватили его в Гате. 2 Пожалей меня, Боже,
толпа намеревается поглотить меня, ратники теснят
все время. 3 Враги все время стараются поглотить ме-
ня[53], рати многочисленные. Всевышний! 4 В час страха
– к Тебе прибегаю! 5 На Бога, Чье слово я воспеваю, на
Бога я полагаюсь и не страшусь: что может плоть зем-
ная сделать мне? 6 Всякий день заставляют меня скор-
беть, думают, как причинить мне зло! 7 Сидят в засаде,
в укрытии, высматривают мои следы, чтобы узнать,
куда иду я. 8 Отправь их в скитания за злодейство;
низложи племена в гневе, Боже! 9 Мои скитания запи-
саны перед Тобой; по счету сложи слезы мои в меха!
10 В день, когда я воззову, отступят враги мои, и узнаю
я, что Бог за меня. 11 Произнесу хвалу слову Божьему,
произнесу хвалу слову Господа. 12 На Бога полагаюсь,
не устрашусь: что сделает мне человек? 13 Боже, я при-
нимаю обет: принести Тебе жертвы мирные, жертвы
благодарности! 14 Ибо спас Ты душу мою от смерти,
уберег меня от падения, чтобы мог я ходить пред ли-
цом Божьим, в свете жизни!

נז.

התפלה זו עשה במערה על דרך ויירא ויצר. שלא אהרג ושלא יהרג והיה בסכנה
גדולה והקב"ה עשה לו נוראים בהצלתו בזכות הבטחון:

א לַמְנַצֵּחַ אַל־תַּשְׁחֵת לְדָוִד מִכְתָּם בְּבָרְחוֹ מִפְּנֵי־
שָׁאוּל בַּמְּעָרָה׃ ב חָנֵּנִי אֱלֹהִים | חָנֵּנִי כִּי בְךָ חָסָיָה
נַפְשִׁי וּבְצֵל־כְּנָפֶיךָ אֶחְסֶה עַד־יַעֲבֹר הַוּוֹת׃ ג אֶקְרָא
לֵאלֹהִים עֶלְיוֹן לָאֵל גֹּמֵר עָלָי׃ ד יִשְׁלַח מִשָּׁמַיִם |
וְיוֹשִׁיעֵנִי חֵרֵף שֹׁאֲפִי סֶלָה יִשְׁלַח אֱלֹהִים חַסְדּוֹ וַאֲמִתּוֹ׃
ה נַפְשִׁי | בְּתוֹךְ לְבָאִם אֶשְׁכְּבָה לֹהֲטִים בְּנֵי־אָדָם
שִׁנֵּיהֶם חֲנִית וְחִצִּים וּלְשׁוֹנָם חֶרֶב חַדָּה׃ ו רוּמָה עַל־
הַשָּׁמַיִם אֱלֹהִים עַל כָּל־הָאָרֶץ כְּבוֹדֶךָ׃ ז רֶשֶׁת | הֵכִינוּ
לִפְעָמַי כָּפַף נַפְשִׁי כָּרוּ לְפָנַי שִׁיחָה נָפְלוּ בְתוֹכָהּ
סֶלָה׃ ח נָכוֹן לִבִּי אֱלֹהִים נָכוֹן לִבִּי אָשִׁירָה וַאֲזַמֵּרָה׃
ט עוּרָה כְבוֹדִי עוּרָה הַנֵּבֶל וְכִנּוֹר אָעִירָה שָּׁחַר׃
י אוֹדְךָ בָעַמִּים | אֲדֹנָי אֲזַמֶּרְךָ בַּלְאֻמִּים׃ יא כִּי־גָדֹל
עַד־שָׁמַיִם חַסְדֶּךָ וְעַד־שְׁחָקִים אֲמִתֶּךָ׃ יב רוּמָה עַל־
שָׁמַיִם אֱלֹהִים עַל כָּל־הָאָרֶץ כְּבוֹדֶךָ׃

57

Молитва, сочинённая Давидом, когда он прятался в пещере от Саула. Подобно Яакову, столкнувшемуся с Эйсавом, он молился, чтобы ему не пришлось погибнуть или убить другого. Давид находился в большой опасности, и Всевышний за заслугу упования на Него совершил для спасения Давида великие чудеса.

למנצח 1 Руководителю. «Не погуби». Золотая песнь
Давида. Когда он скрывался от Саула в пещере. 2 По-
милуй меня, Боже, помилуй меня! К Тебе прибегает
душа моя; в тени крыл Твоих укроюсь, пока не прой-
дет беда! 3 Призываю Бога Всевышнего, Бога, заботя-
щегося обо мне! 4 Пусть всегда посылает Он с небес
спасение от поношений врага моего! Пошлет Бог
милость и правду Свою! 5 Среди львов я лежу, среди
зверей, людей пожирающих, зубы которых – копья
и стрелы, а язык – меч острый! 6 Вознесись в славе
Своей, Боже, над небесами, над всей землею! 7 Сеть
раскинули под ногами моими, чтобы захватить меня,
яму выкопали – так пусть сами в нее упадут! 8 Твердо
сердце мое, Боже; твердо сердце мое, – буду петь Тебе
гимны и песни! 9 Проснись, сердце мое[a], проснитесь,
арфа и лира, разбужу утреннюю зарю! 10 Перед всеми
народами буду петь Тебе, Владыка мой, славу; перед
всеми племенами воспою Тебя! 11 Велико до небес по-
кровительство Твоя, до туч небесных – истина Твоя.
12 Вознесись в славе Своей, Боже, над небесами, над
всей землею!

a. Проснись, сердце мое – буквально «печень моя» В символике Писания печень символизирует связь внутреннего мира человека с внешним.

נח.

בזה המזמור מבואר היאך דוד מקונן על אבנר ושאר שונאיו שהיו אומרים על שאול שהיה כדין שרודף אחר דוד:

א לַמְנַצֵּחַ אַל־תַּשְׁחֵת לְדָוִד מִכְתָּם: ב הַאֻמְנָם אֵלֶם
צֶדֶק תְּדַבֵּרוּן מֵישָׁרִים תִּשְׁפְּטוּ בְּנֵי אָדָם: ג אַף־בְּלֵב
עוֹלֹת תִּפְעָלוּן בָּאָרֶץ חֲמַס יְדֵיכֶם תְּפַלֵּסוּן: ד זֹרוּ רְשָׁעִים
מֵרָחֶם תָּעוּ מִבֶּטֶן דֹּבְרֵי כָזָב: ה חֲמַת־לָמוֹ כִּדְמוּת
חֲמַת־נָחָשׁ כְּמוֹ־פֶתֶן חֵרֵשׁ יַאְטֵם אָזְנוֹ: ו אֲשֶׁר לֹא־
יִשְׁמַע לְקוֹל מְלַחֲשִׁים חוֹבֵר חֲבָרִים מְחֻכָּם: ז אֱלֹהִים
הֲרָס־שִׁנֵּימוֹ בְּפִימוֹ מַלְתְּעוֹת כְּפִירִים נְתוֹץ ׀ יְהוָה:
ח יִמָּאֲסוּ כְמוֹ־מַיִם יִתְהַלְּכוּ־לָמוֹ יִדְרֹךְ חִצָּיו כְּמוֹ
יִתְמֹלָלוּ: ט כְּמוֹ שַׁבְּלוּל תֶּמֶס יַהֲלֹךְ נֵפֶל אֵשֶׁת בַּל־
חָזוּ שָׁמֶשׁ: י בְּטֶרֶם יָבִינוּ סִּירֹתֵיכֶם אָטָד כְּמוֹ־חַי
כְּמוֹ־חָרוֹן יִשְׂעָרֶנּוּ: יא יִשְׂמַח צַדִּיק כִּי־חָזָה
נָקָם פְּעָמָיו יִרְחַץ בְּדַם הָרָשָׁע: יב וְיֹאמַר
אָדָם אַךְ־פְּרִי לַצַּדִּיק אַךְ יֵשׁ־אֱלֹהִים שֹׁפְטִים
בָּאָרֶץ:

58

В этом псалме Давид сетует о том, что Авнер и другие его ненавистники оправдывают Саула в его преследовании Давида.

למנצח 1 Руководителю. «Не погуби». Золотая песнь
Давида. 2 Неужто ваше молчание справедливо и речи
ваши справедливы? Разве честно вы судите сынов че-
ловеческих? 3 В сердце у вас беззаконие, в стране – гра-
беж на чашу весов кидаете! 4 Выйдя из утробы, сбились
с пути злодеи, покинув чрево, потеряли дорогу лжецы.
5 Яд их, словно яд змеиный; ничего не слышат, глухи,
как кобра, 6 что не слышит слов заклинателя, иску-
сных наговоров кудесника! 7 Боже, разбей зубы в их
пастях; Господи, сокруши челюсти львов! 8 Да станут
они омерзительными, пусть растают! Пусть натянет
лук Свой, чтобы в прах рассыпались. 9 Пусть исчезнут,
растаяв, как слизняк, как выкидыш, так и не увидев-
ший солнца. 10 Прежде, чем пламя хвороста коснется
котелков ваших, пусть бурей унесет и варево и костер!
11 Обрадуется праведник, увидев отмщение; омоет
в крови злодея стопы свои. 12 И всякий человек ска-
жет: «Да, есть награда праведнику! Да, есть Бог, и Он
Судит землю!»

נט.

בו מבואר נס גדול שנעשה לדוד והיאך היה בסכנה גדולה והיה ניצול מחלון שלא הרגישו שומרי הפתח. ותפלות ותחנונים ובקשות גדולות שהיה דוד עושה לעת הזאת:

א לַמְנַצֵּחַ אַל־תַּשְׁחֵת לְדָוִד מִכְתָּם בִּשְׁלֹחַ שָׁאוּל
וַיִּשְׁמְרוּ אֶת־הַבַּיִת לַהֲמִיתוֹ: ב הַצִּילֵנִי מֵאֹיְבַי | אֱלֹהָי
מִמִּתְקוֹמְמַי תְּשַׂגְּבֵנִי: ג הַצִּילֵנִי מִפֹּעֲלֵי אָוֶן וּמֵאַנְשֵׁי
דָמִים הוֹשִׁיעֵנִי: ד כִּי הִנֵּה אָרְבוּ לְנַפְשִׁי יָגוּרוּ עָלַי
עַזִּים לֹא־פִשְׁעִי וְלֹא־חַטָּאתִי יְהוָה: ה בְּלִי־עָוֺן יְרֻצוּן
וְיִכּוֹנָנוּ עוּרָה לִקְרָאתִי וּרְאֵה: ו וְאַתָּה יְהוָה־אֱלֹהִים
צְבָאוֹת אֱלֹהֵי יִשְׂרָאֵל הָקִיצָה לִפְקֹד כָּל־הַגּוֹיִם אַל־
תָּחֹן כָּל־בֹּגְדֵי אָוֶן סֶלָה: ז יָשׁוּבוּ לָעֶרֶב יֶהֱמוּ כַכָּלֶב
וִיסוֹבְבוּ עִיר: ח הִנֵּה | יַבִּיעוּן בְּפִיהֶם חֲרָבוֹת
בְּשִׂפְתוֹתֵיהֶם כִּי־מִי שֹׁמֵעַ: ט וְאַתָּה יְהוָה תִּשְׂחַק־לָמוֹ
תִּלְעַג לְכָל־גּוֹיִם: י עֻזּוֹ אֵלֶיךָ אֶשְׁמֹרָה כִּי־אֱלֹהִים
מִשְׂגַּבִּי: יא אֱלֹהֵי חַסְדִּי יְקַדְּמֵנִי אֱלֹהִים יַרְאֵנִי בְשֹׁרְרָי:
יב אַל־תַּהַרְגֵם | פֶּן־יִשְׁכְּחוּ עַמִּי הֲנִיעֵמוֹ בְחֵילְךָ
וְהוֹרִידֵמוֹ מָגִנֵּנוּ אֲדֹנָי: יג חַטַּאת־פִּימוֹ דְּבַר־שְׂפָתֵימוֹ

59

Псалом рассказывает о великом чуде, случившемся с Давидом, когда тот был в большой опасности и спасся, бежав через окно незаметно от стражников. Молитвы, просьбы и мольбы, составленные Давидом в тот час.

למנצח 1 Руководителю. «Не погуби». Золотая песнь
Давида. Когда Саул послал подстеречь возле дома,
чтобы умертвить его. 2 Боже, спаси меня от врагов, от
преследователей защити меня! 3 Спаси меня от творя-
щих беззаконие, от ищущих крови избавь меня! 4 Они
из засады подстерегают душу мою; враг безжалост-
ный осадил меня, а на мне ни вины, ни греха, Господи!
5 Не из-за преступления моего они бегом собираются,
готовятся к бою. Поспеши ко мне, посмотри! 6 Ты,
Господь, Бог Воинств, Бог Израиля; проснись, воз-
дай этим варварам; не щади беззаконных предателей!
7 Каждый вечер воют, как псы, что кружат по городу!
8 Поток слов на языке их, мечи – на устах, [думают]:
«Кто слышит?» 9 Но Ты, Господь, еще посмеешься над
ними; Ты выставишь всех варваров на посмешище!
10 У них сила, – я же на Тебя надеюсь, ибо Бог – при-
бежище мне. 11 Боже, пошли мне милость Твою, дай
мне увидеть [падение] врагов! 12 Не убивай их, чтоб не
забыл народ мой! Отправь их в скитание, низложи их,
защитник наш Господь. 13 Речи их оскверняют уста;
речами уст своих самоуверенных ставят ловушки,
твердят ложные клятвы, запираются! 14 В гневе ис-
треби их, истреби, чтобы не осталось! Тогда узнают

וְיִלָּכְדוּ בִגְאוֹנָם וּמֵאָלָה וּמִכַּחַשׁ יְסַפֵּרוּ: יד כַּלֵּה בְחֵמָה
כַּלֵּה וְאֵינֵמוֹ וְיֵדְעוּ כִּי־אֱלֹהִים מֹשֵׁל בְּיַעֲקֹב לְאַפְסֵי
הָאָרֶץ סֶלָה: טו וְיָשֻׁבוּ לָעֶרֶב יֶהֱמוּ כַכָּלֶב וִיסוֹבְבוּ
עִיר: טז הֵמָּה יְנִיעוּן לֶאֱכֹל אִם־לֹא יִשְׂבְּעוּ וַיָּלִינוּ:
יז וַאֲנִי | אָשִׁיר עֻזֶּךָ וַאֲרַנֵּן לַבֹּקֶר חַסְדֶּךָ כִּי־הָיִיתָ
מִשְׂגָּב לִי וּמָנוֹס בְּיוֹם צַר־לִי: יח עֻזִּי אֵלֶיךָ אֲזַמֵּרָה
כִּי־אֱלֹהִים מִשְׂגַּבִּי אֱלֹהֵי חַסְדִּי:

ס.

בזה המזמור מבואר כשבא יואב ראש המלחמה לפני ארם נהרים אמרו לו לא מבניו של יעקב אתם והיכן היא השבועה שנשבע ללבן, ולא היה יודע יואב להשיב ושאל בסנהדרין, והתפלה שהתפלל דוד על המלחמה:

יום יא

א לַמְנַצֵּחַ עַל־שׁוּשַׁן עֵדוּת מִכְתָּם לְדָוִד לְלַמֵּד:
ב בְּהַצּוֹתוֹ | אֶת אֲרַם נַהֲרַיִם וְאֶת־אֲרַם צוֹבָה וַיָּשָׁב
יוֹאָב וַיַּךְ אֶת־אֱדוֹם בְּגֵיא־מֶלַח שְׁנֵים עָשָׂר אָלֶף:
ג אֱלֹהִים זְנַחְתָּנוּ פְרַצְתָּנוּ אָנַפְתָּ תְּשׁוֹבֵב לָנוּ:
ד הִרְעַשְׁתָּה אֶרֶץ פְּצַמְתָּהּ רְפָה שְׁבָרֶיהָ כִי־מָטָה:
ה הִרְאִיתָ עַמְּךָ קָשָׁה הִשְׁקִיתָנוּ יַיִן תַּרְעֵלָה: ו נָתַתָּה
לִּירֵאֶיךָ נֵּס לְהִתְנוֹסֵס מִפְּנֵי קֹשֶׁט סֶלָה: ז לְמַעַן יֵחָלְצוּן

по всей земле, что воистину Яаковом правит Бог!
15 И опять каждый вечер воют, как псы, что кружат
по городу! 16 Бродят в поисках пищи, пока не найдут
ее досыта и не улягутся. 17 Я же воспеваю силу Твою,
каждое утро провозглашаю милость Твою, ибо Ты
был мне убежищем, укрытием в день бедствия! 18 Изо
всех сил Тебе пою, ибо Бог – мое убежище, Бог – покровитель мой!

60

Псалом рассказывает о том, что когда пришёл Йоав, военачальник Давида, к Арамее Междуречья с войной, сказали Йоаву: "Разве вы не потомки Яакова, не поклялись Лавану не переходить границу с войной?" И Йоав, не зная, что ответить, обратился с вопросом к Санѓедрину. Молитва, произнесённая Давидом в связи с этой войной.

День 11 למנצח 1 Руководителю. На шестиструнной лютне.
Золотая песнь Давида. В поучение. 2 Когда он вторгся
в Сирию месопотамскую и Сирию Цовы, а потом Йоав поразил двенадцать тысяч эдумейцев в Долине Соли. 3 Боже, Ты оставил нас, сокрушил, прогневался на
нас, отступил от нас! 4 Ты поколебал землю, расколол
ее, рассыпается она на куски[а], падает! 5 Ты показал народу Своему чашу его, напоил нас вином одурманивающим. 6 Ты оставил почитающих Тебя, словно знамя[б]
[оставленное] перед врагом[54]. 7 Ответь мне ради спасения возлюбленных Твоих! Спаси десницею Своей!
Ответь мне! 8 [Когда] говорил Бог в святости Своей,

а. ...Рассыпается она на куски – второй вариант прочтения конца стиха: «Излечи раны ее, ибо она падает» (Радак). б. Оставил... словно знамя – вариант чтения: «Ты дал боящимся знамя, чтобы оно было вознесено истины ради».

יְדִידֶיךָ הוֹשִׁיעָה יְמִינְךָ וַעֲנֵנִי׃ ח אֱלֹהִים | דִּבֶּר בְּקָדְשׁוֹ
אֶעְלֹזָה אֲחַלְּקָה שְׁכֶם וְעֵמֶק סֻכּוֹת אֲמַדֵּד׃ ט לִי גִלְעָד |
וְלִי מְנַשֶּׁה וְאֶפְרַיִם מָעוֹז רֹאשִׁי יְהוּדָה מְחֹקְקִי׃ י מוֹאָב |
סִיר רַחְצִי עַל־אֱדוֹם אַשְׁלִיךְ נַעֲלִי עָלַי פְּלֶשֶׁת הִתְרוֹעָעִי׃
יא מִי יֹבִלֵנִי עִיר מָצוֹר מִי נָחַנִי עַד־אֱדוֹם׃ יב הֲלֹא־
אַתָּה אֱלֹהִים זְנַחְתָּנוּ וְלֹא־תֵצֵא אֱלֹהִים בְּצִבְאוֹתֵינוּ׃
יג הָבָה־לָּנוּ עֶזְרָת מִצָּר וְשָׁוְא תְּשׁוּעַת אָדָם׃ יד בֵּאלֹהִים
נַעֲשֶׂה־חָיִל וְהוּא יָבוּס צָרֵינוּ׃

סא.

זאת התפלה אמר דוד כשהיה בורח מפני שאול. וכל מחשבותיו ובקשתו היה להאריך לו ימים לא בשביל תאות עולם הזה רק להתעסק ביראת ה׳ כל ימיו:

א לַמְנַצֵּחַ עַל־נְגִינַת לְדָוִד׃ ב שִׁמְעָה אֱלֹהִים רִנָּתִי
הַקְשִׁיבָה תְּפִלָּתִי׃ ג מִקְצֵה הָאָרֶץ | אֵלֶיךָ אֶקְרָא בַּעֲטֹף
לִבִּי בְּצוּר־יָרוּם מִמֶּנִּי תַנְחֵנִי׃ ד כִּי־הָיִיתָ מַחְסֶה לִי
מִגְדַּל־עֹז מִפְּנֵי אוֹיֵב׃ ה אָגוּרָה בְאָהָלְךָ עוֹלָמִים אֶחֱסֶה
בְסֵתֶר כְּנָפֶיךָ סֶּלָה׃ ו כִּי־אַתָּה אֱלֹהִים שָׁמַעְתָּ לִנְדָרָי
נָתַתָּ יְרֻשַּׁת יִרְאֵי שְׁמֶךָ׃ ז יָמִים עַל־יְמֵי־מֶלֶךְ תּוֹסִיף
שְׁנוֹתָיו כְּמוֹ־דֹר וָדֹר׃ ח יֵשֵׁב עוֹלָם לִפְנֵי אֱלֹהִים

я знал, что такое радость! Провел раздел Шхема, отмерил наделы в долине Суккот!
9 Мой Гилеад, мой Менаше, Эфраим – главная крепость моя, Йеѓуда – основа власти моей!
10 Моав – умывальная чаша моя; на Эдом забрасывал башмак свой; плясал на земле филистимской![55]
11 Кто привел меня к граду укрепленному? Кто указал мне путь к Эдому?
12 Боже, Ты оставил нас! Не выходишь, Боже, с войсками нашими!
13 Даруй нам помощь против врага, спасение не в силах человеческих!
14 С Богом же мы победим. Он разгромит врагов наших!

61

Молитва, сочинённая Давидом во время бегства от Саула. Все мысли и прошения Давида были сосредоточены на том, чтобы Всевышний продлил дни его жизни. Но не ради удовлетворения мирских вождельний, а ради того, чтобы служить Всевышнему в трепете все дни жизни своей.

למנצח
1 Руководителю. На музыкальных инструментах. Давида.
2 Услышь, Боже, мольбу мою; внемли молитве моей!
3 С сердцем щемящим, с края земли к Тебе взываю; на твердыню, недоступную мне, вознеси меня!
4 Стань прибежищем моим, крепостью мощной от врага.
5 Дай мне вечно жить в шатре Твоем, укрыться под кровом крыл Твоих!
6 Боже, услышь обеты мои, дай наследие почитающим имя Твое.
7 К [отмеренным] царю дням прибавь дни; годы продли его на многие поколения!
8 Пусть вечно пребывает он пред Богом; призови милосердие и истину на охрану ему.
9 Тогда я

חֶסֶד וֶאֱמֶת מַן יִנְצְרֻהוּ: ט כֵּן אֲזַמְּרָה שִׁמְךָ לָעַד לְשַׁלְּמִי
נְדָרַי יוֹם | יוֹם:

סב.

תפלה נגד שונאיו והתעורר לדורו שלא יהיה להם בטחון על ממון והיאך אסיפת ממון הוא הבל הבלים:

א לַמְנַצֵּחַ עַל־יְדוּתוּן מִזְמוֹר לְדָוִד: ב אַךְ אֶל־
אֱלֹהִים דּוּמִיָּה נַפְשִׁי מִמֶּנּוּ יְשׁוּעָתִי: ג אַךְ־הוּא צוּרִי
וִישׁוּעָתִי מִשְׂגַּבִּי לֹא־אֶמּוֹט רַבָּה: ד עַד־אָנָה | תְּהוֹתְתוּ
עַל־אִישׁ תְּרָצְּחוּ כֻלְּכֶם כְּקִיר נָטוּי גָּדֵר הַדְּחוּיָה:
ה אַךְ מִשְּׂאֵתוֹ | יָעֲצוּ לְהַדִּיחַ יִרְצוּ כָזָב בְּפִיו יְבָרֵכוּ
וּבְקִרְבָּם יְקַלְלוּ־סֶלָה: ו אַךְ לֵאלֹהִים דּוֹמִּי נַפְשִׁי כִּי־
מִמֶּנּוּ תִּקְוָתִי: ז אַךְ־הוּא צוּרִי וִישׁוּעָתִי מִשְׂגַּבִּי לֹא
אֶמּוֹט: ח עַל־אֱלֹהִים יִשְׁעִי וּכְבוֹדִי צוּר־עֻזִּי מַחְסִי
בֵּאלֹהִים: ט בִּטְחוּ בוֹ בְכָל־עֵת | עָם שִׁפְכוּ־לְפָנָיו
לְבַבְכֶם אֱלֹהִים מַחֲסֶה־לָּנוּ סֶלָה: י אַךְ | הֶבֶל בְּנֵי־אָדָם
כָּזָב בְּנֵי־אִישׁ בְּמֹאזְנַיִם לַעֲלוֹת הֵמָּה מֵהֶבֶל יָחַד:
יא אַל־תִּבְטְחוּ בְעֹשֶׁק וּבְגָזֵל אַל־תֶּהְבָּלוּ חַיִל | כִּי־יָנוּב
אַל־תָּשִׁיתוּ לֵב: יב אַחַת | דִּבֶּר אֱלֹהִים שְׁתַּיִם־זוּ

буду петь имени Твоему до скончания века, изо дня в день во исполнение обетов своих!

62

Молитва о спасении от ненавистников. Воодушевляющие слова своему поколению о том, что упование на материальные богатства и их накопление есть суета сует.

למנצח 1 Руководителю, Йедитуну. Псалом Давида.
2 Только Бога молча высматривает[56] душа моя; только
от Него [придет] спасение мое! 3 Только Он твердыня
и спасение мое, мощная высокогорная крепость, в ко-
торой не паду! 4 Доколе будете грозить обрушиться на
человека?! Вы все рухнете[57], как стена покосившаяся,
как ограда пошатнувшаяся[a]! 5 С высокого поста заду-
мали скинуть! Примирились для вида. Вот уже, по-
истине: Благословение на устах, а в сердце – только
проклятия! 6 Только Бога молча высматривай, душа
моя, ибо только на Него надежда моя! 7 Только Он –
твердыня моя и спасение мое, высокогорная крепость,
в которой не паду! 8 От Бога спасение и слава моя; Бог
– мощная твердыня и убежище мне! 9 Во всякое время
на Него надейся, народ! Перед Ним изливайте серд-
це ваше! Воистину, Бог – вечное убежище нам! 10 Сла-
бое дуновение – сыны человеческие; вымысел – люди
знатные[58]. Если положить на весы, то легкое дуновение
ветра перевесит всех! 11 Не надейтесь на добытое об-
маном, не обольщайтесь похищенным, не принимайте
близко к сердцу богатство прибыльное! 12 Неоднократ-

a. Доколе будете грозить... вы все рухнете, как... ограда пошатнувшаяся! – другое чтение: «Доколе будете грозить обрушиться на человека, как стена покосившаяся, как ограда пошатнувшаяся. Чтоб вы сгинули!» Или же: «»Доколе будет затевать [заговоры] против людей, чтобы убивать их. Вы все как стена покосившаяся, как ограда пошатнувшаяся!»

שָׁמָעְתִּי כִּי־עֹז לֵאלֹהִים: יג וּלְךָ־אֲדֹנָי חָסֶד כִּי־אַתָּה ׀
תְשַׁלֵּם לְאִישׁ כְּמַעֲשֵׂהוּ:

סג.

בו מבואר התפלה שעשה דוד כשהיה מסתתר מפני שאול והיה נכסף ללכת אל מקום ארון כמו אדם שצמא למים ועשה תפלה גדולה על עצמו ונגד שונאו:

א מִזְמוֹר לְדָוִד בִּהְיוֹתוֹ בְּמִדְבַּר יְהוּדָה: ב אֱלֹהִים ׀
אֵלִי אַתָּה אֲשַׁחֲרֶךָּ צָמְאָה לְךָ ׀ נַפְשִׁי כָּמַהּ לְךָ בְשָׂרִי
בְּאֶרֶץ־צִיָּה וְעָיֵף בְּלִי־מָיִם: ג כֵּן בַּקֹּדֶשׁ חֲזִיתִךָ לִרְאוֹת
עֻזְּךָ וּכְבוֹדֶךָ: ד כִּי־טוֹב חַסְדְּךָ מֵחַיִּים שְׂפָתַי יְשַׁבְּחוּנְךָ:
ה כֵּן אֲבָרֶכְךָ בְחַיָּי בְּשִׁמְךָ אֶשָּׂא כַפָּי: ו כְּמוֹ חֵלֶב
וָדֶשֶׁן תִּשְׂבַּע נַפְשִׁי וְשִׂפְתֵי רְנָנוֹת יְהַלֶּל־פִּי: ז אִם־
זְכַרְתִּיךָ עַל־יְצוּעָי בְּאַשְׁמֻרוֹת אֶהְגֶּה־בָּךְ: ח כִּי־הָיִיתָ
עֶזְרָתָה לִּי וּבְצֵל כְּנָפֶיךָ אֲרַנֵּן: ט דָּבְקָה נַפְשִׁי אַחֲרֶיךָ
בִּי תָּמְכָה יְמִינֶךָ: י וְהֵמָּה לְשׁוֹאָה יְבַקְשׁוּ נַפְשִׁי יָבֹאוּ
בְּתַחְתִּיּוֹת הָאָרֶץ: יא יַגִּירֻהוּ עַל־יְדֵי־חָרֶב מְנָת שֻׁעָלִים
יִהְיוּ: יב וְהַמֶּלֶךְ יִשְׂמַח בֵּאלֹהִים יִתְהַלֵּל כָּל־הַנִּשְׁבָּע
בּוֹ כִּי יִסָּכֵר פִּי דוֹבְרֵי־שָׁקֶר:

но говорил Бог, и не дважды слышал я: сила у Бога!
13 Тебе, Владыка мой, справедливость[59], и Ты воздаешь
человеку по делам его!

63

Молитва, составленная Давидом, когда тот скрывался от Саула. Давид, подобно страдающему от жажды, стремился попасть туда, где находится Святой Ковчег. Великая молитва за себя и против врагов.

מזמור 1 Псалом Давида. Когда он был в Иудейской
пустыне. 2 Боже, Ты – Бог мне! Тебя я ищу! Тело изны-
вает о Тебе, как жаждет воды изнемогающий на земле
иссушенной! Тебя душа моя жаждет, 3 как было в Свя-
тилище Твоем, когда видел Тебя, когда видел силу и
славу Твою! 4 Уста прославят Тебя: «Покровительство
Твое важнее жизни!» 5 Тогда всю жизнь буду благо-
словлять Тебя, всю жизнь буду возносить руки Имени
Твоему! 6 Как будто жиром и салом насыщается душа
моя, [когда] с радостью на устах я возношу хвалу
Тебе, 7 когда я вспоминаю о Тебе на ложе своем, когда
размышляю о Тебе в часы стражи ночной, 8 о том, как
Ты стал помощью мне, как я пел под крылом Твоим.
9 К Тебе прильнула душа моя; меня поддерживает де-
сница Твоя. 10 А эти, которые во мраке ищут [погибели]
душе моей, пусть низойдут в преисподнюю, в самую
бездну земную. 11 Пусть от меча [их кровь] прольется,
пусть станут добычей шакалов. 12 А царь будет радо-
ваться в Боге. Будет славен всякий, клянущийся Им, а
уста лживые будут заграждены!

סד.

בעלי אגדות דרשו זה המזמור על דניאל שהושלך לגוב אריות וצפה דוד ברוח הקודש המאורע והתפלל עליו ודניאל מזרעו היה כמ״ש לחזקיה ומבניך אשר תוליד יקחו והיו סריסים בהיכל מלך בבל:

א לַמְנַצֵּחַ מִזְמוֹר לְדָוִד׃ ב שְׁמַע־אֱלֹהִים קוֹלִי בְשִׂיחִי
מִפַּחַד אוֹיֵב תִּצֹּר חַיָּי׃ ג תַּסְתִּירֵנִי מִסּוֹד מְרֵעִים
מֵרִגְשַׁת פֹּעֲלֵי אָוֶן׃ ד אֲשֶׁר שָׁנְנוּ כַחֶרֶב לְשׁוֹנָם דָּרְכוּ
חִצָּם דָּבָר מָר׃ ה לִירוֹת בַּמִּסְתָּרִים תָּם פִּתְאֹם יֹרֻהוּ
וְלֹא יִירָאוּ׃ ו יְחַזְּקוּ־לָמוֹ ׀ דָּבָר רָע יְסַפְּרוּ לִטְמוֹן
מוֹקְשִׁים אָמְרוּ מִי יִרְאֶה־לָּמוֹ׃ ז יַחְפְּשׂוּ־עוֹלֹת תַּמְנוּ
חֵפֶשׂ מְחֻפָּשׂ וְקֶרֶב אִישׁ וְלֵב עָמֹק׃ ח וַיֹּרֵם אֱלֹהִים
חֵץ פִּתְאוֹם הָיוּ מַכּוֹתָם׃ ט וַיַּכְשִׁילוּהוּ עָלֵימוֹ לְשׁוֹנָם
יִתְנֹדְדוּ כָּל־רֹאֵה בָם׃ י וַיִּירְאוּ כָּל־אָדָם וַיַּגִּידוּ פֹּעַל
אֱלֹהִים וּמַעֲשֵׂהוּ הִשְׂכִּילוּ׃ יא יִשְׂמַח צַדִּיק בַּיהוָה
וְחָסָה בוֹ וְיִתְהַלְלוּ כָּל־יִשְׁרֵי־לֵב׃

סה.

שבחים גדולים ונוראים להקב״ה ובקשות ותפלות על חטאתינו והכלל שאי אפשר לספר גבורותיו ומי ימלל גבורותיו ע״כ דומיה תהלה לו:

א לַמְנַצֵּחַ מִזְמוֹר לְדָוִד שִׁיר׃ ב לְךָ דֻמִיָּה תְהִלָּה
אֱלֹהִים בְּצִיּוֹן וּלְךָ יְשֻׁלַּם־נֶדֶר׃ ג שֹׁמֵעַ תְּפִלָּה עָדֶיךָ

64

Комментаторы толкуют этот псалом, как повествующий о пророке Даниэле, брошенном в логово льва. Давид, озарённый святым предвидением, знал об этом и молился о нём. Даниэль был потомком Давида, как сказал о нем пророк Ишаяѓу, обращаясь к царю Хизкия, потомку Давида: "И из потомков твоих, которые произойдут от тебя, возьмут, и они будут вельможами во дворце царя Вавилонского".

למנצח 1 Руководителю. Псалом Давида. 2 Услышь
меня, Боже, в скорби моей; от угроз вражеских охра-
ни жизнь мою. 3 Укрой меня от заговора злодеев, от
замыслов творящих беззаконие, 4 которые, наточив
как меч язык свой, приладили стрелы, – слова ядови-
тые, 5 чтобы из потаенного места выстрелить в непо-
рочного, чтобы внезапно застрелить его, без риска для
себя. 6 Утверждаются в злых намерениях, совещаются,
как замаскировать капканы; думают: кто увидит их?
7 Ищут вину! Ведут следствие за следствием – до самых
внутренностей, до самых глубин сердца! 8 Но Бог по-
разит их; как будто стрелой нежданной будет нанесен
удар им. 9 О собственный язык споткнутся; отпрянут
все, кто взглянет на них. 10 Устрашатся все люди, бу-
дут рассказывать о делах Божьих, поймут деяния Его.
11 Радуется праведник перед Господом[a], полагается на
Него, и веселятся все прямые сердцем!

65

Псалом содержит великие славословия Всевышнему, вызывающие трепет, просьбы и молитвы о наших грехах. Невозможно описать величие Всевышнего, кто может перечислить все Его великие деяния? Поэтому молчание – восхваление Ему.

למנצח 1 Руководителю. Псалом Давида. Песнь.
2 Тебя славит молчание, Бог на Сионе. Тебе приносит-

a. Радуется праведник перед Господом – варианты понимания: «Радуется праведник, будучи рядом с Господом», «Радуется праведник тому, что Господь – Бог его».

כָּל־בָּשָׂר יָבֹאוּ׃ ד דִּבְרֵי עֲוֺנֹת גָּבְרוּ מֶנִּי פְּשָׁעֵינוּ אַתָּה
תְכַפְּרֵם׃ ה אַשְׁרֵי | תִּבְחַר וּתְקָרֵב יִשְׁכֹּן חֲצֵרֶיךָ
נִשְׂבְּעָה בְּטוּב בֵּיתֶךָ קְדֹשׁ הֵיכָלֶךָ׃ ו נוֹרָאוֹת | בְּצֶדֶק
תַּעֲנֵנוּ אֱלֹהֵי יִשְׁעֵנוּ מִבְטָח כָּל־קַצְוֵי־אֶרֶץ וְיָם רְחֹקִים׃
ז מֵכִין הָרִים בְּכֹחוֹ נֶאְזָר בִּגְבוּרָה׃ ח מַשְׁבִּיחַ | שְׁאוֹן
יַמִּים שְׁאוֹן גַּלֵּיהֶם וַהֲמוֹן לְאֻמִּים׃ ט וַיִּירְאוּ | יֹשְׁבֵי
קְצָוֺת מֵאוֹתֹתֶיךָ מוֹצָאֵי בֹקֶר וָעֶרֶב תַּרְנִין׃ י פָּקַדְתָּ
הָאָרֶץ | וַתְּשֹׁקְקֶהָ רַבַּת תַּעְשְׁרֶנָּה פֶּלֶג אֱלֹהִים מָלֵא
מָיִם תָּכִין דְּגָנָם כִּי־כֵן תְּכִינֶהָ׃ יא תְּלָמֶיהָ רַוֵּה נַחֵת
גְּדוּדֶיהָ בִּרְבִיבִים תְּמֹגְגֶנָּה צִמְחָהּ תְּבָרֵךְ׃ יב עִטַּרְתָּ
שְׁנַת טוֹבָתֶךָ וּמַעְגָּלֶיךָ יִרְעֲפוּן דָּשֶׁן׃ יג יִרְעֲפוּ נְאוֹת
מִדְבָּר וְגִיל גְּבָעוֹת תַּחְגֹּרְנָה׃ יד לָבְשׁוּ כָרִים | הַצֹּאן
וַעֲמָקִים יַעַטְפוּ־בָר יִתְרוֹעֲעוּ אַף־יָשִׁירוּ׃

סו.

בזה המזמור נאמר שבחים ותפלות נוראות שיאמרו להקב"ה על קיבוץ גלויות:

יום יב

א לַמְנַצֵּחַ שִׁיר מִזְמוֹר הָרִיעוּ לֵאלֹהִים כָּל־הָאָרֶץ׃
ב זַמְּרוּ כְבוֹד־שְׁמוֹ שִׂימוּ כָבוֹד תְּהִלָּתוֹ׃ ג אִמְרוּ

ся исполнение обетов! 3 Ты слышишь молитву, к Тебе
обращается всякая плоть! 4 Перечисление моих прегре-
шений выше сил моих; Ты же простишь преступления
наши! 5 Славен избранный Тобой и приближенный к
Тебе, пребывающий во дворах [Храма] Твоего! Дай
нам насытиться благами дома Твоего, святынею Хра-
ма Твоего! 6 Бог спасения нашего, ответь нам грозным
правосудием Своим! Ты – надежда всех пределов зем-
ли и морей далеких! 7 Ты, перепоясавшись могущес-
твом, силой Своей установил горы! 8 Ты укрощаешь
грохот морей, грохот валов их, гам народов! 9 Устра-
шатся знамениям Твоим живущие на краях земли; Ты
даруешь радость – [всем] – от восхода солнца до за-
ката его. 10 Ты вспоминаешь землю – и поишь ее, по-
токами Божьими полноводными даруешь ей богатства
обильные, Ты даешь прорасти урожаю, подготовив
[землю]. 11 Ороси борозды, напои комья земли; раз-
мягчи ее каплями дождя, благослови растущее на ней!
12 Ты увенчал год благами Своими; борозды [в стране]
Твоей лоснятся от жира. 13 Моросит над пастбищами
в пустынях, и холмы одеваются весельем[60]. 14 Луга по-
крываются стадами, долины укутываются хлебами:
радуются и поют!

66

Псалом описывает восхваления и приводящие в трепет молитвы, с которыми обратятся к Всевышнему евреи по возвращении из изгнания.

День 12 למנצח 1 Руководителю. Псалом. Песнь. Трубите Богу
по всей земле! 2 Воспойте славу имени Его, воздайте

לֵאלֹהִים מַה־נּוֹרָא מַעֲשֶׂיךָ בְּרֹב עֻזְּךָ יְכַחֲשׁוּ־לְךָ
אֹיְבֶיךָ: ד כָּל־הָאָרֶץ | יִשְׁתַּחֲווּ לְךָ וִיזַמְּרוּ־לָךְ יְזַמְּרוּ
שִׁמְךָ סֶלָה: ה לְכוּ וּרְאוּ מִפְעֲלוֹת אֱלֹהִים נוֹרָא עֲלִילָה
עַל־בְּנֵי אָדָם: ו הָפַךְ יָם | לְיַבָּשָׁה בַּנָּהָר יַעַבְרוּ בְרָגֶל
שָׁם נִשְׂמְחָה בּוֹ: ז מֹשֵׁל בִּגְבוּרָתוֹ | עוֹלָם עֵינָיו בַּגּוֹיִם
תִּצְפֶּינָה הַסּוֹרְרִים | אַל־יָרוּמוּ לָמוֹ סֶלָה: ח בָּרְכוּ
עַמִּים | אֱלֹהֵינוּ וְהַשְׁמִיעוּ קוֹל תְּהִלָּתוֹ: ט הַשָּׂם נַפְשֵׁנוּ
בַּחַיִּים וְלֹא־נָתַן לַמּוֹט רַגְלֵנוּ: י כִּי־בְחַנְתָּנוּ אֱלֹהִים
צְרַפְתָּנוּ כִּצְרָף־כָּסֶף: יא הֲבֵאתָנוּ בַמְּצוּדָה שַׂמְתָּ
מוּעָקָה בְמָתְנֵינוּ: יב הִרְכַּבְתָּ אֱנוֹשׁ לְרֹאשֵׁנוּ בָּאנוּ
בָאֵשׁ וּבַמַּיִם וַתּוֹצִיאֵנוּ לָרְוָיָה: יג אָבוֹא בֵיתְךָ בְעוֹלוֹת
אֲשַׁלֵּם לְךָ נְדָרָי: יד אֲשֶׁר־פָּצוּ שְׂפָתָי וְדִבֶּר־פִּי בַּצַּר
לִי: טו עֹלוֹת מֵחִים אַעֲלֶה־לָּךְ עִם־קְטֹרֶת אֵילִים אֶעֱשֶׂה
בָקָר עִם־עַתּוּדִים סֶלָה: טז לְכוּ־שִׁמְעוּ וַאֲסַפְּרָה כָּל־
יִרְאֵי אֱלֹהִים אֲשֶׁר עָשָׂה לְנַפְשִׁי: יז אֵלָיו פִּי־קָרָאתִי
וְרוֹמַם תַּחַת לְשׁוֹנִי: יח אָוֶן אִם־רָאִיתִי בְלִבִּי לֹא
יִשְׁמַע אֲדֹנָי: יט אָכֵן שָׁמַע אֱלֹהִים הִקְשִׁיב בְּקוֹל

хвалу славе Его! 3 Скажите Богу: как грозны деяния
Твои! Заискивают враги перед величием мощи Твоей!
4 Воистину, по всей земле преклоняются перед Тобой,
поют Тебе, поют имени Твоему! 5 Идите, взгляните
на деяния Божии, события, наводящие ужас на сы-
нов человеческих! 6 Он превратил море в сушу, пеш-
ком пересекли они поток[61]; там мы радовались Ему!
7 Его грозное правление вечно; Его взор обращен на
народы, а потому не подняться мятежникам! 8 Благо-
словите, народы, Бога нашего, возгласите хвалу Ему!
9 Он сохранил нам жизнь, не дал ногам нашим под-
коситься! 10 Боже, Ты проверил пробу нашу, испытал
пробу его[a], как ювелир серебро. 11 Ты заключил нас в
крепость, наложил на нас колодки; 12 посадил ничто-
жество нам на голову, прошли мы огонь и воду! Ты
вывел нас на простор! 13 Я приду в дом Твой с жертво-
приношениями, исполню данные Тебе обеты, 14 все,
что обещал я устами своими, слова вымолвленные в
час беды. 15 Во всесожжения принесу скот тучный, ба-
ранов – во всесожжение. Быков и баранов в жертву
принесу. Правда это! 16 Соберитесь, все страшащиеся
Бога, выслушайте мой рассказ о том, что Он сделал
мне! 17 К Нему взывал я, и [теперь] превозношение
на языке моем; 18 если бы замышлял я преступление
в сердце своем, не услышал меня бы Владыка мой!
19 Но Бог услышал, внял молитве моей. 20 Благословен

a. Испытал пробу его... – иное прочтение: «Очистил его, как ювелир чистит серебро [от примесей]».

תְּפִלָּתִי: כ בָּרוּךְ אֱלֹהִים אֲשֶׁר לֹא־הֵסִיר תְּפִלָּתִי
וְחַסְדּוֹ מֵאִתִּי:

סז.

זה המזמור הוא נכבד מאוד כנודע, וגם נאמר על קיבוץ גליות ועל מלחמות גוג ומגוג ובאותו פעם יהיה ה׳ אחד:

א לַמְנַצֵּחַ בִּנְגִינֹת מִזְמוֹר שִׁיר: ב אֱלֹהִים יְחָנֵּנוּ
וִיבָרְכֵנוּ יָאֵר פָּנָיו אִתָּנוּ סֶלָה: ג לָדַעַת בָּאָרֶץ דַּרְכֶּךָ
בְּכָל־גּוֹיִם יְשׁוּעָתֶךָ: ד יוֹדוּךָ עַמִּים | אֱלֹהִים יוֹדוּךָ
עַמִּים כֻּלָּם: ה יִשְׂמְחוּ וִירַנְּנוּ לְאֻמִּים כִּי־תִשְׁפֹּט עַמִּים
מִישֹׁר וּלְאֻמִּים | בָּאָרֶץ תַּנְחֵם סֶלָה: ו יוֹדוּךָ עַמִּים |
אֱלֹהִים יוֹדוּךָ עַמִּים כֻּלָּם: ז אֶרֶץ נָתְנָה יְבוּלָהּ יְבָרְכֵנוּ
אֱלֹהִים אֱלֹהֵינוּ: ח יְבָרְכֵנוּ אֱלֹהִים וְיִירְאוּ אוֹתוֹ כָּל
אַפְסֵי־אָרֶץ:

סח.

תפלה נוראה ונפלאה שעשה דוד על סנחריב שבא לירושלים בימי חזקיה בחג הפסח, גם נתנבא נבואות על הטובות שיהיה לנו בימות המשיח:

א לַמְנַצֵּחַ לְדָוִד מִזְמוֹר שִׁיר: ב יָקוּם אֱלֹהִים יָפוּצוּ
אוֹיְבָיו וְיָנוּסוּ מְשַׂנְאָיו מִפָּנָיו: ג כְּהִנְדֹּף עָשָׁן תִּנְדֹּף
כְּהִמֵּס דּוֹנַג מִפְּנֵי־אֵשׁ יֹאבְדוּ רְשָׁעִים מִפְּנֵי אֱלֹהִים:

Бог, Который не отверг молитвы моей, не отказал мне в покровительстве Своем!

67

Это, как известно, особенно почитаемый псалом. В нём говорится о времени собрания рассеянных в изгнании евреев, о войнах Гога и Магога. Тогда будет Один Бог для всех народов.

למנצח 1 Руководителю. На струнных инструмен-
тах. Псалом. Песнь. 2 Бог пожалеет нас и пошлет нам
благословение, озарит нас ликом Своим. 3 Тогда бу-
дут знать на земле пути Твои, все народы – спасение,
ниспосланное Тобой. 4 Народы признают Тебя, Боже!
Признают Тебя все народы![a] 5 Будут радоваться и ве-
селиться племена, ибо Ты навсегда будешь Судьей
справедливым всем народам, указывать пути всем
племенам земли. 6 Народы признают Тебя, Боже! При-
знают Тебя все народы, 7 за землю, давшую урожай, –
за то, что Благословляет нас Бог, наш Бог! 8 Бог благо-
словляет нас, почитают Его во всех краях земли!

68

Чудесная и приводящая в трепет молитва, которую составил Давид, о том, как в будущем, во времена Хизкия, в праздник Песах Санхерив окружит Иерусалим. Также он пророчествует о тех благах, которые наступят во времена Мошиаха.

למנצח 1 Руководителю. Давида псалом. Песнь.
2 Поднимается Бог, – рассеиваются враги Его, раз-
бегаются от лика Его ненавистники Его! 3 Ты раз-
веиваешь их, как развеивается дым; как воск тает от
огня, так исчезают злодеи перед Богом! 4 Праведники

а. Народы признают Тебя, Боже! Признают Тебя все народы! – вариант понимания: «Будут благодарить Тебя, Боже, будут благодарить Тебя все народы».

ד וְצַדִּיקִים יִשְׂמְחוּ יַעַלְצוּ לִפְנֵי אֱלֹהִים וְיָשִׂישׂוּ
בְשִׂמְחָה: ה שִׁירוּ | לֵאלֹהִים זַמְּרוּ שְׁמוֹ סֹלּוּ לָרֹכֵב
בָּעֲרָבוֹת בְּיָהּ שְׁמוֹ וְעִלְזוּ לְפָנָיו: ו אֲבִי יְתוֹמִים וְדַיַּן
אַלְמָנוֹת אֱלֹהִים בִּמְעוֹן קָדְשׁוֹ: ז אֱלֹהִים | מוֹשִׁיב
יְחִידִים | בַּיְתָה מוֹצִיא אֲסִירִים בַּכּוֹשָׁרוֹת אַךְ־סוֹרְרִים
שָׁכְנוּ צְחִיחָה: ח אֱלֹהִים בְּצֵאתְךָ לִפְנֵי עַמֶּךָ בְּצַעְדְּךָ
בִישִׁימוֹן סֶלָה: ט אֶרֶץ רָעָשָׁה | אַף־שָׁמַיִם נָטְפוּ
מִפְּנֵי אֱלֹהִים זֶה סִינַי מִפְּנֵי אֱלֹהִים אֱלֹהֵי יִשְׂרָאֵל:
י גֶּשֶׁם נְדָבוֹת תָּנִיף אֱלֹהִים נַחֲלָתְךָ וְנִלְאָה אַתָּה
כוֹנַנְתָּהּ: יא חַיָּתְךָ יָשְׁבוּ־בָהּ תָּכִין בְּטוֹבָתְךָ לֶעָנִי
אֱלֹהִים: יב אֲדֹנָי יִתֶּן־אֹמֶר הַמְבַשְּׂרוֹת צָבָא רָב:
יג מַלְכֵי צְבָאוֹת יִדֹּדוּן יִדֹּדוּן וּנְוַת בַּיִת תְּחַלֵּק שָׁלָל:
יד אִם־תִּשְׁכְּבוּן בֵּין שְׁפַתָּיִם כַּנְפֵי יוֹנָה נֶחְפָּה בַכֶּסֶף
וְאֶבְרוֹתֶיהָ בִּירַקְרַק חָרוּץ: טו בְּפָרֵשׂ שַׁדַּי מְלָכִים
בָּהּ תַּשְׁלֵג בְּצַלְמוֹן: טז הַר־אֱלֹהִים הַר־בָּשָׁן הַר
גַּבְנֻנִּים הַר־בָּשָׁן: יז לָמָּה | תְּרַצְּדוּן הָרִים גַּבְנֻנִּים הָהָר
חָמַד אֱלֹהִים לְשִׁבְתּוֹ אַף־יְהוָה יִשְׁכֹּן לָנֶצַח: יח רֶכֶב

же радуются и веселятся пред Богом, радостно ликуют!
5 Пойте Богу, воспевайте имя Его, славьте летящего в
небесах, имя Которому – Господь! Радостно веселитесь
пред лицом Его! 6 Бог, пребывающий в чертоге Своем
недоступном, отец сиротам и защитник вдовам![62] 7 Оди-
ноких Он пристраивает в дом, выводит заключенных к
радости, бунтовщики же остаются в месте пустынном!
8 Боже, когда Ты Сам шагал впереди народа Своего,
когда Ты вел его пустыней в вечность, 9 сотрясалась
земля, небо роняло капли перед Богом – это Синай со-
трясается пред лицом Бога, Бога Израиля! 10 Боже, Ты
проливаешь благодатный дождь, изнемогающий от
жажды надел Твой подкрепляешь. 11 Живет там община
Твоя; Ты благами Своими приготовил ее для кротких,
Боже! 12 «Владыка провозглашает слово!» – провозгла-
шают воинства великие[а]: 13 «Армии царские бегут, раз-
бегаются, – а хозяйка дома делит добычу!» 14 Пока вы
лежите в своих границах, перья голубиные покроются
серебром, зеленью золотистой[63]... 15 Бог рассеет ца-
рей по ней, как метель над Цалмоном[б]. 16 Гора Божия,
горы Башанские, вершины хребтов гор Башанских!
17 Почему дрожите, вершины гор? – Избрал Бог гору
для пребывания Своего, вечно там будет пребывать
Господь! 18 Колесниц Божьих десятки тысяч помно-
женных на тысячи! Владыка мой среди них взошел на

а. «Владыка провозглашает слово!» – провозглашают воинства великие – иное понимание: «Владыка провозглашает слово – провозвестник [небесного] воинства великого» (см. 2-Царей, 6:13-17) б. Как метель над Цалмоном – Цалмон гора возле Шхема. Иное чтение: «...Как вьюга над тьмою».

אֱלֹהִים רִבֹּתַיִם אַלְפֵי שִׁנְאָן אֲדֹנָי בָם סִינַי בַּקֹּדֶשׁ׃
יט עָלִיתָ לַמָּרוֹם | שָׁבִיתָ שֶּׁבִי לָקַחְתָּ מַתָּנוֹת בָּאָדָם
וְאַף סוֹרְרִים לִשְׁכֹּן | יָהּ אֱלֹהִים׃ כ בָּרוּךְ אֲדֹנָי יוֹם |
יוֹם יַעֲמָס־לָנוּ הָאֵל יְשׁוּעָתֵנוּ סֶלָה׃ כא הָאֵל | לָנוּ אֵל
לְמוֹשָׁעוֹת וְלֵיהֹוִה אֲדֹנָי לַמָּוֶת תּוֹצָאוֹת׃ כב אַךְ־אֱלֹהִים
יִמְחַץ רֹאשׁ אֹיְבָיו קָדְקֹד שֵׂעָר מִתְהַלֵּךְ בַּאֲשָׁמָיו׃
כג אָמַר אֲדֹנָי מִבָּשָׁן אָשִׁיב אָשִׁיב מִמְּצֻלוֹת יָם׃
כד לְמַעַן | תִּמְחַץ רַגְלְךָ בְּדָם לְשׁוֹן כְּלָבֶיךָ מֵאֹיְבִים
מִנֵּהוּ׃ כה רָאוּ הֲלִיכוֹתֶיךָ אֱלֹהִים הֲלִיכוֹת אֵלִי מַלְכִּי
בַקֹּדֶשׁ׃ כו קִדְּמוּ שָׁרִים אַחַר נֹגְנִים בְּתוֹךְ עֲלָמוֹת
תּוֹפֵפוֹת׃ כז בְּמַקְהֵלוֹת בָּרְכוּ אֱלֹהִים אֲדֹנָי מִמְּקוֹר
יִשְׂרָאֵל׃ כח שָׁם בִּנְיָמִן | צָעִיר רֹדֵם שָׂרֵי יְהוּדָה
רִגְמָתָם שָׂרֵי זְבֻלוּן שָׂרֵי נַפְתָּלִי׃ כט צִוָּה אֱלֹהֶיךָ עֻזֶּךָ
עוּזָּה אֱלֹהִים זוּ פָּעַלְתָּ לָּנוּ׃ ל מֵהֵיכָלֶךָ עַל־יְרוּשָׁלִָם
לְךָ יוֹבִילוּ מְלָכִים שָׁי׃ לא גְּעַר חַיַּת קָנֶה עֲדַת
אַבִּירִים | בְּעֶגְלֵי עַמִּים מִתְרַפֵּס בְּרַצֵּי־כָסֶף בִּזַּר עַמִּים
קְרָבוֹת יֶחְפָּצוּ׃ לב יֶאֱתָיוּ חַשְׁמַנִּים מִנִּי מִצְרָיִם כּוּשׁ

Синай в святости! 19 Ты поднялся ввысь, захватил
пленных, принял дань для людей, даже для непо-
корных, ради обители Господа Бога! 20 Благословен
Господь изо дня в день[64]! Вовеки поддерживает нас
Бог победы нашей! 21 Бог для нас – Бог Спаситель; у
Господа, Владыки моего, выходы смерти. 22 Бог раз-
мозжит головы врагов, темя волосатое, в беззако-
ниях закоснелое. 23 Владыка мой сказал: «Из Ба-
шана возвращу, возвращу из глубин морских», –
24 чтобы ты проложил дорогу себе в крови, что-
бы дать долю псам твоим! 25 Видели шествие Твое,
Боже, шествие в святости Бога моего, Царя моего!
26 Впереди – певцы, позади – музыканты, а в сере-
дине – девушки с бубнами: 27 хоры благословляют
Бога, Владыку моего – происходящие от Израиля!
28 Там: Биньямин, младший, властитель их; князья
Иеѓуды в расшитых одеждах; князья Зевулуна, кня-
зья Нафтали! 29 «Бог даровал тебе силу! Даруй силу,
Боже, как даровал ее 30 из храма Твоего Иерусалиму,
куда цари приносят Тебе дары, 31 устраши зверя, что
в тростнике, стада быков мощных, быков-народов[65];
разорителя, жаждущего серебра, рассеявшего на-
роды, жаждущего войны!» 32 Придут посланцы из
Египта; Эфиопия простреt руки к Богу! 33 Царства
земли! Пойте Богу, воспевайте Владыку моего! –
34 Парящего на небесах небес вековечных! Вот гремит

תָּרִיץ יָדָיו לֵאלֹהִים׃ לג מַמְלְכוֹת הָאָרֶץ שִׁירוּ לֵאלֹהִים
זַמְּרוּ אֲדֹנָי סֶלָה׃ לד לָרֹכֵב בִּשְׁמֵי שְׁמֵי־קֶדֶם הֵן יִתֵּן
בְּקוֹלוֹ קוֹל עֹז׃ לה תְּנוּ עֹז לֵאלֹהִים עַל־יִשְׂרָאֵל גַּאֲוָתוֹ
וְעֻזּוֹ בַּשְּׁחָקִים׃ לו נוֹרָא אֱלֹהִים ׀ מִמִּקְדָּשֶׁיךָ אֵל יִשְׂרָאֵל
הוּא נֹתֵן ׀ עֹז וְתַעֲצֻמוֹת לָעָם בָּרוּךְ אֱלֹהִים׃

יום יג

סט.

א לַמְנַצֵּחַ ׀ עַל־שׁוֹשַׁנִּים לְדָוִד׃ ב הוֹשִׁיעֵנִי אֱלֹהִים
כִּי בָאוּ מַיִם עַד־נָפֶשׁ׃ ג טָבַעְתִּי ׀ בִּיוֵן מְצוּלָה וְאֵין
מָעֳמָד בָּאתִי בְמַעֲמַקֵּי־מַיִם וְשִׁבֹּלֶת שְׁטָפָתְנִי׃
ד יָגַעְתִּי בְקָרְאִי נִחַר גְּרוֹנִי כָּלוּ עֵינַי מְיַחֵל לֵאלֹהָי׃
ה רַבּוּ ׀ מִשַּׂעֲרוֹת רֹאשִׁי שֹׂנְאַי חִנָּם עָצְמוּ מַצְמִיתַי
אֹיְבַי שֶׁקֶר אֲשֶׁר לֹא־גָזַלְתִּי אָז אָשִׁיב׃ ו אֱלֹהִים אַתָּה
יָדַעְתָּ לְאִוַּלְתִּי וְאַשְׁמוֹתַי מִמְּךָ לֹא־נִכְחָדוּ׃ ז אַל־יֵבֹשׁוּ
בִי ׀ קֹוֶיךָ אֲדֹנָי יֱהֹוִה צְבָאוֹת אַל־יִכָּלְמוּ בִי מְבַקְשֶׁיךָ
אֱלֹהֵי יִשְׂרָאֵל׃ ח כִּי־עָלֶיךָ נָשָׂאתִי חֶרְפָּה כִּסְּתָה כְלִמָּה
פָנָי׃ ט מוּזָר הָיִיתִי לְאֶחָי וְנָכְרִי לִבְנֵי אִמִּי׃ י כִּי־
קִנְאַת בֵּיתְךָ אֲכָלָתְנִי וְחֶרְפּוֹת חוֹרְפֶיךָ נָפְלוּ עָלָי׃

голос Его, голос мощный! 35 Признайте Божественную
мощь! Над Израилем – величие Его, могущество Его –
над небесами! 36 Грозен Ты, Боже, в святилище Своем!
Бог Израиля дает силу и мощь народу! Благословен
Бог!

69

День 13 למנצח 1. Руководителю. На шестиструне. Давида.
2 Спаси меня, Боже, вода уже до ноздрей поднялась[66]!
3 Тону я в топи бездонной, где нет опоры; вошел в
глубины вод, течение уносит меня! 4 Уже не могу кри-
чать, горло пересохло, глаза утомились, – [только] на
Бога моего уповаю! 5 Ненавидящих меня без повода
больше, чем волос на голове; набрали силы те, кто
пытается погубить меня, враги беспричинные; требу-
ют отдать то, чего не похищал я! 6 Боже, Ты знаешь
преступления мои, грехи мои от Тебя не сокрыты:
7 не будут стыдиться из-за меня полагающиеся на Тебя,
Владыка мой, Господь Воинств! Не будут из-за меня
иметь срама ищущие Тебя, Бог Израиля! 8 Ибо за Тебя
терплю я посрамление, и стыд покрывает лицо мое.
9 Стал я чужим для братьев моих, неродным для детей
матери моей… 10 Ибо ревность о Храме Твоем пожи-
рает меня и поношения хулящих Тебя на меня падают.
11 Плачу, пощусь[a] – и за это издеваются надо мной! 12 Ру-
бище стало одеждой моей, стал я для них присловьем[67].

a. Плачу, пощусь – и за это издеваются надо мной – возможен вариант: «Из-за Тебя поносят меня» (Радак).

יא וָאֶבְכֶּה בַצּוֹם נַפְשִׁי וַתְּהִי לַחֲרָפוֹת לִי: יב וָאֶתְּנָה
לְבוּשִׁי שָׂק וָאֱהִי לָהֶם לְמָשָׁל: יג יָשִׂיחוּ בִי יֹשְׁבֵי
שָׁעַר וּנְגִינוֹת שׁוֹתֵי שֵׁכָר: יד וַאֲנִי תְפִלָּתִי־לְךָ | יְהוָה
עֵת רָצוֹן אֱלֹהִים בְּרָב־חַסְדֶּךָ עֲנֵנִי בֶּאֱמֶת יִשְׁעֶךָ:
טו הַצִּילֵנִי מִטִּיט וְאַל־אֶטְבָּעָה אִנָּצְלָה מִשֹּׂנְאַי
וּמִמַּעֲמַקֵּי־מָיִם: טז אַל־תִּשְׁטְפֵנִי | שִׁבֹּלֶת מַיִם וְאַל־
תִּבְלָעֵנִי מְצוּלָה וְאַל־תֶּאְטַר־עָלַי בְּאֵר פִּיהָ: יז עֲנֵנִי
יְהוָה כִּי־טוֹב חַסְדֶּךָ כְּרֹב רַחֲמֶיךָ פְּנֵה אֵלָי: יח וְאַל־
תַּסְתֵּר פָּנֶיךָ מֵעַבְדֶּךָ כִּי־צַר־לִי מַהֵר עֲנֵנִי: יט קָרְבָה
אֶל־נַפְשִׁי גְאָלָהּ לְמַעַן אֹיְבַי פְּדֵנִי: כ אַתָּה יָדַעְתָּ
חֶרְפָּתִי וּבָשְׁתִּי וּכְלִמָּתִי נֶגְדְּךָ כָּל־צוֹרְרָי: כא חֶרְפָּה |
שָׁבְרָה לִבִּי וָאָנוּשָׁה וָאֲקַוֶּה לָנוּד וָאַיִן וְלַמְנַחֲמִים וְלֹא
מָצָאתִי: כב וַיִּתְּנוּ בְּבָרוּתִי רֹאשׁ וְלִצְמָאִי יַשְׁקוּנִי
חֹמֶץ: כג יְהִי־שֻׁלְחָנָם לִפְנֵיהֶם לְפָח וְלִשְׁלוֹמִים לְמוֹקֵשׁ:
כד תֶּחְשַׁכְנָה עֵינֵיהֶם מֵרְאוֹת וּמָתְנֵיהֶם תָּמִיד הַמְעַד:
כה שְׁפָךְ־עֲלֵיהֶם זַעְמֶךָ וַחֲרוֹן אַפְּךָ יַשִּׂיגֵם: כו תְּהִי־
טִירָתָם נְשַׁמָּה בְּאָהֳלֵיהֶם אַל־יְהִי יֹשֵׁב: כז כִּי־אַתָּה

13 Обо мне рассуждают сидящие у ворот и распевают
пьянчуги! 14 Я же молюсь Тебе, Господь, в час благо-
воления! Боже, по великой милости Твоей, ответь мне
истинным спасением! 15 Вызволи меня из трясины, не
дай мне утонуть; да буду спасен я от врагов моих, от
вод глубоких! 16 Пусть не унесет меня поток, не погло-
тит пучина, не сомкнется надо мной просвет колодез-
ный! 17 Ответь мне, Господь, по благой милости Твоей;
по великому милосердию Твоему обратись ко мне!
18 Не скрывай лица Своего от раба Твоего, в беде я, пос-
пеши, ответь мне! 19 Пошли мне избавление; вопреки
врагам спаси меня! 20 Ты знаешь, сколько поношений,
стыда и срама [перенес] я, известны Тебе враги мои!
21 Поношения разбили сердце мое, изнемог я, надеялся
на сострадание – но нет его, на утешение – но не нашел.
22 В пищу мою положили полынь; когда я жажду, поят
уксусом... 23 Пусть станет трапеза – ловушкой им, пир
примирительный – капканом! 24 Пусть помрачатся гла-
за их, пусть ослабеет поясница! 25 Излей на них ярость
Свою, пусть настигнет их пламя гнева Твоего! 26 Пусть
опустеет дворец их, пусть никто не живет в шатре их!
27 Ибо они преследуют тех, кого Ты поразил, и о стра-
даниях поверженных Тобой распевают! 28 Возложи на
них вину за виною, не засчитывай им заслуг перед
Тобой! 29 Пусть будут вычеркнуты из книги жизни, и

אֲשֶׁר־הִכִּיתָ רָדָפוּ וְאֶל־מַכְאוֹב חֲלָלֶיךָ יְסַפֵּרוּ: כח תְּנָה־
עָוֺן עַל־עֲוֺנָם וְאַל־יָבֹאוּ בְּצִדְקָתֶךָ: כט יִמָּחוּ מִסֵּפֶר
חַיִּים וְעִם צַדִּיקִים אַל־יִכָּתֵבוּ: ל וַאֲנִי עָנִי וְכוֹאֵב
יְשׁוּעָתְךָ אֱלֹהִים תְּשַׂגְּבֵנִי: לא אֲהַלְלָה שֵׁם־אֱלֹהִים
בְּשִׁיר וַאֲגַדְּלֶנּוּ בְתוֹדָה: לב וְתִיטַב לַיהוָה מִשּׁוֹר פָּר
מַקְרִן מַפְרִיס: לג רָאוּ עֲנָוִים יִשְׂמָחוּ דֹּרְשֵׁי אֱלֹהִים
וִיחִי לְבַבְכֶם: לד כִּי־שֹׁמֵעַ אֶל־אֶבְיוֹנִים יְהוָה וְאֶת־
אֲסִירָיו לֹא בָזָה: לה יְהַלְלוּהוּ שָׁמַיִם וָאָרֶץ יַמִּים וְכָל־
רֹמֵשׂ בָּם: לו כִּי אֱלֹהִים | יוֹשִׁיעַ צִיּוֹן וְיִבְנֶה עָרֵי יְהוּדָה
וְיָשְׁבוּ שָׁם וִירֵשׁוּהָ: לז וְזֶרַע עֲבָדָיו יִנְחָלוּהָ וְאֹהֲבֵי
שְׁמוֹ יִשְׁכְּנוּ־בָהּ:

ע.

תפלה על שונאי דוד שיבושו ויכלמו בשביל שמביישים אותו וישמחו על צרותיו, ובזה ישמחו הצדיקים ויאמרו תמיד שירות ותשבחות:

א לַמְנַצֵּחַ לְדָוִד לְהַזְכִּיר: ב אֱלֹהִים לְהַצִּילֵנִי יְהוָה
לְעֶזְרָתִי חוּשָׁה: ג יֵבֹשׁוּ וְיַחְפְּרוּ מְבַקְשֵׁי נַפְשִׁי יִסֹּגוּ
אָחוֹר וְיִכָּלְמוּ חֲפֵצֵי רָעָתִי: ד יָשׁוּבוּ עַל־עֵקֶב בָּשְׁתָּם
הָאֹמְרִים הֶאָח | הֶאָח: ה יָשִׂישׂוּ וְיִשְׂמְחוּ | בְּךָ כָּל־

среди праведников не будут записаны! 30 А я – бедный и
страждущий! Да будет ниспосланное Тобой спасение
защитой мне, Боже! 31 В песнях воздам хвалу имени
Божьему, превознесу Его в песнях благодарственных,
32 угодных Господу более жертвенного быка молодо-
го, рогатого, с копытами. 33 Увидят несчастные – и
обрадуются; увидят ищущие Бога, и оживет серд-
це ваше! 34 Ибо Господь внемлет нищим, и узников
Своих не презирает. 35 Воздадут Ему хвалу небеса и
земля, моря и все обитатели их! 36 Ибо Бог пошлет спа-
сение Сиону, отстроит города Иеѓуды; поселятся там
и наследуют их; 37 утвердятся в ней потомки рабов Его,
и будут обитать в ней любящие имя Его!

70

Молитва Давида, чтобы его ненавистиники были посрамлены и унижены за то, что позорили его и радовались его бедам. Тогда возрадуются праведные и будут постоянно распевать восхваления и песни.

למנצח 1 Руководителю. Давида. В напоминание.
2 Боже, спаси меня! Господи, поспеши мне на помощь!
3 Пусть испытают стыд и будут посрамлены ищущие
души моей; пусть отступят и осрамятся желающие
мне зла! 4 Пусть отступят в стыде, говорящие: «Ага!
Ага!» 5 Пусть веселятся и радуются Тебе все ищу-
щие Тебя! Пусть все время повторяют возлюбленные,
Тобой спасенные[a]: «Велик Господь!» 6 Я же несчастен

מְבַקְשֶׁיךָ וְיֹאמְרוּ תָמִיד יִגְדַּל אֱלֹהִים אֹהֲבֵי יְשׁוּעָתֶךָ׃
ו וַאֲנִי | עָנִי וְאֶבְיוֹן אֱלֹהִים חוּשָׁה־לִּי עֶזְרִי וּמְפַלְטִי
אַתָּה יְהוָה אַל־תְּאַחַר׃

עא.

תפלה נוראה על שונאיו היאך הם רוצים להרגו ואמרו עליו שהוא חייב מיתה:

א בְּךָ־יְהוָה חָסִיתִי אַל־אֵבוֹשָׁה לְעוֹלָם׃ ב בְּצִדְקָתְךָ
תַּצִּילֵנִי וּתְפַלְּטֵנִי הַטֵּה־אֵלַי אָזְנְךָ וְהוֹשִׁיעֵנִי׃ ג הֱיֵה
לִי | לְצוּר־מָעוֹן לָבוֹא תָּמִיד צִוִּיתָ לְהוֹשִׁיעֵנִי כִּי־סַלְעִי
וּמְצוּדָתִי אָתָּה׃ ד אֱלֹהַי פַּלְּטֵנִי מִיַּד רָשָׁע מִכַּף מְעַוֵּל
וְחוֹמֵץ׃ ה כִּי־אַתָּה תִקְוָתִי אֲדֹנָי יֱהוִה מִבְטַחִי מִנְּעוּרָי׃
ו עָלֶיךָ | נִסְמַכְתִּי מִבֶּטֶן מִמְּעֵי אִמִּי אַתָּה גוֹזִי בְּךָ תְהִלָּתִי
תָמִיד׃ ז כְּמוֹפֵת הָיִיתִי לְרַבִּים וְאַתָּה מַחֲסִי־עֹז׃ ח יִמָּלֵא
פִי תְּהִלָּתֶךָ כָּל־הַיּוֹם תִּפְאַרְתֶּךָ׃ ט אַל־תַּשְׁלִיכֵנִי לְעֵת
זִקְנָה כִּכְלוֹת כֹּחִי אַל־תַּעַזְבֵנִי׃ י כִּי־אָמְרוּ אוֹיְבַי לִי
וְשֹׁמְרֵי נַפְשִׁי נוֹעֲצוּ יַחְדָּו׃ יא לֵאמֹר אֱלֹהִים עֲזָבוֹ
רִדְפוּ וְתִפְשׂוּהוּ כִּי־אֵין מַצִּיל׃ יב אֱלֹהִים אַל־תִּרְחַק
מִמֶּנִּי אֱלֹהַי לְעֶזְרָתִי חוּשָׁה׃ יג יֵבֹשׁוּ יִכְלוּ שֹׂטְנֵי נַפְשִׁי

и нищ! Боже, поспеши ко мне! Ты – моя помощь и
спасение! Господи, не опоздай!

71

Приводящая в трепет молитва, где Давид говорит о своих ненавистниках, как те хотели убить его, утверждая, что он достоин смерти.

בך 1 На Тебя, Господи, уповаю: никогда не узнаю
позора! 2 По справедливости Своей спаси и освобо-
ди меня, приклони ко мне ухо Свое, и спаси меня!
3 Стань мне твердынею, убежищем, куда приду, и по-
велением Твоим всегда спасен буду; ибо Ты – твер-
дыня и крепость моя! 4 Боже мой, спаси меня из рук
злодея, из когтей грабителя и обманщика! 5 Ибо Ты
– надежда моя, Господь, Владыка мой, Ты – упо-
вание мое с дней юности моей! 6 От чрева [матери
моей] на Тебя полагаюсь; Ты принял меня из утро-
бы матери; Тебе всегда хвалы возносил я! 7 Я стал
примером для многих; Ты – защита мне крепкая.
8 Всякий день уста мои переполняют хвалы Тебе, рас-
сказы о величии Твоем. 9 Не бросай меня в пору ста-
рости; когда истощились силы мои, не оставляй меня!
10 Ибо враги сговариваются против меня; подстерега-
ющие душу мою договариваются между собою. 11 Го-
ворят: «Бог оставил его, преследуйте, хватайте его,
некому больше спасти!» 12 Боже, не удаляйся от меня;
Боже мой, поспеши мне на помощь! 13 Пусть узнают
стыд, пусть исчезнут преследующие душу мою; пусть
покроются стыдом и позором ищущие мне зла! 14 Я же

а. Возлюбленные, Тобой спасенные – варианты понимания: «Те, кто любит [рассказывать] о спасении, Тобой ниспосланном»; «Желающие спасения, Тобой ниспосланного».

יֵעֲט֣וּ חֶ֭רְפָּה וּכְלִמָּ֑ה מְבַקְשֵׁ֥י רָעָתִֽי׃ יד וַ֭אֲנִי תָּמִ֣יד
אֲיַחֵ֑ל וְ֝הוֹסַפְתִּ֗י עַל־כָּל־תְּהִלָּתֶֽךָ׃ טו פִּ֤י ׀ יְסַפֵּ֬ר צִדְקָתֶ֗ךָ
כָּל־הַיּ֥וֹם תְּשׁוּעָתֶ֑ךָ כִּ֤י לֹ֖א יָדַ֣עְתִּי סְפֹרֽוֹת׃ טז אָב֗וֹא
בִּ֭גְבֻרוֹת אֲדֹנָ֣י יֱהוִ֑ה אַזְכִּ֖יר צִדְקָתְךָ֣ לְבַדֶּֽךָ׃ יז אֱֽלֹהִ֗ים
לִמַּדְתַּ֥נִי מִנְּעוּרָ֑י וְעַד־הֵ֝֗נָּה אַגִּ֥יד נִפְלְאוֹתֶֽיךָ׃ יח וְגַ֤ם
עַד־זִקְנָ֨ה ׀ וְשֵׂיבָה֮ אֱלֹהִ֪ים אַל־תַּ֫עַזְבֵ֥נִי עַד־אַגִּ֣יד זְרוֹעֲךָ֣
לְד֑וֹר לְכָל־יָ֝ב֗וֹא גְּבוּרָתֶֽךָ׃ יט וְצִדְקָתְךָ֣ אֱ֭לֹהִים עַד־
מָר֑וֹם אֲשֶׁר־עָשִׂ֥יתָ גְדֹל֑וֹת אֱ֝לֹהִ֗ים מִ֣י כָמֽוֹךָ׃ כ אֲשֶׁ֤ר
הִרְאִיתַ֨נִי ׀ צָר֥וֹת רַבּ֗וֹת וְרָ֫ע֥וֹת תָּשׁ֥וּב תְּחַיֵּ֑ינִי וּֽמִתְּהֹמ֥וֹת
הָ֝אָ֗רֶץ תָּשׁ֥וּב תַּעֲלֵֽנִי׃ כא תֶּ֤רֶב ׀ גְּֽדֻלָּתִ֗י וְתִסֹּ֥ב תְּנַחֲמֵֽנִי׃
כב גַּם־אֲנִ֤י ׀ אוֹדְךָ֪ בִכְלִי־נֶ֡בֶל אֲמִתְּךָ֗ אֱלֹ֫הָ֥י אֲזַמְּרָ֣ה
לְךָ֣ בְכִנּ֑וֹר קְ֝ד֗וֹשׁ יִשְׂרָאֵֽל׃ כג תְּרַנֵּ֣נָּה שְׂ֭פָתַי כִּ֣י אֲזַמְּרָה־
לָּ֑ךְ וְ֝נַפְשִׁ֗י אֲשֶׁ֣ר פָּדִֽיתָ׃ כד גַּם־לְשׁוֹנִ֗י כָּל־הַ֭יּוֹם תֶּהְגֶּ֣ה
צִדְקָתֶ֑ךָ כִּֽי־בֹ֥שׁוּ כִֽי־חָ֝פְר֗וּ מְבַקְשֵׁ֥י רָעָתִֽי׃

עב.

זה המזמור חיבר דוד על שלמה שיהא לו לב להבין לעשות משפט לעניים:

יום יד

א לִשְׁלֹמֹ֨ה ׀ אֱֽלֹהִ֗ים מִ֭שְׁפָּטֶיךָ לְמֶ֣לֶךְ תֵּ֑ן וְצִדְקָתְךָ֥

всегда буду надеяться, и за все умножу хвалы Тебе.
15 Уста поведают о справедливости Твоей, о ниспосы-
лаемом Тобой всякий день спасении; хотя не смогу
пересказать [всего]. 16 Приду, и изо всех сил, Господи,
Владыка мой, прославлю Тебя, потому что только Ты
справедлив. 17 Боже, как Ты научил меня с дней юнос-
ти моей, так и доныне проповедую я чудеса Твои.
18 До старости, до седины не оставь меня, Боже, пока
не расскажу о силе руки Твоей поколению грядущему,
о могуществе Твоем – всем, кто грядет, 19 о том, что
превознесена справедливость Твоя, Боже, до небес!
Боже, кто сравнится с Тобой в величии совершенного!
20 Ты являл мне многочисленные бедствия жестокие, и
Ты вновь оживлял меня, поднимал из бездн земных!
21 Возвеличивал меня, обращался ко мне с утешением!
22 На лире я принесу благодарность за верность Твою,
буду играть на арфе, Святой Израиля! 23 Уста и спа-
сенная Тобой душа моя будут петь радостную песнь
под музыку, что буду играть Тебе. 24 Уста мои все время
будут рассказывать о справедливости Твоей, о том, что
опозорились, испытали стыд все искавшие мне зла!

72

Этот псалом Давид сложил для Соломона, молясь о том, чтобы Всевышний дал ему разум судить бедных справедливо.

День 14 לשלמה 1 Соломону. Боже, надели царя [способ-
ностью] судить по законам Твоим, и по справедливос-
ти Твоей – сына царского! 2 Пусть судит он справед-

לְבֶן־מֶלֶךְ׃ ב יָדִין עַמְּךָ בְצֶדֶק וַעֲנִיֶּיךָ בְמִשְׁפָּט׃ ג יִשְׂאוּ
הָרִים שָׁלוֹם לָעָם וּגְבָעוֹת בִּצְדָקָה׃ ד יִשְׁפֹּט ׀ עֲנִיֵּי־
עָם יוֹשִׁיעַ לִבְנֵי אֶבְיוֹן וִידַכֵּא עוֹשֵׁק׃ ה יִירָאוּךָ עִם־
שָׁמֶשׁ וְלִפְנֵי יָרֵחַ דּוֹר דּוֹרִים׃ ו יֵרֵד כְּמָטָר עַל־גֵּז
כִּרְבִיבִים זַרְזִיף אָרֶץ׃ ז יִפְרַח־בְּיָמָיו צַדִּיק וְרֹב שָׁלוֹם
עַד־בְּלִי יָרֵחַ׃ ח וְיֵרְדְּ מִיָּם עַד־יָם וּמִנָּהָר עַד־אַפְסֵי־
אָרֶץ׃ ט לְפָנָיו יִכְרְעוּ צִיִּים וְאֹיְבָיו עָפָר יְלַחֵכוּ׃ י מַלְכֵי
תַרְשִׁישׁ וְאִיִּים מִנְחָה יָשִׁיבוּ מַלְכֵי שְׁבָא וּסְבָא אֶשְׁכָּר
יַקְרִיבוּ׃ יא וְיִשְׁתַּחֲווּ־לוֹ כָל־מְלָכִים כָּל־גּוֹיִם יַעַבְדוּהוּ׃
יב כִּי־יַצִּיל אֶבְיוֹן מְשַׁוֵּעַ וְעָנִי וְאֵין־עֹזֵר לוֹ׃ יג יָחֹס עַל־
דַּל וְאֶבְיוֹן וְנַפְשׁוֹת אֶבְיוֹנִים יוֹשִׁיעַ׃ יד מִתּוֹךְ וּמֵחָמָס
יִגְאַל נַפְשָׁם וְיֵיקַר דָּמָם בְּעֵינָיו׃ טו וִיחִי וְיִתֶּן־לוֹ מִזְּהַב
שְׁבָא וְיִתְפַּלֵּל בַּעֲדוֹ תָמִיד כָּל־הַיּוֹם יְבָרֲכֶנְהוּ׃ טז יְהִי
פִסַּת־בַּר ׀ בָּאָרֶץ בְּרֹאשׁ הָרִים יִרְעַשׁ כַּלְּבָנוֹן פִּרְיוֹ
וְיָצִיצוּ מֵעִיר כְּעֵשֶׂב הָאָרֶץ׃ יז יְהִי שְׁמוֹ ׀ לְעוֹלָם לִפְנֵי־
שֶׁמֶשׁ יִנּוֹן שְׁמוֹ וְיִתְבָּרְכוּ בוֹ כָּל־גּוֹיִם יְאַשְּׁרוּהוּ׃

ливо народ Твой; и униженных, Тебе принадлежа-
щих, – по закону! 3 Пусть утвердится мир на горах,
справедливость – на холмах! 4 Пусть дарует суд уни-
женным в народе, защищает бедных, и низлагает
хищника! 5 Пусть благоговеют пред Тобою – доколе
[светят] солнце и месяц, – из рода в род! 6 Пусть нис-
ходит, как дождь на луга, как капли росы на землю[а]!
7 Пусть процветает праведник во дни его, пусть бу-
дет изобилие и благополучие, пока не исчезнет луна!
8 Пусть владычествует он от моря до моря, от реки
– до пределов земли! 9 Пусть падут пред ним легио-
ны, и враги его лижут прах! 10 Цари Таршиша и ос-
тровитяне поднесут дары; цари Шевы и Севы[68] да
придут с товарами! 11 Пусть падают перед ним ниц
все цари; и все народы служат ему! 12 Потому что
спасает он бедняка, молящего о помощи, и нищего,
лишенного поддержки! 13 Будет давать покровитель-
ство нищему и убогому, спасать жизнь убогих!
14 Будет спасать их от коварства и насилия, и кровь их
будет драгоценна в его глазах! 15 И поддержит в нем
жизнь, уделит ему из золота Шевы, и тот будет посто-
янно молиться за него, всякий день благословлять его.
16 Пусть будет обильный урожай на земле и на верши-
нах гор, пусть шумит, как горы Ливанские, пусть в го-
родах растут, как трава на земле[б]! 17 Имя его да будет
в веках; пока светит солнце пусть остается имя его;
пусть благословляются им все народы, и прослав-

а. Пусть нисходит, как дождь… – нисходит слово царское, как дождь на луга (Раши), или же нисходит «суд царский», как дождь на луга (Ибн-Эзра). б. Пусть в городах растут, как трава на земле – пусть деревьев будет много не только в садах, но и в городах. Ибн-Джанах считает, что это метафора: «Пусть станет многочисленным народ в городах, как трава полевая».

יח בָּרוּךְ | יְהוָה אֱלֹהִים אֱלֹהֵי יִשְׂרָאֵל עֹשֵׂה נִפְלָאוֹת
לְבַדּוֹ: יט וּבָרוּךְ | שֵׁם כְּבוֹדוֹ לְעוֹלָם וְיִמָּלֵא כְבוֹדוֹ
אֶת־כֹּל־הָאָרֶץ אָמֵן | וְאָמֵן: כ כָּלּוּ תְפִלּוֹת דָּוִד בֶּן־יִשָׁי:

ספר שלישי

ליום רביעי

עג.

בו מבואר השאלה מפני מה צדיק ורע לו ורשע וטוב לו. גם מקונן על אריכות הגלות הזה. עיין בפנים ותמצא מרגוע לנפשך:

א מִזְמוֹר לְאָסָף אַךְ טוֹב לְיִשְׂרָאֵל אֱלֹהִים לְבָרֵי
לֵבָב: ב וַאֲנִי כִּמְעַט נָטָיוּ רַגְלָי כְּאַיִן שֻׁפְּכוּ אֲשֻׁרָי:
ג כִּי קִנֵּאתִי בַּהוֹלְלִים שְׁלוֹם רְשָׁעִים אֶרְאֶה: ד כִּי
אֵין חַרְצֻבּוֹת לְמוֹתָם וּבָרִיא אוּלָם: ה בַּעֲמַל אֱנוֹשׁ
אֵינֵמוֹ וְעִם־אָדָם לֹא יְנֻגָּעוּ: ו לָכֵן עֲנָקַתְמוֹ גַאֲוָה
יַעֲטָף־שִׁית חָמָס לָמוֹ: ז יָצָא מֵחֵלֶב עֵינֵמוֹ עָבְרוּ
מַשְׂכִּיּוֹת לֵבָב: ח יָמִיקוּ | וִידַבְּרוּ בְרָע עֹשֶׁק מִמָּרוֹם
יְדַבֵּרוּ: ט שַׁתּוּ בַשָּׁמַיִם פִּיהֶם וּלְשׁוֹנָם תִּהֲלַךְ בָּאָרֶץ:
י לָכֵן | יָשׁוּב עַמּוֹ הֲלֹם וּמֵי מָלֵא יִמָּצוּ לָמוֹ: יא וְאָמְרוּ
אֵיכָה יָדַע־אֵל וְיֵשׁ דֵּעָה בְעֶלְיוֹן: יב הִנֵּה־אֵלֶּה רְשָׁעִים

ляют его! 18 Благословен Господь – Бог, Бог Израиля,
единственный, Кто творит чудеса! 19 Благословенно
славное имя Его вовеки! Наполнится славой Его вся
земля! Амен, амен! 20 Завершены молитвы Давида,
сына Ишая.

КНИГА ТРЕТЬЯ

СРЕДА

73

Псалом обсуждает проблему страданий праведных и благоденствия злодеев и также молит об окончании этого тягостного изгнания. Читающий псалом найдёт успокоение душе своей.

מזמור 1 Псалом Асафа. Бесспорно, Бог – благо Из-
раиля, благо для чистых сердцем! 2 А я едва не осту-
пился, едва не поскользнулся, 3 позавидовав преступ-
никам, увидев благоденствие злодеев: 4 умирают они
без страданий, грузны животы их. 5 Не причастны они
к страданиям людей, несчастья людские их не каса-
ются. 6 Поэтому, как ожерельем, гордыней украшают-
ся, задницу награбленным прикрывают; 7 заплыли
глаза их, сердца жиром набиты. 8 Глумятся, о грабеже
и злодействе говорят; свысока вещают; 9 обратили про-
тив небес уста[a], а язык их разгуливает по земле. 10 Поэ-
тому вновь и вновь наводят ужас на народ, выжимают
из него соки. 11 И говорят они: «Разве знает Бог? Раз-
ве есть знание Свыше?» 12 «Вот, эти преступники жи-
вут в вечном благе, достигают успеха! 13 Напрасно я

а. Обратили против небес уста – не исключено, что правильное чтение: «Полагают, что уста их на небесах…», – т.е. то, что они вещают, исходит прямо с небес.

וְשַׁלְוֵי עוֹלָם הִשְׂגּוּ־חָיִל׃ יג אַךְ־רִיק זִכִּיתִי לְבָבִי
וָאֶרְחַץ בְּנִקָּיוֹן כַּפָּי׃ יד וָאֱהִי נָגוּעַ כָּל־הַיּוֹם וְתוֹכַחְתִּי
לַבְּקָרִים׃ טו אִם־אָמַרְתִּי אֲסַפְּרָה כְמוֹ הִנֵּה דוֹר בָּנֶיךָ
בָגָדְתִּי׃ טז וָאֲחַשְּׁבָה לָדַעַת זֹאת עָמָל הוּא בְעֵינָי׃
יז עַד־אָבוֹא אֶל־מִקְדְּשֵׁי־אֵל אָבִינָה לְאַחֲרִיתָם׃ יח אַךְ
בַּחֲלָקוֹת תָּשִׁית לָמוֹ הִפַּלְתָּם לְמַשּׁוּאוֹת׃ יט אֵיךְ הָיוּ
לְשַׁמָּה כְרָגַע סָפוּ תַמּוּ מִן־בַּלָּהוֹת׃ כ כַּחֲלוֹם מֵהָקִיץ
אֲדֹנָי בָּעִיר | צַלְמָם תִּבְזֶה׃ כא כִּי יִתְחַמֵּץ לְבָבִי
וְכִלְיוֹתַי אֶשְׁתּוֹנָן׃ כב וַאֲנִי־בַעַר וְלֹא אֵדָע בְּהֵמוֹת
הָיִיתִי עִמָּךְ׃ כג וַאֲנִי תָמִיד עִמָּךְ אָחַזְתָּ בְּיַד יְמִינִי׃
כד בַּעֲצָתְךָ תַנְחֵנִי וְאַחַר כָּבוֹד תִּקָּחֵנִי׃ כה מִי־לִי
בַשָּׁמָיִם וְעִמְּךָ לֹא־חָפַצְתִּי בָאָרֶץ׃ כו כָּלָה שְׁאֵרִי
וּלְבָבִי צוּר־לְבָבִי וְחֶלְקִי אֱלֹהִים לְעוֹלָם׃ כז כִּי־הִנֵּה
רְחֵקֶיךָ יֹאבֵדוּ הִצְמַתָּה כָּל־זוֹנֶה מִמֶּךָּ׃ כח וַאֲנִי | קִרֲבַת
אֱלֹהִים לִי־טוֹב שַׁתִּי | בַּאדֹנָי יֱהֹוִה מַחְסִי לְסַפֵּר
כָּל־מַלְאֲכוֹתֶיךָ׃

берег сердце в чистоте, чистоту рук своих, 14 все дни
жил в несчастье, каждое утро приносило страдание!»
15 Если бы я сказал: «Таковы [они]», то целое поко-
ление детей Твоих объявил бы предателями. 16 Раз-
мышлял я, чтобы разобраться в этом: все же неспра-
ведливым мне казалось это. 17 Только когда пришел
я в святилище Божье, узнал будущее их. 18 На сколь-
зкое место поставил Ты их, чтобы низвергнуть в про-
пасть! 19 В какие развалины превратятся они в один
миг! Пропадут, исчезнут, как кошмар, 20 как сон по
пробуждении! Владыка, наяву Ты сделаешь явным
презренный облик их. 21 Исполнилось горечью сер-
дце мое, почки пронзает боль[69]! 22 А я, как теленок
несмышленый, скотиной был перед Тобой. 23 А я?!
– Всегда я был возле Тебя, Ты держал меня за руку!
24 Своим советом Ты указываешь мне путь[a], а потом –
в почете заберешь меня! 25 Кто нужен мне на небесах и
на земле, когда Ты рядом со мною?! 26 Обмирает тело
и сердце мое! Бог – навеки твердыня сердца моего и
участь моя! 27 Вот, гибнут отдалившиеся от Тебя. Ты
губишь всех изменяющих Тебе. 28 Мне же близость к
Богу – благо! Своим убежищем полагаю Владыку сво-
его, Господа, и буду рассказывать обо всех посланиях
Твоих!

---

a. Ведешь меня к славе – очень вероятен вариант: «А потом – заберешь меня», с намеком: «после того, как жизнь моя завершится, Ты заберешь меня к Себе» (Радак и остальные).

עד.

המשורר מאונן ומקונן היאך שרפו כל בתי כנסיות ובתי מדרשות. פלשתים החריבו שילה נבוכדנצר החריב בית ראשון, וכל כך זמן שאנו בגלות לא ראינו אותות הגאולה ומתי יהיה הגאולה. עיין ותמצא קינות ונחמות:

א מַשְׂכִּיל לְאָסָף לָמָה אֱלֹהִים זָנַחְתָּ לָנֶצַח יֶעְשַׁן
אַפְּךָ בְּצֹאן מַרְעִיתֶךָ: ב זְכֹר עֲדָתְךָ | קָּנִיתָ קֶּדֶם גָּאַלְתָּ
שֵׁבֶט נַחֲלָתֶךָ הַר־צִיּוֹן זֶה | שָׁכַנְתָּ בּוֹ: ג הָרִימָה פְעָמֶיךָ
לְמַשֻּׁאוֹת נֶצַח כָּל־הֵרַע אוֹיֵב בַּקֹּדֶשׁ: ד שָׁאֲגוּ צֹרְרֶיךָ
בְּקֶרֶב מוֹעֲדֶךָ שָׂמוּ אוֹתֹתָם אֹתוֹת: ה יִוָּדַע כְּמֵבִיא
לְמָעְלָה בִּסְבָךְ־עֵץ קַרְדֻּמּוֹת: ו וְעַתָּה פִּתּוּחֶיהָ יָּחַד
בְּכַשִּׁיל וְכֵילַפֹּת יַהֲלֹמוּן: ז שִׁלְּחוּ בָאֵשׁ מִקְדָּשֶׁךָ לָאָרֶץ
חִלְּלוּ מִשְׁכַּן־שְׁמֶךָ: ח אָמְרוּ בְלִבָּם נִינָם יָחַד שָׂרְפוּ
כָל־מוֹעֲדֵי־אֵל בָּאָרֶץ: ט אוֹתֹתֵינוּ לֹא־רָאִינוּ אֵין־עוֹד
נָבִיא וְלֹא־אִתָּנוּ יֹדֵעַ עַד־מָה: י עַד־מָתַי אֱלֹהִים
יְחָרֶף צָר יְנָאֵץ אוֹיֵב שִׁמְךָ לָנֶצַח: יא לָמָּה תָשִׁיב
יָדְךָ וִימִינֶךָ מִקֶּרֶב חֵיקְךָ כַלֵּה: יב וֵאלֹהִים מַלְכִּי
מִקֶּדֶם פֹּעֵל יְשׁוּעוֹת בְּקֶרֶב הָאָרֶץ: יג אַתָּה פוֹרַרְתָּ
בְעָזְּךָ יָם שִׁבַּרְתָּ רָאשֵׁי תַנִּינִים עַל־הַמָּיִם: יד אַתָּה
רִצַּצְתָּ רָאשֵׁי לִוְיָתָן תִּתְּנֶנּוּ מַאֲכָל לְעָם לְצִיִּים: טו אַתָּה

74

Псалмопевец скорбит и оплакивает все синагоги и дома учения, которые были сожжены. Филистимляне разрушили Шило, Навуходоносор – Первый Храм. Мы находимся в изгнании так долго, не видя каких-либо знаков избавления. Когда придёт избавление? Читающий найдёт в псалме плач и утешение.

משכיל 1 Учение Асафа. Почему, Боже, навсегда ос-
тавил? Почему дымится гнев Твой на паству Твою?
2 Вспомни общину Свою, выкупленную Тобой во вре-
мена древние! [Вспомни] спасенные Тобой колена
надела Своего! [Вспомни] гору Сион – ту, на которой
установил Ты пребывание Свое! 3 Поднимись, подой-
ди к развалинам вечности, ко всему, разрушенному
врагом в святилище! 4 Галдят враги в Соборе Твоем,
водружают свои значки боевые. 5 Подобно тому, как
поднимают топоры на заросли деревьев, 6 всю резьбу
его теперь сбивают секирами и топорами! 7 В пламени
сожгли Святилище Твое, осквернили Обитель имени
Твоего! 8 Решили в сердце своем: «Истребим их всех!»
Сожгли все Божьи Соборы в стране. 9 Не видим зна-
мений, и нет больше пророков; тот, кто знает, сколько
еще, не с нами! 10 Доколе, Боже, продолжатся поноше-
ния врагов? Вечно ли недруг будет хулить имя Твое?
11 Почему убрал Ты за спину руку Свою, десницу
Свою? Освободи десницу и уничтожь [врага]! 12 Боже,
с древних дней Ты стал Царем моим! Ты даруешь спа-
сение по всей земле! 13 Ты могуществом Своим ра-
зорвал море на части, проломил головы крокодилам
в воде; 14 Ты размозжил головы китам, и отдал их на
прокорм обитателям пустыни. 15 Ты рассекаешь землю,

בָקַעְתָּ מַעְיָן וָנָחַל אַתָּה הוֹבַשְׁתָּ נַהֲרוֹת אֵיתָן: טו לְךָ
יוֹם אַף־לְךָ לָיְלָה אַתָּה הֲכִינוֹתָ מָאוֹר וָשָׁמֶשׁ: יז אַתָּה
הִצַּבְתָּ כָּל־גְּבוּלוֹת אָרֶץ קַיִץ וָחֹרֶף אַתָּה יְצַרְתָּם:
יח זְכָר־זֹאת אוֹיֵב חֵרֵף | יְהוָה וְעַם־נָבָל נִאֲצוּ שְׁמֶךָ:
יט אַל־תִּתֵּן לְחַיַּת נֶפֶשׁ תּוֹרֶךָ חַיַּת עֲנִיֶּיךָ אַל־תִּשְׁכַּח
לָנֶצַח: כ הַבֵּט לַבְּרִית כִּי־מָלְאוּ מַחֲשַׁכֵּי־אֶרֶץ נְאוֹת
חָמָס: כא אַל־יָשֹׁב דַּךְ נִכְלָם עָנִי וְאֶבְיוֹן יְהַלְלוּ שְׁמֶךָ:
כב קוּמָה אֱלֹהִים רִיבָה רִיבֶךָ זְכֹר חֶרְפָּתְךָ מִנִּי־נָבָל
כָּל־הַיּוֹם: כג אַל־תִּשְׁכַּח קוֹל צֹרְרֶיךָ שְׁאוֹן קָמֶיךָ
עֹלֶה תָמִיד:

עה.

כמה מעלות לישראל כשיש להם יום טוב, אינם עוסקים בדברי הוללות רק בשירות ותשבחות הלכות פסח בפסח, וגם כשאמרו נעשה ונשמע בזה קיימו העולם, ומוסרים גדולים לאותם המתענגים בעונג בעולם הזה שחשבו אשר כחם עשה כל החיל:

א לַמְנַצֵּחַ אַל־תַּשְׁחֵת מִזְמוֹר לְאָסָף שִׁיר: ב הוֹדִינוּ
לְּךָ | אֱלֹהִים הוֹדִינוּ וְקָרוֹב שְׁמֶךָ סִפְּרוּ נִפְלְאוֹתֶיךָ:
ג כִּי אֶקַּח מוֹעֵד אֲנִי מֵישָׁרִים אֶשְׁפֹּט: ד נְמֹגִים־אֶרֶץ
וְכָל־יֹשְׁבֶיהָ אָנֹכִי תִכַּנְתִּי עַמּוּדֶיהָ סֶּלָה: ה אָמַרְתִּי

чтобы бил источник и тек ручей; Ты иссушаешь реки
могучие; 16 Тебе [принадлежит] день, и Тебе – ночь,
Ты установил светила и солнце; 17 Ты повсюду опреде-
лил границы земли; Ты создал лето и зиму. 18 Господи,
помни, враг поносит [Тебя], народ нечестивый хулит
имя Твое! 19 Не выдавай врагам душу голубки Твоей;
не забудь навек души несчастных Твоих. 20 Посмотри
на союз [Свой], ибо жилищами грабителей наполни-
лись укромные места страны! 21 Согбенный, бедный и
убогий не останутся осрамленными, когда прослав-
ляют Имя Твое! 22 Встань, Боже, веди тяжбу Свою!
Вспомни, что всякий день поносят Тебя подлецы! 23 Не
забудь криков врагов Твоих, непрерывно усиливаю-
щегося гомона восстающих против Тебя!

75

Посвящён достоинствам Израиля. Когда у евреев праздник, они не пьянствуют, а поют песни и славословия и изучают законы праздников. Также, произнеся (при даровании Торы): "Сделаем и поймём", – они дали миру возможность продолжить существование. Этот псалом увещевает всех, кто предаётся удовольствиям этого мира и приписывает свой успех исключительно результату своего труда.

למנצח 1 Руководителю. «Не уничтожь». Псалом Аса-
фа. Песнь. 2 Мы благодарны Тебе, Боже! Благодарны
Тебе за близость имени Твоего. Рассказывают о чуде-
сах Твоих. 3 Я установлю срок для суда справедливого.
4 Тает в страхе земля, и все жители ее! Я навек укреплю
столпы ее! 5 Говорю преступникам: «Не совершайте

לַהוֹלְלִים אַל־תָּהֹלּוּ וְלָרְשָׁעִים אַל־תָּרִימוּ קָרֶן: ו אַל־
תָּרִימוּ לַמָּרוֹם קַרְנְכֶם תְּדַבְּרוּ בְצַוָּאר עָתָק: ז כִּי לֹא
מִמּוֹצָא וּמִמַּעֲרָב וְלֹא מִמִּדְבַּר הָרִים: ח כִּי־אֱלֹהִים
שֹׁפֵט זֶה יַשְׁפִּיל וְזֶה יָרִים: ט כִּי כוֹס בְּיַד־יְהוָה וְיַיִן
חָמַר | מָלֵא מֶסֶךְ וַיַּגֵּר מִזֶּה אַךְ־שְׁמָרֶיהָ יִמְצוּ יִשְׁתּוּ
כֹּל רִשְׁעֵי־אָרֶץ: י וַאֲנִי אַגִּיד לְעֹלָם אֲזַמְּרָה לֵאלֹהֵי
יַעֲקֹב: יא וְכָל־קַרְנֵי רְשָׁעִים אֲגַדֵּעַ תְּרוֹמַמְנָה
קַרְנוֹת צַדִּיק:

עו.

בו מבואר נבואת סנחריב במעשה שהיה ברב חילו שהיו לו, כולם נחטפו בשינת מות ולא היה כח בידם ליטול כלי מלחמתם ונפלו כולם:

א לַמְנַצֵּחַ בִּנְגִינֹת מִזְמוֹר לְאָסָף שִׁיר: ב נוֹדָע
בִּיהוּדָה אֱלֹהִים בְּיִשְׂרָאֵל גָּדוֹל שְׁמוֹ: ג וַיְהִי בְשָׁלֵם
סֻכּוֹ וּמְעוֹנָתוֹ בְצִיּוֹן: ד שָׁמָּה שִׁבַּר רִשְׁפֵי־קָשֶׁת מָגֵן
וְחֶרֶב וּמִלְחָמָה סֶלָה: ה נָאוֹר אַתָּה אַדִּיר מֵהַרְרֵי־
טָרֶף: ו אֶשְׁתּוֹלְלוּ | אַבִּירֵי לֵב נָמוּ שְׁנָתָם וְלֹא־מָצְאוּ
כָל־אַנְשֵׁי־חַיִל יְדֵיהֶם: ז מִגַּעֲרָתְךָ אֱלֹהֵי יַעֲקֹב נִרְדָּם
וְרֶכֶב וָסוּס: ח אַתָּה | נוֹרָא אַתָּה וּמִי־יַעֲמֹד לְפָנֶיךָ

преступлений!», злодеям: «Не возноситесь!» 6 Не воз-
носитесь перед небесами[70], не говорите, нагло подняв
голову. 7 Ибо не с востока и не с запада, не из пусты-
ни приходит возвышение, 8 но Бог судит землю – од-
ного унижает, а другого возносит! 9 Ибо чаша полная
хмельного вина в руке Господа, и из нее Он наливает.
До дна вместе с осадком выпьют ее злодеи земные. 10
Я же вечно буду вести повествование свое, буду вос-
певать Бога Яакова. 11 Разобью гордыню злодеев[71], воз-
вышу праведников.

76

В этом псалме содержится пророчество о Санхериве. Когда все воины его огромного войска заснули, как убитые, и не было у них сил держать оружие в руках, таким образом все они погибли.

למנצח 1 Руководителю. На музыкальных инстру-
ментах. Псалом Асафа. Песнь. 2 Знают Бога в Иудее, в
Израиле – имя Его великое. 3 В Иерусалиме шатер Его,
в Сионе обитель Его. 4 Там навеки сломал Он стрелы
летящие, щиты и мечи, оружие боевое. 5 Ты грозный
разрушитель! Ты грознее гор неприступных. 6 Поте-
ряли разум сильные сердцем, оцепенели, опустились
руки воинов. 7 От окрика Бога Яакова замерли колес-
ницы и кони. 8 Грозен Ты! Кто устоит перед Тобою,
перед силой гнева Твоего?! 9 Ты с небес провозглаша-
ешь приговор, в страхе воистину стихает земля, 10 ког-

מֵאָז אַפֶּךָ: ט מִשָּׁמַיִם הִשְׁמַעְתָּ דִּין אֶרֶץ יָרְאָה וְשָׁקָטָה:
י בְּקוּם־לַמִּשְׁפָּט אֱלֹהִים לְהוֹשִׁיעַ כָּל־עַנְוֵי־אֶרֶץ סֶלָה:
יא כִּי־חֲמַת אָדָם תּוֹדֶךָּ שְׁאֵרִית חֵמֹת תַּחְגֹּר: יב נִדְרוּ
וְשַׁלְּמוּ לַיהוָה אֱלֹהֵיכֶם כָּל־סְבִיבָיו יֹבִילוּ שַׁי לַמּוֹרָא:
יג יִבְצֹר רוּחַ נְגִידִים נוֹרָא לְמַלְכֵי־אָרֶץ:

עז.

יום טו

א לַמְנַצֵּחַ עַל־יְדִיתוּן לְאָסָף מִזְמוֹר: ב קוֹלִי אֶל־
אֱלֹהִים וְאֶצְעָקָה קוֹלִי אֶל־אֱלֹהִים וְהַאֲזִין אֵלָי: ג בְּיוֹם
צָרָתִי אֲדֹנָי דָּרָשְׁתִּי יָדִי | לַיְלָה נִגְּרָה וְלֹא תָפוּג מֵאֲנָה
הִנָּחֵם נַפְשִׁי: ד אֶזְכְּרָה אֱלֹהִים וְאֶהֱמָיָה אָשִׂיחָה |
וְתִתְעַטֵּף רוּחִי סֶלָה: ה אָחַזְתָּ שְׁמֻרוֹת עֵינָי נִפְעַמְתִּי
וְלֹא אֲדַבֵּר: ו חִשַּׁבְתִּי יָמִים מִקֶּדֶם שְׁנוֹת עוֹלָמִים:
ז אֶזְכְּרָה נְגִינָתִי בַּלָּיְלָה עִם־לְבָבִי אָשִׂיחָה וַיְחַפֵּשׂ
רוּחִי: ח הַלְעוֹלָמִים יִזְנַח | אֲדֹנָי וְלֹא־יֹסִיף לִרְצוֹת
עוֹד: ט הֶאָפֵס לָנֶצַח חַסְדּוֹ גָּמַר אֹמֶר לְדֹר וָדֹר:
י הֲשָׁכַח חַנּוֹת אֵל אִם־קָפַץ בְּאַף רַחֲמָיו סֶלָה:
יא וָאֹמַר חַלּוֹתִי הִיא שְׁנוֹת יְמִין עֶלְיוֹן: יב אֶזְכּוֹר

да Бог приступает к суду, чтобы спасти униженных
на земле. 11 Когда принесет Тебе благодарность сосуд
человеческий, Ты починишь оставшиеся сосуды[72].
12 Принесите и исполните обеты Господу, вашему Богу,
все окружившие Его принесите дар Грозному, 13 Тому,
Кто укрощает дух властителей, грозен для царей зем-
ных.

77

День 15 למנצח 1 Руководителю. На музыкальных инстру-
ментах. Асафа псалом. 2 Во весь голос кричу к Богу, во
весь голос – к Богу, и Он услышит меня. 3 В день бедс-
твия Владыку своего ищу; страданья ночные льют-
ся не сменяясь[a], не принимает утешения душа моя.
4 Вспоминаю Бога и стенаю, пересказываю – обмира-
ет дух мой! 5 Ты застилаешь мне взор по утрам, серд-
це трепещет – не могу говорить. 6 Пересчитываю дни
прежние, годы давние. 7 Ночью пенье свое вспоминаю,
с сердцем своим беседу веду, ищет ответа дух мой:
8 неужели навек покинул Господь, не будет благово-
лить более? 9 Неужели навсегда исчезло покровитель-
ство Его, на все поколения положен конец обещанию
Его? 10 Неужели забыл Бог о милости, навеки затворил
в гневе милосердие Свое? 11 Говорю: «Убранная десни-
ца Всевышнего – это погибель моя!» 12 Вспоминаю о
деяниях Господних, помню о чудесах Твоих с времен

а. Страданья ночные льются не сменяясь… – перевод по комментарию р. Ишаяѓу из Трани. Другие варианты понимания: «Ночью опускаются руки мои» (Ибн-Джанах), «Глаза (руки) мои мокры [от слез]» (Таргум).

מַעַלְלֵי־יָהּ כִּי־אֶזְכְּרָה מִקֶּדֶם פִּלְאֶךָ: יג וְהָגִיתִי בְכָל־
פָּעֳלֶךָ וּבַעֲלִילוֹתֶיךָ אָשִׂיחָה: יד אֱלֹהִים בַּקֹּדֶשׁ דַּרְכֶּךָ
מִי־אֵל גָּדוֹל כֵּאלֹהִים: טו אַתָּה הָאֵל עֹשֵׂה פֶלֶא הוֹדַעְתָּ
בָעַמִּים עֻזֶּךָ: טז גָּאַלְתָּ בִּזְרוֹעַ עַמֶּךָ בְּנֵי־יַעֲקֹב וְיוֹסֵף
סֶלָה: יז רָאוּךָ מַּיִם | אֱלֹהִים רָאוּךָ מַּיִם יָחִילוּ אַף
יִרְגְּזוּ תְהֹמוֹת: יח זֹרְמוּ מַיִם | עָבוֹת קוֹל נָתְנוּ שְׁחָקִים
אַף־חֲצָצֶיךָ יִתְהַלָּכוּ: יט קוֹל רַעַמְךָ | בַּגַּלְגַּל הֵאִירוּ
בְרָקִים תֵּבֵל רָגְזָה וַתִּרְעַשׁ הָאָרֶץ: כ בַּיָּם דַּרְכֶּךָ
וּשְׁבִילְךָ בְּמַיִם רַבִּים וְעִקְּבוֹתֶיךָ לֹא נֹדָעוּ: כא נָחִיתָ
כַצֹּאן עַמֶּךָ בְּיַד־מֹשֶׁה וְאַהֲרֹן:

עח.

בזה המזמור מבואר כל הנסים שעשה הקדוש ברוך הוא לישראל מיציאת מצרים עד שנעשה דוד מלך על ישראל:

א מַשְׂכִּיל לְאָסָף הַאֲזִינָה עַמִּי תּוֹרָתִי הַטּוּ אָזְנְכֶם
לְאִמְרֵי־פִי: ב אֶפְתְּחָה בְמָשָׁל פִּי אַבִּיעָה חִידוֹת
מִנִּי־קֶדֶם: ג אֲשֶׁר שָׁמַעְנוּ וַנֵּדָעֵם וַאֲבוֹתֵינוּ סִפְּרוּ־לָנוּ:
ד לֹא נְכַחֵד | מִבְּנֵיהֶם לְדוֹר אַחֲרוֹן מְסַפְּרִים תְּהִלּוֹת
יְהוָה וֶעֱזוּזוֹ וְנִפְלְאֹתָיו אֲשֶׁר עָשָׂה: ה וַיָּקֶם עֵדוּת |

древних. 13 Рассказываю о всех делах Твоих, о деяниях
Твоих повествую. 14 Боже, освящен путь Твой. Величие
какой силы сравнимо с Богом?! 15 Ты та Сила, что тво-
рит чудеса, Ты народам поведал мощь Свою. 16 Воис-
тину, ты мышцей Своей спас народ Свой, потомков
Яакова и Йосефа. 17 Увидели Тебя воды, Боже, увиде-
ли Тебя воды – ужаснулись, бездны содрогнулись.
18 Излили тучи потоки вод, подали голос небеса, по-
неслись стрелы Твои. 19 Грохот грома Твоего в круге
небесном, молнии вселенную осветили, содрогнулась,
сотряслась земля. 20 В море [пролег] путь Твой, тропа
Твоя – в водах великих, а следы Твои остались неве-
домы. 21 Как стадо, вел Ты народ Свой рукою Моше и
Аарона.

78

Этот псалом рассказывает обо всех чудесах, совершённых Всевышним [для] Израиля с момента исхода из Египта до того времени, как Давид стал правителем Израиля.

משכיל 1 Учение Асафа. Прислушайся, народ, к уче-
нию моему, приклоните ухо к словам моим. Начну
эпическое повествование свое, поведаю тайны прош-
лого, 3 которые мы слышали, а потому знаем; отцы
наши рассказывали нам. 4 И мы не скроем их от сы-
новей, [чтобы] те рассказали поколению грядущему о
славе Господней, о мощи и чудесах, которые сотворил
Он. 5 Он установил закон в Яакове, дал Тору Изра-

בְּיַעֲקֹב וְתוֹרָה שָׂם בְּיִשְׂרָאֵל אֲשֶׁר צִוָּה אֶת־אֲבוֹתֵינוּ
לְהוֹדִיעָם לִבְנֵיהֶם: ו לְמַעַן יֵדְעוּ ׀ דּוֹר אַחֲרוֹן בָּנִים
יִוָּלֵדוּ יָקֻמוּ וִיסַפְּרוּ לִבְנֵיהֶם: ז וְיָשִׂימוּ בֵאלֹהִים כִּסְלָם
וְלֹא יִשְׁכְּחוּ מַעַלְלֵי־אֵל וּמִצְוֺתָיו יִנְצֹרוּ: ח וְלֹא יִהְיוּ ׀
כַּאֲבוֹתָם דּוֹר סוֹרֵר וּמֹרֶה דּוֹר לֹא־הֵכִין לִבּוֹ וְלֹא־
נֶאֶמְנָה אֶת־אֵל רוּחוֹ: ט בְּנֵי־אֶפְרַיִם נוֹשְׁקֵי רוֹמֵי־קָשֶׁת
הָפְכוּ בְּיוֹם קְרָב: י לֹא שָׁמְרוּ בְּרִית אֱלֹהִים וּבְתוֹרָתוֹ
מֵאֲנוּ לָלֶכֶת: יא וַיִּשְׁכְּחוּ עֲלִילוֹתָיו וְנִפְלְאוֹתָיו אֲשֶׁר
הֶרְאָם: יב נֶגֶד אֲבוֹתָם עָשָׂה פֶלֶא בְּאֶרֶץ מִצְרַיִם שְׂדֵה־
צֹעַן: יג בָּקַע יָם וַיַּעֲבִירֵם וַיַּצֶּב־מַיִם כְּמוֹ־נֵד: יד וַיַּנְחֵם
בֶּעָנָן יוֹמָם וְכָל־הַלַּיְלָה בְּאוֹר אֵשׁ: טו יְבַקַּע צֻרִים
בַּמִּדְבָּר וַיַּשְׁקְ כִּתְהֹמוֹת רַבָּה: טז וַיּוֹצִא נוֹזְלִים מִסָּלַע
וַיּוֹרֶד כַּנְּהָרוֹת מָיִם: יז וַיּוֹסִיפוּ עוֹד לַחֲטֹא־לוֹ לַמְרוֹת
עֶלְיוֹן בַּצִּיָּה: יח וַיְנַסּוּ־אֵל בִּלְבָבָם לִשְׁאָל־אֹכֶל לְנַפְשָׁם:
יט וַיְדַבְּרוּ בֵּאלֹהִים אָמְרוּ הֲיוּכַל אֵל לַעֲרֹךְ שֻׁלְחָן
בַּמִּדְבָּר: כ הֵן הִכָּה־צוּר וַיָּזוּבוּ מַיִם וּנְחָלִים יִשְׁטֹפוּ
הֲגַם־לֶחֶם יוּכַל תֵּת אִם־יָכִין שְׁאֵר לְעַמּוֹ: כא לָכֵן ׀

лю, повелев отцам нашим поведать ее детям своим,
6 чтобы знали они, поколение грядущее, сыновья,
которые родятся, чтобы встали они и поведали де-
тям своим, 7 чтобы возлагали на Бога упования свои,
не забывали деяний Божьих, хранили заповеди Его.
8 Чтобы не были похожи на предков своих, поколе-
ние буйное и непокорное, поколение, чье сердце не
было отдано Богу, чей дух Богу не был верен, 9 [по-
добными] сыновьям Эфраима[73], стрелкам, вооружен-
ным луками, повернувшим вспять в день битвы. 10 Не
блюли они союза с Богом, отказались следовать уче-
нию Его. 11 Забыли деяния Его, чудеса, явленные им:
12 чудо, сотворенное на глазах у предков в земле Еги-
петской, в крае Цоана[74]. 13 Рассек Он море, и провел
их, и остановил воды, как дюны. 14 Указывал им путь
[столбом] облачным днем, а всю ночь светом огня.
15 Рассек скалы в пустыне и щедро поил, как из источ-
ника неиссякаемого. 16 Исторг Он струи из скалы, вода
потекла потоками. 17 А они продолжали грешить пред
Ним, не слушаясь Всевышнего в пустыне безводной.
18 В сердце своем хотели испытать Бога, когда просили
пищи себе. 19 Роптали на Бога: «Может ли Бог накрыть
стол в пустыне?» 20 Когда ударил по скале, когда по-
текла вода, полились потоки, [спрашивали]: «Может
ли Он и хлеб дать? Приготовит ли мясо для народа
Своего?» 21 Услышав это, разгневался Господь, пламя

שָׁמַע יְהוָה וַיִּתְעַבָּר וְאֵשׁ נִשְּׂקָה בְיַעֲקֹב וְגַם־אַף עָלָה
בְיִשְׂרָאֵל: כב כִּי לֹא הֶאֱמִינוּ בֵּאלֹהִים וְלֹא בָטְחוּ
בִּישׁוּעָתוֹ: כג וַיְצַו שְׁחָקִים מִמָּעַל וְדַלְתֵי שָׁמַיִם פָּתָח:
כד וַיַּמְטֵר עֲלֵיהֶם מָן לֶאֱכֹל וּדְגַן־שָׁמַיִם נָתַן לָמוֹ:
כה לֶחֶם אַבִּירִים אָכַל אִישׁ צֵידָה שָׁלַח לָהֶם לָשֹׂבַע:
כו יַסַּע קָדִים בַּשָּׁמָיִם וַיְנַהֵג בְּעֻזּוֹ תֵימָן: כז וַיַּמְטֵר עֲלֵיהֶם
כֶּעָפָר שְׁאֵר וּכְחוֹל יַמִּים עוֹף כָּנָף: כח וַיַּפֵּל בְּקֶרֶב
מַחֲנֵהוּ סָבִיב לְמִשְׁכְּנֹתָיו: כט וַיֹּאכְלוּ וַיִּשְׂבְּעוּ מְאֹד
וְתַאֲוָתָם יָבִא לָהֶם: ל לֹא־זָרוּ מִתַּאֲוָתָם עוֹד אָכְלָם
בְּפִיהֶם: לא וְאַף אֱלֹהִים | עָלָה בָהֶם וַיַּהֲרֹג בְּמִשְׁמַנֵּיהֶם
וּבַחוּרֵי יִשְׂרָאֵל הִכְרִיעַ: לב בְּכָל־זֹאת חָטְאוּ־עוֹד וְלֹא
הֶאֱמִינוּ בְּנִפְלְאוֹתָיו: לג וַיְכַל־בַּהֶבֶל יְמֵיהֶם וּשְׁנוֹתָם
בַּבֶּהָלָה: לד אִם־הֲרָגָם וּדְרָשׁוּהוּ וְשָׁבוּ וְשִׁחֲרוּ־אֵל:
לה וַיִּזְכְּרוּ כִּי־אֱלֹהִים צוּרָם וְאֵל עֶלְיוֹן גֹּאֲלָם:
לו וַיְפַתּוּהוּ בְּפִיהֶם וּבִלְשׁוֹנָם יְכַזְּבוּ־לוֹ: לז וְלִבָּם לֹא־
נָכוֹן עִמּוֹ וְלֹא נֶאֶמְנוּ בִּבְרִיתוֹ: לח וְהוּא רַחוּם | יְכַפֵּר
עָוֹן וְלֹא יַשְׁחִית וְהִרְבָּה לְהָשִׁיב אַפּוֹ וְלֹא־יָעִיר כָּל־

поднялось на Яакова, гнев поднялся против Израиля,
22 потому что не доверяли они Богу, не уповали на спа-
сение, ниспосылаемое Им. 23 Он отдал повеление небе-
сам высшим, и двери небес растворил. 24 Излил на них
дождем манну для еды, дал им хлеб небесный. 25 Хлеб
благородных ел человек, пищи послал Он им досыта.
26 Поднял Он ветер восточный в небесах, мощью
Своей повел его к югу. 27 Просыпал на них мясо, как
песок; птиц крылатых – как песок морской, 28 разбро-
сал посреди стана, вокруг шатров. 29 И ели они, и дол-
го насыщались, удовлетворяя свое вожделение. 30 Еще
не пресытились вожделенным, еще пища была во рту,
31 а гнев Божий поднялся на них, убил лучших, отбор-
ных в Израиле поверг. 32 При всем этом снова грешили
они, не верили в чудеса Его. 33 И дни их прошли как
мираж, годы их – в страхе. 34 Если убивал их, к Не-
му обращались, устремлялись к Нему, искали Бога,
35 вспоминали, что Бог – крепость их, и Бог Всевышний –
избавитель их. 36 Но уговаривали Его только устами,
языком своим лгали Ему[a], 37 сердце же их не было
правдиво пред Ним, не были верны они союзу Его.
38 А Он, милосердный, прощал грех, не погубил, мно-
гократно отводил гнев Свой, не дал пробудиться всей
ярости Своей. 39 Помнил, что плоть они, которую по-

а. Уговаривали Его только устами, языком своим лгали – здесь открыта тайна: Всевышний отвечает даже на молитву, которая на языке, но не идет от сердца. И пророк сказал: «Возьмите слова и вернитесь к Господу» (Ѓошеа 3:14).

חֲמָתוֹ׃ לט וַיִּזְכֹּר כִּי־בָשָׂר הֵמָּה רוּחַ הוֹלֵךְ וְלֹא יָשׁוּב׃
מ כַּמָּה יַמְרוּהוּ בַמִּדְבָּר יַעֲצִיבוּהוּ בִּישִׁימוֹן׃ מא וַיָּשׁוּבוּ
וַיְנַסּוּ אֵל וּקְדוֹשׁ יִשְׂרָאֵל הִתְווּ׃ מב לֹא־זָכְרוּ אֶת־יָדוֹ
יוֹם אֲשֶׁר־פָּדָם מִנִּי־צָר׃ מג אֲשֶׁר־שָׂם בְּמִצְרַיִם
אֹתוֹתָיו וּמוֹפְתָיו בִּשְׂדֵה־צֹעַן׃ מד וַיַּהֲפֹךְ לְדָם יְאֹרֵיהֶם
וְנֹזְלֵיהֶם בַּל־יִשְׁתָּיוּן׃ מה יְשַׁלַּח בָּהֶם עָרֹב וַיֹּאכְלֵם
וּצְפַרְדֵּעַ וַתַּשְׁחִיתֵם׃ מו וַיִּתֵּן לֶחָסִיל יְבוּלָם וִיגִיעָם
לָאַרְבֶּה׃ מז יַהֲרֹג בַּבָּרָד גַּפְנָם וְשִׁקְמוֹתָם בַּחֲנָמַל׃
מח וַיַּסְגֵּר לַבָּרָד בְּעִירָם וּמִקְנֵיהֶם לָרְשָׁפִים׃ מט יְשַׁלַּח־
בָּם ׀ חֲרוֹן אַפּוֹ עֶבְרָה וָזַעַם וְצָרָה מִשְׁלַחַת מַלְאֲכֵי
רָעִים׃ נ יְפַלֵּס נָתִיב לְאַפּוֹ לֹא־חָשַׂךְ מִמָּוֶת נַפְשָׁם
וְחַיָּתָם לַדֶּבֶר הִסְגִּיר׃ נא וַיַּךְ כָּל־בְּכוֹר בְּמִצְרָיִם
רֵאשִׁית אוֹנִים בְּאָהֳלֵי־חָם׃ נב וַיַּסַּע כַּצֹּאן עַמּוֹ וַיְנַהֲגֵם
כַּעֵדֶר בַּמִּדְבָּר׃ נג וַיַּנְחֵם לָבֶטַח וְלֹא פָחָדוּ וְאֶת־
אוֹיְבֵיהֶם כִּסָּה הַיָּם׃ נד וַיְבִיאֵם אֶל־גְּבוּל קָדְשׁוֹ הַר־
זֶה קָנְתָה יְמִינוֹ׃ נה וַיְגָרֶשׁ מִפְּנֵיהֶם ׀ גּוֹיִם וַיַּפִּילֵם
בְּחֶבֶל נַחֲלָה וַיַּשְׁכֵּן בְּאָהֳלֵיהֶם שִׁבְטֵי יִשְׂרָאֵל׃

кинет дух и не вернется… 40 Сколько раз не слуша-
лись они Его в пустыне, печалили Его в [земле] не-
обитаемой! 41 Снова и снова испытывали Бога, и у
Святого Израиля просили знамений. 42 Не помнили
руки Его, дня, когда избавил Он их от притеснителя,
43 когда дал Он в Египте знамения, и чудеса Свои –
в крае Цоана: 44 превратил в кровь воду каналов, не-
возможно стало пить воду их. 45 Наслал на них диких
зверей – и те пожирали их; лягушек[75] – и они губи-
ли их. 46 Отдал акридам урожай, труд их – саранче.
47 Побил градом виноград, смоковницы их – саран-
чой[76]. 48 Предал граду скот их, и стада их – молниям.
49 Наслал на них пыл гнева Своего, ярость, негодова-
ние, и бедствие, нашествие посланцев злых. 50 Проло-
жил путь гневу Своему, не берег их от смерти, пагубе
отдал жизни их. 51 Поразил всех первенцев в Египте,
первенцев отцовской силы в шатрах Хама. 52 Он повел,
как овец, народ Свой; вел его, как стадо, в пустыню.
53 Он вел их уверенно, не боялись они, а врагов их пок-
рыло море. 54 Привел Он их к границе святой [земли]
Своей, к возвышенности, созданной десницей Его.
55 Ради них Он изгнал народы, и раздал земли в надел
им, поселив колена Израиля в их шатрах. 56 Но испыты-
вали они и не слушались Бога Всевышнего и законы
Его не соблюдали. 57 Отступили они, изменили, подобно
отцам своим, превратились в лук негодный. 58 Гневили

נו וַיְנַסּוּ וַיַּמְרוּ אֶת־אֱלֹהִים עֶלְיוֹן וְעֵדוֹתָיו לֹא שָׁמָרוּ׃
נז וַיִּסֹּגוּ וַיִּבְגְּדוּ כַּאֲבוֹתָם נֶהְפְּכוּ כְּקֶשֶׁת רְמִיָּה׃
נח וַיַּכְעִיסוּהוּ בְּבָמוֹתָם וּבִפְסִילֵיהֶם יַקְנִיאוּהוּ׃ נט שָׁמַע
אֱלֹהִים וַיִּתְעַבָּר וַיִּמְאַס מְאֹד בְּיִשְׂרָאֵל׃ ס וַיִּטֹּשׁ מִשְׁכַּן
שִׁלוֹ אֹהֶל ׀ שִׁכֵּן בָּאָדָם׃ סא וַיִּתֵּן לַשְּׁבִי עֻזּוֹ וְתִפְאַרְתּוֹ
בְיַד־צָר׃ סב וַיַּסְגֵּר לַחֶרֶב עַמּוֹ וּבְנַחֲלָתוֹ הִתְעַבָּר׃
סג בַּחוּרָיו אָכְלָה־אֵשׁ וּבְתוּלֹתָיו לֹא הוּלָּלוּ׃ סד כֹּהֲנָיו
בַּחֶרֶב נָפָלוּ וְאַלְמְנֹתָיו לֹא תִבְכֶּינָה׃ סה וַיִּקַץ כְּיָשֵׁן ׀
אֲדֹנָי כְּגִבּוֹר מִתְרוֹנֵן מִיָּיִן׃ סו וַיַּךְ צָרָיו אָחוֹר חֶרְפַּת
עוֹלָם נָתַן לָמוֹ׃ סז וַיִּמְאַס בְּאֹהֶל יוֹסֵף וּבְשֵׁבֶט
אֶפְרַיִם לֹא בָחָר׃ סח וַיִּבְחַר אֶת־שֵׁבֶט יְהוּדָה אֶת־הַר
צִיּוֹן אֲשֶׁר אָהֵב׃ סט וַיִּבֶן כְּמוֹ־רָמִים מִקְדָּשׁוֹ כְּאֶרֶץ
יְסָדָהּ לְעוֹלָם׃ ע וַיִּבְחַר בְּדָוִד עַבְדּוֹ וַיִּקָּחֵהוּ מִמִּכְלְאֹת
צֹאן׃ עא מֵאַחַר עָלוֹת הֱבִיאוֹ לִרְעוֹת בְּיַעֲקֹב עַמּוֹ
וּבְיִשְׂרָאֵל נַחֲלָתוֹ׃ עב וַיִּרְעֵם כְּתֹם לְבָבוֹ וּבִתְבוּנוֹת
כַּפָּיו יַנְחֵם׃

Его жертвенниками, приводили в негодование истука-
нами. 59 Услышал Бог и разгневался, страшно вознена-
видел Израиль. 60 Покинул Он скинию в Шило, шатер,
где обитал Он среди людей. 61 Отдал Он силу Свою
в плен, великолепие Свое – притеснителю[77], 62 пре-
дал мечу народ Свой, разгневался на наследие Свое.
63 Юношей его поглотил огонь, девушкам его не пели
[брачных] песен[а]. 64 Священники его от меча пали, и
вдовы их не оплакали. 65 И пробудился Господь, как бо-
гатырь ото сна, как богатырь, отрезвившийся от вина[б].
66 Поразил Он врагов его, заставил отступить, позору
вечному предал их. 67 И презрел Он шатер Иосефа и
колено Эфраима не избрал, 68 а избрал Он колено Иеѓу-
ды, гору Сион, которую возлюбил. 69 Выстроил, как
небеса, святилище Свое, установил его, как землю,
навеки. 70 Избрал Давида, раба Своего, взял его из за-
гонов овечьих, 71 от отар привел его, чтобы пас народ
Его, Яакова, и Израиля, наследие Свое. 72 С сердцем
беспорочным пас их, правил рукою мудрой.

а. Девушкам его не пели [брачных] песен – вариант чтения: «Девушки их не оплакали».
б. Как богатырь, отрезвившийся от вина – вариант чтения: «Как богатырь, веселый от вина» (Ишаяѓу из Трани).

עט.

זה המזמור אמר אסף להקדוש ברוך הוא על ששפך חמתו על עצים ואבנים, מ"מ אמר במר נפשו ומאונן ומקונן על החורבן הגדול ואיך הקדוש ברוך הוא התאפק במקום שישראל לא היו ראשאים לילך רק הכהן גדול ביום הכפורים לבד ועכשיו שועלים הלכו בה:

יום טז

א מִזְמוֹר לְאָסָף אֱלֹהִים בָּאוּ גוֹיִם ׀ בְּנַחֲלָתֶךָ טִמְּאוּ
אֶת־הֵיכַל קָדְשֶׁךָ שָׂמוּ אֶת־יְרוּשָׁלַםִ לְעִיִּים: ב נָתְנוּ
אֶת־נִבְלַת עֲבָדֶיךָ מַאֲכָל לְעוֹף הַשָּׁמָיִם בְּשַׂר חֲסִידֶיךָ
לְחַיְתוֹ־אָרֶץ: ג שָׁפְכוּ דָמָם ׀ כַּמַּיִם סְבִיבוֹת יְרוּשָׁלָםִ
וְאֵין קוֹבֵר: ד הָיִינוּ חֶרְפָּה לִשְׁכֵנֵינוּ לַעַג וָקֶלֶס
לִסְבִיבוֹתֵינוּ: ה עַד־מָה יְהוָה תֶּאֱנַף לָנֶצַח תִּבְעַר
כְּמוֹ־אֵשׁ קִנְאָתֶךָ: ו שְׁפֹךְ חֲמָתְךָ ׀ אֶל־הַגּוֹיִם אֲשֶׁר
לֹא־יְדָעוּךָ וְעַל־מַמְלָכוֹת אֲשֶׁר בְּשִׁמְךָ לֹא קָרָאוּ:
ז כִּי אָכַל אֶת־יַעֲקֹב וְאֶת־נָוֵהוּ הֵשַׁמּוּ: ח אַל תִּזְכָּר־
לָנוּ עֲוֺנֹת רִאשֹׁנִים מַהֵר יְקַדְּמוּנוּ רַחֲמֶיךָ כִּי דַלּוֹנוּ
מְאֹד: ט עָזְרֵנוּ ׀ אֱלֹהֵי יִשְׁעֵנוּ עַל־דְּבַר כְּבוֹד־שְׁמֶךָ
וְהַצִּילֵנוּ וְכַפֵּר עַל־חַטֹּאתֵינוּ לְמַעַן שְׁמֶךָ: י לָמָּה ׀
יֹאמְרוּ הַגּוֹיִם אַיֵּה אֱלֹהֵיהֶם יִוָּדַע בַּגּוֹיִם לְעֵינֵינוּ נִקְמַת
דַּם־עֲבָדֶיךָ הַשָּׁפוּךְ: יא תָּבוֹא לְפָנֶיךָ אֶנְקַת אָסִיר

79

В этом псалме Асаф благодарит Всевышнего за то, что Он пожалел людей, обратив свой гнев на дерево и камни (Храм). Тем не менее, Асаф горько оплакивает катастрофу и сетует на великое разрушение: как Всевышний допускает то, что место, куда лишь Первосвященнику было разрешено входить и то лишь в самый святой день в году – в Йом Кипур, сейчас в запустении и лисицы бродят там.

День 16 מזמור 1 Псалом Асафа. Боже, пришли народы в удел
Твой, осквернили Храм святой Твой, превратили Ие-
русалим в руины. 2 Отдали тела рабов Твоих на съеде-
ние птицам небесным, плоть преданных Тебе – диким
зверям. 3 Как воду лили кровь их вокруг Иерусалима,
и некому было похоронить. 4 Мы отданы соседям на
поругание, на посмеяние и посрамление окружающим
нас. 5 Доколе, Господи? Вечно ли гневаться будешь?
[Доколе] пылать огнем будет ярость Твоя? 6 Излей
ярость Свою на народы, которые не признают Тебя,
на царства, которые имени Твоего не призывают. 7 За
то, что пожрали Яакова и жилище его опустошили.
8 Не вспоминай нам прежних грехов, скорее пошли
нам милосердие, ибо мы очень унижены. 9 Помоги
нам, Бог спасения нашего, ради славы имени Твоего!
Спаси нас, прости грехи наши имени Твоего ради…
10 Зачем допускать, чтобы народы говорили: «Где Бог
их?»! На наших глазах сверши отмщение, отомсти за
пролитую кровь рабов Твоих! 11 Пусть дойдет до Тебя
стенание узника, величием силы Твоей освободи об-

כְּגֹדֶל זְרוֹעֲךָ הוֹתֵר בְּנֵי תְמוּתָה׃ יב וְהָשֵׁב לִשְׁכֵנֵינוּ
שִׁבְעָתַיִם אֶל־חֵיקָם חֶרְפָּתָם אֲשֶׁר חֵרְפוּךָ אֲדֹנָי׃
יג וַאֲנַחְנוּ עַמְּךָ | וְצֹאן מַרְעִיתֶךָ נוֹדֶה לְּךָ לְעוֹלָם לְדוֹר
וָדוֹר נְסַפֵּר תְּהִלָּתֶךָ׃

פ.

תפלה נוראה שיתקרב הקדוש ברוך הוא עצמו לישראל כמו שהיה מקדם:

א לַמְנַצֵּחַ אֶל־שֹׁשַׁנִּים עֵדוּת לְאָסָף מִזְמוֹר׃ ב רֹעֵה
יִשְׂרָאֵל | הַאֲזִינָה נֹהֵג כַּצֹּאן יוֹסֵף יֹשֵׁב הַכְּרֻבִים
הוֹפִיעָה׃ ג לִפְנֵי אֶפְרַיִם | וּבִנְיָמִן וּמְנַשֶּׁה עוֹרְרָה אֶת־
גְּבוּרָתֶךָ וּלְכָה לִישֻׁעָתָה לָּנוּ׃ ד אֱלֹהִים הֲשִׁיבֵנוּ וְהָאֵר
פָּנֶיךָ וְנִוָּשֵׁעָה׃ ה יְהוָה אֱלֹהִים צְבָאוֹת עַד־מָתַי עָשַׁנְתָּ
בִּתְפִלַּת עַמֶּךָ׃ ו הֶאֱכַלְתָּם לֶחֶם דִּמְעָה וַתַּשְׁקֵמוֹ
בִּדְמָעוֹת שָׁלִישׁ׃ ז תְּשִׂימֵנוּ מָדוֹן לִשְׁכֵנֵינוּ וְאֹיְבֵינוּ
יִלְעֲגוּ־לָמוֹ׃ ח אֱלֹהִים צְבָאוֹת הֲשִׁיבֵנוּ וְהָאֵר פָּנֶיךָ
וְנִוָּשֵׁעָה׃ ט גֶּפֶן מִמִּצְרַיִם תַּסִּיעַ תְּגָרֵשׁ גּוֹיִם וַתִּטָּעֶהָ׃
י פִּנִּיתָ לְפָנֶיהָ וַתַּשְׁרֵשׁ שָׁרָשֶׁיהָ וַתְּמַלֵּא־אָרֶץ׃ יא כָּסּוּ
הָרִים צִלָּהּ וַעֲנָפֶיהָ אַרְזֵי־אֵל׃ יב תְּשַׁלַּח קְצִירֶהָ עַד־

реченных на смерть! 12 Семикратно отплати соседям
нашим за поругания[78], которыми они поносили Тебя,
Господи! 13 А мы, народ Твой, паства Твоя, благодарить
будем Тебя из поколения в поколение, вечно рассказы-
вать о славе Твоей.

80

Приводящая в трепет молитва о том, чтобы Всевышний восстановил Свою близость к еврейскому народу, как в былые времена.

למנצח 1 Руководителю: на шестиструнной лютне.
Свидетельство. Асафа псалом. 2 Пастырь Израиля,
внемли! Ты правишь Иосифом, как стадом. Восседа-
ющий на херувимах, явись! 3 Пред Эфраимом, и Би-
ньямином, и Менаше пробуди мощь Свою! На Тебе –
спасти нас! 4 Боже, возврати нас, будь благосклонным
к нам, и мы спасемся! 5 Господь, Бог Воинств! Доколе
гневом будешь отвечать[79] на молитву народа Своего?
6 Ты кормил их хлебом слез, и слезами поил – боль-
шой мерой. 7 Ты сделал нас предметом распри между
соседями, враги усмехаются про себя. 8 Бог Воинств,
возврати нас, будь благосклонным к нам, и мы спа-
семся! 9 Ты вынес виноградную лозу из Египта; изгнав
народы, посадил ее. 10 Ты расчистил [место] для нее,
и она укоренилась, распространилась по всей стране.
11 Горы прикрыты тенью ее, кедры мощные – ее
ветвями. 12 Крона ее простираются до моря, до Ефрата –

יָם וְאֶל־נָהָר יוֹנְקוֹתֶיהָ: יג לָמָּה פָּרַצְתָּ גְדֵרֶיהָ וְאָרוּהָ
כָּל־עֹבְרֵי דָרֶךְ: יד יְכַרְסְמֶנָּה חֲזִיר מִיָּעַר וְזִיז שָׂדַי
יִרְעֶנָּה: טו אֱלֹהִים צְבָאוֹת שׁוּב נָא הַבֵּט מִשָּׁמַיִם
וּרְאֵה וּפְקֹד גֶּפֶן זֹאת: טז וְכַנָּה אֲשֶׁר־נָטְעָה יְמִינֶךָ
וְעַל־בֵּן אִמַּצְתָּה לָּךְ: יז שְׂרֻפָה בָאֵשׁ כְּסוּחָה מִגַּעֲרַת
פָּנֶיךָ יֹאבֵדוּ: יח תְּהִי־יָדְךָ עַל־אִישׁ יְמִינֶךָ עַל־בֶּן
אָדָם אִמַּצְתָּ לָּךְ: יט וְלֹא־נָסוֹג מִמֶּךָּ תְּחַיֵּנוּ וּבְשִׁמְךָ
נִקְרָא: כ יְהֹוָה אֱלֹהִים צְבָאוֹת הֲשִׁיבֵנוּ הָאֵר
פָּנֶיךָ וְנִוָּשֵׁעָה:

פא.

זה המזמור אמרו בבהי״מ בר״ה שנעשה בזה היום כמה נסים לישראל:

א לַמְנַצֵּחַ עַל־הַגִּתִּית לְאָסָף: ב הַרְנִינוּ לֵאלֹהִים
עוּזֵּנוּ הָרִיעוּ לֵאלֹהֵי יַעֲקֹב: ג שְׂאוּ־זִמְרָה וּתְנוּ־תֹף
כִּנּוֹר נָעִים עִם־נָבֶל: ד תִּקְעוּ בַחֹדֶשׁ שׁוֹפָר בַּכֵּסֶה
לְיוֹם חַגֵּנוּ: ה כִּי חֹק לְיִשְׂרָאֵל הוּא מִשְׁפָּט לֵאלֹהֵי
יַעֲקֹב: ו עֵדוּת | בִּיהוֹסֵף שָׂמוֹ בְּצֵאתוֹ עַל־אֶרֶץ
מִצְרָיִם שְׂפַת לֹא־יָדַעְתִּי אֶשְׁמָע: ז הֲסִירוֹתִי מִסֵּבֶל

עין תלויה כי רבתי

побеги ее. 13 Зачем сломал Ты ограду вокруг нее? Все
прохожие обирают ее. 14 Обгладывают ее кабаны лесные,
звери полевые объедают ее. 15 Бог Воинств, возвратись!
Взгляни с небес, посмотри, позаботься об этой лозе,
16 о побеге, посаженном десницей Твоей, о поросли,
Тобой подвязанной! 17 Сожжена огнем, обломана она
– от окрика Твоего погибают они! 18 Да будет рука
Твоя[80] над мужем, стоящим справа от Тебя, над че-
ловеком, Тобой укрепленным. 19 И мы не отступим от
Тебя; даруй нам жизнь, мы призывать будем имя Твое!
20 Господь Бог Воинств! Возврати нас, будь бла-
госклонным к нам, и мы спасемся!

81

Этот псалом пели в Святом Храме в день Рош ѓа-Шана , когда совершалось много чудесных знамений для Израиля.

למנצח 1 Руководителю: на гетской лире. Асафа.
2 Воспевайте Бога, [источника] нашей силы, трубите
в честь Бога Яакова! 3 Громче играйте, бейте в бараба-
ны; играй, сладкозвучная лира и арфа. 4 Трубите в шо-
фар при новой луне, в новолунье праздника нашего[81],
5 ибо закон это для Израиля: [день] суда Бога Яакова,
6 свидетельство для Иосефа. Когда вышел он [прави-
телем] над землей Египетской, услышал я язык мне
неведомый[82]. 7 Освободил Я плечи его от груза, руки –
от ноши. 8 Ты воззвал в бедствии, и Я спас тебя, громом

שִׁכְמוֹ כַּפָּיו מִדּוּד תַּעֲבֹרְנָה: ח בַּצָּרָה קָרָאתָ וָאֲחַלְּצֶךָּ
אֶעֶנְךָ בְּסֵתֶר רַעַם אֶבְחָנְךָ עַל־מֵי מְרִיבָה סֶלָה:
ט שְׁמַע עַמִּי וְאָעִידָה בָּךְ יִשְׂרָאֵל אִם־תִּשְׁמַע־לִי:
י לֹא־יִהְיֶה בְךָ אֵל זָר וְלֹא תִשְׁתַּחֲוֶה לְאֵל נֵכָר:
יא אָנֹכִי | יְהֹוָה אֱלֹהֶיךָ הַמַּעַלְךָ מֵאֶרֶץ מִצְרָיִם הַרְחֶב־
פִּיךָ וַאֲמַלְאֵהוּ: יב וְלֹא־שָׁמַע עַמִּי לְקוֹלִי וְיִשְׂרָאֵל לֹא־
אָבָה לִי: יג וָאֲשַׁלְּחֵהוּ בִּשְׁרִירוּת לִבָּם יֵלְכוּ
בְּמוֹעֲצוֹתֵיהֶם: יד לוּ עַמִּי שֹׁמֵעַ לִי יִשְׂרָאֵל בִּדְרָכַי
יְהַלֵּכוּ: טו כִּמְעַט אוֹיְבֵיהֶם אַכְנִיעַ וְעַל־צָרֵיהֶם אָשִׁיב
יָדִי: טז מְשַׂנְאֵי יְהֹוָה יְכַחֲשׁוּ־לוֹ וִיהִי עִתָּם לְעוֹלָם:
יז וַיַּאֲכִילֵהוּ מֵחֵלֶב חִטָּה וּמִצּוּר דְּבַשׁ אַשְׂבִּיעֶךָ:

פב.

בזה המזמור מבואר מוסר גדול על אותן הדיינים שמעוותין דין דל ויתום ונושאים פני עשירים ולוקחים שוחד ועושין עצמן כאלו לא ידעו ולא יבינו את הדין:

א מִזְמוֹר לְאָסָף אֱלֹהִים נִצָּב בַּעֲדַת־אֵל בְּקֶרֶב
אֱלֹהִים יִשְׁפֹּט: ב עַד־מָתַי תִּשְׁפְּטוּ־עָוֶל וּפְנֵי רְשָׁעִים
תִּשְׂאוּ־סֶלָה: ג שִׁפְטוּ־דַל וְיָתוֹם עָנִי וָרָשׁ הַצְדִּיקוּ:
ד פַּלְּטוּ־דַל וְאֶבְיוֹן מִיַּד רְשָׁעִים הַצִּילוּ: ה לֹא יָדְעוּ |

ответил на [призыв] тайный, воистину, испытал тебя у
вод Меривы. 9 Слушай, народ Мой! Я свидетельствую,
если Израиль будет послушен Мне, 10 если не будет у
тебя бога чужого, если не будешь ты поклоняться богу
чужеземному, 11 Я – Господь Бог твой, выведший тебя
из земли египетской, исполню все пожелания твои[83]!
12 Не был Мне послушен народ Мой, не захотел Изра-
иль слушаться Меня. 13 И Я позволил ему следовать
усмотрению собственного сердца, пусть поступают
по собственным умыслам… 14 Если бы народ был по-
слушен Мне, если бы Израиль следовал Моим путям,
15 вмиг усмирил бы Я врагов их, на притеснителей их
обрушил руку Свою. 16 Враги Господа заискивали бы
перед ними, и это продолжалось бы вечно. 17 Кормил
бы Я его отборной пшеницей, дал бы насыщаться гор-
ным медом.

82

Этот псалом глубоко осуждает судей, извращающих закон, творящих беззаконие по отношению к бедному и сироте, благоволя богатым и принимая у них взятки, при этом делая вид, что не знают и не понимают закона.

מזמור 1 Псалом Асафа. Бог присутствует в колле-
гии властной, среди судей Бог[84] вершит правосудие.
2 Доколе судить будете неправедно, давать поблажку
виновным?! 3 Даруйте суд бедному и сироте, даруйте
справедливость бедному и нищему! 4 Бедного и не-
имущего выручайте, от злодеев спасайте! 5 Не веда-

וְלֹא־יָבִינוּ בַּחֲשֵׁכָה יִתְהַלָּכוּ יִמּוֹטוּ כָּל־מוֹסְדֵי אָרֶץ׃
ו אֲנִי־אָמַרְתִּי אֱלֹהִים אַתֶּם וּבְנֵי עֶלְיוֹן כֻּלְּכֶם׃ ז אָכֵן
כְּאָדָם תְּמוּתוּן וּכְאַחַד הַשָּׂרִים תִּפֹּלוּ׃ ח קוּמָה אֱלֹהִים
שָׁפְטָה הָאָרֶץ כִּי־אַתָּה תִנְחַל בְּכָל־הַגּוֹיִם׃

פג.

תפלה על המלחמות שהיו על ישראל בימי יהושפט והיאך היו יועצין סודות על ישראל עיין בפנים:

יום יז

א שִׁיר מִזְמוֹר לְאָסָף׃ ב אֱלֹהִים אַל־דֳּמִי־לָךְ אַל־
תֶּחֱרַשׁ וְאַל־תִּשְׁקֹט אֵל׃ ג כִּי־הִנֵּה אוֹיְבֶיךָ יֶהֱמָיוּן
וּמְשַׂנְאֶיךָ נָשְׂאוּ רֹאשׁ׃ ד עַל־עַמְּךָ יַעֲרִימוּ סוֹד וְיִתְיָעֲצוּ
עַל־צְפוּנֶיךָ׃ ה אָמְרוּ לְכוּ וְנַכְחִידֵם מִגּוֹי וְלֹא־יִזָּכֵר שֵׁם־
יִשְׂרָאֵל עוֹד׃ ו כִּי נוֹעֲצוּ לֵב יַחְדָּו עָלֶיךָ בְּרִית יִכְרֹתוּ׃
ז אָהֳלֵי אֱדוֹם וְיִשְׁמְעֵאלִים מוֹאָב וְהַגְרִים׃ ח גְּבָל
וְעַמּוֹן וַעֲמָלֵק פְּלֶשֶׁת עִם־יֹשְׁבֵי צוֹר׃ ט גַּם־אַשּׁוּר
נִלְוָה עִמָּם הָיוּ זְרוֹעַ לִבְנֵי־לוֹט סֶלָה׃ י עֲשֵׂה־לָהֶם
כְּמִדְיָן כְּסִיסְרָא כְיָבִין בְּנַחַל קִישׁוֹן׃ יא נִשְׁמְדוּ בְעֵין
דֹּאר הָיוּ דֹּמֶן לָאֲדָמָה׃ יב שִׁיתֵמוֹ נְדִיבֵמוֹ כְּעֹרֵב

ют, не понимают, в потемках ходят, поколеблены все
устои земли. 6 Я уподобил вас ангелам, всех вас – сы-
новьям Всевышнего. 7 Но, как [все] люди, вы умрете,
падете, как любой сановник. 8 Встань, Боже, даруй суд
земле, ибо Ты властвуешь над всеми народами.

83

Пророческая молитва о войнах во времена Йеѓошафата, когда народы замышляли против Израиля. Смотри подробней в самом псалме.

День 17 שִׁיר 1 Песнь. Псалом Асафа. 2 Боже, не сноси этого,
не оставайся глухим, не храни спокойствия! Боже!
3 Вот, враги Твои шумят, и ненавидящие Тебя подня-
ли голову. 4 Против народа Твоего собираются, зло
замышляют, держат совет о сберегаемых Тобой.
5 Говорят: давайте истребим их из числа народов; не
оставим даже памяти об имени Израиля! 6 Приняли
единодушное решение, против Тебя заключили союз
7 шатры Эдома и исмаэлиты, Моав и агаритяне, 8 Ге-
вал и Аммон, Амалек и Пелэшэт вместе с жителями
Цора. 9 Присоединилась к ним Ассирия, поддерживает
потомков Лота[85]. 10 Поступи с ними так же, как с Мидь-
яном, как с Сисарой и Явином у ручья Кишон, 11 ист-
ребленными у Эйн-Дора, телами своими удобривши-
ми землю. 12 Поступи с их вельможами, как с Орэвом
и Зеэвом; как с Зэвахом и Цалмунной[86] – со всеми
князьями их, 13 которые говорили: «Захватим обители
Божьи». 14 Боже мой! Пусть станут перекати-полем,

וְכִזְאֵב וּכְזֶבַח וּכְצַלְמֻנָּע כָּל־נְסִיכֵמוֹ: יג אֲשֶׁר אָמְרוּ
נִירְשָׁה־לָּנוּ אֵת נְאוֹת אֱלֹהִים: יד אֱלֹהַי שִׁיתֵמוֹ כַגַּלְגַּל
כְּקַשׁ לִפְנֵי־רוּחַ: טו כְּאֵשׁ תִּבְעַר־יָעַר וּכְלֶהָבָה תְּלַהֵט
הָרִים: טז כֵּן תִּרְדְּפֵם בְּסַעֲרֶךָ וּבְסוּפָתְךָ תְבַהֲלֵם:
יז מַלֵּא פְנֵיהֶם קָלוֹן וִיבַקְשׁוּ שִׁמְךָ יְהוָה: יח יֵבֹשׁוּ
וְיִבָּהֲלוּ עֲדֵי־עַד וְיַחְפְּרוּ וְיֹאבֵדוּ: יט וְיֵדְעוּ כִּי־אַתָּה
שִׁמְךָ יְהוָה לְבַדֶּךָ עֶלְיוֹן עַל־כָּל־הָאָרֶץ:

פד.

בו מבואר תפלות ובקשות, והמשורר מאונן במר נפש ממעמקי הלב על חורבן המקדש וכמה ברכות והבטחות שיהיה בבנינו, ואשרי לגבר שיבטח שיבנה ואינו מייאש עצמו לאורך הגלות:

א לַמְנַצֵּחַ עַל־הַגִּתִּית לִבְנֵי־קֹרַח מִזְמוֹר: ב מַה
יְדִידוֹת מִשְׁכְּנוֹתֶיךָ יְהוָה צְבָאוֹת: ג נִכְסְפָה וְגַם־
כָּלְתָה ׀ נַפְשִׁי לְחַצְרוֹת יְהוָה לִבִּי וּבְשָׂרִי יְרַנְּנוּ אֶל־
אֵל חָי: ד גַּם־צִפּוֹר ׀ מָצְאָה בַיִת וּדְרוֹר ׀ קֵן* ׀ לָהּ
אֲשֶׁר־שָׁתָה אֶפְרֹחֶיהָ אֶת־מִזְבְּחוֹתֶיךָ יְהוָה צְבָאוֹת
מַלְכִּי וֵאלֹהָי: ה אַשְׁרֵי יוֹשְׁבֵי בֵיתֶךָ עוֹד יְהַלְלוּךָ
סֶּלָה: ו אַשְׁרֵי אָדָם עוֹז־לוֹ בָךְ מְסִלּוֹת בִּלְבָבָם:

соломой на ветру. 15 Как пожар сжигает лес, как пла-
мя полыхает в горах, 16 так преследуй их бурей Своей,
вихрем Своим приведи их в трепет. 17 Пусть на лицах
их отражается позор, доколе не начнут искать имени
Твоего, Господи. 18 Пусть испытывают стыд, пребы-
вают в вечном ужасе, будут обесчещены, пусть сги-
нут! 19 Пусть знают, что только Ты, чье имя Господь,
– Всевышний над всей землей!

84

Псалом содержит молитвы и прошения, псалмопевец сетует с горечью в душе из глубин своего сердца о разрушении Храма и говорит о многих благословениях и обещаниях, которые исполнятся, когда Храм будет отстроен. Счастлив тот, кто уповает на его восстановление и не отчаивается из-за длительности изгнания.

למנצח 1 Руководителю. На гетской лире. Сынов Ко-
раха. Псалом. 2 Насколько возлюблены жилища Твои,
Господь Воинств! 3 Томится душа в стремлении к дво-
рам Господа! Сердце и тело поют песнь Богу жизни!
4 Птица находит дом, воробей – гнездо, где выведет
птенцов возле жертвенника Твоего, Господь Воинств,
Царь и Бог мой. 5 Вовеки, счастлив, пребывающий в
Храме Твоем, возносящий Тебе хвалу. 6 Счастлив че-
ловек, черпающий силы в Тебе, [пролагающий] путь
[к Тебе] в сердце своем. 7 Когда проходят они долиной
слез, превращается она в родник, дождь окутывает
ее благословением. 8 Идут они от вала к валу, чтобы в
Сионе предстать перед Богом. 9 Господь Бог Воинств,

ז עֹבְרֵי | בְּעֵמֶק הַבָּכָא מַעְיָן יְשִׁיתוּהוּ גַּם־בְּרָכוֹת
יַעְטֶה מוֹרֶה׃ ח יֵלְכוּ מֵחַיִל אֶל־חָיִל יֵרָאֶה אֶל־אֱלֹהִים
בְּצִיּוֹן׃ ט יְהֹוָה אֱלֹהִים צְבָאוֹת שִׁמְעָה תְפִלָּתִי הַאֲזִינָה
אֱלֹהֵי יַעֲקֹב סֶלָה׃ י מָגִנֵּנוּ רְאֵה אֱלֹהִים וְהַבֵּט פְּנֵי
מְשִׁיחֶךָ׃ יא כִּי טוֹב־יוֹם בַּחֲצֵרֶיךָ מֵאָלֶף בָּחַרְתִּי הִסְתּוֹפֵף
בְּבֵית אֱלֹהַי מִדּוּר בְּאָהֳלֵי־רֶשַׁע׃ יב כִּי שֶׁמֶשׁ | וּמָגֵן
יְהֹוָה אֱלֹהִים חֵן וְכָבוֹד יִתֵּן יְהֹוָה לֹא יִמְנַע־טוֹב לַהֹלְכִים
בְּתָמִים׃ יג יְהֹוָה צְבָאוֹת אַשְׁרֵי אָדָם בֹּטֵחַ בָּךְ׃

פה.

בזה המזמור מבואר תפלה על אריכות הגלות המר ומתפלל לגאלנו ויקויים הבטחתו במהרה ומפני מה זה הגלות ארוך יותר מהראשונים, וכל יחיד ויחיד יתפלל אותו בצרתו:

א לַמְנַצֵּחַ לִבְנֵי־קֹרַח מִזְמוֹר׃ ב רָצִיתָ יְהֹוָה אַרְצֶךָ
שַׁבְתָּ שְׁבִית יַעֲקֹב׃ ג נָשָׂאתָ עֲוֹן עַמֶּךָ כִּסִּיתָ כָל־
חַטָּאתָם סֶלָה׃ ד אָסַפְתָּ כָל־עֶבְרָתֶךָ הֱשִׁיבוֹתָ מֵחֲרוֹן
אַפֶּךָ׃ ה שׁוּבֵנוּ אֱלֹהֵי יִשְׁעֵנוּ וְהָפֵר כַּעַסְךָ עִמָּנוּ׃
ו הַלְעוֹלָם תֶּאֱנַף־בָּנוּ תִּמְשֹׁךְ אַפְּךָ לְדֹר וָדֹר׃ ז הֲלֹא
אַתָּה תָּשׁוּב תְּחַיֵּנוּ וְעַמְּךָ יִשְׂמְחוּ־בָךְ׃ ח הַרְאֵנוּ יְהֹוָה

внемли молитве моей, услышь ее, Бог Яакова. 10 Усмо-
три нам защитника, Боже, пригляди за помазанником
Твоим! 11 Ибо один день во дворе Твоем прекрасней
тысячи! Предпочел я стоять у порога дома Божье-
го пребыванию в шатрах злодеев. 12 Ибо Господь Бог
– солнце и защита! Милость и славу дает Господь,
не лишает благ идущих в непорочности. 13 Господь
Воинств, счастлив человек, на Тебя полагающийся!

85

Этот псалом содержит молитву о тягости этого горького изгнания и о скором выполнении обещания об избавлении. Псалмопевец спрашивает, почему это изгнание дольше предыдущих. Каждый, находящийся в беде, может читать этот псалом.

למנצח 1 Руководителю. Псалом сыновей Кораха.
2 Господи, Ты помирился с землей Своей, возвратил
покой Яакову[87]. 3 Простил преступления народа Своего,
воистину извинил все грехи его. 4 Оставил
все негодование Свое, отвратил гнев Свой. 5 Возвратись
к нам, Бог, ниспосылающий нам спасение, избавь
нас от гнева Своего! 6 Вечно ли Ты будешь гневать-
ся на нас, будет ли длиться гнев Твой из поколе-
ния в поколение? 7 Разве Ты не вернешься к нам, не
оживишь нас, разве не будет народ Твой вновь ра-
доваться Тебе. 8 Сделай явным, Господи, покрови-
тельство Твое, помощь Свою даруй нам. 9 Услышать
бы, что скажет Бог, Господь. Обещает ли Он благопо-
лучие народу Своему, преданным Ему, если не воз-

חַסְדֶּךָ וְיֶשְׁעֲךָ תִּתֶּן־לָנוּ: ט אֶשְׁמְעָה מַה־יְדַבֵּר הָאֵל ׀
יְהֹוָה כִּי ׀ יְדַבֵּר שָׁלוֹם אֶל־עַמּוֹ וְאֶל־חֲסִידָיו וְאַל־יָשׁוּבוּ
לְכִסְלָה: י אַךְ קָרוֹב לִירֵאָיו יִשְׁעוֹ לִשְׁכֹּן כָּבוֹד בְּאַרְצֵנוּ:
יא חֶסֶד־וֶאֱמֶת נִפְגָּשׁוּ צֶדֶק וְשָׁלוֹם נָשָׁקוּ: יב אֱמֶת
מֵאֶרֶץ תִּצְמָח וְצֶדֶק מִשָּׁמַיִם נִשְׁקָף: יג גַּם־יְהֹוָה
יִתֵּן הַטּוֹב וְאַרְצֵנוּ תִּתֵּן יְבוּלָהּ: יד צֶדֶק לְפָנָיו יְהַלֵּךְ
וְיָשֵׂם לְדֶרֶךְ פְּעָמָיו:

פו.

כמה וכמה תפלות על צרותיו ונגד שונאיו דואג ואחיתופל וכמה תוארי שבחים להקב״ה,
וכל יחיד יכול להתפלל בעת צרותיו:

א תְּפִלָּה לְדָוִד הַטֵּה־יְהֹוָה אָזְנְךָ עֲנֵנִי כִּי־עָנִי
וְאֶבְיוֹן אָנִי: ב שָׁמְרָה נַפְשִׁי כִּי־חָסִיד אָנִי הוֹשַׁע
עַבְדְּךָ אַתָּה אֱלֹהַי הַבּוֹטֵחַ אֵלֶיךָ: ג חָנֵּנִי אֲדֹנָי כִּי
אֵלֶיךָ אֶקְרָא כָּל־הַיּוֹם: ד שַׂמֵּחַ נֶפֶשׁ עַבְדֶּךָ כִּי־אֵלֶיךָ
אֲדֹנָי נַפְשִׁי אֶשָּׂא: ה כִּי־אַתָּה אֲדֹנָי טוֹב וְסַלָּח וְרַב־
חֶסֶד לְכָל־קֹרְאֶיךָ: ו הַאֲזִינָה יְהֹוָה תְּפִלָּתִי וְהַקְשִׁיבָה
בְּקוֹל תַּחֲנוּנוֹתָי: ז בְּיוֹם צָרָתִי אֶקְרָאֶךָּ כִּי תַעֲנֵנִי:
ח אֵין־כָּמוֹךָ בָאֱלֹהִים ׀ אֲדֹנָי וְאֵין כְּמַעֲשֶׂיךָ: ט כָּל־

вратятся они к безрассудству? 10 Уже близка помощь
почитающим Его, и будет пребывать слава [Его] в
стране нашей. 11 Покровительство встретится с исти-
ной, справедливость поцелуется с благополучием.
12 Истина из земли произрастает, справедливость с
небес явится. 13 И Господь дарует благо, а земля даст
урожай. 14 Справедливость шествует перед Ним, про-
кладывает дорогу Ему.

86

Этот псалом содержит много молитв в связи с бедами Давида и с его ненавистниками Доэгом и Ахитофелем. Он также содержит много восхвалений Всевышнего. И каждый, находящийся в беде, может произносить этот псалом.

תפלה 1 Молитва Давида. Приклони, Господи, ухо
Свое, ответь мне, ибо я несчастен и беден. 2 Охрани
меня, ведь я предан Тебе. Боже мой, спаси раба Своего,
на Тебя полагающегося! 3 Пожалей меня, Господи, ведь
к Тебе весь день взываю я. 4 Обрадуй душу раба Твоего,
ведь к Тебе, Господи, возношу душу свою. 5 Ибо Ты,
Господи, даруешь добро и прощение, множество благо-
деяний всем обращающимся к Тебе. 6 Внемли, Господи,
молитве моей, прислушайся к мольбе моей! 7 В час
бедствия Тебя призываю, [в надежде], что Ты отве-
тишь мне. 8 Владыка мой, нет подобного Тебе среди
божеств, нет деяний, сравнимых с Твоими. 9 Да при-
дут все сотворенные Тобой народы, и преклонятся

גּוֹיִם ׀ אֲשֶׁר עָשִׂיתָ יָבוֹאוּ ׀ וְיִשְׁתַּחֲווּ לְפָנֶיךָ אֲדֹנָי וִיכַבְּדוּ
לִשְׁמֶךָ׃ י כִּי־גָדוֹל אַתָּה וְעֹשֵׂה נִפְלָאוֹת אַתָּה אֱלֹהִים
לְבַדֶּךָ׃ יא הוֹרֵנִי יְהוָה ׀ דַּרְכֶּךָ אֲהַלֵּךְ בַּאֲמִתֶּךָ יַחֵד
לְבָבִי לְיִרְאָה שְׁמֶךָ׃ יב אוֹדְךָ ׀ אֲדֹנָי אֱלֹהַי בְּכָל־
לְבָבִי וַאֲכַבְּדָה שִׁמְךָ לְעוֹלָם׃ יג כִּי־חַסְדְּךָ גָּדוֹל עָלָי
וְהִצַּלְתָּ נַפְשִׁי מִשְּׁאוֹל תַּחְתִּיָּה׃ יד אֱלֹהִים ׀ זֵדִים קָמוּ
עָלַי וַעֲדַת עָרִיצִים בִּקְשׁוּ נַפְשִׁי וְלֹא שָׂמוּךָ לְנֶגְדָּם׃
טו וְאַתָּה אֲדֹנָי אֵל־רַחוּם וְחַנּוּן אֶרֶךְ אַפַּיִם וְרַב־חֶסֶד
וֶאֱמֶת׃ טז פְּנֵה אֵלַי וְחָנֵּנִי תְּנָה־עֻזְּךָ לְעַבְדֶּךָ וְהוֹשִׁיעָה
לְבֶן־אֲמָתֶךָ׃ יז עֲשֵׂה־עִמִּי אוֹת לְטוֹבָה וְיִרְאוּ שֹׂנְאַי
וְיֵבֹשׁוּ כִּי־אַתָּה יְהוָה עֲזַרְתַּנִי וְנִחַמְתָּנִי׃

פז.

מזמור זה נתיסד לאמרו בבה"מ ומשבח כבוד ירושלים והיאך מגדל חכמים רבים וגדולים בעלי שם ואנשי מעשה וכמה טובות לעתיד לבוא:

א לִבְנֵי־קֹרַח מִזְמוֹר שִׁיר יְסוּדָתוֹ בְּהַרְרֵי־קֹדֶשׁ׃
ב אֹהֵב יְהוָה שַׁעֲרֵי צִיּוֹן מִכֹּל מִשְׁכְּנוֹת יַעֲקֹב׃ ג נִכְבָּדוֹת
מְדֻבָּר בָּךְ עִיר הָאֱלֹהִים סֶלָה׃ ד אַזְכִּיר ׀ רַהַב וּבָבֶל
לְיֹדְעָי הִנֵּה פְלֶשֶׁת וְצוֹר עִם־כּוּשׁ זֶה יֻלַּד־שָׁם׃

пред Тобой, Владыка мой, начнут почитать имя Твое!
10 Только Ты велик и только Ты творишь чудеса, только
Ты – Бог. 11 Укажи мне, Господи, путь Твой, путь ис-
тины, по которому идти мне, дай мне всем сердцем
почитать имя Твое. 12 От всего сердца вознесу хвалы
Тебе, Владыка мой, Бог мой, имя Твое славить буду
вечно, 13 за великое покровительство Твое, за то, что
Ты спас душу мою от глубин преисподней. 14 Боже,
враги восстали против меня, сборище притесните-
лей ищет души моей, Тебя они ни во что не ставят.
15 Но Ты, Владыка мой, Бог милостивый и милосерд-
ный, долготерпеливый, чьи истина и покровительство
безмерны, 16 обратись ко мне, пожалей меня, дай силу
рабу Своему, помоги сыну рабы Твоей… 17 Пошли мне
благое знамение. Пусть устыдятся враги, увидев, что
Ты, Господь, помог мне и утешил меня.

87

Псалом, составленный для произнесения в Святом Храме. Превозносит славу Иерусалима, города многих великих мудрецов, известных личностей и благородных людей. Псалом также говорит о благах, приготовленных ему в грядущем времени.

לבני 1 Сыновей Кораха. Псалом. Песнь, воздвиг-
нутая на горах святых. 2 Врата Сиона Господь любит
больше всех обителей Яакова. 3 Воистину, с почтением
говорят о тебе, град Божий навеки. 4 Напомню Раѓа-
ву (Египету) и Вавилону о тех, кто знает Меня; также

ה וּלְצִיּוֹן ׀ יֵאָמַר אִישׁ וְאִישׁ יֻלַּד־בָּהּ וְהוּא יְכוֹנְנֶהָ
עֶלְיוֹן׃ ו יְהֹוָה יִסְפֹּר בִּכְתוֹב עַמִּים זֶה יֻלַּד־שָׁם סֶלָה׃
ז וְשָׁרִים כְּחֹלְלִים כָּל־מַעְיָנַי בָּךְ׃

פח.

המשורר מאונן ומקונן בהספד מר על החלאים והיסורים שסובלין ישראל בגלות ומזכיר הכל בפרטות:

יום יח

א שִׁיר מִזְמוֹר לִבְנֵי־קֹרַח לַמְנַצֵּחַ עַל־מָחֲלַת לְעַנּוֹת
מַשְׂכִּיל לְהֵימָן הָאֶזְרָחִי׃ ב יְהֹוָה אֱלֹהֵי יְשׁוּעָתִי יוֹם־
צָעַקְתִּי בַלַּיְלָה נֶגְדֶּךָ׃ ג תָּבוֹא לְפָנֶיךָ תְּפִלָּתִי הַטֵּה
אָזְנְךָ לְרִנָּתִי׃ ד כִּי־שָׂבְעָה בְרָעוֹת נַפְשִׁי וְחַיַּי לִשְׁאוֹל
הִגִּיעוּ׃ ה נֶחְשַׁבְתִּי עִם־יוֹרְדֵי בוֹר הָיִיתִי כְּגֶבֶר אֵין־
אֱיָל׃ ו בַּמֵּתִים חָפְשִׁי כְּמוֹ חֲלָלִים ׀ שֹׁכְבֵי קֶבֶר אֲשֶׁר
לֹא־זְכַרְתָּם עוֹד וְהֵמָּה מִיָּדְךָ נִגְזָרוּ׃ ז שַׁתַּנִי בְּבוֹר
תַּחְתִּיּוֹת בְּמַחֲשַׁכִּים בִּמְצֹלוֹת׃ ח עָלַי סָמְכָה חֲמָתֶךָ
וְכָל־מִשְׁבָּרֶיךָ עִנִּיתָ סֶּלָה׃ ט הִרְחַקְתָּ מְיֻדָּעַי מִמֶּנִּי
שַׁתַּנִי תוֹעֵבוֹת לָמוֹ כָּלֻא וְלֹא אֵצֵא׃ י עֵינִי דָאֲבָה
מִנִּי־עֹנִי קְרָאתִיךָ יְהֹוָה בְּכָל־יוֹם שִׁטַּחְתִּי אֵלֶיךָ כַפָּי׃
יא הֲלַמֵּתִים תַּעֲשֶׂה־פֶּלֶא אִם־רְפָאִים יָקוּמוּ יוֹדוּךָ סֶּלָה׃

Филистии, Цору и Кушу о том, что этот родился там.
5 А о Сионе будет сказано каждым родившимся в нем,
что он стоит превыше всех. Он, Всевышний, укрепля-
ет его. 6 Веками Господь записывает в списке народов:
«Такой-то родился там». 7 Певцы и музыканты – все
мои источники в тебе!

88

Псалмопевец горько сетует и оплакивает страдания и недуги, испытываемые Израилем во время изгнания, и детально их описывает.

День 18 **שיר** 1 Песнь. Псалом сыновей Кораха. Руководите-
лю: о болезни и страдании. Учение Эмана Эзрахи.
2 Господь, Бог, ниспосылающий мне спасение! В час,
когда я ночью взываю к Тебе, 3 пусть дойдет до Тебя
молитва моя! Приклони ухо к зову моему! 4 Ибо душа
моя преисполнена горестями, жизнь моя подошла к
преисподней. 5 Причислен я к числу покойных, всех
сил лишенных. 6 От всего свободный, как мертве-
цы, как трупы, в могилах покоящиеся, о которых Ты
больше не вспоминаешь, которые от руки Твоей отри-
нуты[a]. 7 Ты отправил меня в пропасть преисподней, во
мрак и бездну. 8 Давит на меня гнев Твой, воистину,
волнами поднимается на меня. 9 Ты удалил от меня
друзей, Ты сделал меня омерзительным для них; уз-
ник я без права выхода. 10 Глаза сохнут от страданий,
все время зову Тебя, Господи, руки к Тебе простираю.
11 Разве для мертвых творишь Ты чудеса? Разве встают

а. От руки Твоей отринуты – так у многих комментаторов. Например: «Мертвые земных страданий не имут» (Ибн Яхъя). Другое понимание: «Рукой Твоей отринутые (убитые)» (Сфорно и др.).

יב הַיְסֻפַּר בַּקֶּבֶר חַסְדֶּךָ אֱמוּנָתְךָ בָּאֲבַדּוֹן: יג הֲיִוָּדַע
בַּחֹשֶׁךְ פִּלְאֶךָ וְצִדְקָתְךָ בְּאֶרֶץ נְשִׁיָּה: יד וַאֲנִי | אֵלֶיךָ
יְהֹוָה שִׁוַּעְתִּי וּבַבֹּקֶר תְּפִלָּתִי תְקַדְּמֶךָּ: טו לָמָה יְהֹוָה
תִּזְנַח נַפְשִׁי תַּסְתִּיר פָּנֶיךָ מִמֶּנִּי: טז עָנִי אֲנִי וְגֹוֵעַ
מִנֹּעַר נָשָׂאתִי אֵמֶיךָ אָפוּנָה: יז עָלַי עָבְרוּ חֲרוֹנֶיךָ
בִּעוּתֶיךָ צִמְּתוּתֻנִי: יח סַבּוּנִי כַמַּיִם כָּל־הַיּוֹם הִקִּיפוּ
עָלַי יָחַד: יט הִרְחַקְתָּ מִמֶּנִּי אֹהֵב וָרֵעַ מְיֻדָּעַי מַחְשָׁךְ:

פט.

זה המזמור נאמרה על מלכות בית דוד והמשורר היה מקונן על מלכות בית דוד שיהיה בטל ממנו כמה וכמה שנים וזנח ומאס אותנו:

א מַשְׂכִּיל לְאֵיתָן הָאֶזְרָחִי: ב חַסְדֵי יְהֹוָה עוֹלָם
אָשִׁירָה לְדֹר וָדֹר | אוֹדִיעַ אֱמוּנָתְךָ בְּפִי: ג כִּי־אָמַרְתִּי
עוֹלָם חֶסֶד יִבָּנֶה שָׁמַיִם | תָּכִן אֱמוּנָתְךָ בָהֶם: ד כָּרַתִּי
בְרִית לִבְחִירִי נִשְׁבַּעְתִּי לְדָוִד עַבְדִּי: ה עַד־עוֹלָם
אָכִין זַרְעֶךָ וּבָנִיתִי לְדֹר־וָדוֹר כִּסְאֲךָ סֶלָה: ו וְיוֹדוּ
שָׁמַיִם פִּלְאֲךָ יְהֹוָה אַף־אֱמוּנָתְךָ בִּקְהַל קְדֹשִׁים:
ז כִּי מִי בַשַּׁחַק יַעֲרֹךְ לַיהֹוָה יִדְמֶה לַיהֹוָה בִּבְנֵי אֵלִים:
ח אֵל נַעֲרָץ בְּסוֹד־קְדֹשִׁים רַבָּה וְנוֹרָא עַל־כָּל־סְבִיבָיו:

усопшие, чтобы славить Тебя?
12 Разве рассказывают в могиле о покровительстве Твоем, о верности Твоей – в преисподней?
13 Разве во мраке ведут повествование о чудесах Твоих, о справедливости Твоей – в стране забвения?
14 Я же к Тебе, Господи, взываю, поутру молитва моя предстает пред Тобой.
15 Почему же, Господи, Ты пренебрегаешь душой моей, скрываешь от меня лик Свой?
16 С юности страдаю я, умираю, непрерывно сношу ужасы, Тобой ниспосылаемые!
17 На меня обрушивается ярость Твоя, страдания уничтожают меня.
18 Как вода, окружают меня все время, обступили меня стеною.
19 Ты удалил от меня приятелей и друзей, только тьма в дружбе со мной.

89

Этот псалом говорит о царстве Давида, псалмопевец оплакивает будущее падение его власти на многие годы и то, что Всевышний оставит нас и будет брезговать нами.

משכיל
1 Учение Эйтана Эзрахи.
2 Покровительство Господне вечно воспевать буду, из рода в род рассказ о верности Твоей будет на моих устах.
3 Думал я: покровительство отстроено на века[88], небеса Ты утвердил на верности Своей.
4 «Заключил Я союз с избранным Своим, поклялся Давиду, рабу Моему:
5 навек утвержу потомство твое, воистину, на все поколения отстрою престол твой!»
6 Небеса восхвалили бы чудеса Твои, Господи, и верность Твою – сонм святых.
7 Ибо кто на небесах сравнится с Господом, кто

ט יְהֹוָ֤ה ׀ אֱלֹהֵ֣י צְבָא֗וֹת מִֽי־כָמ֥וֹךָ חֲסִ֣ין ׀ יָ֑הּ וֶ֝אֱמוּנָתְךָ֗
סְבִיבוֹתֶֽיךָ׃ י אַתָּ֣ה מ֭וֹשֵׁל בְּגֵא֣וּת הַיָּ֑ם בְּשׂ֥וֹא גַ֝לָּ֗יו
אַתָּ֥ה תְשַׁבְּחֵֽם׃ יא אַתָּ֤ה דִכִּ֣אתָ כֶחָלָ֣ל רָ֑הַב בִּזְר֥וֹעַ
עֻ֝זְּךָ֗ פִּזַּ֥רְתָּ אוֹיְבֶֽיךָ׃ יב לְךָ֣ שָׁ֭מַיִם אַף־לְךָ֣ אָ֑רֶץ תֵּ֥בֵל
וּ֝מְלֹאָ֗הּ אַתָּ֥ה יְסַדְתָּֽם׃ יג צָפ֣וֹן וְ֭יָמִין אַתָּ֣ה בְרָאתָ֑ם
תָּב֥וֹר וְ֝חֶרְמ֗וֹן בְּשִׁמְךָ֥ יְרַנֵּֽנוּ׃ יד לְךָ֣ זְ֭רוֹעַ עִם־גְּבוּרָ֑ה
תָּעֹ֥ז יָ֝דְךָ֗ תָּר֥וּם יְמִינֶֽךָ׃ טו צֶ֣דֶק וּ֭מִשְׁפָּט מְכ֣וֹן כִּסְאֶ֑ךָ
חֶ֥סֶד וֶ֝אֱמֶ֗ת יְקַדְּמ֥וּ פָנֶֽיךָ׃ טז אַשְׁרֵ֣י הָ֭עָם יֹדְעֵ֣י תְרוּעָ֑ה
יְ֝הֹוָ֗ה בְּֽאוֹר־פָּנֶ֥יךָ יְהַלֵּכֽוּן׃ יז בְּ֭שִׁמְךָ יְגִיל֣וּן כָּל־הַיּ֑וֹם
וּבְצִדְקָתְךָ֥ יָרֽוּמוּ׃ יח כִּֽי־תִפְאֶ֣רֶת עֻזָּ֣מוֹ אָ֑תָּה וּ֝בִרְצוֹנְךָ֗
תָּר֥וּם קַרְנֵֽנוּ׃ יט כִּ֣י לַ֭יהֹוָה מָגִנֵּ֑נוּ וְלִקְד֖וֹשׁ יִשְׂרָאֵ֣ל
מַלְכֵּֽנוּ׃ כ אָ֤ז דִּבַּ֥רְתָּ־בְחָז֡וֹן לַחֲסִידֶ֗יךָ וַתֹּ֗אמֶר שִׁוִּ֣יתִי
עֵ֭זֶר עַל־גִּבּ֑וֹר הֲרִימ֖וֹתִי בָח֣וּר מֵעָֽם׃ כא מָ֭צָאתִי דָּוִ֣ד
עַבְדִּ֑י בְּשֶׁ֖מֶן קָדְשִׁ֣י מְשַׁחְתִּֽיו׃ כב אֲשֶׁ֣ר יָ֭דִי תִּכּ֣וֹן עִמּ֑וֹ
אַף־זְרוֹעִ֥י תְאַמְּצֶֽנּוּ׃ כג לֹא־יַשִּׁ֣א אוֹיֵ֣ב בּ֑וֹ וּבֶן־עַ֝וְלָ֗ה
לֹ֣א יְעַנֶּֽנּוּ׃ כד וְכַתּוֹתִ֣י מִפָּנָ֣יו צָרָ֑יו וּמְשַׂנְאָ֥יו אֶגּֽוֹף׃
כה וֶאֱמוּנָתִ֣י וְחַסְדִּ֣י עִמּ֑וֹ וּ֝בִשְׁמִ֗י תָּר֥וּם קַרְנֽוֹ׃ כו וְשַׂמְתִּ֣י

Господу уподобится из могущественных? 8 Страшатся
Бога в многочисленном сонме святых, грозен Он для
всех окружающих Его. 9 Господь, Бог Воинств! Кто из
Твоего окружения силен, как Ты, Господи? Чья верность
сравнима с Твоей? 10 Ты властвуешь над взметнувшим-
ся морем; укрощаешь вздыбленные волны его. 11 Ты до
смерти поразил Раѓава (Египет)[89]; рукою сильной рас-
сеял врагов Своих. 12 Тебе небо и Тебе земля; Ты создал
вселенную и все, что наполняет ее. 13 Ты создал север
и юг, Тавор и Хермон[90] радуются имени Твоему. 14 Тебе
сила и мощь; крепка рука Твоя, поднята десница Твоя.
15 Справедливость и правосудие – основание престо-
ла Твоего, милость и истина предстоят перед Тобой.
16 Счастлив народ, изведавший трубление, идущий
осиянный ликом Твоим, Господи. 17 Имени Твоему ра-
дуются они постоянно, возвышаются справедливос-
тью Твоей. 18 Ибо Ты – венец силы их, по благоволению
Твоему мы возвышены. 19 Господь – щит наш, Святой
Израиля – царь наш. 20 Когда-то в пророческом виде-
нии о преданных Тебе Ты сказал: «Обещал Я помощь
герою, избранного из народа возвысил! 21 Отыскал Я
Давида, раба Моего, и маслом священным помазал его
22 в знак того, что с ним пребудет рука Моя, и мышца
Моя ему силу даст. 23 Не разгромит его враг, злодей не
причинит страданий. 24 Сокрушу притеснителей его,
ненавистников заставлю отступить. 25 С ним пребудут
верность и покровительство Мои, и именем Моим
возвышен он будет. 26 Позволю ему на море наложить

בַּיָּם יָדוֹ וּבַנְּהָרוֹת יְמִינוֹ: כז הוּא יִקְרָאֵנִי אָבִי אָתָּה
אֵלִי וְצוּר יְשׁוּעָתִי: כח אַף־אָנִי בְּכוֹר אֶתְּנֵהוּ עֶלְיוֹן
לְמַלְכֵי־אָרֶץ: כט לְעוֹלָם אֶשְׁמָר־לוֹ חַסְדִּי וּבְרִיתִי
נֶאֱמֶנֶת לוֹ: ל וְשַׂמְתִּי לָעַד זַרְעוֹ וְכִסְאוֹ כִּימֵי שָׁמָיִם:
לא אִם־יַעַזְבוּ בָנָיו תּוֹרָתִי וּבְמִשְׁפָּטַי לֹא יֵלֵכוּן: לב אִם־
חֻקֹּתַי יְחַלֵּלוּ וּמִצְוֺתַי לֹא יִשְׁמֹרוּ: לג וּפָקַדְתִּי בְשֵׁבֶט
פִּשְׁעָם וּבִנְגָעִים עֲוֺנָם: לד וְחַסְדִּי לֹא־אָפִיר מֵעִמּוֹ וְלֹא
אֲשַׁקֵּר בֶּאֱמוּנָתִי: לה לֹא־אֲחַלֵּל בְּרִיתִי וּמוֹצָא שְׂפָתַי
לֹא אֲשַׁנֶּה: לו אַחַת נִשְׁבַּעְתִּי בְקָדְשִׁי אִם־לְדָוִד אֲכַזֵּב:
לז זַרְעוֹ לְעוֹלָם יִהְיֶה וְכִסְאוֹ כַשֶּׁמֶשׁ נֶגְדִּי: לח כְּיָרֵחַ
יִכּוֹן עוֹלָם וְעֵד בַּשַּׁחַק נֶאֱמָן סֶלָה: לט וְאַתָּה זָנַחְתָּ
וַתִּמְאָס הִתְעַבַּרְתָּ עִם־מְשִׁיחֶךָ: מ נֵאַרְתָּה בְּרִית עַבְדֶּךָ
חִלַּלְתָּ לָאָרֶץ נִזְרוֹ: מא פָּרַצְתָּ כָל־גְּדֵרֹתָיו שַׂמְתָּ
מִבְצָרָיו מְחִתָּה: מב שַׁסֻּהוּ כָּל־עֹבְרֵי דָרֶךְ הָיָה חֶרְפָּה
לִשְׁכֵנָיו: מג הֲרִימוֹתָ יְמִין צָרָיו הִשְׂמַחְתָּ כָּל־אוֹיְבָיו:
מד אַף־תָּשִׁיב צוּר חַרְבּוֹ וְלֹא הֲקֵמֹתוֹ בַּמִּלְחָמָה:
מה הִשְׁבַּתָּ מִטְּהָרוֹ וְכִסְאוֹ לָאָרֶץ מִגַּרְתָּה: מו הִקְצַרְתָּ

руку, на реки – десницу его. 27 Он будет звать Меня:
«Отец мой», «Бог мой» и «Оплот спасения моего».
28 Я же первенцем поставлю его, высшим из царей
земных. 29 Навек сохраню покровительство ему и союз
Мой с ним нерушимый. 30 Династия его будет вечной,
и престол его – как дни неба. 31 Если оставят его сыно-
вья Учение Мое и не будут следовать законам Моим,
32 если осквернят постановления Мои и заповеди Мои
соблюдать не будут, 33 бичом накажу за грехи их, яз-
вами – за преступления. 34 Но покровительства Своего
не отниму у него и не изменю верности Моей.
35 Не нарушу союза Своего и сошедшего с уст Моих не
изменю. 36 Однозначно поклялся Я святостью Своей,
Давиду не солгу Я: 37 династия его будет вечной, и
престол его предо Мною, как солнце, 38 утверждено
навеки, как луна. «Воистину, она свидетельство тому
верное на небесах». 39 Вот Ты оставил, отринул, про-
гневался на помазанника Своего. 40 Ты упразднил союз
с рабом Своим, осквернил помазание его, сбросил
венец его на землю. 41 Ты разрушил все пограничные
укрепления, крепости его превратил в развалины.
42 Все прохожие грабят его, и стал он посмешищем
для соседей. 43 Ты позволил притеснителям поднять
руку на него, всех врагов его обрадовал. 44 Ты обра-
тил назад острие меча его, не дал ему устоять в битве.
45 Ты отнял блеск его, и престол его на землю поверг.
46 Ты сократил дни юности его, воистину стыдом об-
лек его. 47 Доколе, Господи? Вечно ли скрываться бу-

יְמֵי עֲלוּמָיו הֶעֱטִיתָ עָלָיו בּוּשָׁה סֶלָה: מז עַד־מָה
יְהוָה תִּסָּתֵר לָנֶצַח תִּבְעַר כְּמוֹ־אֵשׁ חֲמָתֶךָ: מח זְכָר־
אֲנִי מֶה־חָלֶד עַל־מַה־שָּׁוְא בָּרָאתָ כָל־בְּנֵי־אָדָם: מט מִי
גֶבֶר יִחְיֶה וְלֹא יִרְאֶה־מָּוֶת יְמַלֵּט נַפְשׁוֹ מִיַּד־שְׁאוֹל
סֶלָה: נ אַיֵּה | חֲסָדֶיךָ הָרִאשֹׁנִים | אֲדֹנָי נִשְׁבַּעְתָּ לְדָוִד
בֶּאֱמוּנָתֶךָ: נא זְכֹר אֲדֹנָי חֶרְפַּת עֲבָדֶיךָ שְׂאֵתִי בְחֵיקִי
כָּל־רַבִּים עַמִּים: נב אֲשֶׁר חֵרְפוּ אוֹיְבֶיךָ | יְהוָה אֲשֶׁר
חֵרְפוּ עִקְּבוֹת מְשִׁיחֶךָ: נג בָּרוּךְ יְהוָה לְעוֹלָם
אָמֵן | וְאָמֵן:

ספר רביעי

ליום חמישי

צ.

תפלה זו מצאה דוד כתובה כך והיתה קבלה אצלו שמשה רבינו אמרה ויסדה בספרו ומדבר מוסרים גדולים מקוצר ימיו של אדם ומעורר אדם לתשובה בפרטות שלא יתגאה בזה העולם:

יום יט

א תְּפִלָּה לְמֹשֶׁה אִישׁ־הָאֱלֹהִים אֲדֹנָי מָעוֹן אַתָּה
הָיִיתָ לָּנוּ בְּדֹר וָדֹר: ב בְּטֶרֶם | הָרִים יֻלָּדוּ וַתְּחוֹלֵל
אֶרֶץ וְתֵבֵל וּמֵעוֹלָם עַד־עוֹלָם אַתָּה אֵל: ג תָּשֵׁב
אֱנוֹשׁ עַד־דַּכָּא וַתֹּאמֶר שׁוּבוּ בְנֵי־אָדָם: ד כִּי אֶלֶף

дешь? [Доколе] огнем пылать будет ярость Твоя?
48 Вспомни [краткость] дней жизни моей! Насколь-
ко ничтожными создал Ты всех сынов человеческих!
49 Кто из живых не увидит смерти, неужели кто-то спа-
сет душу свою от преисподней? 50 Где Твое прежнее
покровительство, Владыка мой, о котором Ты клялся
Давиду верностью Своей? 51 Вспомни, Владыка мой,
о поругании рабов Твоих, что сносим мы от всех на-
родов многочисленных, 52 которым бесчестят враги
Твои, Господи, которым бесчестят пути помазанника
Твоего! 53 Благословен Господь вовеки. Амен и амен!

КНИГА ЧЕТВЕРТАЯ

ЧЕТВЕРГ

90

Эту молитву Давид нашёл написанной – и получил традицию, приписывающую этот псалом Моисею, и включил её в свою книгу псалмов. Молитва содержит великие нравоучения о краткости человеческой жизни и побуждает человека к раскаянию, в частности, чтобы он избегал гордыни в этом мире.

День 19 תפלה 1 Молитва Моше, человека Божьего. Владыка,
пристанищем Ты был нам из поколения в поколение.
2 Еще когда не родились горы, еще когда Ты не сотво-
рил землю и Вселенную – издавна Ты был и навеки
будешь Вседержителем! 3 Ты возвращаешь человека в
прах[a], когда призываешь: «Вернитесь, сыны челове-
ческие». 4 Тысяча лет для Тебя – как вчерашний день,
как прошедшая стража ночная. 5 Уносит их потоком,
проходят, как сон, как трава, к утру сменяемая – 6 утром

a. Ты возвращаешь человека в прах – перевод по комментарию Радака. Другое чтение: «Ты доводишь человека до отчаяния и говоришь: “Раскайтесь, сыны человеческие”» (Руах Хаим).

שְׁנִים בְּעֵינֶיךָ כְּיוֹם אֶתְמוֹל כִּי יַעֲבֹר וְאַשְׁמוּרָה בַלָּיְלָה׃
ה זְרַמְתָּם שֵׁנָה יִהְיוּ בַּבֹּקֶר כֶּחָצִיר יַחֲלֹף׃ ו בַּבֹּקֶר
יָצִיץ וְחָלָף לָעֶרֶב יְמוֹלֵל וְיָבֵשׁ׃ ז כִּי־כָלִינוּ בְאַפֶּךָ
וּבַחֲמָתְךָ נִבְהָלְנוּ׃ ח שַׁתָּה עֲוֹנֹתֵינוּ לְנֶגְדֶּךָ עֲלֻמֵנוּ לִמְאוֹר
פָּנֶיךָ׃ ט כִּי כָל־יָמֵינוּ פָּנוּ בְעֶבְרָתֶךָ כִּלִּינוּ שָׁנֵינוּ כְמוֹ־
הֶגֶה׃ י יְמֵי־שְׁנוֹתֵינוּ | בָהֶם שִׁבְעִים שָׁנָה וְאִם בִּגְבוּרֹת
שְׁמוֹנִים שָׁנָה וְרָהְבָּם עָמָל וָאָוֶן כִּי־גָז חִישׁ וַנָּעֻפָה׃
יא מִי־יוֹדֵעַ עֹז אַפֶּךָ וּכְיִרְאָתְךָ עֶבְרָתֶךָ׃ יב לִמְנוֹת
יָמֵינוּ כֵּן הוֹדַע וְנָבִא לְבַב חָכְמָה׃ יג שׁוּבָה יְהוָה
עַד־מָתָי וְהִנָּחֵם עַל־עֲבָדֶיךָ׃ יד שַׂבְּעֵנוּ בַבֹּקֶר חַסְדֶּךָ
וּנְרַנְּנָה וְנִשְׂמְחָה בְּכָל־יָמֵינוּ׃ טו שַׂמְּחֵנוּ כִּימוֹת עִנִּיתָנוּ
שְׁנוֹת רָאִינוּ רָעָה׃ טז יֵרָאֶה אֶל־עֲבָדֶיךָ פָעֳלֶךָ
וַהֲדָרְךָ עַל־בְּנֵיהֶם׃ יז וִיהִי | נֹעַם אֲדֹנָי אֱלֹהֵינוּ עָלֵינוּ
וּמַעֲשֵׂה יָדֵינוּ כּוֹנְנָה עָלֵינוּ וּמַעֲשֵׂה יָדֵינוּ כּוֹנְנֵהוּ׃

צא.

זה המזמור הוא לעורר לב העם לחסות תחת כנפי שכינה. גם בו ענין ארבעה תקופות ומי הם אשר מושלים עליהם וכל שומר נפשו ירחק מהם:

א יֹשֵׁב בְּסֵתֶר עֶלְיוֹן בְּצֵל שַׁדַּי יִתְלוֹנָן׃ ב אֹמַר

вырастает, а к вечеру уже исчезла, увяла, засохла…
7 Так и мы исчезаем в гневе Твоем, трясемся под яро-
стью Твоей. 8 Ты ставишь грехи наши перед Собой,
тайны наши – под свет лика Своего. 9 Все наши дни
уходят пред гневом Твоим, прошли наши годы, как
вздох. 10 Всех наших дней – семьдесят лет, от силы –
восемьдесят лет. И величие их – печаль и заботы, и от-
летают они, улетают мгновенно. 11 Кому дано познать
всю мощь гнева Твоего, страшиться Тебя во [всей]
мере ярости Твоей? 12 Научи нас исчислить число лет
наших, и мы обретем мудрость в наших сердцах!
13 Прекрати, Господи! Доколе! Помилуй рабов Твоих!
14 Дай нам по утрам насыщаться милостью Твоею, и
мы будем радоваться и веселиться все дни наши. 15 Да-
руй нам радость по числу лет несчастья нашего, по
годам, в которые мы видели только горе. 16 Откроются
рабам Твоим деяния Твои, великолепие Твое детям их.
17 Да будет на нас благо Владыки, Бога нашего. Утвер-
ди творение рук наших, дело рук наших утверди.

91

Псалом, пробуждающий сердца людей искать пристанище под сенью Божественного провидения. Также в нём говорится о четырёх временных периодах и властвующих в них силах, наставляя как уберечь от них душу.

ישב 1 Пребывающий под покровом Всевышнего,
находящийся под сенью Бога, 2 провозглашаю перед
Господом: «Ты прибежище и твердыня моя! Боже мой,
на Тебя полагаюсь!» 3 Он спасет тебя от капкана, от

לַיהוָה מַחְסִי וּמְצוּדָתִי אֱלֹהַי אֶבְטַח־בּוֹ: ג כִּי הוּא
יַצִּילְךָ מִפַּח יָקוּשׁ מִדֶּבֶר הַוּוֹת: ד בְּאֶבְרָתוֹ | יָסֶךְ לָךְ
וְתַחַת־כְּנָפָיו תֶּחְסֶה צִנָּה וְסֹחֵרָה אֲמִתּוֹ: ה לֹא תִירָא
מִפַּחַד לָיְלָה מֵחֵץ יָעוּף יוֹמָם: ו מִדֶּבֶר בָּאֹפֶל יַהֲלֹךְ
מִקֶּטֶב יָשׁוּד צָהֳרָיִם: ז יִפֹּל מִצִּדְּךָ | אֶלֶף וּרְבָבָה מִימִינֶךָ
אֵלֶיךָ לֹא יִגָּשׁ: ח רַק בְּעֵינֶיךָ תַבִּיט וְשִׁלֻּמַת רְשָׁעִים
תִּרְאֶה: ט כִּי־אַתָּה יְהוָה מַחְסִי עֶלְיוֹן שַׂמְתָּ מְעוֹנֶךָ:
י לֹא־תְאֻנֶּה אֵלֶיךָ רָעָה וְנֶגַע לֹא־יִקְרַב בְּאָהֳלֶךָ:
יא כִּי מַלְאָכָיו יְצַוֶּה־לָּךְ לִשְׁמָרְךָ בְּכָל־דְּרָכֶיךָ: יב עַל־
כַּפַּיִם יִשָּׂאוּנְךָ פֶּן־תִּגֹּף בָּאֶבֶן רַגְלֶךָ: יג עַל־שַׁחַל וָפֶתֶן
תִּדְרֹךְ תִּרְמֹס כְּפִיר וְתַנִּין: יד כִּי בִי חָשַׁק וַאֲפַלְּטֵהוּ
אֲשַׂגְּבֵהוּ כִּי־יָדַע שְׁמִי: טו יִקְרָאֵנִי | וְאֶעֱנֵהוּ עִמּוֹ
אָנֹכִי בְצָרָה אֲחַלְּצֵהוּ וַאֲכַבְּדֵהוּ: טז אֹרֶךְ יָמִים
אַשְׂבִּיעֵהוּ וְאַרְאֵהוּ בִּישׁוּעָתִי:

צב.

זה המזמור אמרו הלוים בשיר על הדוכן בבה"מ ביום השבת ומדבר מענין עה"ב ומדבר על לב המדוכאים ביסורים:

א מִזְמוֹר שִׁיר לְיוֹם הַשַּׁבָּת: ב טוֹב לְהֹדוֹת לַיהוָה

мора губительного. 4 Он укроет тебя крылом, под сенью
крыл Его найдешь убежище; истина Его – щит объем-
лющий твой. 5 Не будешь бояться ни угрозы в ночи,
ни стрелы, летящей днем, 6 ни мора, пробирающего-
ся во мраке, ни болезни, свирепствующей в полдень.
7 Слева от тебя падут тысячи, а справа – десятки тысяч,
тебя же не заденет. 8 Только посмотришь, и увидишь
воздаяние врагам. 9 Ибо Ты, Господи, убежище мое, в
высях установлено пребывание Твое. 10 – Не случится
с тобою беда, несчастье не приблизится к шатру тво-
ему, 11 ибо ангелам велит охранять тебя на всех путях,
12 нести тебя на руках, чтобы ты о камень не споткнул-
ся. 13 Будешь попирать ногами львов и кобр, растоп-
чешь льва и крокодила. 14 – Ибо за то, что ко Мне стре-
мился, Я спасу тебя, вознесу тебя за то, что знаешь
имя Мое[a]. 15 Тому, кто призывает Меня, Я отвечаю! Я
рядом ним в беде, чтобы спасти и возвеличить. 16 Дам
насытиться долгими днями, дам увидеть победу.

92

Этот псалом произносили Левиты, совершая песнопения в Храме в день субботний. Псалом говорит о Грядущем Мире и утешает сердца сокрушённых страданиями.

מזמור 1 Псалом. Песнь дня Субботнего. 2 Прекра-
сно возносить хвалу Господу, петь имени Твоему,
Всевышний. 3 Рассказывать по утрам о покровитель-
стве Твоем и о верности Твоей по ночам 4 под звуки

а. За то, что знаешь имя Мое – знаешь, что в беде следует обращаться к Всевышнему.

וּלְזַמֵּר לְשִׁמְךָ עֶלְיוֹן׃ ג לְהַגִּיד בַּבֹּקֶר חַסְדֶּךָ וֶאֱמוּנָתְךָ
בַּלֵּילוֹת׃ ד עֲלֵי־עָשׂוֹר וַעֲלֵי־נָבֶל עֲלֵי הִגָּיוֹן בְּכִנּוֹר׃
ה כִּי שִׂמַּחְתַּנִי יְהוָה בְּפָעֳלֶךָ בְּמַעֲשֵׂי יָדֶיךָ אֲרַנֵּן׃
ו מַה־גָּדְלוּ מַעֲשֶׂיךָ יְהוָה מְאֹד עָמְקוּ מַחְשְׁבֹתֶיךָ׃
ז אִישׁ־בַּעַר לֹא יֵדָע וּכְסִיל לֹא־יָבִין אֶת־זֹאת׃
ח בִּפְרֹחַ רְשָׁעִים | כְּמוֹ עֵשֶׂב וַיָּצִיצוּ כָּל־פֹּעֲלֵי אָוֶן
לְהִשָּׁמְדָם עֲדֵי־עַד׃ ט וְאַתָּה מָרוֹם לְעֹלָם יְהוָה׃
י כִּי הִנֵּה אֹיְבֶיךָ | יְהוָה כִּי־הִנֵּה אֹיְבֶיךָ יֹאבֵדוּ יִתְפָּרְדוּ
כָּל־פֹּעֲלֵי אָוֶן׃ יא וַתָּרֶם כִּרְאֵים קַרְנִי בַּלֹּתִי בְּשֶׁמֶן רַעֲנָן׃
יב וַתַּבֵּט עֵינִי בְּשׁוּרָי בַּקָּמִים עָלַי מְרֵעִים תִּשְׁמַעְנָה
אָזְנָי׃ יג צַדִּיק כַּתָּמָר יִפְרָח כְּאֶרֶז בַּלְּבָנוֹן יִשְׂגֶּה׃
יד שְׁתוּלִים בְּבֵית יְהוָה בְּחַצְרוֹת אֱלֹהֵינוּ יַפְרִיחוּ׃
טו עוֹד יְנוּבוּן בְּשֵׂיבָה דְּשֵׁנִים וְרַעֲנַנִּים יִהְיוּ׃ טז לְהַגִּיד
כִּי־יָשָׁר יְהוָה צוּרִי וְלֹא־עַוְלָתָה בּוֹ׃

צג.

זה המזמור נאמר על ימות המשיח, באותו פעם ילבש הקב"ה גיאות ומה יתגאה לפניו אדם כמו שעשה נבוכדנצר ופרעה וסנחריב:

א יְהוָה מָלָךְ גֵּאוּת לָבֵשׁ לָבֵשׁ יְהוָה עֹז הִתְאַזָּר אַף־

десятиструнной лиры, под звуки арф. 5 За радость,
дарованную деяниями Твоими, воспеваю творения
рук Твоих. 6 Как возвышенны дела Твои, Господи,
как глубоки замыслы Твои! 7 Невежде не познать их,
глупцу не понять всего этого: 8 процветают злодеи,
цветут творящие преступления лишь для того, чтобы
пропасть навеки, как трава. 9 Ты же навек вознесен,
Господь, 10 а враги Твои, Господи, враги Твои пропа-
дают, исчезают все творящие преступления. 11 Как рог
буйвола вознесена слава моя, я умащен елеем благо-
вонным. 12 Вижу я собственными глазами [гибель] вра-
гов моих, собственными ушами слышу о [гибели] ищу-
щих мне зла. 13 Праведник, как пальма, растет, возно-
сится вверх, как кедр ливанский, 14 посаженные в Храме
Господнем, процветают во дворах [Храма] Бога наше-
го. 15 И в старости будут приносить плоды, сохранят
соки и свежесть свою, 16 чтобы рассказывать, что прям
Господь, что нет несправедливости у Твердыни моей.

93

Псалом говорит о временах Мошиаха, когда Всевышний будет облечён в мантию Величия. Тогда невозможно будет человеку возноситься перед ним подобно тому, как это делали Навуходоносор, фараон и Санхерив.

יהוה 1 Воцарился Господь, облачился величием! Об-
лачился Господь, мощью перепоясался. Утвердилась
земля непоколебимо. 2 С тех пор твердо стоит престол
Твой, Ты же властвуешь извечно. 3 Вздымаются пото-

תִּכּוֹן תֵּבֵל בַּל־תִּמּוֹט׃ ב נָכוֹן כִּסְאֲךָ מֵאָז מֵעוֹלָם
אָתָּה׃ ג נָשְׂאוּ נְהָרוֹת | יְהוָה נָשְׂאוּ נְהָרוֹת קוֹלָם
יִשְׂאוּ נְהָרוֹת דָּכְיָם׃ ד מִקֹּלוֹת | מַיִם רַבִּים אַדִּירִים
מִשְׁבְּרֵי־יָם אַדִּיר בַּמָּרוֹם יְהוָה׃ ה עֵדֹתֶיךָ | נֶאֶמְנוּ
מְאֹד לְבֵיתְךָ נַאֲוָה־קֹדֶשׁ יְהוָה לְאֹרֶךְ יָמִים׃

צד.

תפלה נוראה ונפלאה לכל יחיד על הגאולה ומוסר גדול:

א אֵל־נְקָמוֹת יְהוָה אֵל נְקָמוֹת הוֹפִיעַ׃ ב הִנָּשֵׂא
שֹׁפֵט הָאָרֶץ הָשֵׁב גְּמוּל עַל־גֵּאִים׃ ג עַד־מָתַי רְשָׁעִים |
יְהוָה עַד־מָתַי רְשָׁעִים יַעֲלֹזוּ׃ ד יַבִּיעוּ יְדַבְּרוּ עָתָק
יִתְאַמְּרוּ כָּל־פֹּעֲלֵי אָוֶן׃ ה עַמְּךָ יְהוָה יְדַכְּאוּ וְנַחֲלָתְךָ
יְעַנּוּ׃ ו אַלְמָנָה וְגֵר יַהֲרֹגוּ וִיתוֹמִים יְרַצֵּחוּ׃ ז וַיֹּאמְרוּ
לֹא יִרְאֶה־יָּהּ וְלֹא־יָבִין אֱלֹהֵי יַעֲקֹב׃ ח בִּינוּ בֹּעֲרִים
בָּעָם וּכְסִילִים מָתַי תַּשְׂכִּילוּ׃ ט הֲנֹטַע אֹזֶן הֲלֹא יִשְׁמָע
אִם־יֹצֵר עַיִן הֲלֹא יַבִּיט׃ י הֲיֹסֵר גּוֹיִם הֲלֹא יוֹכִיחַ
הַמְלַמֵּד אָדָם דָּעַת׃ יא יְהוָה יֹדֵעַ מַחְשְׁבוֹת אָדָם כִּי־
הֵמָּה הָבֶל׃ יב אַשְׁרֵי הַגֶּבֶר אֲשֶׁר־תְּיַסְּרֶנּוּ יָּהּ וּמִתּוֹרָתְךָ

ки, Господи, грозно ревут потоки, вздымают потоки
валы из глубин свои. 4 Громче ревущих вод грозных
морских валов, голос Господа в вышине. 5 Свидетель-
ства Твои – вечная истина в Храме Твоем – священной
обители на все времена!

94

Приводящая в трепет дивная молитва, обращённая к каждому, о грядущем избавлении. Также содержит важные наставления.

אל 1 Бог отмщения, Господь, Бог отмщения, явись!
2 Вознесись, Судья земли, воздай гордецам! 3 Доколе
злодеи? Доколе, Господи, будут торжествовать зло-
деи?! 4 Разглагольствуют, говорят заносчиво, похва-
ляются творящие беззаконие. 5 Народ Твой, Господи,
притесняют, наследие Твое – угнетают. 6 Убивают
вдов и пришельцев, убивают сирот. 7 Говорят: «Не
увидит Господь, не заметит Бог Яакова!» 8 Задумай-
тесь, люди невежественные! Когда же образумитесь,
глупцы? 9 Разве не слышит сотворивший ухо, не ви-
дит – создатель глаза? 10 Разве не осудит наказываю-
щий народы, Тот, кто даровал разум людям?
11 Господь знает мысли человека, ибо они дуновение
мимолетное[a]. 12 Благо человеку, которого Ты, Господь,
наказываешь, чтобы научить его учению Своему,
13 чтобы сделать спокойными воды бедствия, когда пе-
ред злодеем разверзнется бездна. 14 Господь не оставит

---

a. Господь знает мысли человека, ибо они дуновение мимолетное – возможно понимание: «Несмотря на то, что они (люди) дуновение мимолетное» (Меири). Или: «...ибо они (мысли) столь ничтожны» (Мецудот).

תְּלַמְּדֶנּוּ: יג לְהַשְׁקִיט לוֹ מִימֵי רָע עַד יִכָּרֶה לָרָשָׁע
שָׁחַת: יד כִּי | לֹא־יִטֹּשׁ יְהוָה עַמּוֹ וְנַחֲלָתוֹ לֹא יַעֲזֹב:
טו כִּי־עַד־צֶדֶק יָשׁוּב מִשְׁפָּט וְאַחֲרָיו כָּל־יִשְׁרֵי־לֵב:
טז מִי־יָקוּם לִי עִם־מְרֵעִים מִי־יִתְיַצֵּב לִי עִם־פֹּעֲלֵי אָוֶן:
יז לוּלֵי יְהוָה עֶזְרָתָה לִּי כִּמְעַט | שָׁכְנָה דוּמָה נַפְשִׁי:
יח אִם־אָמַרְתִּי מָטָה רַגְלִי חַסְדְּךָ יְהוָה יִסְעָדֵנִי: יט בְּרֹב
שַׂרְעַפַּי בְּקִרְבִּי תַּנְחוּמֶיךָ יְשַׁעַשְׁעוּ נַפְשִׁי: כ הַיְחָבְרְךָ
כִּסֵּא הַוּוֹת יֹצֵר עָמָל עֲלֵי־חֹק: כא יָגוֹדּוּ עַל־נֶפֶשׁ צַדִּיק
וְדָם נָקִי יַרְשִׁיעוּ: כב וַיְהִי יְהוָה לִי לְמִשְׂגָּב וֵאלֹהַי
לְצוּר מַחְסִי: כג וַיָּשֶׁב עֲלֵיהֶם | אֶת־אוֹנָם וּבְרָעָתָם
יַצְמִיתֵם יַצְמִיתֵם יְהוָה אֱלֹהֵינוּ:

צה.

מדבר על העתיד היאך איש אל אחיו ידבר לכו נרננה ונשבח להי על הנסים שעשה לנו:

א לְכוּ נְרַנְּנָה לַיהוָה נָרִיעָה לְצוּר יִשְׁעֵנוּ: ב נְקַדְּמָה
פָנָיו בְּתוֹדָה בִּזְמִרוֹת נָרִיעַ לוֹ: ג כִּי אֵל גָּדוֹל יְהוָה
וּמֶלֶךְ גָּדוֹל עַל־כָּל־אֱלֹהִים: ד אֲשֶׁר בְּיָדוֹ מֶחְקְרֵי־
אָרֶץ וְתוֹעֲפוֹת הָרִים לוֹ: ה אֲשֶׁר־לוֹ הַיָּם וְהוּא עָשָׂהוּ

народа Своего, не покинет надела Своего. 15 Суд вновь
станет справедливым, и к нему потянутся все прямые
сердцем. 16 Кто заступится за меня против злодеев, кто
встанет рядом со мной против преступников?! 17 Если
бы Господь не помогал мне, в безмолвии могильном
уже пребывала бы душа моя[a]. 18 Когда казалось: «Поскользнулся я!», – Ты, Господи, милостью Твоей поддерживал меня. 19 Когда меня переполняло отчаяние,
Твои утешения возвращали радость душе моей. 20 Неужели Ты поддержишь престол жестокий, возводящий
преступление в закон?! 21 Собираются злодеи против
невиновного, осуждают на смерть. 22 Господь, стань
мне крепостью! Бог мой, стань твердыней убежища
моего. 23 Обрушь на них кару, пусть погубят их собственные злодеяния. Погуби их, Господи, Боже наш!

95

Псалом говорит о будущем, когда люди будут говорить друг другу: "Пойдём, будем воспевать Всевышнего за чудеса, содеянные для нас".

לכו 1 Пройдем, в шествии воспоем Господа, прославим Бога спасения нашего! 2 Встретим Его жертвоприношениями благодарности, в гимнах прославим Его: 3 «Господь – великий Бог, Он царь великий
над всеми Высшими силами!» 4 [Прославим] Того,
в чьей руке бездны земли и парящие горные выси!
5 Того, Кому принадлежит море! Того, Кто создал его,

а. В безмолвии могильном уже пребывала бы душа моя – «пребывал бы я», потому как слово «душа» в Писании обозначает личность человека. «Душа живая, а не душа мыслящая, потому что последняя не спускается в могилу» (Радак).

וְיַבֶּשֶׁת יָדָיו יָצָרוּ׃ ו בֹּאוּ נִשְׁתַּחֲוֶה וְנִכְרָעָה נִבְרְכָה
לִפְנֵי־יְהוָה עֹשֵׂנוּ׃ ז כִּי־הוּא אֱלֹהֵינוּ וַאֲנַחְנוּ עַם
מַרְעִיתוֹ וְצֹאן יָדוֹ הַיּוֹם אִם־בְּקֹלוֹ תִשְׁמָעוּ׃ ח אַל־
תַּקְשׁוּ לְבַבְכֶם כִּמְרִיבָה כְּיוֹם מַסָּה בַּמִּדְבָּר׃ ט אֲשֶׁר
נִסּוּנִי אֲבוֹתֵיכֶם בְּחָנוּנִי גַּם־רָאוּ פָעֳלִי׃ י אַרְבָּעִים
שָׁנָה ׀ אָקוּט בְּדוֹר וָאֹמַר עַם תֹּעֵי לֵבָב הֵם וְהֵם לֹא־
יָדְעוּ דְרָכָי׃ יא אֲשֶׁר־נִשְׁבַּעְתִּי בְאַפִּי אִם־יְבֹאוּן
אֶל־מְנוּחָתִי׃

צו.

עוד יאמרו איש אל אחיו באו ונשירה לה':

א שִׁירוּ לַיהוָה שִׁיר חָדָשׁ שִׁירוּ לַיהוָה כָּל־הָאָרֶץ׃
ב שִׁירוּ לַיהוָה בָּרְכוּ שְׁמוֹ בַּשְּׂרוּ מִיּוֹם־לְיוֹם יְשׁוּעָתוֹ׃
ג סַפְּרוּ בַגּוֹיִם כְּבוֹדוֹ בְּכָל־הָעַמִּים נִפְלְאוֹתָיו׃ ד כִּי
גָדוֹל יְהוָה וּמְהֻלָּל מְאֹד נוֹרָא הוּא עַל־כָּל־אֱלֹהִים׃
ה כִּי ׀ כָּל־אֱלֹהֵי הָעַמִּים אֱלִילִים וַיהוָה שָׁמַיִם עָשָׂה׃
ו הוֹד־וְהָדָר לְפָנָיו עֹז וְתִפְאֶרֶת בְּמִקְדָּשׁוֹ׃ ז הָבוּ לַיהוָה
מִשְׁפְּחוֹת עַמִּים הָבוּ לַיהוָה כָּבוֹד וָעֹז׃ ח הָבוּ לַיהוָה

Кто сушу сотворил руками Своими! 6 Падем перед Ним
ниц, поклонимся, преклоним колена перед Господом,
Создателем нашим. 7 Ибо Он – Бог наш, а мы народ
Его; мы [станем] паствой, ведомой Его рукой, уже
сегодня, если послушаемся Его голоса. 8 Пусть не бу-
дет каменным ваше сердце, как в Мериве[91], как в тот
день в пустыне, 9 когда испытывали Меня ваши пред-
ки, проверяли, хотя видели деяния Мои. 10 Сорок лет
наказывал Я то поколение. Решил Я: «Это народ, чье
сердце пребывает в заблуждении; ему не понять дорог
Моих». 11 Поэтому поклялся Я в гневе: не найти ему
покоя[92]!

96

Придёт время, когда люди буду говорить друг другу: “Пойдём и вместе воспоём Богу”.

שירו 1 Пойте Господу новую песнь! Пойте Господу
по всей земле! 2 Пойте Господу, благословляйте имя
Его! Изо дня в день рассказывайте о ниспосланном Им
спасении! 3 Расскажите всем народам о славе Его, всем
племенам о чудесах Его! 4 О том, что велик Господь
и прославлен чрезвычайно! Он ужасней всех обо-
жествляемых сил! 5 Ибо божества всех народов –
только идолы, а Господь создал землю! 6 Сияние и ве-
ликолепие перед Ним, мощь и красота в Храме Его!
7 Воздайте Господу, семьи народов! Воспойте славу и
могущество Господа! 8 Воспойте прославленное имя

כְּבוֹד שְׁמוֹ שְׂאוּ־מִנְחָה וּבֹאוּ לְחַצְרוֹתָיו: ט הִשְׁתַּחֲווּ
לַיהוָה בְּהַדְרַת־קֹדֶשׁ חִילוּ מִפָּנָיו כָּל־הָאָרֶץ: י אִמְרוּ
בַגּוֹיִם | יְהוָה מָלָךְ אַף־תִּכּוֹן תֵּבֵל בַּל־תִּמּוֹט יָדִין
עַמִּים בְּמֵישָׁרִים: יא יִשְׂמְחוּ הַשָּׁמַיִם וְתָגֵל הָאָרֶץ
יִרְעַם הַיָּם וּמְלֹאוֹ: יב יַעֲלֹז שָׂדַי וְכָל־אֲשֶׁר־בּוֹ אָז
יְרַנְּנוּ כָּל־עֲצֵי־יָעַר: יג לִפְנֵי יְהוָה | כִּי בָא כִּי בָא
לִשְׁפֹּט הָאָרֶץ יִשְׁפֹּט תֵּבֵל בְּצֶדֶק וְעַמִּים בֶּאֱמוּנָתוֹ:

צז.

יום כ

א יְהוָה מָלָךְ תָּגֵל הָאָרֶץ יִשְׂמְחוּ אִיִּים רַבִּים:
ב עָנָן וַעֲרָפֶל סְבִיבָיו צֶדֶק וּמִשְׁפָּט מְכוֹן כִּסְאוֹ:
ג אֵשׁ לְפָנָיו תֵּלֵךְ וּתְלַהֵט סָבִיב צָרָיו: ד הֵאִירוּ בְרָקָיו
תֵּבֵל רָאֲתָה וַתָּחֵל הָאָרֶץ: ה הָרִים כַּדּוֹנַג נָמַסּוּ מִלִּפְנֵי
יְהוָה מִלִּפְנֵי אֲדוֹן כָּל־הָאָרֶץ: ו הִגִּידוּ הַשָּׁמַיִם צִדְקוֹ
וְרָאוּ כָל־הָעַמִּים כְּבוֹדוֹ: ז יֵבֹשׁוּ | כָּל־עֹבְדֵי פֶסֶל
הַמִּתְהַלְלִים בָּאֱלִילִים הִשְׁתַּחֲווּ־לוֹ כָּל־אֱלֹהִים:
ח שָׁמְעָה וַתִּשְׂמַח | צִיּוֹן וַתָּגֵלְנָה בְּנוֹת יְהוּדָה לְמַעַן

Господа! Возьмите дары, придите во дворы [Храма]
Его, 9 падите ниц перед Господом в священном трепе-
те, почитайте Его по всей земле! 10 Объявите по всем
народам: «Господь воцарился! Утвердилась земля не-
поколебимо! Он вершит над народами суд справедли-
вый!» 11 Радуются небеса, веселится земля, ликует мо-
ре и наполняющее его, 12 торжествуют луга и все, что
на них, поют все деревья лесные 13 перед Господом,
Который пришел судить землю! Он судит вселенную
по справедливости и народы по истине!

97

День 20 יהוה 1 Господь воцарился! Радуется земля, веселятся
острова многочисленные! 2 Тучи и мгла вокруг Него,
справедливость и суд – в основании Его престола.
3 Огонь шествует впереди Него, окружает пламенем
врагов. 4 Молнии Его осветили вселенную, увидела
это и затрепетала земля. 5 Как воск растаяли горы пе-
ред Господом, перед Владыкой всей земли. 6 Небеса
возвестили истину Его – все народы увидели славу
Его. 7 Устыдились все поклоняющиеся идолам, похва-
лявшиеся божками своими, пали перед Ним ниц все
обожествляемые силы! 8 Услышал и радуется Сион,
веселятся дочери иудейские суду Твоему, Господь.
9 Ибо Ты, Господь, возносишься над всей землей, не-

מִשְׁפָּטֶיךָ יְהֹוָה: ט כִּי־אַתָּה | יְהֹוָה עֶלְיוֹן עַל־כָּל־
הָאָרֶץ מְאֹד נַעֲלֵיתָ עַל־כָּל־אֱלֹהִים: י אֹהֲבֵי יְהֹוָה
שִׂנְאוּ רָע שֹׁמֵר נַפְשׁוֹת חֲסִידָיו מִיַּד רְשָׁעִים יַצִּילֵם:
יא אוֹר זָרֻעַ לַצַּדִּיק וּלְיִשְׁרֵי־לֵב שִׂמְחָה: יב שִׂמְחוּ צַדִּיקִים
בַּיהֹוָה וְהוֹדוּ לְזֵכֶר קָדְשׁוֹ:

צח.

בו יסופר היאך ישראל יתנו שבח להקב״ה על הגאולה:

א מִזְמוֹר שִׁירוּ לַיהֹוָה | שִׁיר חָדָשׁ כִּי־נִפְלָאוֹת עָשָׂה
הוֹשִׁיעָה־לּוֹ יְמִינוֹ וּזְרוֹעַ קָדְשׁוֹ: ב הוֹדִיעַ יְהֹוָה יְשׁוּעָתוֹ
לְעֵינֵי הַגּוֹיִם גִּלָּה צִדְקָתוֹ: ג זָכַר חַסְדּוֹ | וֶאֱמוּנָתוֹ
לְבֵית יִשְׂרָאֵל רָאוּ כָל־אַפְסֵי־אָרֶץ אֵת יְשׁוּעַת אֱלֹהֵינוּ:
ד הָרִיעוּ לַיהֹוָה כָּל־הָאָרֶץ פִּצְחוּ וְרַנְּנוּ וְזַמֵּרוּ: ה זַמְּרוּ
לַיהֹוָה בְּכִנּוֹר בְּכִנּוֹר וְקוֹל זִמְרָה: ו בַּחֲצֹצְרוֹת וְקוֹל
שׁוֹפָר הָרִיעוּ לִפְנֵי | הַמֶּלֶךְ יְהֹוָה: ז יִרְעַם הַיָּם וּמְלֹאוֹ
תֵּבֵל וְיֹשְׁבֵי בָהּ: ח נְהָרוֹת יִמְחֲאוּ־כָף יַחַד הָרִים
יְרַנֵּנוּ: ט לִפְנֵי־יְהֹוָה כִּי־בָא לִשְׁפֹּט הָאָרֶץ יִשְׁפֹּט
תֵּבֵל בְּצֶדֶק וְעַמִּים בְּמֵישָׁרִים:

измеримо возвышен над всеми обожествляемыми си-
лами. 10 Возненавидьте зло, возлюбившие Господа! Он
хранит души преданных Ему, спасает их от злодеев!
11 Свет посеян для праведников[a], а для прямых сердцем
– радость. 12 Радуйтесь, праведники, перед Господом и
воспойте святое имя Его.

98

О том, как народ Израиля будет славить Всевышнего за избавление.

מזמור 1 Псалом. Пойте Господу новую песнь, за чу-
деса Им сотворенные, за спасение, дарованное Его
десницей, Его святой рукой! 2 Возвестил Господь о
ниспосылаемом Им спасении! Перед взорами всех на-
родов открыл справедливость Свою. 3 Вспомнил о по-
кровительстве Своем и преданности дому Израиля. Во
всех краях земли увидели спасение, ниспосылаемое
нашим Богом! 4 Славьте Господа по всей земле, пой-
те во весь голос, веселитесь! 5 Пойте перед Господом
под звуки арфы, под арфу и пение оркестра! 6 Славьте
Господа-Царя под звуки труб и рогов! 7 Шумит море
и все наполняющее его, земля и все живущие на ней!
8 Реки хлопают в ладоши, радуются вместе с горами.
9 Перед Господом, Который идет судить землю, судить
вселенную по справедливости и народы по истине!

a. Свет посеян для праведников – в душах праведников (Мальбим). При воцарении Всевышнего этот свет даст урожай (Ибн-Эзра).

צט.

זה המזמור נאמר על מלחמות גוג ומגוג:

א יְהוָה מָלָךְ יִרְגְּזוּ עַמִּים יֹשֵׁב כְּרוּבִים תָּנוּט
הָאָרֶץ: ב יְהוָה בְּצִיּוֹן גָּדוֹל וְרָם הוּא עַל־כָּל־הָעַמִּים:
ג יוֹדוּ שִׁמְךָ גָּדוֹל וְנוֹרָא קָדוֹשׁ הוּא: ד וְעֹז מֶלֶךְ
מִשְׁפָּט אָהֵב אַתָּה כּוֹנַנְתָּ מֵישָׁרִים מִשְׁפָּט וּצְדָקָה
בְּיַעֲקֹב | אַתָּה עָשִׂיתָ: ה רוֹמְמוּ יְהוָה אֱלֹהֵינוּ וְהִשְׁתַּחֲווּ
לַהֲדֹם רַגְלָיו קָדוֹשׁ הוּא: ו מֹשֶׁה וְאַהֲרֹן | בְּכֹהֲנָיו
וּשְׁמוּאֵל בְּקֹרְאֵי שְׁמוֹ קֹרְאִים אֶל־יְהוָה וְהוּא יַעֲנֵם:
ז בְּעַמּוּד עָנָן יְדַבֵּר אֲלֵיהֶם שָׁמְרוּ עֵדֹתָיו וְחֹק נָתַן
לָמוֹ: ח יְהוָה אֱלֹהֵינוּ אַתָּה עֲנִיתָם אֵל נֹשֵׂא הָיִיתָ
לָהֶם וְנֹקֵם עַל־עֲלִילוֹתָם: ט רוֹמְמוּ יְהוָה אֱלֹהֵינוּ
וְהִשְׁתַּחֲווּ לְהַר קָדְשׁוֹ כִּי־קָדוֹשׁ יְהוָה אֱלֹהֵינוּ:

ק.

זה המזמור נאמר לעורר לבבות האנשים אשר הם ביסורים בעולם הזה מכל מקום יעבדו את ה' בשמחה, שהכל הוא לטובתם על דרך כי את אשר יאהב ה' יוכיח, וכל הקרבנות יהיו בטלים חוץ מקרבן תודה:

א מִזְמוֹר לְתוֹדָה הָרִיעוּ לַיהוָה כָּל־הָאָרֶץ: ב עִבְדוּ
אֶת־יְהוָה בְּשִׂמְחָה בֹּאוּ לְפָנָיו בִּרְנָנָה: ג דְּעוּ כִּי־

99

Псалом рассказывает о войнах Гога и Магога, которые будут предшествовать избавлению.

יהוה 1 «Господь воцарился!» – шумят народы. «Вос-
седающий на херувимах [воцарился]!» – содрогается
земля! 2 На Сионе величие Господа, возносится Он над
всеми народами. 3 Приносят благодарность Твоему ве-
ликому и грозному Имени святому, 4 могущественному
Царю, любящему правосудие. Ты установил справед-
ливость! Ты установил правосудие и справедливость
среди [сыновей] Яакова! 5 Превозносите Господа, на-
шего Бога, падите ниц у подножия ног Его, ибо свят
Он! 6 Моше и Аарон среди священников Его, Шмуэль
– среди тех, кто призывал к имени Его. Они взывали к
Господу, и Он отвечал им! 7 Из столба облачного гово-
рил с ними, и они хранили свидетельства Его, законы,
им данные. 8 Господь, Бог наш, Ты отвечал им; Богом
терпеливым был при них, воздавал за обиды их. 9 Пре-
возносите Господа, нашего Бога, падите ниц у Его свя-
той горы, ибо свят Господь, Бог наш!

100

Псалом вдохновляет сердца страдающих в этом мире, чтобы они, тем не менее, служили Всевышнему в радости, ибо всё происходит ради их добра, как говорит стих: "Того, кого Всевышний любит – того Он наказывает". Псалом также говорит о том, что в будущем все жертвоприношения прекратятся, кроме благодарственной жертвы.

מזמור 1 Псалом при жертвоприношении благодар-
ности. Ликуйте перед Господом, по всей земле!
2 Служите Господу в радости, предстаньте перед Ним

יְהֹוָה הוּא אֱלֹהִים הוּא עָשָׂנוּ וְלוֹ אֲנַחְנוּ עַמּוֹ וְצֹאן
מַרְעִיתוֹ: ד בֹּאוּ שְׁעָרָיו | בְּתוֹדָה חֲצֵרֹתָיו בִּתְהִלָּה
הוֹדוּ לוֹ בָּרְכוּ שְׁמוֹ: ה כִּי־טוֹב יְהֹוָה לְעוֹלָם חַסְדּוֹ
וְעַד־דֹּר וָדֹר אֱמוּנָתוֹ:

קא.

בזה המזמור מבואר היאך דוד היה מתבודד מבני אדם וכמה מדות טובות וישרות שהיה מתנהג בביתו:

א לְדָוִד מִזְמוֹר חֶסֶד־וּמִשְׁפָּט אָשִׁירָה לְךָ יְהֹוָה
אֲזַמֵּרָה: ב אַשְׂכִּילָה | בְּדֶרֶךְ תָּמִים מָתַי תָּבוֹא אֵלָי
אֶתְהַלֵּךְ בְּתָם־לְבָבִי בְּקֶרֶב בֵּיתִי: ג לֹא־אָשִׁית | לְנֶגֶד
עֵינַי דְּבַר־בְּלִיָּעַל עֲשֹׂה־סֵטִים שָׂנֵאתִי לֹא יִדְבַּק בִּי:
ד לֵבָב עִקֵּשׁ יָסוּר מִמֶּנִּי רָע לֹא אֵדָע: ה מְלָשְׁנִי
בַסֵּתֶר | רֵעֵהוּ אוֹתוֹ אַצְמִית גְּבַהּ־עֵינַיִם וּרְחַב לֵבָב
אֹתוֹ לֹא אוּכָל: ו עֵינַי | בְּנֶאֶמְנֵי־אֶרֶץ לָשֶׁבֶת עִמָּדִי
הֹלֵךְ בְּדֶרֶךְ תָּמִים הוּא יְשָׁרְתֵנִי: ז לֹא־יֵשֵׁב | בְּקֶרֶב
בֵּיתִי עֹשֵׂה רְמִיָּה דֹּבֵר שְׁקָרִים לֹא־יִכּוֹן לְנֶגֶד עֵינָי:
ח לַבְּקָרִים אַצְמִית כָּל־רִשְׁעֵי־אָרֶץ לְהַכְרִית מֵעִיר־
יְהֹוָה כָּל־פֹּעֲלֵי אָוֶן:

с гимнами! 3 Знайте, что Господь – Бог, что Он нас
создал, что Его мы[а], что мы народ Его, паства Его!
4 Войдите во врата Его с признанием благодарности,
во дворы Его – с песнею хвалебной! Благодарите Его,
благословляйте имя Его 5 за то, что добр Господь, что
навеки покровительство Его, что на всех поколениях
верность Его!

101

Псалом говорит о том, как Давид уединялся от всех и о правилах добродетели и честности , которых он придерживался у себя дома.

לדוד 1 Давида псалом. Воспою милосердие и право-
судие; Тебе, Господи, петь буду. 2 Буду размышлять
о стезе непорочности, пока не придет ко мне, чтобы
следовать ей с сердцем непорочным, [даже] внутри
дома моего[б]. 3 Не позволю делу злодейскому творить-
ся перед глазами моими; преступление ненавижу, не
приобщусь к нему! 4 Оставит меня криводушие сер-
дца, – не буду знать зла. 5 Уничтожу тайных доносчи-
ков; не потерплю высокомерных и надменных. 6 Найду
самых надежных людей в стране, чтобы заседали со
мной; служить мне будут идущие путем непорочно-
сти! 7 Мошенник не поселится в доме моем; обманщик
не утвердится предо мною. 8 С утра буду истреблять
всяческие преступления, чтобы искоренить из града
Господня всех творящих зло!

а. Что Он нас создал, что Его мы – в оригинале расхождение написания и чтения. Написано «НЕ» (то есть «Он нас создал, а не мы»), а традиция указывает, что читать следует «ЕГО» (разница в одну букву). Написание и чтение дополняют друг друга: «Так как не мы сами создали свои души, а Творец, то мы принадлежим Ему» (Мидраш Раба).
б. Постараюсь понять… внутри дома моего – Радак понимает стих так: «Буду в раздумьях о путях непорочности, о чистоте сердца, ходить из угла в угол дома» – как человек, который в глубокой задумчивости ходит из угла в угол (см. 2-Царей 4:35).

קב.

תפלה נוראה על בני הגולה, וכל אדם יכול לומר זה המזמור בעת צרותיו בדרך תפלה:

א תְּפִלָּה לְעָנִי כִי־יַעֲטֹף וְלִפְנֵי יְהֹוָה יִשְׁפֹּךְ שִׂיחוֹ:
ב יְהֹוָה שִׁמְעָה תְפִלָּתִי וְשַׁוְעָתִי אֵלֶיךָ תָבוֹא: ג אַל־
תַּסְתֵּר פָּנֶיךָ | מִמֶּנִּי בְּיוֹם צַר־לִי הַטֵּה־אֵלַי אָזְנֶךָ בְּיוֹם
אֶקְרָא מַהֵר עֲנֵנִי: ד כִּי־כָלוּ בְעָשָׁן יָמָי וְעַצְמוֹתַי
כְּמוֹקֵד נִחָרוּ: ה הוּכָּה כָעֵשֶׂב וַיִּבַשׁ לִבִּי כִּי שָׁכַחְתִּי
מֵאֲכֹל לַחְמִי: ו מִקּוֹל אַנְחָתִי דָּבְקָה עַצְמִי לִבְשָׂרִי:
ז דָּמִיתִי לִקְאַת מִדְבָּר הָיִיתִי כְּכוֹס חֳרָבוֹת: ח שָׁקַדְתִּי
וָאֶהְיֶה כְּצִפּוֹר בּוֹדֵד עַל־גָּג: ט כָּל־הַיּוֹם חֵרְפוּנִי אוֹיְבָי
מְהוֹלָלַי בִּי נִשְׁבָּעוּ: י כִּי־אֵפֶר כַּלֶּחֶם אָכָלְתִּי וְשִׁקֻּוַי
בִּבְכִי מָסָכְתִּי: יא מִפְּנֵי־זַעַמְךָ וְקִצְפֶּךָ כִּי נְשָׂאתַנִי
וַתַּשְׁלִיכֵנִי: יב יָמַי כְּצֵל נָטוּי וַאֲנִי כָּעֵשֶׂב אִיבָשׁ:
יג וְאַתָּה יְהֹוָה לְעוֹלָם תֵּשֵׁב וְזִכְרְךָ לְדֹר וָדֹר: יד אַתָּה
תָקוּם תְּרַחֵם צִיּוֹן כִּי־עֵת לְחֶנְנָהּ כִּי־בָא מוֹעֵד:
טו כִּי־רָצוּ עֲבָדֶיךָ אֶת־אֲבָנֶיהָ וְאֶת עֲפָרָהּ יְחֹנֵנוּ:
טז וְיִירְאוּ גוֹיִם אֶת־שֵׁם יְהֹוָה וְכָל־מַלְכֵי הָאָרֶץ אֶת־

102

Приводящая в трепет молитва о народе Израиля, пребывающем в изгнании. Каждый может произносить этот псалом как молитву во времена бедствий.

תפלה 1 Молитва страдальца, когда он падает духом
и изливает пред Господом свою скорбь. 2 Господи, ус-
лышь молитву мою, пусть мольба моя вознесется к
Тебе! 3 Не скрывай от меня лица Своего в час бедст-
вия[93]; приклони ко мне ухо, поспеши ответить мне,
когда я взываю к Тебе! 4 Годы мои унесены дымом,
как будто в костре обуглились кости мои. 5 Как трава
– выжжено и иссушено сердце мое, даже о еде забыл
я. 6 Из-за тяжелых вздохов – выпирают кости мои[94].
7 Стал я похож на сыча в пустыне, на филина в раз-
валинах, 8 стал подобен птице одинокой на крыше.
9 Всякий день бранят меня враги, поносители клянут
меня. 10 Ем пепел, как хлеб, питье развожу слезами
11 из-за негодования и ярости Твоей: ибо вознес Ты
меня, чтобы сбросить! 12 Дни мои [убегают] как тень[95],
сохну, как трава… 13 А Ты, Господь, пребываешь во-
веки, память о Тебе – из рода в род. 14 Встань, помилуй
Сион! Ибо пришла пора пожалеть его, пришел срок
назначенный! 15 Рабы Твои любят камни его, горюют
над прахом его. 16 Пусть видят народы имя Господне,
все цари земли – славу Твою! 17 Когда отстроит Господь
Сион, явится в славе Своей. 18 Прими молитву дере-
ва сухого, одинокого[96], не пренебреги молитвой его!

כְּבוֹדֶךָ׃ יז כִּי־בָנָה יְהוָה צִיּוֹן נִרְאָה בִּכְבוֹדוֹ׃ יח פָּנָה
אֶל־תְּפִלַּת הָעַרְעָר וְלֹא בָזָה אֶת־תְּפִלָּתָם׃ יט תִּכָּתֶב
זֹאת לְדוֹר אַחֲרוֹן וְעַם נִבְרָא יְהַלֶּל־יָהּ׃ כ כִּי־הִשְׁקִיף
מִמְּרוֹם קָדְשׁוֹ יְהוָה מִשָּׁמַיִם ׀ אֶל־אֶרֶץ הִבִּיט׃
כא לִשְׁמֹעַ אֶנְקַת אָסִיר לְפַתֵּחַ בְּנֵי תְמוּתָה׃ כב לְסַפֵּר
בְּצִיּוֹן שֵׁם יְהוָה וּתְהִלָּתוֹ בִּירוּשָׁלִָם׃ כג בְּהִקָּבֵץ עַמִּים
יַחְדָּו וּמַמְלָכוֹת לַעֲבֹד אֶת־יְהוָה׃ כד עִנָּה בַדֶּרֶךְ כֹּחִי
קִצַּר יָמָי׃ כה אֹמַר אֵלִי אַל־תַּעֲלֵנִי בַּחֲצִי יָמָי בְּדוֹר
דּוֹרִים שְׁנוֹתֶיךָ׃ כו לְפָנִים הָאָרֶץ יָסַדְתָּ וּמַעֲשֵׂה יָדֶיךָ
שָׁמָיִם׃ כז הֵמָּה ׀ יֹאבֵדוּ וְאַתָּה תַעֲמֹד וְכֻלָּם כַּבֶּגֶד
יִבְלוּ כַּלְּבוּשׁ תַּחֲלִיפֵם וְיַחֲלֹפוּ׃ כח וְאַתָּה־הוּא וּשְׁנוֹתֶיךָ
לֹא יִתָּמּוּ׃ כט בְּנֵי־עֲבָדֶיךָ יִשְׁכּוֹנוּ וְזַרְעָם לְפָנֶיךָ יִכּוֹן׃

קג.

זה המזמור דוד היה אומר כשהיה חולה וטוב להתפלל על החולה ומכל שכן החולה עצמו בעוד נשמתו בגופו אזי יכול לברך להקדוש ברוך הוא בגופו ונפשו עם הקרבים. עיין ותמצא מרגוע לנפשך:

א לְדָוִד ׀ בָּרְכִי נַפְשִׁי אֶת־יְהוָה וְכָל־קְרָבַי אֶת־שֵׁם
קָדְשׁוֹ׃ ב בָּרְכִי נַפְשִׁי אֶת־יְהוָה וְאַל־תִּשְׁכְּחִי כָּל־
גְּמוּלָיו׃ ג הַסֹּלֵחַ לְכָל־עֲוֺנֵכִי הָרֹפֵא לְכָל־תַּחֲלוּאָיְכִי׃

19 Будет записано для будущего поколения, чтобы на-
род грядущий восхвалял Бога, 20 что со священной вы-
соты Своей следит Господь, – с неба смотрит на землю,
21 чтобы услышать стенание узника, чтобы освободить
осужденных на смерть! 22 Будут воспевать имя Господа
в Сионе, воздавать хвалу Ему в Иерусалиме, 23 когда
соберутся народы и царства, чтобы вместе служить
Господу! 24 Он изнурил меня в дорогах, сократил дни
мои. 25 Прошу: Боже мой! Не забери меня в полови-
не дней моих! Твои года – из поколения в поколения.
26 Когда-то Ты создал землю, и небеса – произведение
рук Твоих. 27 Исчезнут они, а Ты – останешься. Все, как
платье, износится. Подобно одежде, Ты переменишь
их, и будут иные! 28 А Ты – все Тот же, годы Твои не
окончатся! 29 Пусть дети рабов Твоих живут [на земле];
пусть потомство их будет стоять пред лицом Твоим!

103

Молитва Давида, когда тот был болен. Уместно произносить её о больном и, тем более, самому больному, пока ещё душа его в теле и может он благословить Всевышнего с глубокими чувствами, своим телом и душой. Читай и найдешь успокоение для своей души.

לדוד 1 Давида. Благослови, душа моя, Господа; все
существо мое[97] – благослови Имя святое Его! 2 Благо-
слови, душа моя, Господа, не забудь ни одного из Его
благодеяний! 3 Он прощает все грехи твои, лечит все

ד הַגּוֹאֵל מִשַּׁחַת חַיָּיְכִי הַֽמְעַטְּרֵכִי חֶסֶד וְרַחֲמִים׃
ה הַמַּשְׂבִּיעַ בַּטּוֹב עֶדְיֵךְ תִּתְחַדֵּשׁ כַּנֶּשֶׁר נְעוּרָיְכִי׃
ו עֹשֵׂה צְדָקוֹת יְהוָה וּמִשְׁפָּטִים לְכָל־עֲשׁוּקִים׃ ז יוֹדִיעַ
דְּרָכָיו לְמֹשֶׁה לִבְנֵי יִשְׂרָאֵל עֲלִילוֹתָיו׃ ח רַחוּם וְחַנּוּן
יְהוָה אֶרֶךְ אַפַּיִם וְרַב־חָסֶד׃ ט לֹא־לָנֶצַח יָרִיב וְלֹא
לְעוֹלָם יִטּוֹר׃ י לֹא כַחֲטָאֵינוּ עָשָׂה לָנוּ וְלֹא כַעֲוֹנֹתֵינוּ
גָּמַל עָלֵינוּ׃ יא כִּי כִגְבֹהַּ שָׁמַיִם עַל־הָאָרֶץ גָּבַר חַסְדּוֹ
עַל־יְרֵאָיו׃ יב כִּרְחֹק מִזְרָח מִמַּעֲרָב הִרְחִיק מִמֶּנּוּ אֶת־
פְּשָׁעֵינוּ׃ יג כְּרַחֵם אָב עַל־בָּנִים רִחַם יְהוָה עַל־
יְרֵאָיו׃ יד כִּי־הוּא יָדַע יִצְרֵנוּ זָכוּר כִּי־עָפָר אֲנָחְנוּ׃
טו אֱנוֹשׁ כֶּחָצִיר יָמָיו כְּצִיץ הַשָּׂדֶה כֵּן יָצִיץ׃ טז כִּי
רוּחַ עָבְרָה־בּוֹ וְאֵינֶנּוּ וְלֹא־יַכִּירֶנּוּ עוֹד מְקוֹמוֹ׃
יז וְחֶסֶד יְהוָה ׀ מֵעוֹלָם וְעַד־עוֹלָם עַל־יְרֵאָיו וְצִדְקָתוֹ
לִבְנֵי בָנִים׃ יח לְשֹׁמְרֵי בְרִיתוֹ וּלְזֹכְרֵי פִקֻּדָיו לַעֲשׂוֹתָם׃
יט יְהוָה בַּשָּׁמַיִם הֵכִין כִּסְאוֹ וּמַלְכוּתוֹ בַּכֹּל מָשָׁלָה׃
כ בָּרְכוּ יְהוָה מַלְאָכָיו גִּבֹּרֵי כֹחַ עֹשֵׂי דְבָרוֹ לִשְׁמֹעַ
בְּקוֹל דְּבָרוֹ׃ כא בָּרְכוּ יְהוָה כָּל־צְבָאָיו מְשָׁרְתָיו עֹשֵׂי

недуги твои, 4 спасает от могилы жизнь твою, ограж-
дает тебя покровительством и милосердием, 5 насы-
щает тебя пищей; как [оперенье] орлу, возвращает
юность твою[98]! 6 Господь возвращает справедливость,
дает правосудие всем угнетенным. 7 Он поведал Мо-
ше пути Свои, сынам Израиля – деяния Свои: 8 мило-
сердный и милостивый Господь, долготерпеливый и
великий в покровительстве. 9 Не навек гнев Его, не
навсегда запоминает обиду. 10 Не по грехам нашим Он
поступил с нами, и не по преступлениям воздал нам.
11 Ибо, как небеса высятся над землею, так велико Его
покровительство над боящимися Его. 12 Он отдалил от
нас наши преступления, как далеки восток от запада.
13 Как отец жалеет детей, так Господь пожалел боя-
щихся Его. 14 Знает Он природу нашу, помнит, что мы
– прах. 15 Человек, как трава; дни его, – как дни цвет-
ка полевого; 16 пролетел над ним ветер – и не стало,
не найдешь, где был он. 17 Покровительство Господне
страшащимся Его – во веки вечные. Он воздает за
заслуги сыновьям и внукам, 18 хранящим союз Его
и помнящим повеления Его, чтобы исполнять их.
19 Господь утвердил на небесах престол Свой, и
царство Его над всем простирается. 20 Благословите
Господа, посланники Его, могучие витязи, исполни-
тели слова Его, послушные слову Его! 21 Благословите
Господа, все воинство Его, служители, исполняющие

רְצוֹנוֹ׃ כב בָּרְכוּ יְהֹוָה | כָּל־מַעֲשָׂיו בְּכָל־מְקֹמוֹת
מֶמְשַׁלְתּוֹ בָּרְכִי נַפְשִׁי אֶת־יְהֹוָה׃

קד.

בו יסופר שבח כל מעשה בראשית ומה שנברא בכל יום ויום והיאך הם נוראים ונפלאים שמפרנס מקרני ראמים ועד ביצי כנים:

יום כא

א בָּרְכִי נַפְשִׁי אֶת־יְהֹוָה יְהֹוָה אֱלֹהַי גָּדַלְתָּ מְּאֹד הוֹד
וְהָדָר לָבָשְׁתָּ׃ ב עֹטֶה אוֹר כַּשַּׂלְמָה נוֹטֶה שָׁמַיִם
כַּיְרִיעָה׃ ג הַמְקָרֶה בַמַּיִם עֲלִיּוֹתָיו הַשָּׂם עָבִים רְכוּבוֹ
הַמְהַלֵּךְ עַל־כַּנְפֵי־רוּחַ׃ ד עֹשֶׂה מַלְאָכָיו רוּחוֹת
מְשָׁרְתָיו אֵשׁ לֹהֵט׃ ה יָסַד־אֶרֶץ עַל־מְכוֹנֶיהָ בַּל־תִּמּוֹט
עוֹלָם וָעֶד׃ ו תְּהוֹם כַּלְּבוּשׁ כִּסִּיתוֹ עַל־הָרִים יַעַמְדוּ־
מָיִם׃ ז מִן־גַּעֲרָתְךָ יְנוּסוּן מִן־קוֹל רַעַמְךָ יֵחָפֵזוּן׃
ח יַעֲלוּ הָרִים יֵרְדוּ בְקָעוֹת אֶל־מְקוֹם זֶה | יָסַדְתָּ לָהֶם׃
ט גְּבוּל־שַׂמְתָּ בַּל־יַעֲבֹרוּן בַּל־יְשׁוּבוּן לְכַסּוֹת הָאָרֶץ׃
י הַמְשַׁלֵּחַ מַעְיָנִים בַּנְּחָלִים בֵּין הָרִים יְהַלֵּכוּן׃ יא יַשְׁקוּ
כָּל־חַיְתוֹ שָׂדָי יִשְׁבְּרוּ פְרָאִים צְמָאָם׃ יב עֲלֵיהֶם עוֹף־
הַשָּׁמַיִם יִשְׁכּוֹן מִבֵּין עֳפָאיִם יִתְּנוּ־קוֹל׃ יג מַשְׁקֶה הָרִים
מֵעֲלִיּוֹתָיו מִפְּרִי מַעֲשֶׂיךָ תִּשְׂבַּע הָאָרֶץ׃ יד מַצְמִיחַ

волю Его! 22 Благословите Господа, все создания Его,
во всех местах владычества Его. Благослови Господа,
душа моя!

104

Псалом, в котором воспевается величие мироздания, описывая, что было сотворено в каждый из дней Творения. Провозглашается приводящая в трепет забота Всевышнего о пропитании всех существ: от "рогов буйволов до гнид".

День 21 ברכי 1 Благослови, душа моя, Господа! Господь, Бог
мой, Ты беспредельно велик; в великолепие и вели-
чие Ты облачен! 2 Он закутался в свет, как в мантию[a],
натянул небеса, как шатер. 3 Он воды положил крышей
верхнего этажа, сделал тучи колесницею Своей, несу-
щейся на крыльях ветра. 4 Он бури делает посланцами
Своими, огонь пылающий – прислугой Своей[99]. 5 Он на
века установил землю, неколебимо на основах ее! 6 Ты
покрыл ее покрывалом вод, над горами воды стояли!
7 От окрика Твоего понеслись они, от гласа Твоего гро-
мового стремглав побежали. 8 Поднялись горы, опу-
стились долины в места, установленные для них, 9 Ты
установил им пределы непреодолимые, чтобы вновь
не покрыли они землю. 10 Ты собираешь источники в
реки, текущие между гор. 11 Пьют из них звери полевые,
дикие звери утоляют жажду свою. 12 Над ними гнездят-
ся птицы небесные, между ветвей раздается голос их.
13 Ты орошаешь горы с высот Своих; плодами дел Твоих
насыщается земля. 14 Ты выращиваешь траву для скота,

а. Он укутался в свет, как в мантию, – так в мидраше *Берешит рабба*. Другое чтение: «Одевающий (мир) светом, как в платье» – так у автора *Мецудот*.

חָצִיר ׀ לַבְּהֵמָה וְעֵשֶׂב לַעֲבֹדַת הָאָדָם לְהוֹצִיא לֶחֶם
מִן־הָאָרֶץ׃ טו וְיַיִן ׀ יְשַׂמַּח לְבַב־אֱנוֹשׁ לְהַצְהִיל פָּנִים
מִשָּׁמֶן וְלֶחֶם לְבַב־אֱנוֹשׁ יִסְעָד׃ טז יִשְׂבְּעוּ עֲצֵי יְהֹוָה
אַרְזֵי לְבָנוֹן אֲשֶׁר נָטָע׃ יז אֲשֶׁר־שָׁם צִפֳּרִים יְקַנֵּנוּ
חֲסִידָה בְּרוֹשִׁים בֵּיתָהּ׃ יח הָרִים הַגְּבֹהִים לַיְּעֵלִים
סְלָעִים מַחְסֶה לַשְׁפַנִּים׃ יט עָשָׂה יָרֵחַ לְמוֹעֲדִים שֶׁמֶשׁ
יָדַע מְבוֹאוֹ׃ כ תָּשֶׁת־חֹשֶׁךְ וִיהִי לָיְלָה בּוֹ־תִרְמֹשׂ
כָּל־חַיְתוֹ־יָעַר׃ כא הַכְּפִירִים שֹׁאֲגִים לַטָּרֶף וּלְבַקֵּשׁ
מֵאֵל אָכְלָם׃ כב תִּזְרַח הַשֶּׁמֶשׁ יֵאָסֵפוּן וְאֶל־מְעוֹנֹתָם
יִרְבָּצוּן׃ כג יֵצֵא אָדָם לְפָעֳלוֹ וְלַעֲבֹדָתוֹ עֲדֵי־עָרֶב׃
כד מָה־רַבּוּ מַעֲשֶׂיךָ ׀ יְהֹוָה כֻּלָּם בְּחָכְמָה עָשִׂיתָ
מָלְאָה הָאָרֶץ קִנְיָנֶךָ׃ כה זֶה ׀ הַיָּם גָּדוֹל וּרְחַב יָדָיִם
שָׁם־רֶמֶשׂ וְאֵין מִסְפָּר חַיּוֹת קְטַנּוֹת עִם־גְּדֹלוֹת׃
כו שָׁם אֳנִיּוֹת יְהַלֵּכוּן לִוְיָתָן זֶה־יָצַרְתָּ לְשַׂחֶק־בּוֹ׃
כז כֻּלָּם אֵלֶיךָ יְשַׂבֵּרוּן לָתֵת אָכְלָם בְּעִתּוֹ׃ כח תִּתֵּן
לָהֶם יִלְקֹטוּן תִּפְתַּח יָדְךָ יִשְׂבְּעוּן טוֹב׃ כט תַּסְתִּיר
פָּנֶיךָ יִבָּהֵלוּן תֹּסֵף רוּחָם יִגְוָעוּן וְאֶל־עֲפָרָם יְשׁוּבוּן׃

растения для нужд человека, чтобы добывать пищу из
земли: 15 вино, радующее сердце; масло, дающее блеск
лицу; хлеб, поддерживающий сердце человеческое.
16 Насыщаются деревья Господни[100], кедры ливанские,
которые Он насадил, 17 где птицы гнездятся, аисты,
гнезда которых на кипарисах. 18 Высокие горы – для
горных козлов, скалы – приют горным кроликам[101].
19 Он создал Луну для определения дат и Солнце, зна-
ющее место заката своего. 20 Ты насылаешь тьму – и
наступает ночь, в которой бродят по лесу всякие звери.
21 Львы рычат в поисках добычи, выпрашивают у Бога
еды себе. 22 С восходом солнца они прячутся, залегают
в берлогах своих. 23 Человек приступает к трудам сво-
им, к работе до вечера. 24 Как велики творения Твои,
Господь! Ты в мудрости сотворил их! Произведения-
ми Твоими наполнена земля. 25 Вот море, великое и
необъятное! В нем живность неисчислимая, живот-
ные малые и большие. 26 Там ходят корабли; там – кит,
которого Ты создал, чтобы забавляться им! 27 Все они
к Тебе обращают взор свой, в надежде, что Ты дашь
им пищу вовремя. 28 Когда даешь им, они подбирают,
когда открываешь руку Свою, они насыщаются. 29 Ког-
да Ты скрываешь лицо Свое, приходят в ужас; когда
забираешь душу их, умирают, в прах возвращаются.
30 Когда посылаешь Ты дух Свой – возникают [другие],
и обновляется лик земли. 31 Да будет слава Господня

ל תְּשַׁלַּח רוּחֲךָ יִבָּרֵאוּן וּתְחַדֵּשׁ פְּנֵי אֲדָמָה: לא יְהִי
כְבוֹד יְהוָה לְעוֹלָם יִשְׂמַח יְהוָה בְּמַעֲשָׂיו: לב הַמַּבִּיט
לָאָרֶץ וַתִּרְעָד יִגַּע בֶּהָרִים וְיֶעֱשָׁנוּ: לג אָשִׁירָה לַיהוָה
בְּחַיָּי אֲזַמְּרָה לֵאלֹהַי בְּעוֹדִי: לד יֶעֱרַב עָלָיו שִׂיחִי אָנֹכִי
אֶשְׂמַח בַּיהוָה: לה יִתַּמּוּ חַטָּאִים | מִן־הָאָרֶץ וּרְשָׁעִים |
עוֹד אֵינָם בָּרְכִי נַפְשִׁי אֶת־יְהוָה הַלְלוּיָהּ:

קה.

זה המזמור אמר דוד כשהעלה הארון לעיר דוד והיה משורר אותו לפני הארון, וסיפר כל הניסים שעשה במצרים והיאך שלח לפניהם יוסף ובא לבית האסורים והוציא אותו עד שבא למעלה גדולה לאסור שרי פרעה בלי רשות פרעה:

א הוֹדוּ לַיהוָה קִרְאוּ בִּשְׁמוֹ הוֹדִיעוּ בָעַמִּים
עֲלִילוֹתָיו: ב שִׁירוּ־לוֹ זַמְּרוּ־לוֹ שִׂיחוּ בְּכָל־נִפְלְאוֹתָיו:
ג הִתְהַלְלוּ בְּשֵׁם קָדְשׁוֹ יִשְׂמַח לֵב | מְבַקְשֵׁי יְהוָה:
ד דִּרְשׁוּ יְהוָה וְעֻזּוֹ בַּקְּשׁוּ פָנָיו תָּמִיד: ה זִכְרוּ נִפְלְאוֹתָיו
אֲשֶׁר־עָשָׂה מֹפְתָיו וּמִשְׁפְּטֵי־פִיו: ו זֶרַע אַבְרָהָם עַבְדּוֹ
בְּנֵי יַעֲקֹב בְּחִירָיו: ז הוּא יְהוָה אֱלֹהֵינוּ בְּכָל־הָאָרֶץ
מִשְׁפָּטָיו: ח זָכַר לְעוֹלָם בְּרִיתוֹ דָּבָר צִוָּה לְאֶלֶף דּוֹר:
ט אֲשֶׁר כָּרַת אֶת־אַבְרָהָם וּשְׁבוּעָתוֹ לְיִשְׂחָק: י וַיַּעֲמִידֶהָ

навеки; пусть радуют Господа творения Его! 32 Лишь
взглянет Он на землю – она содрогается; коснется
гор – дымятся они! 33 Буду воспевать Господа, пока
жив, буду петь перед Ним, пока существую. 34 Да бу-
дет угодна Ему моя молитва! Я буду радоваться перед
Господом! 35 Пусть исчезнут с земли грешники, пусть
больше не станет злодеев! Благослови, душа моя,
Господа. Восхвалите Бога!

105

Псалом, произнесённый Давидом перед Ковчегом завета, когда он был принесён в град Давидов. В псаломе перечисляются чудеса, содеянные Всевышним для евреев в Египте: как он послал перед ними Йосефа, который оказался в застенках и впоследствии был вызволен оттуда Всевышним и вознесён настолько, что имел полномочия заключать в тюрьму вельмож фараона.

הודו 1 Принесите благодарность Господу, призовите
имя Его, возвестите народам деяния Его! 2 Пойте Ему,
воспевайте Его, рассказывайте обо всех чудесах Его!
3 Гордитесь святым именем Его, пусть радуется серд-
це ищущих Господа! 4 Обратитесь к Господу и к мо-
гуществу Его; ищите лица Его постоянно! 5 Вспоми-
найте о чудесах, которые Он сотворил, о знамениях
и приговорах Его! 6 Потомки Авраама, раба Его, дети
Яакова, избранные Им! 7 Господь – Бог наш: Его зако-
ны – по всей земле! 8 Он всегда помнит о союзе, за-
ключенном на тысячу поколений, союз Свой, 9 который
заключил с Авраамом, подтвердил клятвой Ицхаку,

לְיַעֲקֹב לְחֹק לְיִשְׂרָאֵל בְּרִית עוֹלָם: יא לֵאמֹר לְךָ
אֶתֵּן אֶת־אֶרֶץ כְּנָעַן חֶבֶל נַחֲלַתְכֶם: יב בִּהְיוֹתָם מְתֵי
מִסְפָּר כִּמְעַט וְגָרִים בָּהּ: יג וַיִּתְהַלְּכוּ מִגּוֹי אֶל־גּוֹי
מִמַּמְלָכָה אֶל־עַם אַחֵר: יד לֹא־הִנִּיחַ אָדָם לְעָשְׁקָם
וַיּוֹכַח עֲלֵיהֶם מְלָכִים: טו אַל־תִּגְּעוּ בִמְשִׁיחָי וְלִנְבִיאַי
אַל־תָּרֵעוּ: טז וַיִּקְרָא רָעָב עַל־הָאָרֶץ כָּל־מַטֵּה־לֶחֶם
שָׁבָר: יז שָׁלַח לִפְנֵיהֶם אִישׁ לְעֶבֶד נִמְכַּר יוֹסֵף:
יח עִנּוּ בַכֶּבֶל רַגְלוֹ בַּרְזֶל בָּאָה נַפְשׁוֹ: יט עַד־עֵת
בֹּא־דְבָרוֹ אִמְרַת יְהֹוָה צְרָפָתְהוּ: כ שָׁלַח מֶלֶךְ וַיַּתִּירֵהוּ
מֹשֵׁל עַמִּים וַיְפַתְּחֵהוּ: כא שָׂמוֹ אָדוֹן לְבֵיתוֹ וּמֹשֵׁל
בְּכָל־קִנְיָנוֹ: כב לֶאְסֹר שָׂרָיו בְּנַפְשׁוֹ וּזְקֵנָיו יְחַכֵּם:
כג וַיָּבֹא יִשְׂרָאֵל מִצְרָיִם וְיַעֲקֹב גָּר בְּאֶרֶץ־חָם: כד וַיֶּפֶר
אֶת־עַמּוֹ מְאֹד וַיַּעֲצִמֵהוּ מִצָּרָיו: כה הָפַךְ לִבָּם לִשְׂנֹא
עַמּוֹ לְהִתְנַכֵּל בַּעֲבָדָיו: כו שָׁלַח מֹשֶׁה עַבְדּוֹ אַהֲרֹן
אֲשֶׁר־בָּחַר בּוֹ: כז שָׂמוּ בָם דִּבְרֵי אֹתוֹתָיו וּמֹפְתִים
בְּאֶרֶץ־חָם: כח שָׁלַח חֹשֶׁךְ וַיַּחְשִׁךְ וְלֹא מָרוּ אֶת־
דְּבָרוֹ: כט הָפַךְ אֶת־מֵימֵיהֶם לְדָם וַיָּמֶת אֶת־דְּגָתָם:

10 возвел в закон для Яакова, сделал союзом вечным
для Израиля, 11 пообещав: «Тебе отдам Я землю Ха-
наанскую в наследственный удел!» 12 Были они тогда
народом малочисленным, почти чужеземцами были
в ней. 13 Когда переходили они от народа к народу, от
царства к племени другому, 14 не позволял Он нико-
му притеснять их; предупреждал о них царей: 15 «Не
троньте помазанников Моих; не причиняйте зла про-
рокам Моим!» 16 Он призвал голод в страну, сокрушил
всякую опору хлебную. 17 Но перед ними послал мужа:
Йосефа продали в рабство. 18 Страдали под канда-
лами ноги его; заковали его в железный ошейник[102].
19 До тех пор, пока не пришло время исполнения сло-
ва Его, очищал его приговор Господен. 20 Послал царь
– и расковали его. Послал владыку народов – и ос-
вободили его, 21 поставил его господином над домом
своим, управителем над всем имуществом своим;
22 чтобы управлять чиновниками по воле своей, учить
мудрости старейшин. 23 Так пришел Израиль в Египет,
и поселился Яаков в земле Хама[103]. 24 И сделал Он на-
род Свой очень многочисленным, сильнее врагов его.
25 Он склонил сердца их к ненависти к народу Своему,
к злоумышлению против рабов Его. 26 Он послал
Моше, раба Своего, и Аарона, избранника Своего.
27 Через них были совершены чудеса и знамения в
земле Хама. 28 Он послал тьму, и наступила тьма, не
нарушила повеления Его. 29 Он обратил воды в кровь;

ל שָׁרַץ אַרְצָם צְפַרְדְּעִים בְּחַדְרֵי מַלְכֵיהֶם׃ לא אָמַר
וַיָּבֹא עָרֹב כִּנִּים בְּכָל־גְּבוּלָם׃ לב נָתַן גִּשְׁמֵיהֶם בָּרָד
אֵשׁ לֶהָבוֹת בְּאַרְצָם׃ לג וַיַּךְ גַּפְנָם וּתְאֵנָתָם וַיְשַׁבֵּר
עֵץ גְּבוּלָם׃ לד אָמַר וַיָּבֹא אַרְבֶּה וְיֶלֶק וְאֵין מִסְפָּר׃
לה וַיֹּאכַל כָּל־עֵשֶׂב בְּאַרְצָם וַיֹּאכַל פְּרִי אַדְמָתָם׃ לו וַיַּךְ
כָּל־בְּכוֹר בְּאַרְצָם רֵאשִׁית לְכָל־אוֹנָם׃ לז וַיּוֹצִיאֵם בְּכֶסֶף
וְזָהָב וְאֵין בִּשְׁבָטָיו כּוֹשֵׁל׃ לח שָׂמַח מִצְרַיִם בְּצֵאתָם
כִּי־נָפַל פַּחְדָּם עֲלֵיהֶם׃ לט פָּרַשׂ עָנָן לְמָסָךְ וְאֵשׁ
לְהָאִיר לָיְלָה׃ מ שָׁאַל וַיָּבֵא שְׂלָו וְלֶחֶם שָׁמַיִם
יַשְׂבִּיעֵם׃ מא פָּתַח צוּר וַיָּזוּבוּ מָיִם הָלְכוּ בַּצִּיּוֹת נָהָר׃
מב כִּי זָכַר אֶת־דְּבַר קָדְשׁוֹ אֶת־אַבְרָהָם עַבְדּוֹ׃
מג וַיּוֹצִא עַמּוֹ בְשָׂשׂוֹן בְּרִנָּה אֶת־בְּחִירָיו׃ מד וַיִּתֵּן
לָהֶם אַרְצוֹת גּוֹיִם וַעֲמַל לְאֻמִּים יִירָשׁוּ׃ מה בַּעֲבוּר ׀
יִשְׁמְרוּ חֻקָּיו וְתוֹרֹתָיו יִנְצֹרוּ הַלְלוּ־יָהּ׃

קו.

זה המזמור קאי על הקודם, ואמר המשורר הודו להי על שעשה לנו עוד ניסים מה שלא זכרנו מקדם כאשר מי ימלל גבורות הי אם באנו לספר מי יוכל למלל הכל:

יום כב

א הַלְלוּיָהּ ׀ הוֹדוּ לַיהוָה כִּי־טוֹב כִּי לְעוֹלָם חַסְדּוֹ׃

погубил рыбу в них. 30 Наполнил страну их лягушка-
ми, вплоть до покоев царских. 31 Повелел Он, – вторг-
лись звери дикие; вши во все их пределы. 32 Град сы-
пался дождем на них, огонь пылающий на страну их,
33 побил виноградники и инжир, переломал деревья в
пределах их. 34 Повелел Он – налетела саранча стая-
ми бесчисленными. 35 Съела всю траву в стране, съела
все плоды в стране их. 36 Перебил Он всех первенцев
в стране их, плод юной силы. 37 Вывел тех с сереб-
ром и золотом; никто среди колен Его не споткнулся.
38 Радовались египтяне исходу их, ибо были охвачены
страхом. 39 Распростер облако, как занавес; огонь – для
освещения ночи. 40 Просили они – и Он послал перепе-
лов, насытил их хлебом небесным. 41 Расколол Он ска-
лу – и забила вода, потекла рекой по пустыне! 42 Когда
вспомнил Он слово святое Свое, данное рабу Своему
Аврааму, 43 вывел народ Свой в радости, с пением – из-
бранных Своих. 44 Он отдал им земли народов; отдал в
наследие имущество племен. 45 Чтобы соблюдали зако-
ны Его, чтобы хранили Его учения. Восхвалите Бога!

106

Псалом продолжает тему предыдущего и восхваляет Всевышнего за чудеса, которые не были в нем упомянуты, ибо: "Кто изречёт могущество Всевышнего?" Взявшись перечислить, кто сможет всех их упомянуть?!

День 22 הללויה 1 Восхвалите Бога! Благодарите Господа за
блага Его, за то, что на века покровительство Его! 2 Кто

ב מִי יְמַלֵּל גְּבוּרוֹת יְהֹוָה יַשְׁמִיעַ כָּל־תְּהִלָּתוֹ: ג אַשְׁרֵי
שֹׁמְרֵי מִשְׁפָּט עֹשֵׂה צְדָקָה בְכָל־עֵת: ד זָכְרֵנִי יְהֹוָה
בִּרְצוֹן עַמֶּךָ פָּקְדֵנִי בִּישׁוּעָתֶךָ: ה לִרְאוֹת | בְּטוֹבַת
בְּחִירֶיךָ לִשְׂמֹחַ בְּשִׂמְחַת גּוֹיֶךָ לְהִתְהַלֵּל עִם־נַחֲלָתֶךָ:
ו חָטָאנוּ עִם־אֲבוֹתֵינוּ הֶעֱוִינוּ הִרְשָׁעְנוּ: ז אֲבוֹתֵינוּ
בְמִצְרַיִם | לֹא־הִשְׂכִּילוּ נִפְלְאוֹתֶיךָ לֹא זָכְרוּ אֶת־רֹב
חֲסָדֶיךָ וַיַּמְרוּ עַל־יָם בְּיַם־סוּף: ח וַיּוֹשִׁיעֵם לְמַעַן שְׁמוֹ
לְהוֹדִיעַ אֶת־גְּבוּרָתוֹ: ט וַיִּגְעַר בְּיַם־סוּף וַיֶּחֱרָב וַיּוֹלִיכֵם
בַּתְּהֹמוֹת כַּמִּדְבָּר: י וַיּוֹשִׁיעֵם מִיַּד שׂוֹנֵא וַיִּגְאָלֵם מִיַּד
אוֹיֵב: יא וַיְכַסּוּ־מַיִם צָרֵיהֶם אֶחָד מֵהֶם לֹא נוֹתָר:
יב וַיַּאֲמִינוּ בִדְבָרָיו יָשִׁירוּ תְּהִלָּתוֹ: יג מִהֲרוּ שָׁכְחוּ מַעֲשָׂיו
לֹא־חִכּוּ לַעֲצָתוֹ: יד וַיִּתְאַוּוּ תַאֲוָה בַּמִּדְבָּר וַיְנַסּוּ־אֵל
בִּישִׁימוֹן: טו וַיִּתֵּן לָהֶם שֶׁאֱלָתָם וַיְשַׁלַּח רָזוֹן בְּנַפְשָׁם:
טז וַיְקַנְאוּ לְמֹשֶׁה בַּמַּחֲנֶה לְאַהֲרֹן קְדוֹשׁ יְהֹוָה:
יז תִּפְתַּח־אֶרֶץ וַתִּבְלַע דָּתָן וַתְּכַס עַל־עֲדַת אֲבִירָם:
יח וַתִּבְעַר־אֵשׁ בַּעֲדָתָם לֶהָבָה תְּלַהֵט רְשָׁעִים: יט יַעֲשׂוּ־
עֵגֶל בְּחֹרֵב וַיִּשְׁתַּחֲווּ לְמַסֵּכָה: כ וַיָּמִירוּ אֶת־כְּבוֹדָם

сможет выразить могущество Господне, кто поведает
обо всей славе Его? 3 Счастливы соблюдающие закон,
счастлив поступающий справедливо во всякое время!
4 Вспомни обо мне, Господь, когда явишь милость на-
роду Своему; в спасении – обрати на меня внимание,
5 чтобы увидел я счастье избранников Твоих, чтобы
радовался вместе с народом Твоим, чтобы гордился
я вместе с уделом Твоим. 6 Грешили мы, как грешили
предки наши, поступали беззаконно, совершали пре-
ступления. 7 Не приняли к сердцу наши предки чудес
Твоих в Египте, не запомнили великого покровитель-
ства Твоего, и возмутились они у моря, у Чермного
моря[104]. 8 Но Он спас их, ради Имени Своего, ради того,
чтобы стало известным могущество Его. 9 Прикрикнул
Он на море Чермное, – и пересохло оно; повел Он их
через бездну, как по пустыне. 10 Спас Он их от рук не-
навистников; избавил от рук врагов. 11 Покрыли воды
преследователей их, ни одного не осталось. 12 Тогда
поверили они слову Его, пели хвалы Ему. 13 Быстро по-
забыли деяния Его, не дождались исполнения Его пла-
на; 14 начали вожделеть они [мяса] в пустыне, испыты-
вать Бога в пустоши! 15 Дал Он им то, о чем просили,
но отравой это оказалось для них. 16 Завидовали они
Моше в стане и Аѓарону, освященному Господом. 17 Но
разверзлась земля и поглотила Датана, сомкнулась над
общиной Авирама, 18 огонь занялся в общине их; пламя
спалило преступников… 19 Сделали они тельца в Хоре-

בְּתַבְנִית שׁוֹר אֹכֵל עֵשֶׂב: כא שָׁכְחוּ אֵל מוֹשִׁיעָם
עֹשֶׂה גְדֹלוֹת בְּמִצְרָיִם: כב נִפְלָאוֹת בְּאֶרֶץ חָם נוֹרָאוֹת
עַל־יַם־סוּף: כג וַיֹּאמֶר לְהַשְׁמִידָם לוּלֵי מֹשֶׁה בְחִירוֹ
עָמַד בַּפֶּרֶץ לְפָנָיו לְהָשִׁיב חֲמָתוֹ מֵהַשְׁחִית: כד וַיִּמְאֲסוּ
בְּאֶרֶץ חֶמְדָּה לֹא־הֶאֱמִינוּ לִדְבָרוֹ: כה וַיֵּרָגְנוּ בְאָהֳלֵיהֶם
לֹא שָׁמְעוּ בְּקוֹל יְהוָה: כו וַיִּשָּׂא יָדוֹ לָהֶם לְהַפִּיל אוֹתָם
בַּמִּדְבָּר: כז וּלְהַפִּיל זַרְעָם בַּגּוֹיִם וּלְזָרוֹתָם בָּאֲרָצוֹת:
כח וַיִּצָּמְדוּ לְבַעַל פְּעוֹר וַיֹּאכְלוּ זִבְחֵי מֵתִים: כט וַיַּכְעִיסוּ
בְּמַעַלְלֵיהֶם וַתִּפְרָץ־בָּם מַגֵּפָה: ל וַיַּעֲמֹד פִּינְחָס וַיְפַלֵּל
וַתֵּעָצַר הַמַּגֵּפָה: לא וַתֵּחָשֶׁב לוֹ לִצְדָקָה לְדֹר וָדֹר
עַד־עוֹלָם: לב וַיַּקְצִיפוּ עַל־מֵי מְרִיבָה וַיֵּרַע לְמֹשֶׁה
בַּעֲבוּרָם: לג כִּי־הִמְרוּ אֶת־רוּחוֹ וַיְבַטֵּא בִּשְׂפָתָיו:
לד לֹא־הִשְׁמִידוּ אֶת־הָעַמִּים אֲשֶׁר אָמַר יְהוָה לָהֶם:
לה וַיִּתְעָרְבוּ בַגּוֹיִם וַיִּלְמְדוּ מַעֲשֵׂיהֶם: לו וַיַּעַבְדוּ אֶת־
עֲצַבֵּיהֶם וַיִּהְיוּ לָהֶם לְמוֹקֵשׁ: לז וַיִּזְבְּחוּ אֶת־בְּנֵיהֶם
וְאֶת־בְּנוֹתֵיהֶם לַשֵּׁדִים: לח וַיִּשְׁפְּכוּ דָם נָקִי דַּם־בְּנֵיהֶם
וּבְנוֹתֵיהֶם אֲשֶׁר זִבְּחוּ לַעֲצַבֵּי כְנָעַן וַתֶּחֱנַף הָאָרֶץ

ве; преклонялись перед идолом литым; 20 и променяли
Славу свою на изображение быка, жующего траву. 21
Позабыли Бога, спасавшего их, сотворившего деяния
великие в Египте, 22 о чудесах в земле Хама, о грозных
деяниях над морем Чермным! 23 Постановил уничто-
жить их, [и уничтожил бы], если бы Моше, избранник
Его, не встал в проломе перед лицом Его, чтобы отве-
сти гнев Его и не дать погубить... 24 Пренебрегли они
землею прекрасной, не поверили слову Его. 25 Роптали
они в шатрах своих, не слушали голоса Господня. 26 И
поднял Он руку Свою, чтобы уничтожить их в пустыне,
27 чтобы дети их погибли, оставаясь между народами,
чтобы рассеять их по всем странам... 28 Прилепились
они к Баалу-Пеору, ели жертвы, приносимые мертве-
цам. 29 Разгневали Его поступками своими, и разра-
зился между ними мор. 30 Но встал Пинхас, и свершил
расправу, и унялся мор. 31 И это было зачтено ему в
заслугу на все поколения, навсегда. 32 Вызвали гнев
Его у Меривы – и из-за них пришла беда на Моше,
33 ибо заставили его испытать горечь в душе, и Он мол-
вил это... 34 Не уничтожили они племен, про которых
повелел это Господь. 35 Перемешались с народами, и
научились их делам. 36 Служили они идолам их, что и
стало для них западнею. 37 Приносили своих сыновей
и дочерей в жертву бесам, 38 проливали кровь невин-
ную, кровь сыновей и дочерей своих в жертву прино-
сили идолам Ханаанским, – и была осквернена земля

בַּדָּמִים׃ לט וַיִּטְמְאוּ בְמַעֲשֵׂיהֶם וַיִּזְנוּ בְּמַעַלְלֵיהֶם׃
מ וַיִּחַר־אַף יְהוָה בְּעַמּוֹ וַיְתָעֵב אֶת־נַחֲלָתוֹ׃ מא וַיִּתְּנֵם
בְּיַד־גּוֹיִם וַיִּמְשְׁלוּ בָהֶם שֹׂנְאֵיהֶם׃ מב וַיִּלְחָצוּם
אוֹיְבֵיהֶם וַיִּכָּנְעוּ תַּחַת יָדָם׃ מג פְּעָמִים רַבּוֹת יַצִּילֵם
וְהֵמָּה יַמְרוּ בַעֲצָתָם וַיָּמֹכּוּ בַּעֲוֺנָם׃ מד וַיַּרְא בַּצַּר לָהֶם
בְּשָׁמְעוֹ אֶת־רִנָּתָם׃ מה וַיִּזְכֹּר לָהֶם בְּרִיתוֹ וַיִּנָּחֵם כְּרֹב
חֲסָדָו׃ מו וַיִּתֵּן אוֹתָם לְרַחֲמִים לִפְנֵי כָּל־שׁוֹבֵיהֶם׃
מז הוֹשִׁיעֵנוּ ׀ יְהוָה אֱלֹהֵינוּ וְקַבְּצֵנוּ מִן־הַגּוֹיִם לְהֹדוֹת
לְשֵׁם קָדְשֶׁךָ לְהִשְׁתַּבֵּחַ בִּתְהִלָּתֶךָ׃ מח בָּרוּךְ יְהוָה ׀
אֱלֹהֵי יִשְׂרָאֵל מִן־הָעוֹלָם ׀ וְעַד הָעוֹלָם וְאָמַר כָּל־הָעָם
אָמֵן הַלְלוּ־יָהּ׃

ספר חמישי

ליום ששי

קז.

זה המזמור נאמר על ארבעה שיצאו מצרה לרוחה צריכים להודות לה', כי בעונש חטאם היו בצרה ובחסד אלהים נצלו ומהראוי לשבח ולספר בפני רבים:

א הֹדוּ לַיהוָה כִּי־טוֹב כִּי לְעוֹלָם חַסְדּוֹ׃ ב יֹאמְרוּ

кровью. 39 Осквернили себя деяниями их, блудили их
блудом... 40 И возгорелся гнев Господа на народ Свой,
и отверг Он наследие Свое. 41 Отдал Он их в руки на-
родов, под власть врагов. 42 Преследовали их враги,
подчинили себе... 43 Многократно Он спасал их; но они
огорчали Его своими решениями, и стали униженны-
ми из-за грехов своих. 44 Когда видел Он несчастье их,
когда слышал их мольбы, 45 вспоминал о союзе Своем
с ними, и передумывал, по великой милости Своей,
46 и вызвал к ним милосердие у пленивших их... 47 Спа-
си нас, Господь, Бог наш, собери нас из народов, –
чтобы мы славили святое имя Твое, чтобы гордились
мы Твоею славою! 48 Благословен Господь, Бог Изра-
иля, от века и до века! И скажет весь народ: Амен!
Восхвалите Бога!

КНИГА ПЯТАЯ

ПЯТНИЦА

107

Псалом говорит о четырёх опасностях (тюремное заключение, болезнь, переход через пустыню и пересечение моря), спасшись из которых, человек должен благодарить Всевышнего, поскольку он был в опасности в наказание за грехи и Бог избавил его по своей милости. Желательно благодарить Всевышнего и рассказывать об избавлении прилюдно.

הדו 1 «Благодарите Господа, ибо Он добр, ибо наве-
ки покровительство Его!» – 2 Провозгласите это спа-

גְּאוּלֵי יְהֹוָה אֲשֶׁר גְּאָלָם מִיַּד־צָר׃ ג וּמֵאֲרָצוֹת קִבְּצָם
מִמִּזְרָח וּמִמַּעֲרָב מִצָּפוֹן וּמִיָּם׃ ד תָּעוּ בַמִּדְבָּר בִּישִׁימוֹן
דָּרֶךְ עִיר מוֹשָׁב לֹא מָצָאוּ׃ ה רְעֵבִים גַּם־צְמֵאִים
נַפְשָׁם בָּהֶם תִּתְעַטָּף׃ ו וַיִּצְעֲקוּ אֶל־יְהֹוָה בַּצַּר לָהֶם
מִמְּצוּקוֹתֵיהֶם יַצִּילֵם׃ ז וַיַּדְרִיכֵם בְּדֶרֶךְ יְשָׁרָה לָלֶכֶת
אֶל־עִיר מוֹשָׁב׃ ח יוֹדוּ לַיהֹוָה חַסְדּוֹ וְנִפְלְאוֹתָיו לִבְנֵי
אָדָם׃ ט כִּי־הִשְׂבִּיעַ נֶפֶשׁ שֹׁקֵקָה וְנֶפֶשׁ רְעֵבָה מִלֵּא־
טוֹב׃ י יֹשְׁבֵי חֹשֶׁךְ וְצַלְמָוֶת אֲסִירֵי עֳנִי וּבַרְזֶל׃ יא כִּי־
הִמְרוּ אִמְרֵי־אֵל וַעֲצַת עֶלְיוֹן נָאָצוּ׃ יב וַיַּכְנַע בֶּעָמָל
לִבָּם כָּשְׁלוּ וְאֵין עֹזֵר׃ יג וַיִּזְעֲקוּ אֶל־יְהֹוָה בַּצַּר לָהֶם
מִמְּצוּקוֹתֵיהֶם יוֹשִׁיעֵם׃ יד יוֹצִיאֵם מֵחֹשֶׁךְ וְצַלְמָוֶת
וּמוֹסְרוֹתֵיהֶם יְנַתֵּק׃ טו יוֹדוּ לַיהֹוָה חַסְדּוֹ וְנִפְלְאוֹתָיו
לִבְנֵי אָדָם׃ טז כִּי־שִׁבַּר דַּלְתוֹת נְחֹשֶׁת וּבְרִיחֵי בַרְזֶל
גִּדֵּעַ׃ יז אֱוִלִים מִדֶּרֶךְ פִּשְׁעָם וּמֵעֲוֹנֹתֵיהֶם יִתְעַנּוּ׃ יח כָּל־
אֹכֶל תְּתַעֵב נַפְשָׁם וַיַּגִּיעוּ עַד־שַׁעֲרֵי־מָוֶת׃ יט וַיִּזְעֲקוּ
אֶל־יְהֹוָה בַּצַּר לָהֶם מִמְּצוּקוֹתֵיהֶם יוֹשִׁיעֵם׃ כ יִשְׁלַח
דְּבָרוֹ וְיִרְפָּאֵם וִימַלֵּט מִשְּׁחִיתוֹתָם׃ כא יוֹדוּ לַיהֹוָה חַסְדּוֹ

сенные Господом, избавленные Им от рук врагов,
3 собранные Им со стольких стран: с востока и запада,
с севера и юга. 4 Когда заблудились они в пустыне, не
находя дороги к городу населенному, 5 страдали от го-
лода и жажды, то пали духом. 6 И воззвали к Господу
в беде своей, и Он спас их от бедствия, 7 повел их
прямой дорогой к городу населенному. 8 Пусть благо-
дарят они Господа за покровительство Его, за чудеса,
дарованные сынам человеческим, 9 за то, что напоил
жаждущих, накормил голодных! 10 Когда сидели они
во тьме, под сенью смерти, закованные в железа стра-
дания, 11 за то, что бунтовали против постановлений
Божьих, пренебрегли решением Всевышнего, 12 Он
страданием подчинил их сердца. Пали они и не было
помощника. 13 И воззвали к Господу в беде своей, и
Он спас их от бедствий, 14 вывел их из тьмы, из-под
сени смертной, разбил кандалы их. 15 Пусть благода-
рят они Господа за покровительство Его, за чудеса,
дарованные сынам человеческим! 16 За то, что разбил
Он двери медные, рассек засовы железные! 17 Больные
[в наказание] за путь грехов своих, погруженные в
страдания свои! 18 Когда всякую пищу отвергает душа
их, и уже приблизились к вратам смерти, 19 и воззвали
к Господу в беде своей, и Он спас их от бедствия,
20 послал слово Свое – и исцелил их, спас от могилы.
21 Пусть благодарят они Господа за покровительство

וְנִפְלְאוֹתָיו לִבְנֵי אָדָם: כב וְיִזְבְּחוּ זִבְחֵי תוֹדָה וִיסַפְּרוּ
מַעֲשָׂיו בְּרִנָּה: כג יוֹרְדֵי הַיָּם בָּאֳנִיּוֹת עֹשֵׂי מְלָאכָה
בְּמַיִם רַבִּים: כד הֵמָּה רָאוּ מַעֲשֵׂי יְהוָה וְנִפְלְאוֹתָיו
בִּמְצוּלָה: כה וַיֹּאמֶר וַיַּעֲמֵד רוּחַ סְעָרָה וַתְּרוֹמֵם גַּלָּיו:
כו יַעֲלוּ שָׁמַיִם יֵרְדוּ תְהוֹמוֹת נַפְשָׁם בְּרָעָה תִתְמוֹגָג:
כז יָחוֹגּוּ וְיָנוּעוּ כַּשִּׁכּוֹר וְכָל־חָכְמָתָם תִּתְבַּלָּע: כח וַיִּצְעֲקוּ
אֶל־יְהוָה בַּצַּר לָהֶם וּמִמְּצוּקֹתֵיהֶם יוֹצִיאֵם: כט יָקֵם
סְעָרָה לִדְמָמָה וַיֶּחֱשׁוּ גַּלֵּיהֶם: ל וַיִּשְׂמְחוּ כִי־יִשְׁתֹּקוּ
וַיַּנְחֵם אֶל־מְחוֹז חֶפְצָם: לא יוֹדוּ לַיהוָה חַסְדּוֹ וְנִפְלְאוֹתָיו
לִבְנֵי אָדָם: לב וִירוֹמְמוּהוּ בִּקְהַל עָם וּבְמוֹשַׁב זְקֵנִים
יְהַלְלוּהוּ: לג יָשֵׂם נְהָרוֹת לְמִדְבָּר וּמֹצָאֵי מַיִם לְצִמָּאוֹן:
לד אֶרֶץ פְּרִי לִמְלֵחָה מֵרָעַת יֹשְׁבֵי בָהּ: לה יָשֵׂם מִדְבָּר
לַאֲגַם־מַיִם וְאֶרֶץ צִיָּה לְמֹצָאֵי מָיִם: לו וַיּוֹשֶׁב שָׁם
רְעֵבִים וַיְכוֹנְנוּ עִיר מוֹשָׁב: לז וַיִּזְרְעוּ שָׂדוֹת וַיִּטְּעוּ
כְרָמִים וַיַּעֲשׂוּ פְּרִי תְבוּאָה: לח וַיְבָרְכֵם וַיִּרְבּוּ מְאֹד
וּבְהֶמְתָּם לֹא יַמְעִיט: לט וַיִּמְעֲטוּ וַיָּשֹׁחוּ מֵעֹצֶר רָעָה

Его, за чудеса, дарованные сынам человеческим!
22 Пусть они принесут жертвы благодарности; пусть
в песнях расскажут о делах Его! 23 Выходящие на
кораблях в море, работники на водах великих, 24 те
видели творения Господа и чудеса Его в пучинах:
25 изрек Он – и поднялся ветер бурный, вздымающий
валы. 26 Взлетали до небес и падали в бездну, душа
их трепетала в несчастии! 27 Кружились и шатались
они, словно пьяные; бессильно было все мастерство
их. 28 И воззвали они к Господу в беде своей, и Он из
бедствия их вывел. 29 Сменил бурю тишиною, успоко-
ил волны. 30 Радовались они покою, тому, что при-
вел Он их к цели желанной. 31 Пусть благодарят они
Господа за покровительство Его, за чудеса, дарован-
ные сынам человеческим! 32 Пусть расскажут о вели-
чии Его в собрании многолюдном; пусть воздадут Ему
хвалу на заседании старейшин! 33 Он превращает ре-
ки в пустыню, и источники – в местность безводную;
34 страну плодородную – в солончак, за грехи жителей
ее. 35 Он обращает пустыню в озеро, землю иссохшую
– в источники. 36 Он поселяет там голодных; и они ос-
новывают там город обитаемый. 37 Засевают они поля,
сажают виноградники, выращивают урожай. 38 Бла-
гословляет Он их, – и становятся многочисленными; и
поголовье скота их не уменьшается. 39 А были они ма-

וְיָגוֹן׃ מ שֹׁפֵךְ בּוּז עַל־נְדִיבִים וַיַּתְעֵם בְּתֹהוּ לֹא־דָרֶךְ׃
מא וַיְשַׂגֵּב אֶבְיוֹן מֵעוֹנִי וַיָּשֶׂם כַּצֹּאן מִשְׁפָּחוֹת׃ מב יִרְאוּ
יְשָׁרִים וְיִשְׂמָחוּ וְכָל־עַוְלָה קָפְצָה פִּיהָ׃ מג מִי־חָכָם
וְיִשְׁמָר־אֵלֶּה וְיִתְבּוֹנְנוּ חַסְדֵי יְהוָה׃

קח.

יום כג

א שִׁיר מִזְמוֹר לְדָוִד׃ ב נָכוֹן לִבִּי אֱלֹהִים אָשִׁירָה
וַאֲזַמְּרָה אַף־כְּבוֹדִי׃ ג עוּרָה הַנֵּבֶל וְכִנּוֹר אָעִירָה שָּׁחַר׃
ד אוֹדְךָ בָעַמִּים ׀ יְהוָה וַאֲזַמֶּרְךָ בַּלְאֻמִּים׃ ה כִּי־גָדֹל
מֵעַל־שָׁמַיִם חַסְדֶּךָ וְעַד־שְׁחָקִים אֲמִתֶּךָ׃ ו רוּמָה עַל־
שָׁמַיִם אֱלֹהִים וְעַל כָּל־הָאָרֶץ כְּבוֹדֶךָ׃ ז לְמַעַן יֵחָלְצוּן
יְדִידֶיךָ הוֹשִׁיעָה יְמִינְךָ וַעֲנֵנִי׃ ח אֱלֹהִים ׀ דִּבֶּר בְּקָדְשׁוֹ
אֶעְלֹזָה אֲחַלְּקָה שְׁכֶם וְעֵמֶק סֻכּוֹת אֲמַדֵּד׃ ט לִי גִלְעָד ׀
לִי מְנַשֶּׁה וְאֶפְרַיִם מָעוֹז רֹאשִׁי יְהוּדָה מְחֹקְקִי׃ י מוֹאָב ׀
סִיר רַחְצִי עַל־אֱדוֹם אַשְׁלִיךְ נַעֲלִי עֲלֵי פְלֶשֶׁת אֶתְרוֹעָע׃
יא מִי יֹבִלֵנִי עִיר מִבְצָר מִי נָחַנִי עַד־אֱדוֹם׃ יב הֲלֹא־
אֱלֹהִים זְנַחְתָּנוּ וְלֹא־תֵצֵא אֱלֹהִים בְּצִבְאֹתֵינוּ׃ יג הָבָה־

лочисленными и согбенными от постоянной скудости
и горя. 40 Он изливает позор на вельмож, заставляет их
блуждать в пустыне без дороги. 41 И возносит нищего
из бедности, делает семейства [многочисленным], как
стадо. 42 Видят праведники и радуются, и всякое кри-
водушие поджимает губы... 43 Тот, кто мудр, запомнит
это, поймет [пути] покровительства Господа!

108

День 23 שיר 1 Песнь. Псалом Давида. 2 Твердо сердце мое,
Боже, от всей души буду я петь и играть! 3 Просни-
тесь, арфа и лира, разбужу утреннюю зарю! 4 Перед
всеми народами буду петь Тебе, Господи, славу; пе-
ред всеми племенами воспою Тебя! 5 Выше небес по-
кровительство Твое, до туч небесных – истина Твоя.
6 Вознесись в славе Своей, Боже, над небесами, над
всей землею! 7 Ответь мне, ради спасения возлюблен-
ных Твоих! Спаси десницею Своей! Ответь мне!
8 [Когда] говорил Бог в святости Своей, я знал, что та-
кое радость! Провел раздел Шхема и отмерил наделы
в долине Суккот! 9 Мой Гилеад, мой Менаше, Эфраим
– главная крепость моя, Йеѓуда – основа власти моей!
10 Моав – умывальная чаша моя; на Эдом забрасывал
башмак свой; над Филистией трубный клич мой![105]
11 Кто привел меня к граду укрепленному? Кто указал
мне путь к Эдому? 12 Боже, Ты оставил нас! Не выхо-
дишь, Боже, с войсками нашими! 13 Даруй нам помощь

לָֽנוּ עֶזְרָת מִצָּר וְשָׁוְא תְּשׁוּעַת אָדָם׃ יד בֵּאלֹהִים נַעֲשֶׂה־
חָיִל וְהוּא יָבוּס צָרֵינוּ׃

קט.

חברו דוד בברחו מפני שאול ובאותו פעם היה לו הרבה שונאים שהיו מדברים רק רע עליו והיו מראין אליו כאלו היו אוהביו לכך היה מקלל במר נפשו:

א לַמְנַצֵּחַ לְדָוִד מִזְמוֹר אֱלֹהֵי תְהִלָּתִי אַל־תֶּחֱרַשׁ׃
ב כִּי פִי רָשָׁע וּפִי־מִרְמָה עָלַי פָּתָחוּ דִּבְּרוּ אִתִּי לְשׁוֹן
שָׁקֶר׃ ג וְדִבְרֵי שִׂנְאָה סְבָבוּנִי וַיִּלָּחֲמוּנִי חִנָּם׃ ד תַּחַת־
אַהֲבָתִי יִשְׂטְנוּנִי וַאֲנִי תְפִלָּה׃ ה וַיָּשִׂימוּ עָלַי רָעָה
תַּחַת טוֹבָה וְשִׂנְאָה תַּחַת אַהֲבָתִי׃ ו הַפְקֵד עָלָיו
רָשָׁע וְשָׂטָן יַעֲמֹד עַל־יְמִינוֹ׃ ז בְּהִשָּׁפְטוֹ יֵצֵא רָשָׁע
וּתְפִלָּתוֹ תִּהְיֶה לַחֲטָאָה׃ ח יִהְיוּ־יָמָיו מְעַטִּים פְּקֻדָּתוֹ
יִקַּח אַחֵר׃ ט יִהְיוּ־בָנָיו יְתוֹמִים וְאִשְׁתּוֹ אַלְמָנָה׃ י וְנוֹעַ
יָנוּעוּ בָנָיו וְשִׁאֵלוּ וְדָרְשׁוּ מֵחָרְבוֹתֵיהֶם׃ יא יְנַקֵּשׁ נוֹשֶׁה
לְכָל־אֲשֶׁר־לוֹ וְיָבֹזּוּ זָרִים יְגִיעוֹ׃ יב אַל־יְהִי־לוֹ מֹשֵׁךְ
חָסֶד וְאַל־יְהִי חוֹנֵן לִיתוֹמָיו׃ יג יְהִי־אַחֲרִיתוֹ לְהַכְרִית
בְּדוֹר אַחֵר יִמַּח שְׁמָם׃ יד יִזָּכֵר | עֲוֺן אֲבֹתָיו אֶל־יְהֹוָה
וְחַטַּאת אִמּוֹ אַל־תִּמָּח׃ טו יִהְיוּ נֶגֶד־יְהֹוָה תָּמִיד וְיַכְרֵת

против врага, спасение не в силах человеческих!
14 С Богом же мы победим. Он разгромит врагов на-
ших!

109

Этот псалом был составлен Давидом во время бегства от Саула. В то время у него было множество ненавистников, которые, выдавая себя за друзей, лишь злословили о нём. Давид проклинает их с горечью в душе.

למנצח 1 Руководителю. Давида псалом. Бог хвалы
моей, не оставайся глухим! 2 Ибо злодейство и об-
ман держат речь против меня; говорят ложь обо мне;
3 слова ненависти стоят вокруг меня, воюют со мной
без причины. 4 За любовь платят мне обвинением, я
же – сама молитва! 5 Воздают мне злом за добро, не-
навистью – за любовь. 6 «Назначь [в судьи] ему зло-
дея, поставь обвинителя справа от него! 7 Пусть будет
признан виновным в суде, пусть безуспешной будет
молитва его! 8 Пусть краткими будут его дни, и долж-
ность его займет другой! 9 Пусть дети его станут си-
ротами и жена – вдовою! 10 Пусть шатаются его дети,
попрошайничают и роются в развалинах! 11 Пусть
пустит с молотка заимодавец все его [имущество];
пусть чужие захватят накопленное им! 12 Пусть ник-
то не простреt над ним покровительство, не пожа-
леет сирот его! 13 Пусть уничтожено будет потомство
его; пусть исчезнет имя его в следующем поколении!
14 Пусть останутся в памяти Господа прегрешения его
отцов, не сотрется грех матери его! 15 Пусть всегда ос-

מֵאֶרֶץ זִכְרָם: טז יַעַן אֲשֶׁר | לֹא־זָכַר עֲשׂוֹת חָסֶד
וַיִּרְדֹּף אִישׁ־עָנִי וְאֶבְיוֹן וְנִכְאֵה לֵבָב לְמוֹתֵת: יז וַיֶּאֱהַב
קְלָלָה וַתְּבוֹאֵהוּ וְלֹא־חָפֵץ בִּבְרָכָה וַתִּרְחַק מִמֶּנּוּ:
יח וַיִּלְבַּשׁ קְלָלָה כְּמַדּוֹ וַתָּבֹא כַמַּיִם בְּקִרְבּוֹ וְכַשֶּׁמֶן
בְּעַצְמוֹתָיו: יט תְּהִי־לוֹ כְּבֶגֶד יַעְטֶה וּלְמֵזַח תָּמִיד
יַחְגְּרֶהָ: כ זֹאת | פְּעֻלַּת שֹׂטְנַי מֵאֵת יְהֹוָה וְהַדֹּבְרִים
רָע עַל־נַפְשִׁי: כא וְאַתָּה | יֱהֹוִה אֲדֹנָי עֲשֵׂה־אִתִּי לְמַעַן
שְׁמֶךָ כִּי־טוֹב חַסְדְּךָ הַצִּילֵנִי: כב כִּי־עָנִי וְאֶבְיוֹן אָנֹכִי
וְלִבִּי חָלַל בְּקִרְבִּי: כג כְּצֵל כִּנְטוֹתוֹ נֶהֱלָכְתִּי נִנְעַרְתִּי
כָּאַרְבֶּה: כד בִּרְכַּי כָּשְׁלוּ מִצּוֹם וּבְשָׂרִי כָּחַשׁ מִשָּׁמֶן:
כה וַאֲנִי | הָיִיתִי חֶרְפָּה לָהֶם יִרְאוּנִי יְנִיעוּן רֹאשָׁם:
כו עָזְרֵנִי יְהֹוָה אֱלֹהָי הוֹשִׁיעֵנִי כְחַסְדֶּךָ: כז וְיֵדְעוּ כִּי
יָדְךָ זֹּאת אַתָּה יְהֹוָה עֲשִׂיתָהּ: כח יְקַלְלוּ־הֵמָּה וְאַתָּה
תְבָרֵךְ קָמוּ | וַיֵּבֹשׁוּ וְעַבְדְּךָ יִשְׂמָח: כט יִלְבְּשׁוּ שׂוֹטְנַי
כְּלִמָּה וְיַעֲטוּ כַמְעִיל בָּשְׁתָּם: ל אוֹדֶה יְהֹוָה מְאֹד בְּפִי
וּבְתוֹךְ רַבִּים אֲהַלְלֶנּוּ: לא כִּי־יַעֲמֹד לִימִין אֶבְיוֹן לְהוֹשִׁיעַ
מִשֹּׁפְטֵי נַפְשׁוֹ:

таются они перед Господом, чтобы Он истребил па-
мять о нем на земле, 16 за то, что он сам не помнил, как
делать добро, преследовал несчастных и нищих, до
смерти преследовал сокрушенных сердцем! 17 Он лю-
бил проклятия, – и они пришли; не любил благосло-
вений, – и они отдалились. 18 Одевался в проклятие,
как в доспехи, – и вошло оно, как вода, во внутре-
нности его, как масло – в кости его. 19 Пусть оно бу-
дет ему и верхней одеждой, и нижним бельем!»[106]
20 Таким будет воздаяние Господа обвинителям моим,
клевещущим на меня! 21 Ты, Господь, Владыка мой,
ради имени Твоего, поступи со мной по благому пок-
ровительству Твоему, спаси меня! 22 Ибо я несчастен
и нищ, разбито сердце мое[a]. 23 Я хожу, словно тень;
словно кузнечика уносит меня. 24 Колени мои подги-
баются от постов, на теле нет ни капли жира. 25 Я стал
посмешищем для них; увидев меня, качают головою.
26 Помоги мне, Господь, Бог мой; спаси меня по ми-
лости Твоей! 27 Пусть узнают они, что тут – Твоя ру-
ка, что Ты это сделал, Господь! 28 Они проклинают, а
Ты благослови; они восстают – и узнают срам, а раб
Твой пусть радуется! 29 Пусть обвинители облекутся в
позор, окутаются срамом, как плащом. 30 А я буду бес-
предельно благодарить Господа, в присутствии мно-
гих вознесу Ему хвалу, 31 за то, что встал справа от бед-
ного, чтобы спасти его от смертного приговора!

а. Разбито сердце мое – может быть: «Сердце мое опустошено».

קי.

בו יסופר היאך ששאלו לאליעזר עבד אברהם ויספר היאך הרג אברהם מלכים גדולים וחיילותם,
עיין בפנים ותמצא שכל המזמור הולך על אברהם בשביל שהכיר את בוראו בילדותו
לכך זכה לשם:

א לְדָוִד מִזְמוֹר נְאֻם יְהוָה | לַאדֹנִי שֵׁב לִימִינִי עַד־
אָשִׁית אֹיְבֶיךָ הֲדֹם לְרַגְלֶיךָ: ב מַטֵּה עֻזְּךָ יִשְׁלַח יְהוָה
מִצִּיּוֹן רְדֵה בְּקֶרֶב אֹיְבֶיךָ: ג עַמְּךָ נְדָבֹת בְּיוֹם חֵילֶךָ
בְּהַדְרֵי־קֹדֶשׁ מֵרֶחֶם מִשְׁחָר לְךָ טַל יַלְדֻתֶיךָ: ד נִשְׁבַּע
יְהוָה | וְלֹא יִנָּחֵם אַתָּה־כֹהֵן לְעוֹלָם עַל־דִּבְרָתִי מַלְכִּי־
צֶדֶק: ה אֲדֹנָי עַל־יְמִינְךָ מָחַץ בְּיוֹם־אַפּוֹ מְלָכִים:
ו יָדִין בַּגּוֹיִם מָלֵא גְוִיּוֹת מָחַץ רֹאשׁ עַל־אֶרֶץ רַבָּה:
ז מִנַּחַל בַּדֶּרֶךְ יִשְׁתֶּה עַל־כֵּן יָרִים רֹאשׁ:

קיא.

זה המזמור נאמר בא"ב ובכל פסוק שני אותיות ובב' פסוקים אחרונים ג' אותיות, והמזמור קצר
ונכבד ידבר במעשה הקדוש ברוך הוא וגדולים מעשי ה':

א הַלְלוּיָהּ | אוֹדֶה יְהוָה בְּכָל־לֵבָב בְּסוֹד יְשָׁרִים
וְעֵדָה: ב גְּדֹלִים מַעֲשֵׂי יְהוָה דְּרוּשִׁים לְכָל־חֶפְצֵיהֶם:
ג הוֹד־וְהָדָר פָּעֳלוֹ וְצִדְקָתוֹ עֹמֶדֶת לָעַד: ד זֵכֶר עָשָׂה
לְנִפְלְאוֹתָיו חַנּוּן וְרַחוּם יְהוָה: ה טֶרֶף נָתַן לִירֵאָיו יִזְכֹּר
לְעוֹלָם בְּרִיתוֹ: ו כֹּחַ מַעֲשָׂיו הִגִּיד לְעַמּוֹ לָתֵת לָהֶם

110

Псалом пересказывает ответ Элиэзера, слуги Авраама, на вопрос, как Аврааму удалось победить армии четырёх царей. Читая, можно увидеть, что весь псалом говорит об Аврааме, достигшем выдающегося положения благодаря тому, что признал Творца в раннем возрасте.

לדוד 1 Давиду. Псалом. Слово Господне господину
моему: «Сиди справа от Меня, пока Я не сложу врагов
к подножию твоему!» 2 Скипетр могущества посыла-
ет тебе Господь с Сиона. Властвуй над врагами твои-
ми! 3 Народ добровольно стекается к горе святой в
день сбора войска! Еще от чрева матери, с зари дней
твоих, от росы детства твоего 4 поклялся Господь – и
не передумает: «Ты – священник на века, каким был
Малки-цедек – царь справедливости[107]!» 5 Владыка
мой по правую руку твою! Он разгромил царей в день
гнева Своего. 6 По Его приговору наполнилась земля
трупами врагов, размозженными черепами – земля ве-
ликая[108]. 7 Будет пить из ручья придорожного. А потому
возвышен!

111

Псалом составлен в порядке Алеф-Бет, каждый стих содержит две буквы и два последних стиха содержат три буквы. Этот короткий, но важный псалом говорит о деяниях Всевышнего и их величии.

הללויה 1 Восхвалите Бога От всего сердца принесу
благодарность Господу в собрании и общине правед-
ников! 2 Велики дела Господа; пытаются постичь их
все хранящие [память] о них[109]. 3 Деяния Его величе-
ственны и прекрасны; правосудие Его стоит в веках.
4 Господь милостивый и милосердный; Он установил
память чудесам Своим. 5 Пищу дает Он боящимся Его;
вечно помнит союз Свой. 6 Величие дел Своих явил Он

נַחֲלַת גּוֹיִם: ז מַעֲשֵׂי יָדָיו אֱמֶת וּמִשְׁפָּט נֶאֱמָנִים כָּל־
פִּקּוּדָיו: ח סְמוּכִים לָעַד לְעוֹלָם עֲשׂוּיִם בֶּאֱמֶת וְיָשָׁר:
ט פְּדוּת | שָׁלַח לְעַמּוֹ צִוָּה לְעוֹלָם בְּרִיתוֹ קָדוֹשׁ וְנוֹרָא
שְׁמוֹ: י רֵאשִׁית חָכְמָה | יִרְאַת יְהֹוָה שֵׂכֶל טוֹב
לְכָל־עֹשֵׂיהֶם תְּהִלָּתוֹ עֹמֶדֶת לָעַד:

קיב.

גם זה המזמור נאמר בא"ב, בכל פסוק שני אותיות ובשני אחרונים שלש, ומספר על מדות טובות שיבור לו אדם והיאך יתן צדקה ושכרו שלא יצטרך לבריות:

א הַלְלוּיָהּ | אַשְׁרֵי־אִישׁ יָרֵא אֶת־יְהֹוָה בְּמִצְוֹתָיו
חָפֵץ מְאֹד: ב גִּבּוֹר בָּאָרֶץ יִהְיֶה זַרְעוֹ דּוֹר יְשָׁרִים
יְבֹרָךְ: ג הוֹן־וָעֹשֶׁר בְּבֵיתוֹ וְצִדְקָתוֹ עֹמֶדֶת לָעַד:
ד זָרַח בַּחֹשֶׁךְ אוֹר לַיְשָׁרִים חַנּוּן וְרַחוּם וְצַדִּיק: ה טוֹב־
אִישׁ חוֹנֵן וּמַלְוֶה יְכַלְכֵּל דְּבָרָיו בְּמִשְׁפָּט: ו כִּי־לְעוֹלָם
לֹא־יִמּוֹט לְזֵכֶר עוֹלָם יִהְיֶה צַדִּיק: ז מִשְּׁמוּעָה רָעָה
לֹא יִירָא נָכוֹן לִבּוֹ בָּטֻחַ בַּיהֹוָה: ח סָמוּךְ לִבּוֹ לֹא
יִירָא עַד אֲשֶׁר־יִרְאֶה בְצָרָיו: ט פִּזַּר | נָתַן לָאֶבְיוֹנִים
צִדְקָתוֹ עֹמֶדֶת לָעַד קַרְנוֹ תָּרוּם בְּכָבוֹד: י רָשָׁע יִרְאֶה |
וְכָעָס שִׁנָּיו יַחֲרֹק וְנָמָס תַּאֲוַת רְשָׁעִים תֹּאבֵד:

Своему народу, передав им земли народов. 7 Дела рук
Его – правда и правосудие; истина – все заповеди Его,
8 твердо стоят они на века, стоят на правде и истине.
9 Спасение послал Он народу Своему; союз Свой навеки
повелел; свято и грозно имя Его! 10 Начало мудрости –
страх Божий; успех сопутствует всем исполняющим
[заповеди] Его: во все века воздают хвалу Ему!

112

Псалом составлен также в алфавитном порядке, так, что каждый полустих открывается со следующей буквы алфавита, а в последних двух стихах содержатся по три буквы. Псалом рассказывает о достойных чертах характера, которые следует приобрести человеку, и о том, что в награду за помощь ближнему ему не придется зависеть от других людей.

הללויה 1 Восхвалите Бога! Славен человек, боящийся
Господа, страстно любящий заповеди Его! 2 Влиятель-
ным[a] будет потомство его в стране, – родом праведни-
ков благословенных. 3 Богатство и изобилие – в доме
его, и справедливость его пребывает вовеки. 4 Милости-
вый, милосердный и справедливый пошлет во тьме
свет праведнику. 5 Благо человеку, милостиво дающе-
му и одалживающему, ведущему дела свои по закону.
6 Он никогда не оступится; вечную память оставит по
себе праведник. 7 Недоброй вести не убоится; твердо
сердце его, – надеется на Господа. 8 Уверен он в серд-
це своем, – не боится, [знает], что увидит гибель вра-
гов своих. 9 Щедро раздает нищим; и справедливость
его пребывает вовек, возвышен будет в славе и чести[б].
10 Видит это злодей и приходит в гнев, скрежещет зу-
бами и гибнет. Сгинут надежды злодея!

а. Влиятельным будет потомство его – в значение слова входит: сильным, здоровым и многочисленным, занимающим важные посты (Ибн-Яхъя). б. Буквально: «Рог его вознесен в славе (чести)». «Рог» в Писании, в контекстах, связанных с возвышением, имеет тот же смысл, что и корона – возвышение над остальными.

קיג.

בו יסופר נפלאות מיציאת מצרים:

יום כד

א הַֽלְלוּיָ֨הּ ׀ הַֽ֭לְלוּ עַבְדֵ֣י יְהוָ֑ה הַֽ֝לְלוּ אֶת־שֵׁ֥ם יְהוָֽה׃
ב יְהִ֤י שֵׁ֣ם יְהוָ֣ה מְבֹרָ֑ךְ מֵ֝עַתָּ֗ה וְעַד־עוֹלָֽם׃ ג מִמִּזְרַח־
שֶׁ֥מֶשׁ עַד־מְבוֹא֑וֹ מְ֝הֻלָּ֗ל שֵׁ֣ם יְהוָֽה׃ ד רָ֣ם עַל־כָּל־
גּוֹיִ֣ם ׀ יְהוָ֑ה עַ֖ל הַשָּׁמַ֣יִם כְּבוֹדֽוֹ׃ ה מִ֭י כַּיהוָ֣ה אֱלֹהֵ֑ינוּ
הַֽ֝מַּגְבִּיהִ֥י לָשָֽׁבֶת׃ ו הַֽמַּשְׁפִּילִ֥י לִרְא֑וֹת בַּשָּׁמַ֥יִם וּבָאָֽרֶץ׃
ז מְקִֽימִ֣י מֵעָפָ֣ר דָּ֑ל מֵ֝אַשְׁפֹּ֗ת יָרִ֥ים אֶבְיֽוֹן׃ ח לְהוֹשִׁיבִ֥י
עִם־נְדִיבִ֑ים עִ֝֗ם נְדִיבֵ֥י עַמּֽוֹ׃ ט מֽוֹשִׁיבִ֨י ׀ עֲקֶ֬רֶת הַבַּ֗יִת
אֵֽם־הַבָּנִ֥ים שְׂמֵחָ֗ה הַֽלְלוּיָֽהּ׃

קיד.

בו מבואר מפני מה זכה יהודה למלכות:

א בְּצֵ֣את יִ֭שְׂרָאֵל מִמִּצְרָ֑יִם בֵּ֥ית יַ֝עֲקֹ֗ב מֵעַ֥ם לֹעֵֽז׃
ב הָיְתָ֣ה יְהוּדָ֣ה לְקָדְשׁ֑וֹ יִ֝שְׂרָאֵ֗ל מַמְשְׁלוֹתָֽיו׃ ג הַיָּ֣ם
רָ֭אָה וַיָּנֹ֑ס הַ֝יַּרְדֵּ֗ן יִסֹּ֥ב לְאָחֽוֹר׃ ד הֶֽהָרִים רָקְד֣וּ כְאֵילִ֑ים
גְּ֝בָע֗וֹת כִּבְנֵי־צֹֽאן׃ ה מַה־לְּ֭ךָ הַיָּ֣ם כִּ֣י תָנ֑וּס הַ֝יַּרְדֵּ֗ן
תִּסֹּ֥ב לְאָחֽוֹר׃ ו הֶֽ֭הָרִים תִּרְקְד֣וּ כְאֵילִ֑ים גְּ֝בָע֗וֹת כִּבְנֵי־

113

Псалом рассказывает о чудесах исхода из Египта.

День 24 **הללויה** 1 Восхвалите Бога. Воздайте хвалу, рабы
Господни, воздайте хвалу имени Господа! 2 Да бу-
дет благословенно имя Господне – отныне и вовеки!
3 От [стран] восхода солнечного до заката его – прослав-
лено имя Господне. 4 Возвышен над всеми народами Го-
сподь; над небесами слава Его. 5 Кто подобно Господу,
Богу нашему, пребывает столь высоко 6 и видит все, что
внизу: и на небесах, и на земле!? 7 Он из грязи подни-
мает бедного, из мусорной кучи возносит нищего, 8 что-
бы посадить с вельможами, со знатью народа Своего.
9 Превращает бесплодную в хозяйку дома, в мать,
радующуюся детям своим! Восхвалите Бога!

114

Псалом рассказывает, за какую заслугу колено Йеѓуды удостоилось царства.

בצאת 1 По выходе Израиля из Египта, дома Яакова
от народа варварского[111], 2 Иудея стала святыней Его,
Израиль – Его царством. 3 Как увидело это море – сбе-
жало, Иордан – повернул вспять! 4 Горы начали ска-
кать, словно бараны, холмы – будто ягнята! 5 Море, по-
чему ты убегаешь? Иордан, почему поворачиваешься
вспять? 6 Почему, горы, скачете вы, словно бараны?
Вы, холмы, – будто ягнята? 7 Перед Владыкой замерла

צֹאן: ז מִלִּפְנֵי אָדוֹן חוּלִי אָרֶץ מִלִּפְנֵי אֱלוֹהַּ יַעֲקֹב:
ח הַהֹפְכִי הַצּוּר אֲגַם־מָיִם חַלָּמִישׁ לְמַעְיְנוֹ־מָיִם:

קטו.

תפלה על אריכת הגלות שיעשה למען שמו שלא יתחלל:

א לֹא לָנוּ | יְהוָה לֹא־לָנוּ כִּי־לְשִׁמְךָ תֵּן כָּבוֹד עַל־
חַסְדְּךָ עַל־אֲמִתֶּךָ: ב לָמָּה יֹאמְרוּ הַגּוֹיִם אַיֵּה־נָא
אֱלֹהֵיהֶם: ג וֵאלֹהֵינוּ בַשָּׁמָיִם כֹּל אֲשֶׁר־חָפֵץ עָשָׂה:
ד עֲצַבֵּיהֶם כֶּסֶף וְזָהָב מַעֲשֵׂה יְדֵי אָדָם: ה פֶּה־לָהֶם
וְלֹא יְדַבֵּרוּ עֵינַיִם לָהֶם וְלֹא יִרְאוּ: ו אָזְנַיִם לָהֶם וְלֹא
יִשְׁמָעוּ אַף לָהֶם וְלֹא יְרִיחוּן: ז יְדֵיהֶם | וְלֹא יְמִישׁוּן
רַגְלֵיהֶם וְלֹא יְהַלֵּכוּ לֹא־יֶהְגּוּ בִּגְרוֹנָם: ח כְּמוֹהֶם יִהְיוּ
עֹשֵׂיהֶם כֹּל אֲשֶׁר־בֹּטֵחַ בָּהֶם: ט יִשְׂרָאֵל בְּטַח בַּיהוָה
עֶזְרָם וּמָגִנָּם הוּא: י בֵּית אַהֲרֹן בִּטְחוּ בַיהוָה עֶזְרָם
וּמָגִנָּם הוּא: יא יִרְאֵי יְהוָה בִּטְחוּ בַיהוָה עֶזְרָם וּמָגִנָּם
הוּא: יב יְהוָה זְכָרָנוּ יְבָרֵךְ יְבָרֵךְ אֶת־בֵּית יִשְׂרָאֵל
יְבָרֵךְ אֶת־בֵּית אַהֲרֹן: יג יְבָרֵךְ יִרְאֵי יְהוָה הַקְּטַנִּים
עִם־הַגְּדֹלִים: יד יֹסֵף יְהוָה עֲלֵיכֶם עֲלֵיכֶם וְעַל־בְּנֵיכֶם:

земля, – перед Богом Яакова, 8 превращающим скалу в
озеро, кремень – в источник вод!

115

Молитва о том, чтобы Всевышний положил конец этому длительному изгнанию ради Имени Своего – чтобы оно не было опозорено.

לא 1 Не нам, Господи, не нам, но имени Твоему
верни честь, – ради милости, ради правды Твоей!
2 Почему спрашивать народам: «Где Бог их!?» 3 Наш
Бог на небесах; Он делает все, что пожелает! 4 Их ку-
миры – серебро и золото, произведение рук челове-
ческих. 5 Уста у них – но не говорят; глаза у них – но
не видят; 6 уши у них – но не слышат; нос у них – но
не обоняют; 7 руками не ощупывают, ногами не хо-
дят, горлом звука не издадут. 8 Пусть творцы их ста-
нут такими же вместе со всеми, кто полагается на них!
9 Израиль, положитесь на Господа! Он – вам помощь и
защита! 10 Дом Аарона, положитесь на Господа! Он – вам
помощь и защита! 11 Боящиеся Господа, положитесь на
Господа! Он – вам помощь и защита! 12 Господь помнит
нас и благословит! Благословит дом Израиля, благо-
словит дом Аарона, 13 благословит боящихся Господа,
и малых, и великих! 14 Умножит вас Господь – вас и
детей ваших! 15 Благословлены вы Господом, Творцом
неба и земли! 16 Небеса – небеса [принадлежат] Господу,
землю же отдал Он сынам человеческим. 17 Не мер-
твые воздают хвалу Богу, не нисходящие в молчание

טו בְּרוּכִים אַתֶּם לַיהֹוָה עֹשֵׂה שָׁמַיִם וָאָרֶץ: טז הַשָּׁמַיִם
שָׁמַיִם לַיהֹוָה וְהָאָרֶץ נָתַן לִבְנֵי־אָדָם: יז לֹא הַמֵּתִים
יְהַלְלוּ־יָהּ וְלֹא כָּל־יֹרְדֵי דוּמָה: יח וַאֲנַחְנוּ | נְבָרֵךְ יָהּ
מֵעַתָּה וְעַד־עוֹלָם הַלְלוּיָהּ:

קטז.

שבחים גדולים להקדוש ברוך הוא והיאך דוד אמר בדין הוא לאהוב אותו על כל הטובות שעשה לו כמה ניסים ואינו יודע מה גמול ישלם לו שאי אפשר להשיב לו על כל הגמול שעשה עמו:

א אָהַבְתִּי כִּי־יִשְׁמַע | יְהֹוָה אֶת־קוֹלִי תַּחֲנוּנָי:
ב כִּי־הִטָּה אָזְנוֹ לִי וּבְיָמַי אֶקְרָא: ג אֲפָפוּנִי | חֶבְלֵי־
מָוֶת וּמְצָרֵי שְׁאוֹל מְצָאוּנִי צָרָה וְיָגוֹן אֶמְצָא: ד וּבְשֵׁם־
יְהֹוָה אֶקְרָא אָנָּה יְהֹוָה מַלְּטָה נַפְשִׁי: ה חַנּוּן יְהֹוָה
וְצַדִּיק וֵאלֹהֵינוּ מְרַחֵם: ו שֹׁמֵר פְּתָאיִם יְהֹוָה דַּלֹּתִי
וְלִי יְהוֹשִׁיעַ: ז שׁוּבִי נַפְשִׁי לִמְנוּחָיְכִי כִּי־יְהֹוָה גָּמַל
עָלָיְכִי: ח כִּי חִלַּצְתָּ נַפְשִׁי מִמָּוֶת אֶת־עֵינִי מִן־דִּמְעָה
אֶת־רַגְלִי מִדֶּחִי: ט אֶתְהַלֵּךְ לִפְנֵי יְהֹוָה בְּאַרְצוֹת
הַחַיִּים: י הֶאֱמַנְתִּי כִּי אֲדַבֵּר אֲנִי עָנִיתִי מְאֹד: יא אֲנִי
אָמַרְתִּי בְחָפְזִי כָּל־הָאָדָם כֹּזֵב: יב מָה־אָשִׁיב לַיהֹוָה

могильное; 18 но мы будем благословлять Господа от-
ныне и до века! Восхвалите Бога!

116

Псалом содержит великие славословия Всевышнему. Давид говорит, что по справедливости Всевышний заслуживает его любви за все оказанные милости и за то, что совершил ради него чудеса. Псалмопевец не знает, чем он может отплатить за добро, поскольку невозможно содеять что-то сравнимое со сделанным ему Всевышним.

אהבתי 1 Я жажду, чтобы Господь услышал жало-
бы мои[а], 2 чтобы преклонил ко мне ухо Свое, в час,
когда Его призываю! 3 [Когда] обступают меня муки
смертные; [когда] окружают меня пагубы преиспод-
ней, [когда] пребываю я в бедствии и тоске смерт-
ной, 4 к имени Господа взываю: «Господи, спаси ду-
шу мою!» 5 Милостив Господь и справедлив; мило-
серден Бог наш. 6 Господь хранит застигнутых[112] бе-
дой[б]; в несчастии моем Он спас меня! 7 Возвратись,
душа моя, к покою, – ибо Господь позаботился о тебе!
8 Ты спас душу мою от смерти, глаза мои от слез,
ногу мою от преткновения. 9 Буду ходить я перед
Господом в стране живых. 10 Верил я, когда гово-
рил: «Я очень несчастен». 11 Я опрометчиво сказал:
«Все люди лжецы[в]!»... 12 Чем воздать Господу за все
Его благодеяния? 13 Чашу спасения подниму и к име-
ни Господа призову, 14 перед всем народом исполню

а. Я жажду, чтобы Господь услышал жалобы мои, – варианты чтения стиха: «Возлюбил я Господа, ибо слышит Он жалобы мои». «Люблю [час], когда Господь слышит жалобы мои» (Ишаяѓу из Трани). б. Господь хранит застигнутых бедой – распространенное чтение: «…хранит простаков», т.е. тех, кто не умеет остеречься беды. в. Весь человек – сплошной обман – или же: «Все люди лжецы».

כָּל־תַּגְמוּלוֹהִי עָלָי׃ יג כּוֹס־יְשׁוּעוֹת אֶשָּׂא וּבְשֵׁם יְהוָה
אֶקְרָא׃ יד נְדָרַי לַיהוָה אֲשַׁלֵּם נֶגְדָה־נָּא לְכָל־עַמּוֹ׃
טו יָקָר בְּעֵינֵי יְהוָה הַמָּוְתָה לַחֲסִידָיו׃ טז אָנָּה יְהוָה
כִּי־אֲנִי עַבְדֶּךָ אֲנִי עַבְדְּךָ בֶּן־אֲמָתֶךָ פִּתַּחְתָּ לְמוֹסֵרָי׃
יז לְךָ אֶזְבַּח זֶבַח תּוֹדָה וּבְשֵׁם יְהוָה אֶקְרָא׃ יח נְדָרַי
לַיהוָה אֲשַׁלֵּם נֶגְדָה־נָּא לְכָל־עַמּוֹ׃ יט בְּחַצְרוֹת | בֵּית
יְהוָה בְּתוֹכֵכִי יְרוּשָׁלָםִ הַלְלוּיָהּ׃

קיז.

מזמור משני פסוקים רמז על ימות המשיח וישראל בתפארתם ולכן הללויה כולם כי אז כולם יקראו בשם ה׳:

א הַלְלוּ אֶת־יְהוָה כָּל־גּוֹיִם שַׁבְּחוּהוּ כָּל־הָאֻמִּים׃
ב כִּי גָבַר עָלֵינוּ | חַסְדּוֹ וֶאֱמֶת־יְהוָה לְעוֹלָם הַלְלוּיָהּ׃

קיח.

בו יסופר גודל הבטחון שהיה לדוד והרבה תהלות להשי״ת שקיים לנו מה שהבטיחה אותנו:

א הוֹדוּ לַיהוָה כִּי־טוֹב כִּי לְעוֹלָם חַסְדּוֹ׃ ב יֹאמַר־
נָא יִשְׂרָאֵל כִּי לְעוֹלָם חַסְדּוֹ׃ ג יֹאמְרוּ־נָא בֵית־אַהֲרֹן
כִּי לְעוֹלָם חַסְדּוֹ׃ ד יֹאמְרוּ־נָא יִרְאֵי יְהוָה כִּי לְעוֹלָם
חַסְדּוֹ׃ ה מִן־הַמֵּצַר קָרָאתִי יָּהּ עָנָנִי בַמֶּרְחָב יָהּ׃

обеты, данные Господу. 15 Тяжела в глазах Господа
смерть преданных Ему. 16 Господи! Я – раб Твой!
Раб Твой, сын рабыни Твоей! Сними оковы мои!
17 Тебе принесу я жертву благодарственную, к имени
Господа призову! 18 Перед всем народом исполню обе-
ты, данные Господу, – 19 во дворе Храма Господня, в
Иерусалиме! Восхвалите Бога!

117

Псалом, состоящий из двух стихов, намекает на времена Мошиаха, когда народ Израиля будет пребывать во всём великолепии. И тогда восхвалят все Всевышнего в соответствии со стихом: "Все будут взывать к Имени Всевышнего Бога".

הללו 1 Воздайте хвалу Господу, все народы; славь-
те Его, все племена! 2 Ибо мы защищены Его покро-
вительством, а истина Господня – навеки. Восхвалите
Бога!

118

Псалом, в котором говорится о великом уповании на Всевышнего, которое было у Давида. Он также содержит много прославлений Всевышнего, исполнившего то, что Он нам обещал.

הודו 1 Восхвалите Бога за блага Его, за то, что на
века покровительство Его! 2 Пусть скажет Израиль:
«На века покровительство Его!» 3 Пусть скажет дом
Аѓарона: «На века покровительство Его!» 4 Пусть
скажут боящиеся Господа: «На века покровительст-
во Его!» 5 Из теснин воззвал я к Господу, и ответил
мне Господь, даровав простор. 6 Господь – за меня!
Не страшно мне! Что может сделать мне человек?

ו יְהוָה לִי לֹא אִירָא מַה־יַּעֲשֶׂה לִי אָדָם: ז יְהוָה לִי
בְּעֹזְרָי וַאֲנִי אֶרְאֶה בְשֹׂנְאָי: ח טוֹב לַחֲסוֹת בַּיהוָה
מִבְּטֹחַ בָּאָדָם: ט טוֹב לַחֲסוֹת בַּיהוָה מִבְּטֹחַ בִּנְדִיבִים:
י כָּל־גּוֹיִם סְבָבוּנִי בְּשֵׁם יְהוָה כִּי אֲמִילַם: יא סַבּוּנִי גַם־
סְבָבוּנִי בְּשֵׁם יְהוָה כִּי אֲמִילַם: יב סַבּוּנִי כִדְבֹרִים
דֹּעֲכוּ כְּאֵשׁ קוֹצִים בְּשֵׁם יְהוָה כִּי אֲמִילַם: יג דַּחֹה
דְחִיתַנִי לִנְפֹּל וַיהוָה עֲזָרָנִי: יד עָזִּי וְזִמְרָת יָהּ וַיְהִי־
לִי לִישׁוּעָה: טו קוֹל ׀ רִנָּה וִישׁוּעָה בְּאָהֳלֵי צַדִּיקִים
יְמִין יְהוָה עֹשָׂה חָיִל: טז יְמִין יְהוָה רוֹמֵמָה יְמִין
יְהוָה עֹשָׂה חָיִל: יז לֹא־אָמוּת כִּי־אֶחְיֶה וַאֲסַפֵּר
מַעֲשֵׂי יָהּ: יח יַסֹּר יִסְּרַנִּי יָּהּ וְלַמָּוֶת לֹא נְתָנָנִי:
יט פִּתְחוּ־לִי שַׁעֲרֵי־צֶדֶק אָבֹא־בָם אוֹדֶה יָהּ: כ זֶה־
הַשַּׁעַר לַיהוָה צַדִּיקִים יָבֹאוּ בוֹ: כא אוֹדְךָ כִּי עֲנִיתָנִי
וַתְּהִי־לִי לִישׁוּעָה: כב אֶבֶן מָאֲסוּ הַבּוֹנִים הָיְתָה לְרֹאשׁ
פִּנָּה: כג מֵאֵת יְהוָה הָיְתָה זֹּאת הִיא נִפְלָאת בְּעֵינֵינוּ:
כד זֶה־הַיּוֹם עָשָׂה יְהוָה נָגִילָה וְנִשְׂמְחָה בוֹ: כה אָנָּא
יְהוָה הוֹשִׁיעָה נָּא אָנָּא יְהוָה הַצְלִיחָה נָּא: כו בָּרוּךְ

7 Господь помогает мне! Я увижу [падение] врагов!
8 Лучше надеяться на Господа, чем полагаться на лю-
дей; 9 лучше надеяться на Господа, чем полагаться на
вельмож. 10 Окружили меня все народы! Полагаясь
на имя Господа, я сокрушу их! 11 Окружили, обступи-
ли меня! Полагаясь на имя Господа, я сокрушу их!
12 Облепили меня, словно пчелы, охватили, словно
пламя терновники! Полагаясь на имя Господа, я со-
крушу их! 13 С силой толкнули меня, чтобы я упал, но
Господь помог мне. 14 Бог – сила моя и Ему песнь моя!
Он будет мне спасением! 15 Шум пения и ликования в
шатрах праведников – десница Господа дает победу!
16 Десница Господня, высокая десница Господа дает
победу! 17 Не погибну я, но буду жить, и рассказывать
о деяниях Господа! 18 Сурово наказал меня Бог, но
смерти не выдал меня! 19 Откройте предо мною врата
правды! Чтобы войти мне и принести благодарность
Господу! 20 «Вот – врата к Господу: праведники входят
в них!» 21 Принесу Тебе благодарность за то, что Ты
ответил мне, за то, что стал спасением мне! 22 Камень,
отвергнутый строителями, лег в основу здания! 23 От
Господа снизошло все это; и это чудо в глазах наших.
24 Этот день – сотворил Господь, будем веселиться и
радоваться перед Ним! 25 Просим Тебя, Господь, пош-
ли спасение! Просим Тебя, Господь, пошли удачу!
26 Именем Господним благословен вошедший, благо-
словляем вас благословением, исходящим из Храма

הַבָּא בְּשֵׁם יְהוָה בֵּרַכְנוּכֶם מִבֵּית יְהוָה׃ כז אֵל
יְהוָה וַיָּאֶר לָנוּ אִסְרוּ־חַג בַּעֲבֹתִים עַד־קַרְנוֹת הַמִּזְבֵּחַ׃
כח אֵלִי אַתָּה וְאוֹדֶךָּ אֱלֹהַי אֲרוֹמְמֶךָּ׃ כט הוֹדוּ לַיהוָה
כִּי־טוֹב כִּי לְעוֹלָם חַסְדּוֹ׃

קיט.

זה המזמור נכבד מאד וחברו דוד על שמונה א״ב וכל אות ח׳ פסוקים ובכל פסוק יש בו דרך או תורה עדות פקודים מצוה אמירה דבור משפט צדק חקים, כל המזמור הוא מוסר ובקשות גדולות שמן הראוי כל אדם לאמרו בכל יום והוא הכנה גדולה לעבודת הקדוש ברוך הוא (פר״ץ ב״ן דמ״ה סימן שבהם מלת עדותיך בוי״ו חולם):

יום כה

א אַשְׁרֵי תְמִימֵי־דָרֶךְ הַהֹלְכִים בְּתוֹרַת יְהוָה׃
ב אַשְׁרֵי נֹצְרֵי עֵדֹתָיו בְּכָל־לֵב יִדְרְשׁוּהוּ׃ ג אַף לֹא־
פָעֲלוּ עַוְלָה בִּדְרָכָיו הָלָכוּ׃ ד אַתָּה צִוִּיתָה פִקֻּדֶיךָ
לִשְׁמֹר מְאֹד׃ ה אַחֲלַי יִכֹּנוּ דְרָכָי לִשְׁמֹר חֻקֶּיךָ׃ ו אָז
לֹא־אֵבוֹשׁ בְּהַבִּיטִי אֶל־כָּל־מִצְוֺתֶיךָ׃ ז אוֹדְךָ בְּיֹשֶׁר
לֵבָב בְּלָמְדִי מִשְׁפְּטֵי צִדְקֶךָ׃ ח אֶת־חֻקֶּיךָ אֶשְׁמֹר
אַל־תַּעַזְבֵנִי עַד־מְאֹד׃ ט בַּמֶּה יְזַכֶּה־נַּעַר אֶת־אָרְחוֹ
לִשְׁמֹר כִּדְבָרֶךָ׃ י בְּכָל־לִבִּי דְרַשְׁתִּיךָ אַל־תַּשְׁגֵּנִי
מִמִּצְוֺתֶיךָ׃ יא בְּלִבִּי צָפַנְתִּי אִמְרָתֶךָ לְמַעַן לֹא אֶחֱטָא־
לָךְ׃ יב בָּרוּךְ אַתָּה יְהוָה לַמְּדֵנִי חֻקֶּיךָ׃ יג בִּשְׂפָתַי

Господа. 27 Всесильный Господь дарует нам свет, ве-
дите же спутанную скотину праздничного жертвопри-
ношения к углу жертвенника! 28 Боже мой, Тебе при-
ношу благодарность свою! Бог мой, Тебя превознесу!
29 Благодарите Господа за блага Его, за то, что на века
покровительство Его!

119

Этот возвышенный псалом был составлен Давидом на основе Алеф-Бет – по восемь стихов на каждую букву. Каждый стих содержит одно из следующих слов (соответствующих различным аспектам Торы): Путь, Тора, Свидетельство, Указание, Заповедь; утверждение (приводимое здесь как Слово или Обещание), Слово, Суд (или законы), Справедливость, Устав. Весь псалом представляет собой наставление и мольбы, которые каждый может произносить ежедневно, и является серьёзной подготовкой к служению Всевышнему. (В стихах, начинающихся с одной из букв мнемоники ПеРеЦ БеН ДаМаЃ, слово 'עדותיך' следует произносить "эйдвотеха".)

День 25 אשרי א 1 Славны идущие путями прямыми, следую-
щие закону Господа! 2 Славны хранящие заповеди Его,
ищущие Его всем сердцем, 3 кто не творили неправды,
шли путями Его! 4 Ты заповедал твердо блюсти повеле-
ния Твои. 5 Вот бы стали надежными пути мои, чтобы
мне исполнять законы Твои! 6 Тогда не испытаю сты-
да, поднимая глаза на заповеди Твои. 7 От всего сер-
дца буду благодарить Тебя, изучая праведные законы
Твои. 8 Буду тщательно блюсти законы Твои, – только
не оставляй меня окончательно.

ב 9 Как юноша может сделать чистым путь свой?
–Поступать по слову Твоему! 10 Всем сердцем Тебя я
искал – не дай мне уклониться от заповедей Твоих!
11 В сердце храню я слова Твои, чтобы не согрешить

סִפַּ֑רְתִּי כֹּ֝ל מִשְׁפְּטֵי־פִֽיךָ׃ יד בְּדֶ֖רֶךְ עֵדְוֺתֶ֥יךָ שַׂ֗שְׂתִּי
כְּעַ֣ל כׇּל־הֽוֹן׃ טו בְּפִקֻּדֶ֥יךָ אָשִׂ֑יחָה וְ֝אַבִּ֗יטָה אֹרְחֹתֶֽיךָ׃
טז בְּחֻקֹּתֶ֥יךָ אֶֽשְׁתַּעֲשָׁ֑ע לֹ֖א אֶשְׁכַּ֣ח דְּבָרֶֽךָ׃ יז גְּמֹ֖ל
עַל־עַבְדְּךָ֥ אֶ֝חְיֶ֗ה וְאֶשְׁמְרָ֥ה דְבָרֶֽךָ׃ יח גַּל־עֵינַ֥י וְאַבִּ֑יטָה
נִ֝פְלָא֗וֹת מִתּוֹרָתֶֽךָ׃ יט גֵּ֣ר אָנֹכִ֣י בָאָ֑רֶץ אַל־תַּסְתֵּ֥ר
מִ֝מֶּ֗נִּי מִצְוֺתֶֽיךָ׃ כ גָּרְסָ֣ה נַפְשִׁ֣י לְתַאֲבָ֑ה אֶל־מִשְׁפָּטֶ֥יךָ
בְכׇל־עֵֽת׃ כא גָּ֭עַרְתָּ זֵדִ֣ים אֲרוּרִ֑ים הַ֝שֹּׁגִ֗ים מִמִּצְוֺתֶֽיךָ׃
כב גַּ֣ל מֵ֭עָלַי חֶרְפָּ֣ה וָב֑וּז כִּ֖י עֵדֹתֶ֣יךָ נָצָֽרְתִּי׃ כג גַּ֤ם
יָֽשְׁב֣וּ שָׂ֭רִים בִּ֣י נִדְבָּ֑רוּ עַ֝בְדְּךָ֗ יָשִׂ֥יחַ בְּחֻקֶּֽיךָ׃ כד גַּם־
עֵ֭דֹתֶיךָ שַֽׁעֲשֻׁעָ֗י אַנְשֵׁ֥י עֲצָתִֽי׃ כה דָּבְקָ֣ה לֶעָפָ֣ר נַפְשִׁ֑י
חַ֝יֵּ֗נִי כִּדְבָרֶֽךָ׃ כו דְּרָכַ֣י סִ֭פַּרְתִּי וַֽתַּעֲנֵ֗נִי לַמְּדֵ֥נִי חֻקֶּֽיךָ׃
כז דֶּֽרֶךְ־פִּקּוּדֶ֥יךָ הֲבִינֵ֑נִי וְ֝אָשִׂ֗יחָה בְּנִפְלְאוֹתֶֽיךָ׃ כח דָּלְפָ֣ה
נַ֭פְשִׁי מִתּוּגָ֑ה קַ֝יְּמֵ֗נִי כִּדְבָרֶֽךָ׃ כט דֶּֽרֶךְ־שֶׁ֭קֶר הָסֵ֣ר
מִמֶּ֑נִּי וְֽתוֹרָתְךָ֥ חׇנֵּֽנִי׃ ל דֶּֽרֶךְ־אֱמוּנָ֥ה בָחָ֑רְתִּי מִשְׁפָּטֶ֥יךָ
שִׁוִּֽיתִי׃ לא דָּבַ֥קְתִּי בְעֵדְוֺתֶ֑יךָ יְ֝הֹוָ֗ה אַל־תְּבִישֵֽׁנִי׃
לב דֶּֽרֶךְ־מִצְוֺתֶ֥יךָ אָר֑וּץ כִּ֖י תַרְחִ֣יב לִבִּֽי׃ לג הוֹרֵ֣נִי יְ֭הֹוָה
דֶּ֣רֶךְ חֻקֶּ֑יךָ וְאֶצְּרֶ֥נָּה עֵֽקֶב׃ לד הֲ֭בִינֵנִי וְאֶצְּרָ֣ה תֽוֹרָתֶ֑ךָ

перед Тобою. 12 Благословен Ты, Господь, научивший
меня законам Своим! 13 Вслух перечислил я все за-
коны, исходящие из уст Твоих. 14 Я радуюсь на пути
свидетельств Твоих, как всем богатствам [мира].
15 Веду беседы о повелениях Твоих, изучаю стези Твои.
16 Обращаюсь к изучению законов Твоих, не забываю
Твоих слов.

ג 17 Воздай рабу Твоему жизнью, чтобы хранить
слова Твои! 18 Открой глаза мои, чтобы видел я чудеса
закона Твоего! 19 Странник я на земле – не скрывай от
меня заповедей Твоих! 20 Все время разбивается душа
в страсти по законам Твоим. 21 Ты в гневе проклял зло-
деев, отступающих от заповедей Твоих! 22 Сними с
меня стыд и позор, ведь я завет Твой храню! 23 Князья
на советах обо мне судачат, а раб Твой ведет беседы о
законах Твои. 24 Заповеди Твои – опора мне и советни-
ки мои!

ד 25 Льнет к праху душа моя, поддержи жизнь мою,
по слову Твоему! 26 Я рассказал о дорогах своих, и Ты
ответил мне. Научи меня законам Твоим! 27 Дай мне
понять пути повелений Твоих, и я углублюсь в чудеса
Твои! 28 Исходит душа моя в печали; поддержи меня,
как [обещано] в слове Твоем! 29 Убери от меня путь
ложный; веди меня [дорогой] учения Твоего! 30 Из-
брал я путь истины, законы Твои всегда передо мной.
31 Прильнул я к свидетельствам Твоим; Господи, не
дай мне узнать стыда! 32 Поспешу по стезе повелений
Твоих, когда Ты дашь [разум] сердцу моему!

וְאֶשְׁמְרֶנָּה בְכָל־לֵב׃ לה הַדְרִיכֵנִי בִּנְתִיב מִצְוֺתֶיךָ כִּי־
בוֹ חָפָצְתִּי׃ לו הַט־לִבִּי אֶל־עֵדְוֺתֶיךָ וְאַל אֶל־בָּצַע׃
לז הַעֲבֵר עֵינַי מֵרְאוֹת שָׁוְא בִּדְרָכֶךָ חַיֵּנִי׃ לח הָקֵם
לְעַבְדְּךָ אִמְרָתֶךָ אֲשֶׁר לְיִרְאָתֶךָ׃ לט הַעֲבֵר חֶרְפָּתִי
אֲשֶׁר יָגֹרְתִּי כִּי מִשְׁפָּטֶיךָ טוֹבִים׃ מ הִנֵּה תָּאַבְתִּי
לְפִקֻּדֶיךָ בְּצִדְקָתְךָ חַיֵּנִי׃ מא וִיבֹאֻנִי חֲסָדֶךָ יְהֹוָה
תְּשׁוּעָתְךָ כְּאִמְרָתֶךָ׃ מב וְאֶעֱנֶה חֹרְפִי דָבָר כִּי־בָטַחְתִּי
בִּדְבָרֶךָ׃ מג וְאַל־תַּצֵּל מִפִּי דְבַר־אֱמֶת עַד־מְאֹד כִּי
לְמִשְׁפָּטֶךָ יִחָלְתִּי׃ מד וְאֶשְׁמְרָה תוֹרָתְךָ תָמִיד לְעוֹלָם
וָעֶד׃ מה וְאֶתְהַלְּכָה בָרְחָבָה כִּי פִקֻּדֶיךָ דָרָשְׁתִּי׃
מו וַאֲדַבְּרָה בְעֵדֹתֶיךָ נֶגֶד מְלָכִים וְלֹא אֵבוֹשׁ׃
מז וְאֶשְׁתַּעֲשַׁע בְּמִצְוֺתֶיךָ אֲשֶׁר אָהָבְתִּי׃ מח וְאֶשָּׂא
כַפַּי אֶל־מִצְוֺתֶיךָ אֲשֶׁר אָהָבְתִּי וְאָשִׂיחָה בְחֻקֶּיךָ׃ מט זְכָר־
דָּבָר לְעַבְדֶּךָ עַל אֲשֶׁר יִחַלְתָּנִי׃ נ זֹאת נֶחָמָתִי בְעָנְיִי
כִּי אִמְרָתְךָ חִיָּתְנִי׃ נא זֵדִים הֱלִיצֻנִי עַד־מְאֹד מִתּוֹרָתְךָ
לֹא נָטִיתִי׃ נב זָכַרְתִּי מִשְׁפָּטֶיךָ מֵעוֹלָם ׀ יְהֹוָה
וָאֶתְנֶחָם׃ נג זַלְעָפָה אֲחָזַתְנִי מֵרְשָׁעִים עֹזְבֵי תּוֹרָתֶךָ׃

ה 33 Научи меня, Господь, пути законов Твоих, я бу-
ду строго следовать ему. 34 Даруй мне разум, и я буду
блюсти учение Твое, буду хранить его всем сердцем.
35 Веди меня по пути заповедей Твоих, ибо его полю-
бил я! 36 Склони сердце мое к свидетельствам Твоим, а
не к корысти! 37 Отведи глаза мои от зрелищ ложных,
веди меня дорогой жизни! 38 Исполни для раба Твоего
слово, данное боящимся Тебя! 39 Сними с меня ужас
позора, ибо благи законы Твои! 40 Вот, я стремлюсь к
повелениям Твоим, дай мне жить в соответствии со
справедливостью Твоею!

ו 41 Пусть будет надо мной покровительство Твое,
Господи; спасение, ниспосланное по слову Твоему!
42 Я смогу ответить поносящим меня, потому что на
слово Твое я полагаюсь! 43 Не отнимай совсем от уст
моих слова правды, ибо к законам Твоим я обращаюсь.
44 Буду блюсти учение Твое постоянно, во веки веков.
45 Дай идти [дорогой] широкой, ибо к повелениям Твоим
я стремлюсь! 46 Перед царями провозглашу свидетель-
ства Твои, не узнаю стыда. 47 Буду полагаться на запо-
веди Твои, которые полюбил я. 48 Вознесу руки к запо-
ведям Твоим, которые полюбил, буду вести беседы о
законах Твоих.

ז 49 Вспомни слово к рабу Твоему, которым Ты об-
надежил меня! 50 Оно утешение в несчастье моем, ведь
слово Твое поддерживает жизнь мою. 51 Нескончаемо
осмеивали меня злодеи, но учения Твоего я не оставил.
52 Помню я, Господи, законы Твои вечные, и это утеше-

נד זְמִרוֹת הָיוּ־לִי חֻקֶּיךָ בְּבֵית מְגוּרָי: נה זָכַרְתִּי
בַלַּיְלָה שִׁמְךָ יְהוָה וָאֶשְׁמְרָה תּוֹרָתֶךָ: נו זֹאת הָיְתָה־
לִּי כִּי פִקֻּדֶיךָ נָצָרְתִּי: נז חֶלְקִי יְהוָה אָמַרְתִּי לִשְׁמֹר
דְּבָרֶיךָ: נח חִלִּיתִי פָנֶיךָ בְכָל־לֵב חָנֵּנִי כְּאִמְרָתֶךָ:
נט חִשַּׁבְתִּי דְרָכָי וָאָשִׁיבָה רַגְלַי אֶל־עֵדֹתֶיךָ: ס חַשְׁתִּי
וְלֹא הִתְמַהְמָהְתִּי לִשְׁמֹר מִצְוֹתֶיךָ: סא חֶבְלֵי רְשָׁעִים
עִוְּדֻנִי תּוֹרָתְךָ לֹא שָׁכָחְתִּי: סב חֲצוֹת־לַיְלָה אָקוּם
לְהוֹדוֹת לָךְ עַל מִשְׁפְּטֵי צִדְקֶךָ: סג חָבֵר אָנִי לְכָל־
אֲשֶׁר יְרֵאוּךָ וּלְשֹׁמְרֵי פִּקּוּדֶיךָ: סד חַסְדְּךָ יְהוָה מָלְאָה
הָאָרֶץ חֻקֶּיךָ לַמְּדֵנִי: סה טוֹב עָשִׂיתָ עִם־עַבְדְּךָ יְהוָה
כִּדְבָרֶךָ: סו טוּב טַעַם וָדַעַת לַמְּדֵנִי כִּי בְמִצְוֹתֶיךָ
הֶאֱמָנְתִּי: סז טֶרֶם אֶעֱנֶה אֲנִי שֹׁגֵג וְעַתָּה אִמְרָתְךָ
שָׁמָרְתִּי: סח טוֹב־אַתָּה וּמֵטִיב לַמְּדֵנִי חֻקֶּיךָ: סט טָפְלוּ
עָלַי שֶׁקֶר זֵדִים אֲנִי בְּכָל־לֵב ׀ אֱצֹּר פִּקּוּדֶיךָ: ע טָפַשׁ
כַּחֵלֶב לִבָּם אֲנִי תּוֹרָתְךָ שִׁעֲשָׁעְתִּי: עא טוֹב־לִי כִי־
עֻנֵּיתִי לְמַעַן אֶלְמַד חֻקֶּיךָ: עב טוֹב־לִי תוֹרַת־פִּיךָ
מֵאַלְפֵי זָהָב וָכָסֶף: עג יָדֶיךָ עָשׂוּנִי וַיְכוֹנְנוּנִי הֲבִינֵנִי

ние мое! 53 Я приходил в содрогание от преступников,
оставивших учение Твое! 54 Для меня песней были за-
коны Твои где бы ни жил я[113]! 55 По ночам вспоминал я
имя Твое, Господь, соблюдал учение Твое! 56 Это уда-
валось мне, потому что я соблюдал повеления Твои!

ח 57 Решил я: «Удел мой, Господи, – хранить слова
Твои!» 58 Всем сердцем молился я перед Тобой: «По-
жалей меня, как обещал Ты!» 59 Определил я путь
себе: стопы свои направляю к свидетельствам Твоим.
60 Спешу, не мешкая, исполнить заповеди Твои. 61 Слу-
ги злодеев ограбили меня, – учения Твоего я не забыл.
62 В полночь встаю я вознести благодарность Тебе за
справедливые законы Твои. 63 Друг я всем боящимся
Тебя, хранящим повеления Твои. 64 Покровительством
Твоим, Господи, полна земля – научи меня законам
Своим!

ט 65 Ты даровал благо рабу Твоему, Господи, по сло-
ву Твоему. 66 Доброму нраву и знанию научи меня, ибо
верен я заповедям Твоим! 67 Пока еще не учился я,
ошибался, а теперь храню речи Твои. 68 Ты благ и да-
руешь благо – научи меня законам Твоим! 69 Клевещут
на меня злодеи, я же всем сердцем храню повеления
Твои. 70 Вместо сердца у них кусок жира, – я же учени-
ем Твоим утешаюсь. 71 Несчастья были на благо мне,
чтобы научился я законам Твоим. 72 Учение уст Твоих
мне дороже тысяч [слитков] золота и серебра.

י 73 Я сотворен и создан руками Твоими! Дай мне ра-
зум, чтобы научиться заповедям Твоим! 74 Увидят меня

וְאֶלְמְדָה מִצְוֺתֶיךָ׃ עד יְרֵאֶיךָ יִרְאוּנִי וְיִשְׂמָחוּ כִּי
לִדְבָרְךָ יִחָלְתִּי׃ עה יָדַעְתִּי יְהוָה כִּי־צֶדֶק מִשְׁפָּטֶיךָ
וֶאֱמוּנָה עִנִּיתָנִי׃ עו יְהִי־נָא חַסְדְּךָ לְנַחֲמֵנִי כְּאִמְרָתְךָ
לְעַבְדֶּךָ׃ עז יְבֹאוּנִי רַחֲמֶיךָ וְאֶחְיֶה כִּי־תוֹרָתְךָ שַׁעֲשֻׁעָי׃
עח יֵבֹשׁוּ זֵדִים כִּי־שֶׁקֶר עִוְּתוּנִי אֲנִי אָשִׂיחַ בְּפִקֻּדֶיךָ׃
עט יָשׁוּבוּ לִי יְרֵאֶיךָ וְיֹדְעֵי עֵדֹתֶיךָ׃ פ יְהִי־לִבִּי תָמִים
בְּחֻקֶּיךָ לְמַעַן לֹא אֵבוֹשׁ׃ פא כָּלְתָה לִתְשׁוּעָתְךָ נַפְשִׁי
לִדְבָרְךָ יִחָלְתִּי׃ פב כָּלוּ עֵינַי לְאִמְרָתֶךָ לֵאמֹר מָתַי
תְּנַחֲמֵנִי׃ פג כִּי־הָיִיתִי כְּנֹאד בְּקִיטוֹר חֻקֶּיךָ לֹא שָׁכָחְתִּי׃
פד כַּמָּה־יְמֵי־עַבְדֶּךָ מָתַי תַּעֲשֶׂה בְרֹדְפַי מִשְׁפָּט׃
פה כָּרוּ־לִי זֵדִים שִׁיחוֹת אֲשֶׁר לֹא כְתוֹרָתֶךָ׃ פו כָּל־
מִצְוֺתֶיךָ אֱמוּנָה שֶׁקֶר רְדָפוּנִי עָזְרֵנִי׃ פז כִּמְעַט כִּלּוּנִי
בָאָרֶץ וַאֲנִי לֹא־עָזַבְתִּי פִקֻּדֶיךָ׃ פח כְּחַסְדְּךָ חַיֵּנִי
וְאֶשְׁמְרָה עֵדוּת פִּיךָ׃ פט לְעוֹלָם יְהוָה דְּבָרְךָ נִצָּב
בַּשָּׁמָיִם׃ צ לְדֹר וָדֹר אֱמוּנָתֶךָ כּוֹנַנְתָּ אֶרֶץ וַתַּעֲמֹד׃
צא לְמִשְׁפָּטֶיךָ עָמְדוּ הַיּוֹם כִּי הַכֹּל עֲבָדֶיךָ׃ צב לוּלֵי
תוֹרָתְךָ שַׁעֲשֻׁעָי אָז אָבַדְתִּי בְעָנְיִי׃ צג לְעוֹלָם לֹא־

боящиеся Тебя и обрадуются, ибо на слово Твое я упо-
ваю. 75 Знаю, Господи, что справедливы решения Твои
– справедливо Ты наказал меня. 76 Да будет мне уте-
шением покровительство Твое, как Ты обещал рабу
Твоему! 77 Пошли милосердие Твое – и я буду жить с
опорой на учение Твое. 78 Пусть злодеи узнают стыд
за клевету на меня; я же буду вести беседы о пове-
лениях Твоих. 79 Пусть возвратятся ко мне боящиеся
Тебя, знающие свидетельства Твои! 80 Пусть в законах
Твоих мое сердце найдет совершенство, чтобы не знал
я стыда!

כ 81 Душа изнемогает о спасении, Тобой ниспослан-
ном! На слово Твое уповаю! 82 Глаза изнемогают по
слову Твоему, говоря: «Когда Ты утешишь меня?»
83 [Иссох] я, как бурдюк, окуренный дымом, но зако-
нов Твоих не забыл. 84 Сколько дней [осталось] рабу
Твоему? Когда же Ты расправишься с гонителями мо-
ими?! 85 Вырыли злодеи ямы для меня в нарушение
закона Твоего. 86 Все заповеди Твои истинны! Помо-
ги мне против лжи преследователей моих! 87 Почти
сжил меня со света, но не оставил я повелений Твоих.
88 Дай мне жить под покровительством Твоим, и я буду
хранить свидетельство уст Твоих!

ל 89 Навеки, Господь, слово Твое установлено на не-
бесах. 90 Из поколения в поколения – истина Твоя! Ты
установил землю, – и стоит она. 91 Все доныне стоит
на законах Твоих, ибо все – рабы Твои. 92 Если бы не

אֶשְׁכַּח פִּקֻּדֶיךָ כִּי־בָם חִיִּיתָנִי׃ צד לְךָ־אֲנִי הוֹשִׁיעֵנִי
כִּי פִקּוּדֶיךָ דָרָשְׁתִּי׃ צה לִי קִוּוּ רְשָׁעִים לְאַבְּדֵנִי
עֵדֹתֶיךָ אֶתְבּוֹנָן׃ צו לְכָל־תִּכְלָה רָאִיתִי קֵץ רְחָבָה
מִצְוָתְךָ מְאֹד׃

יום כו צז מָה־אָהַבְתִּי תוֹרָתֶךָ כָּל־הַיּוֹם הִיא
שִׂיחָתִי׃ צח מֵאֹיְבַי תְּחַכְּמֵנִי מִצְוֺתֶךָ כִּי לְעוֹלָם הִיא־
לִי׃ צט מִכָּל־מְלַמְּדַי הִשְׂכַּלְתִּי כִּי עֵדְוֺתֶיךָ שִׂיחָה לִּי׃
ק מִזְּקֵנִים אֶתְבּוֹנָן כִּי פִקֻּדֶיךָ נָצָרְתִּי׃ קא מִכָּל־אֹרַח
רָע כָּלִאתִי רַגְלָי לְמַעַן אֶשְׁמֹר דְּבָרֶךָ׃ קב מִמִּשְׁפָּטֶיךָ
לֹא־סָרְתִּי כִּי־אַתָּה הוֹרֵתָנִי׃ קג מַה־נִּמְלְצוּ לְחִכִּי
אִמְרָתֶךָ מִדְּבַשׁ לְפִי׃ קד מִפִּקּוּדֶיךָ אֶתְבּוֹנָן עַל־כֵּן
שָׂנֵאתִי ׀ כָּל־אֹרַח שָׁקֶר׃ קה נֵר־לְרַגְלִי דְבָרֶךָ וְאוֹר
לִנְתִיבָתִי׃ קו נִשְׁבַּעְתִּי וָאֲקַיֵּמָה לִשְׁמֹר מִשְׁפְּטֵי
צִדְקֶךָ׃ קז נַעֲנֵיתִי עַד־מְאֹד יְהוָה חַיֵּנִי כִדְבָרֶךָ׃
קח נִדְבוֹת פִּי רְצֵה־נָא יְהוָה וּמִשְׁפָּטֶיךָ לַמְּדֵנִי׃ קט נַפְשִׁי
בְכַפִּי תָמִיד וְתוֹרָתְךָ לֹא שָׁכָחְתִּי׃ קי נָתְנוּ רְשָׁעִים
פַּח לִי וּמִפִּקּוּדֶיךָ לֹא תָעִיתִי׃ קיא נָחַלְתִּי עֵדְוֺתֶיךָ

опора на учение Твое, то пропал бы я в бедствиях.
93 Никогда не забуду повелений Твоих, ибо ими Ты под-
держиваешь жизнь мою. 94 Тебе принадлежу я! Спаси
меня, ибо за повелениями Твоими я следил! 95 Надея-
лись злодеи погубить меня; я же изучаю заповеди Твои.
96 Есть предел всякой вещи, но заповедь Твоя широка
бесконечно!

День 26 מ 97 Как люблю я учение Твое: весь день веду бесе-
ды о нем! 98 Мудрей врагов делают меня заповеди Твои!
Они навек мои! 99 Я набирался мудрости от всех учи-
телей моих, ибо вел беседы о свидетельствах Твоих.
100 У старейшин набирался разума, ибо повеления
Твои соблюдал. 101 Избегал ступить на недобрый путь,
чтобы хранить слово Твое. 102 От законов Твоих не от-
ступал, ибо Ты повелел их. 103 Насколько слова Твои
для меня слаще меда! 104 Повеления Твои даруют мне
разум, поэтому ненавистны мне все пути неправды!

נ 105 Слово Твое – светильник в пути моем, свет в
дороге моей. 106 Я поклялся – и исполню: буду хра-
нить справедливые законы Твои. 107 Я очень несчастен,
Господи, поддержи меня, как обещал Ты! 108 Обеща-
ния уст моих прими с благоволением, Господь, научи
законам Твоим! 109 Постоянно рискуя душой своей[114],
учения Твоего я не забывал. 110 Установили злодеи за-
падню на меня, – не отступил я от повелений Твоих.
111 Вечное наследие мое – свидетельства Твои – они ра-
дость сердца моего. 112 Сердце мое склонил к исполне-
нию законов Твоих, чтобы вечно следовать им.

לְעוֹלָם כִּי־שְׂשׂוֹן לִבִּי הֵמָּה׃ קיב נָטִיתִי לִבִּי לַעֲשׂוֹת
חֻקֶּיךָ לְעוֹלָם עֵקֶב׃ קיג סֵעֲפִים שָׂנֵאתִי וְתוֹרָתְךָ
אָהָבְתִּי׃ קיד סִתְרִי וּמָגִנִּי אָתָּה לִדְבָרְךָ יִחָלְתִּי׃
קטו סוּרוּ מִמֶּנִּי מְרֵעִים וְאֶצְּרָה מִצְוֺת אֱלֹהָי׃ קטז סָמְכֵנִי
כְאִמְרָתְךָ וְאֶחְיֶה וְאַל־תְּבִישֵׁנִי מִשִּׂבְרִי׃ קיז סְעָדֵנִי
וְאִוָּשֵׁעָה וְאֶשְׁעָה בְחֻקֶּיךָ תָמִיד׃ קיח סָלִיתָ כָּל־שׁוֹגִים
מֵחֻקֶּיךָ כִּי־שֶׁקֶר תַּרְמִיתָם׃ קיט סִגִים הִשְׁבַּתָּ כָל־
רִשְׁעֵי־אָרֶץ לָכֵן אָהַבְתִּי עֵדֹתֶיךָ׃ קכ סָמַר מִפַּחְדְּךָ
בְשָׂרִי וּמִמִּשְׁפָּטֶיךָ יָרֵאתִי׃ קכא עָשִׂיתִי מִשְׁפָּט וָצֶדֶק
בַּל־תַּנִּיחֵנִי לְעֹשְׁקָי׃ קכב עֲרֹב עַבְדְּךָ לְטוֹב אַל־יַעַשְׁקֻנִי
זֵדִים׃ קכג עֵינַי כָּלוּ לִישׁוּעָתֶךָ וּלְאִמְרַת צִדְקֶךָ׃
קכד עֲשֵׂה עִם־עַבְדְּךָ כְחַסְדֶּךָ וְחֻקֶּיךָ לַמְּדֵנִי׃ קכה עַבְדְּךָ־
אָנִי הֲבִינֵנִי וְאֵדְעָה עֵדֹתֶיךָ׃ קכו עֵת לַעֲשׂוֹת לַיהוָה
הֵפֵרוּ תּוֹרָתֶךָ׃ קכז עַל־כֵּן | אָהַבְתִּי מִצְוֺתֶיךָ מִזָּהָב
וּמִפָּז׃ קכח עַל־כֵּן | כָּל־פִּקּוּדֵי כֹל יִשָּׁרְתִּי כָּל־אֹרַח
שֶׁקֶר שָׂנֵאתִי׃ קכט פְּלָאוֹת עֵדְוֺתֶיךָ עַל־כֵּן נְצָרָתַם
נַפְשִׁי׃ קל פֵּתַח־דְּבָרֶיךָ יָאִיר מֵבִין פְּתָיִים׃ קלא פִּי

ס 113 Ненавижу увертки, люблю учение Твое. 114 Ты –
убежище и щит мне! На слово Твое я уповаю. 115 Уйдите
от меня, злодеи; дайте соблюсти заповеди Бога мое-
го! 116 Поддержи меня, как обещал Ты, сохрани жизнь
мою, чтобы я не испытал стыда за надежду на Тебя!
117 Поддержи меня, и я спасусь, и я постоянно буду за-
ниматься постановлениями Твоими. 118 Ты растоптал
всех отступающих от законов Твоих, ибо все ухищ-
рения их – обман. 119 Как примесь из металлов, Ты вы-
жжешь всех злодеев земли; я же люблю свидетельства
Твои. 120 Мурашки по всему телу от страха перед Тобой
тело мое, законы Твои я почитаю.

ע 121 Я творил суд и справедливость, – не выдавай
меня притеснителям! 122 Стань добрым заступником
раба Твоего, чтоб не притесняли меня злодеи! 123 Гла-
за мои до изнеможения ждут спасения, Тобой ниспос-
ланного, справедливых слов Твоих. 124 Поступи с ра-
бом Твоим по милости Твоей, законам Твоим научи
меня! 125 Я – раб Твой; даруй мне разум, чтобы понял я
свидетельства Твои! 126 Время действовать ради Тебя,
Господи, когда нарушают учение Твое! 127 Все же люб-
лю я заповеди Твои больше золота, больше золота чер-
вонного. 128 Все же я признаю всё справедливым – все
повеления Твои! Ненавижу всякий путь лжи!

פ 129 Поразительны свидетельства Твои, поэтому
я храню их в душе. 130 Дарует свет уже начало слова
Твоего, разум дарует неразумным. 131 Я разинул рот и

פָּעַרְתִּי וָאֶשְׁאָפָה כִּי לְמִצְוֺתֶיךָ יָאָבְתִּי׃ קלב פְּנֵה־אֵלַי
וְחָנֵּנִי כְּמִשְׁפָּט לְאֹהֲבֵי שְׁמֶךָ׃ קלג פְּעָמַי הָכֵן בְּאִמְרָתֶךָ
וְאַל־תַּשְׁלֶט־בִּי כָל־אָוֶן׃ קלד פְּדֵנִי מֵעֹשֶׁק אָדָם
וְאֶשְׁמְרָה פִּקּוּדֶיךָ׃ קלה פָּנֶיךָ הָאֵר בְּעַבְדֶּךָ וְלַמְּדֵנִי
אֶת־חֻקֶּיךָ׃ קלו פַּלְגֵי־מַיִם יָרְדוּ עֵינָי עַל לֹא־שָׁמְרוּ
תוֹרָתֶךָ׃ קלז צַדִּיק אַתָּה יְהוָֹה וְיָשָׁר מִשְׁפָּטֶיךָ׃
קלח צִוִּיתָ צֶדֶק עֵדֹתֶיךָ וֶאֱמוּנָה מְאֹד׃ קלט צִמְּתַתְנִי
קִנְאָתִי כִּי־שָׁכְחוּ דְבָרֶיךָ צָרָי׃ קמ צְרוּפָה אִמְרָתְךָ
מְאֹד וְעַבְדְּךָ אֲהֵבָהּ׃ קמא צָעִיר אָנֹכִי וְנִבְזֶה פִּקֻּדֶיךָ
לֹא שָׁכָחְתִּי׃ קמב צִדְקָתְךָ צֶדֶק לְעוֹלָם וְתוֹרָתְךָ אֱמֶת׃
קמג צַר־וּמָצוֹק מְצָאוּנִי מִצְוֺתֶיךָ שַׁעֲשֻׁעָי׃ קמד צֶדֶק
עֵדְוֺתֶיךָ לְעוֹלָם הֲבִינֵנִי וְאֶחְיֶה׃ קמה קָרָאתִי בְכָל־לֵב
עֲנֵנִי יְהוָֹה חֻקֶּיךָ אֶצֹּרָה׃ קמו קְרָאתִיךָ הוֹשִׁיעֵנִי
וְאֶשְׁמְרָה עֵדֹתֶיךָ׃ קמז קִדַּמְתִּי בַנֶּשֶׁף וָאֲשַׁוֵּעָה לִדְבָרְךָ
יִחָלְתִּי׃ קמח קִדְּמוּ עֵינַי אַשְׁמֻרוֹת לָשִׂיחַ בְּאִמְרָתֶךָ׃
קמט קוֹלִי שִׁמְעָה כְחַסְדֶּךָ יְהוָֹה כְּמִשְׁפָּטֶךָ חַיֵּנִי׃
קנ קָרְבוּ רֹדְפֵי זִמָּה מִתּוֹרָתְךָ רָחָקוּ׃ קנא קָרוֹב אַתָּה

поглощаю, ибо к заповедям Твоим стремлюсь. 132 Об-
ратись ко мне, пожалей меня, как причитается воз-
любившим имя Твое! 133 Изречениями Твоими сделай
твердыми шаги мои, ни одному греху не допусти ов-
ладеть мною! 134 Спаси меня от угнетения человеком,
дабы мог я соблюдать повеления Твои! 135 Обрати к
рабу Своему свет лица Твоего, научи меня законам
Твоим! 136 Потоки вод льются из глаз моих из-за не
соблюдающих учения Твоего!

צ 137 Справедлив Ты, Господь, прямы законы Твои!
138 Ты в свидетельстве Своем повелел справедливость
и строгую верность. 139 Погибаю от гнева, ибо враги
забыли слова Твои. 140 Слова Твои чисты, – и раб Твой
полюбил их. 141 Молод я и неуважаем, – а повелений
Твоих не забываю. 142 Справедливость Твоя – вечная
справедливость, и учение Твое – истина. 143 Постигли
меня беды и несчастья, но заповеди Твои – опора мне.
144 Навеки справедливость свидетельства Твоего, да-
руй разум мне и буду жить!

ק 145 Всем сердцем призываю Тебя; ответь мне,
Господи! Буду блюсти законы Твои! 146 Призываю
Тебя: «Спаси меня!» Буду хранить свидетельства
Твои! 147 Еще в сумерки встаю я и молюсь, – на сло-
во Твое уповаю. 148 С раскрытыми глазами встречаю
ночную стражу, чтобы вести беседы о словах Твоих.
149 Услышь голос мой, по милости Твоей, Господи; да-
руй мне жизнь по законам Твоим! 150 Приближаются
злодеи к исполнению злодеяния, удаляются от учения

יְהוָה וְכָל־מִצְוֹתֶיךָ אֱמֶת׃ קנב קֶדֶם יָדַעְתִּי מֵעֵדֹתֶיךָ
כִּי לְעוֹלָם יְסַדְתָּם׃ קנג רְאֵה־עָנְיִי וְחַלְּצֵנִי כִּי־תוֹרָתְךָ
לֹא שָׁכָחְתִּי׃ קנד רִיבָה רִיבִי וּגְאָלֵנִי לְאִמְרָתְךָ חַיֵּנִי׃
קנה רָחוֹק מֵרְשָׁעִים יְשׁוּעָה כִּי־חֻקֶּיךָ לֹא דָרָשׁוּ׃
קנו רַחֲמֶיךָ רַבִּים ׀ יְהוָה כְּמִשְׁפָּטֶיךָ חַיֵּנִי׃ קנז רַבִּים
רֹדְפַי וְצָרָי מֵעֵדְוֹתֶיךָ לֹא נָטִיתִי׃ קנח רָאִיתִי בֹגְדִים
וָאֶתְקוֹטָטָה אֲשֶׁר אִמְרָתְךָ לֹא שָׁמָרוּ׃ קנט רְאֵה כִּי־
פִקּוּדֶיךָ אָהָבְתִּי יְהוָה כְּחַסְדְּךָ חַיֵּנִי׃ קס רֹאשׁ־דְּבָרְךָ
אֱמֶת וּלְעוֹלָם כָּל־מִשְׁפַּט צִדְקֶךָ׃ קסא שָׂרִים רְדָפוּנִי
חִנָּם וּמִדְּבָרְךָ פָּחַד לִבִּי׃ קסב שָׂשׂ אָנֹכִי עַל־אִמְרָתֶךָ
כְּמוֹצֵא שָׁלָל רָב׃ קסג שֶׁקֶר שָׂנֵאתִי וַאֲתַעֵבָה תּוֹרָתְךָ
אָהָבְתִּי׃ קסד שֶׁבַע בַּיּוֹם הִלַּלְתִּיךָ עַל מִשְׁפְּטֵי צִדְקֶךָ׃
קסה שָׁלוֹם רָב לְאֹהֲבֵי תוֹרָתֶךָ וְאֵין לָמוֹ מִכְשׁוֹל׃
קסו שִׂבַּרְתִּי לִישׁוּעָתְךָ יְהוָה וּמִצְוֹתֶיךָ עָשִׂיתִי׃
קסז שָׁמְרָה נַפְשִׁי עֵדֹתֶיךָ וָאֹהֲבֵם מְאֹד׃ קסח שָׁמַרְתִּי
פִקּוּדֶיךָ וְעֵדֹתֶיךָ כִּי כָל־דְּרָכַי נֶגְדֶּךָ׃ קסט תִּקְרַב רִנָּתִי
לְפָנֶיךָ יְהוָה כִּדְבָרְךָ הֲבִינֵנִי׃ קע תָּבוֹא תְּחִנָּתִי

Твоего. 151 Но близок Ты, Господь, и все заповеди Твои
– истина. 152 Издавна знал я свидетельства Твои, ибо
Ты их навеки установил.

ר 153 Увидь бедствия мои, спаси меня, ибо учения
Твоего я не забываю. 154 Веди тяжбу мою, и спаси
меня; поддержи жизнь мою ради речи Твоей! 155 Да-
леко спасение от преступников, ибо к законам Твоим
они не стремятся. 156 Велико милосердие Твое,
Господи; приговором Своим поддержи жизнь мою!
157 Многочисленны гонители и преследователи мои – от
свидетельств Твоих не уклоняюсь я. 158 Когда вижу пре-
дателей, которые слов Твоих не соблюдают, негодую
я. 159 Взгляни, как люблю я повеления Твои! Господи,
в покровительстве Своем поддержи жизнь мою!
160 Слово Твое начинается с истины, навеки законы
Твои справедливые.

ש 161 Вельможи преследовали меня понапрасну;
сердце мое страшится лишь слова Твоего. 162 Раду-
юсь я слову Твоему, словно нашел клад великий.
163 Ложь ненавижу; ею гнушаюсь, – учение Твое люблю.
164 Семь [раз] в день я воздаю хвалу Тебе за справед-
ливые законы Твои. 165 Велико благополучие возлю-
бивших учение Твое, не споткнутся они. 166 Уповал я
на спасение, Тобой ниспосланное, Господи, и заповеди
Твои исполнял. 167 В душе храню свидетельства Твои,
их полюбил беспредельно. 168 Соблюдаю я повеления и
свидетельства Твои! Все пути мои – перед Тобою.

לְפָנֶיךָ כְּאִמְרָתְךָ הַצִּילֵנִי: קעא תַּבַּעְנָה שְׂפָתַי תְּהִלָּה
כִּי תְלַמְּדֵנִי חֻקֶּיךָ: קעב תַּעַן לְשׁוֹנִי אִמְרָתֶךָ כִּי כָל־
מִצְוֹתֶיךָ צֶּדֶק: קעג תְּהִי־יָדְךָ לְעָזְרֵנִי כִּי פִקּוּדֶיךָ
בָחָרְתִּי: קעד תָּאַבְתִּי לִישׁוּעָתְךָ יְהֹוָה וְתוֹרָתְךָ שַׁעֲשֻׁעָי:
קעה תְּחִי־נַפְשִׁי וּתְהַלְלֶךָּ וּמִשְׁפָּטֶךָ יַעֲזְרֻנִי: קעו תָּעִיתִי
כְּשֶׂה אֹבֵד בַּקֵּשׁ עַבְדֶּךָ כִּי מִצְוֹתֶיךָ לֹא שָׁכָחְתִּי:

ליום השבת

קכ.

ויכוח על אותן המדברים לשון הרע והיאך הורגת אף במקום רחוק יותר מכלי זיין:

יום כז

א שִׁיר הַמַּעֲלוֹת אֶל־יְהֹוָה בַּצָּרָתָה לִּי קָרָאתִי
וַיַּעֲנֵנִי: ב יְהֹוָה הַצִּילָה נַפְשִׁי מִשְּׂפַת־שֶׁקֶר מִלָּשׁוֹן
רְמִיָּה: ג מַה־יִּתֵּן לְךָ וּמַה־יֹּסִיף לָךְ לָשׁוֹן רְמִיָּה:
ד חִצֵּי גִבּוֹר שְׁנוּנִים עִם גַּחֲלֵי רְתָמִים: ה אוֹיָה־לִי
כִּי־גַרְתִּי מֶשֶׁךְ שָׁכַנְתִּי עִם־אָהֳלֵי קֵדָר: ו רַבַּת שָׁכְנָה־
לָּהּ נַפְשִׁי עִם שׂוֹנֵא שָׁלוֹם: ז אֲנִי־שָׁלוֹם וְכִי אֲדַבֵּר
הֵמָּה לַמִּלְחָמָה:

ת 169 Пусть взойдет молитва моя к Тебе; дай
мне уразуметь слово Твое! 170 Пусть дойдет моль-
ба моя к Тебе: спаси меня [во исполнение] обе-
щания Твоего! 171 Пусть изольется хвала Тебе из
уст моих, когда Ты научишь меня законам Твоим!
172 Провозгласит язык мой слова Твои, ибо все запове-
ди Твои – справедливы. 173 Помоги мне рукой Своей,
ибо повеления Твои избрал я! 174 Мечтаю о ниспослан-
ном Тобой спасении, Господи! Учение Твое – отрада
мне. 175 Пусть живет душа моя и возносит хвалы Тебе!
Пусть помогут мне законы Твои! 176 Заблудился я!
Словно овцу потерявшуюся отыщи раба Своего, ибо
заповедей Твоих я не забываю!

ШАБАТ

120

Псалом порицает тех, кто злословит, показывая, что злословие способно поразить на большем расстоянии, чем оружие.

День 27 שיר 1 Песнь ступеней. К Господу в беде взываю: От-
веть мне! 2 Господи, спаси душу мою от уст лживых,
от языка клевещущего. 3 Что даст, что добавит тебе
язык клевещущий, 4 [подобный] острым стрелам бога-
тырским с наконечниками огненными[115]?! 5 Горе мне,
живущему рядом с Мешехом, обитающему у шатров
Кедара[116] . 6 Долгие [дни] живу я с врагами мира. 7 Когда
я говорю: «Я [хочу] мира», – они [ведут к] войне!

קכא.

היאך יש מעלה בגן עדן התחתון ומשם עולה לגן עדן העליון והיאך הקב"ה משגיח:

א שִׁיר לַמַּעֲלוֹת אֶשָּׂא עֵינַי אֶל־הֶהָרִים מֵאַיִן יָבוֹא
עֶזְרִי: ב עֶזְרִי מֵעִם יְהֹוָה עֹשֵׂה שָׁמַיִם וָאָרֶץ: ג אַל־
יִתֵּן לַמּוֹט רַגְלֶךָ אַל־יָנוּם שֹׁמְרֶךָ: ד הִנֵּה לֹא־יָנוּם
וְלֹא יִישָׁן שׁוֹמֵר יִשְׂרָאֵל: ה יְהֹוָה שֹׁמְרֶךָ יְהֹוָה צִלְּךָ
עַל־יַד יְמִינֶךָ: ו יוֹמָם הַשֶּׁמֶשׁ לֹא־יַכֶּכָּה וְיָרֵחַ בַּלָּיְלָה:
ז יְהֹוָה יִשְׁמָרְךָ מִכָּל־רָע יִשְׁמֹר אֶת־נַפְשֶׁךָ: ח יְהֹוָה
יִשְׁמָר־צֵאתְךָ וּבוֹאֶךָ מֵעַתָּה וְעַד־עוֹלָם:

קכב.

מספר המשורר משבח ירושלים והניסים שנעשו בירושלים:

א שִׁיר הַמַּעֲלוֹת לְדָוִד שָׂמַחְתִּי בְּאֹמְרִים לִי בֵּית
יְהֹוָה נֵלֵךְ: ב עֹמְדוֹת הָיוּ רַגְלֵינוּ בִּשְׁעָרַיִךְ יְרוּשָׁלָםִ:
ג יְרוּשָׁלַםִ הַבְּנוּיָה כְּעִיר שֶׁחֻבְּרָה־לָּהּ יַחְדָּו: ד שֶׁשָּׁם
עָלוּ שְׁבָטִים שִׁבְטֵי־יָהּ עֵדוּת לְיִשְׂרָאֵל לְהוֹדוֹת לְשֵׁם
יְהֹוָה: ה כִּי שָׁמָּה | יָשְׁבוּ כִסְאוֹת לְמִשְׁפָּט כִּסְאוֹת
לְבֵית דָּוִד: ו שַׁאֲלוּ שְׁלוֹם יְרוּשָׁלָםִ יִשְׁלָיוּ אֹהֲבָיִךְ:

121

Псалом говорит о достоинствах "нижнего" рая, откуда душа восходит в "верхний" рай. Псалом также говорит о том, как Всевышний наблюдает за человеком.

שיר 1 Песнь ступеней. Поднимаю взор к горам: от-
куда придет помощь, 2 помощь Господня, создателя
неба и земли? 3 Пусть не даст тебе споткнуться, пусть
не дремлет Страж твой. 4 Ведь не спит и не дремлет
Страж Израиля. 5 Пусть Господь будет стражем твоим,
пусть Он тенью следует по правую руку от тебя. 6 Да
не причинит тебе вреда солнце днем и луна – ночью.
7 Господь убережет тебя от всякой беды, убережет душу
твою. 8 Господь станет защитником твоим, как только
ты выйдешь, и до возвращения[117], – отныне и вовеки!

122

Псалмопевец воспевает Иерусалим и чудеса, свершившиеся там.

הללויה 1 Песнь ступеней. Давида. Я обрадовался,
когда сказали: «Отправляемся в Дом Господа». 2 Мы
стоим у врат твоих, Иерусалим! 3 Отстроенный Ие-
русалим, град монолитный[118], 4 куда восходят коле-
на, колена Бога, свидетеля Израиля принести бла-
годарность Имени Господа! 5 Там установлены кре-
сла судей, престолы дома Давида. 6 Желайте мира
Иерусалиму, да обретут покой возлюбленные твои.
7 Пусть пребудет мир в стенах твоих, покой – в тво-

ז יְהִי־שָׁלוֹם בְּחֵילֵךְ שַׁלְוָה בְּאַרְמְנוֹתָיִךְ: ח לְמַעַן אַחַי
וְרֵעָי אֲדַבְּרָה־נָּא שָׁלוֹם בָּךְ: ט לְמַעַן בֵּית־יְהוָה אֱלֹהֵינוּ
אֲבַקְשָׁה טוֹב לָךְ:

קכג.

המשורר מקונן על זמן ארוך ורב שעברו כבר בגלות:

א שִׁיר הַמַּעֲלוֹת אֵלֶיךָ נָשָׂאתִי אֶת־עֵינַי הַיֹּשְׁבִי
בַּשָּׁמָיִם: ב הִנֵּה כְעֵינֵי עֲבָדִים אֶל־יַד אֲדוֹנֵיהֶם כְּעֵינֵי
שִׁפְחָה אֶל־יַד גְּבִרְתָּהּ כֵּן עֵינֵינוּ אֶל־יְהוָה אֱלֹהֵינוּ
עַד שֶׁיְּחָנֵּנוּ: ג חָנֵּנוּ יְהוָה חָנֵּנוּ כִּי־רַב שָׂבַעְנוּ בוּז:
ד רַבַּת שָׂבְעָה־לָּהּ נַפְשֵׁנוּ הַלַּעַג הַשַּׁאֲנַנִּים הַבּוּז
לִגְאֵי יוֹנִים:

קכד.

א שִׁיר הַמַּעֲלוֹת לְדָוִד לוּלֵי יְהוָה שֶׁהָיָה לָנוּ יֹאמַר־
נָא יִשְׂרָאֵל: ב לוּלֵי יְהוָה שֶׁהָיָה לָנוּ בְּקוּם עָלֵינוּ
אָדָם: ג אֲזַי חַיִּים בְּלָעוּנוּ בַּחֲרוֹת אַפָּם בָּנוּ: ד אֲזַי
הַמַּיִם שְׁטָפוּנוּ נַחְלָה עָבַר עַל־נַפְשֵׁנוּ: ה אֲזַי עָבַר
עַל־נַפְשֵׁנוּ הַמַּיִם הַזֵּידוֹנִים: ו בָּרוּךְ יְהוָה שֶׁלֹּא נְתָנָנוּ

их дворцах. 8 Ради братьев и друзей прошу мира тебе.
9 Ради Храма нашего Господа Бога прошу блага тебе.

123

Псалмопевец оплакивает длительность изгнания.

שיר 1 Песнь ступеней. К Тебе поднимаю свои глаза,
Пребывающий на небесах! 2 Как обращены глаза ра-
бов к руке господина, как глаза рабынь к руке госпо-
жи, так наши глаза не отрываются от нашего Господа
Бога, пока не пожалеет нас. 3 Пожалей нас, Господи,
пожалей, ибо мы пресытились позором. 4 Мы пресы-
тились насмешками самодовольных, презрением гор-
децов.

124

שיר 1 Песнь ступеней. Давида. Пусть скажет Изра-
иль: «Если бы не Господь, что стало бы с нами?!»
2 Если бы не Господь, что стало бы с нами, когда вы-
ступили против нас люди?! 3 Они бы в гневе своем нас
живьем проглотили, 4 унесло бы нас потоком, рекой бы
затопило, 5 покрыли бы нас с головой воды неумоли-
мые. 6 Благословен Господь, что не отдал нас им на
растерзание. 7 Мы как птица вырвались из силка. Ло-

טֶרֶף לְשִׁנֵּיהֶם: ז נַפְשֵׁנוּ כְּצִפּוֹר נִמְלְטָה מִפַּח יוֹקְשִׁים
הַפַּח נִשְׁבָּר וַאֲנַחְנוּ נִמְלָטְנוּ: ח עֶזְרֵנוּ בְּשֵׁם יְהוָה
עֹשֵׂה שָׁמַיִם וָאָרֶץ:

קכה.

א שִׁיר הַמַּעֲלוֹת הַבֹּטְחִים בַּיהוָה כְּהַר־צִיּוֹן לֹא־
יִמּוֹט לְעוֹלָם יֵשֵׁב: ב יְרוּשָׁלַםִ הָרִים סָבִיב לָהּ וַיהוָה
סָבִיב לְעַמּוֹ מֵעַתָּה וְעַד־עוֹלָם: ג כִּי לֹא יָנוּחַ שֵׁבֶט
הָרֶשַׁע עַל גּוֹרַל הַצַּדִּיקִים לְמַעַן לֹא־יִשְׁלְחוּ הַצַּדִּיקִים |
בְּעַוְלָתָה יְדֵיהֶם: ד הֵיטִיבָה יְהוָה לַטּוֹבִים וְלִישָׁרִים
בְּלִבּוֹתָם: ה וְהַמַּטִּים עֲקַלְקַלּוֹתָם יוֹלִיכֵם יְהוָה אֶת־
פֹּעֲלֵי הָאָוֶן שָׁלוֹם עַל־יִשְׂרָאֵל:

קכו.

ידבר על העתיד ומדמה הגלות כמו אדם שזורע בארץ יבשה בוכה ומתחנן להקב״ה שימטיר עליה שלא יפסיד הזרע ואם יזכה לקצור הוא נותן הודאה להקב״ה:

א שִׁיר הַמַּעֲלוֹת בְּשׁוּב יְהוָה אֶת־שִׁיבַת צִיּוֹן הָיִינוּ
כְּחֹלְמִים: ב אָז יִמָּלֵא שְׂחוֹק פִּינוּ וּלְשׁוֹנֵנוּ רִנָּה אָז
יֹאמְרוּ בַגּוֹיִם הִגְדִּיל יְהוָה לַעֲשׂוֹת עִם־אֵלֶּה: ג הִגְדִּיל

вушка разбита – и мы спасены! 8 Помощь нам – имя Господа, создателя неба и земли!

125

שיר 1 Песнь ступеней. Надеющийся на Господа не поколеблется, как Сион, во веки сохранится. 2 Горы вокруг Иерусалима, и Господь вокруг народа Своего отныне и вовеки! 3 Не оставит скипетр злодейский над уделом праведников, чтобы праведники не предались злодеянию[а]. 4 Господи, даруй благо благодетельным и прямым сердцем. 5 Склоняющихся же к кривым дорожкам Господь поведет вместе с творящими беззаконие. Мир над Израилем!

126

Псалмопевец говорит о грядущем избавлении. Он уподобляет наше служение во время изгнания человеку, засевающему иссохшую землю. Человек плачет и умоляет Всевышнего послать дождь, чтобы посев не пропал зря. И, когда он удостаивается собрать урожай, благодарит Его.

שיר 1 Песнь ступеней. Словно во сне[119] мы видели[б], как Господь возвращает изгнанников Сиона[в]. 2 В ту пору уста наши переполнял смех, язык – радость. В ту пору говорили народы: 3 «Великое [чудо] сотворил Господь с этими!» Великое [чудо] сотворил Господь

а. Чтобы праведники не предались злодеянию – вариант чтения: «Если праведники не предаются злодеянию». б. Словно во сне мы видели – вариант: «Мы как будто выздоровели после болезни» (Таргум) в. Возвращает изгнанников Сиона – иное чтение: «Когда Господь восстанавливал Сион…» (р. Ишаяѓу из Трани).

יְהוָה לַעֲשׂוֹת עִמָּנוּ הָיִינוּ שְׂמֵחִים׃ ד שׁוּבָה יְהוָה
אֶת־שְׁבִיתֵנוּ כַּאֲפִיקִים בַּנֶּגֶב׃ ה הַזּוֹרְעִים בְּדִמְעָה
בְּרִנָּה יִקְצֹרוּ׃ ו הָלוֹךְ יֵלֵךְ | וּבָכֹה נֹשֵׂא מֶשֶׁךְ־הַזָּרַע
בֹּא־יָבֹא בְרִנָּה נֹשֵׂא אֲלֻמֹּתָיו׃

קכז.

בו מבואר היאך דוד המלך מוכיח בני דורו ובראשון שלמה בנו שיהיו כל מעשיו לשם שמים ומגנה אנשי סוחרים המיגעים יומם ולילה במחייתן:

א שִׁיר הַמַּעֲלוֹת לִשְׁלֹמֹה אִם־יְהוָה | לֹא־יִבְנֶה בַיִת
שָׁוְא עָמְלוּ בוֹנָיו בּוֹ אִם־יְהוָה לֹא־יִשְׁמָר־עִיר שָׁוְא |
שָׁקַד שׁוֹמֵר׃ ב שָׁוְא לָכֶם | מַשְׁכִּימֵי קוּם מְאַחֲרֵי־שֶׁבֶת
אֹכְלֵי לֶחֶם הָעֲצָבִים כֵּן יִתֵּן לִידִידוֹ שֵׁנָא׃ ג הִנֵּה
נַחֲלַת יְהוָה בָּנִים שָׂכָר פְּרִי הַבָּטֶן׃ ד כְּחִצִּים בְּיַד־
גִּבּוֹר כֵּן בְּנֵי הַנְּעוּרִים׃ ה אַשְׁרֵי הַגֶּבֶר אֲשֶׁר מִלֵּא
אֶת־אַשְׁפָּתוֹ מֵהֶם לֹא־יֵבֹשׁוּ כִּי־יְדַבְּרוּ אֶת־
אוֹיְבִים בַּשָּׁעַר׃

קכח.

בו מבואר כמה מעלות לאדם אם נהנה מיגיע כפיו ואינו נהנה מאחרים אף שרוצים ליתן לו במתנה מכ"ש גזילה או עושה מלאכת ה' ברמיה, וכמה הנהגות טובות שמן הראוי להיות ירא שמים:

א שִׁיר הַמַּעֲלוֹת אַשְׁרֵי כָּל־יְרֵא יְהוָה הַהֹלֵךְ

с нами, – и мы обрадовались. 4 Пусть возвратятся,
Господи, изгнанники наши, словно потоки в Неге-
ве[120]. 5 Сеявший в слезах пожинать будет радость[121] –
6 идет плача, как сеятель[122], вернется же нагруженный
снопами в радости своей[a].

127

Псалом, в котором Давид наставляет своё поколение и в первую очередь сына своего Соломона, чтобы все их действия были во имя Небес. Он корит торговцев, которые проводитят дни и ночи в заботе о пропитании.

שיר 1 Песнь ступеней. Соломону. Если Господь не
отстроит дом, напрасно трудятся строители; если
Господь не охранит город, напрасно усердствует страж.
2 Напрасно вы рано встаете и поздно идете отдыхать,
едите хлеб забот; возлюбленному Своему[123] Он дару-
ет [спокойный] сон. 3 Ведь надел, Господом ниспосы-
лаемый, – дети, награда – плод чрева. 4 Как стрелы
в руках витязя, сыновья, в молодости рожденные.
5 Счастлив муж, который наполнил ими колчан свой.
Не испытают поражения, когда будут воевать с врага-
ми у врат.

128

Псалом прославляет тех, кто наслаждается плодами своих трудов, отказываясь даже от подарков, тем более от грабежа и мошенничества. Он также описывает поведение, подобающее богобоязненному человеку.

שיר 1 Песнь ступеней. Счастлив всякий почитаю-
щий Господа, следующий путям Его. 2 Если ты кор-

a. Сеявший в слезах... снопами радости своей – вариант: «Сеявший в слезах, жать будет в радости, несущий торбу [для посева] зерна в слезах, вернется в радости, нагруженный снопами».

בִּדְרָכָיו׃ ב יְגִיעַ כַּפֶּיךָ כִּי תֹאכֵל אַשְׁרֶיךָ וְטוֹב לָךְ׃
ג אֶשְׁתְּךָ ׀ כְּגֶפֶן פֹּרִיָּה בְּיַרְכְּתֵי בֵיתֶךָ בָּנֶיךָ כִּשְׁתִלֵי זֵיתִים
סָבִיב לְשֻׁלְחָנֶךָ׃ ד הִנֵּה כִי־כֵן יְבֹרַךְ גָּבֶר יְרֵא יְהֹוָה׃
ה יְבָרֶכְךָ יְהֹוָה מִצִּיּוֹן וּרְאֵה בְּטוּב יְרוּשָׁלָםִ כֹּל יְמֵי
חַיֶּיךָ׃ ו וּרְאֵה־בָנִים לְבָנֶיךָ שָׁלוֹם עַל־יִשְׂרָאֵל׃

קכט.

המשורר מאונן על הצרות:

א שִׁיר הַמַּעֲלוֹת רַבַּת צְרָרוּנִי מִנְּעוּרָי יֹאמַר־נָא
יִשְׂרָאֵל׃ ב רַבַּת צְרָרוּנִי מִנְּעוּרָי גַּם לֹא־יָכְלוּ לִי׃
ג עַל־גַּבִּי חָרְשׁוּ חֹרְשִׁים הֶאֱרִיכוּ לְמַעֲנִיתָם׃ ד יְהֹוָה
צַדִּיק קִצֵּץ עֲבוֹת רְשָׁעִים׃ ה יֵבֹשׁוּ וְיִסֹּגוּ אָחוֹר כֹּל
שֹׂנְאֵי צִיּוֹן׃ ו יִהְיוּ כַּחֲצִיר גַּגּוֹת שֶׁקַּדְמַת שָׁלַף יָבֵשׁ׃
ז שֶׁלֹּא מִלֵּא כַפּוֹ קוֹצֵר וְחִצְנוֹ מְעַמֵּר׃ ח וְלֹא אָמְרוּ ׀
הָעֹבְרִים בִּרְכַּת־יְהֹוָה אֲלֵיכֶם בֵּרַכְנוּ אֶתְכֶם בְּשֵׁם יְהֹוָה׃

קל.

תפלה על אריכות הגלות:

א שִׁיר הַמַּעֲלוֹת מִמַּעֲמַקִּים קְרָאתִיךָ יְהֹוָה׃
ב אֲדֹנָי שִׁמְעָה בְקוֹלִי תִּהְיֶינָה אָזְנֶיךָ קַשֻּׁבוֹת לְקוֹל

мишься трудами рук своих, счастлив ты и благо тебе.
3 В покоях дома твоего жена, подобная плодоносной
лозе виноградной; вокруг стола – как молодые по-
беги оливы, сыновья[124]. 4 Именно этим благослов-
ляется муж, почитающий Господа. 5 Да благословит
тебя Господь с Сиона! Пусть доведется тебе увидеть
благополучие Иерусалима во все дни жизни твоей!
6 Пусть доведется тебе увидеть детей сыновей своих,
мир над Израилем!

129

Псалмопевец оплакивает беды Израиля.

שִׁיר 1 Песнь ступеней. С юности моей причиняли
мне множество страданий! Пусть скажет Израиль:
2 с юности моей причиняли мне множество страда-
ний, но не победили меня. 3 На спине моей пахали па-
хари, длинную борозду провели на ней. 4 Справедлив
Господь! Он обрезал поводья злодеев. 5 Опозорены,
отступили все враги Сиона. 6 Да станут они подобны
траве на крышах, что сохнет еще до цветения, 7 кото-
рой не наполнить горсти жнеца[125], не хватит на сноп,
8 при [жатве] которой не приветствуют прохожие:
«Благословение Господне на вас!» Благословляем вас
именем Господним!

130

Псалмопевец молится об окончании этого долгого Изгнания.

שִׁיר 1 Песнь ступеней. Из глубин взываю к Тебе,
Господи. 2 Владыка мой, услышь меня, прислушайся

תַּחֲנוּנָי׃ ג אִם־עֲוֺנוֹת תִּשְׁמָר־יָהּ אֲדֹנָי מִי יַעֲמֹד׃
ד כִּי־עִמְּךָ הַסְּלִיחָה לְמַעַן תִּוָּרֵא׃ ה קִוִּיתִי יְהוָה קִוְּתָה
נַפְשִׁי וְלִדְבָרוֹ הוֹחָלְתִּי׃ ו נַפְשִׁי לַאדֹנָי מִשֹּׁמְרִים
לַבֹּקֶר שֹׁמְרִים לַבֹּקֶר׃ ז יַחֵל יִשְׂרָאֵל אֶל־יְהוָה כִּי
עִם־יְהוָה הַחֶסֶד וְהַרְבֵּה עִמּוֹ פְדוּת׃ ח וְהוּא יִפְדֶּה
אֶת־יִשְׂרָאֵל מִכֹּל עֲוֺנֹתָיו׃

קלא.

בו יסופר שפלות דוד והיאך לא גבה לבו כל ימיו ולא עשה לו גדולות ותענוגי בני אדם:

א שִׁיר הַמַּעֲלוֹת לְדָוִד יְהוָה | לֹא־גָבַהּ לִבִּי וְלֹא־
רָמוּ עֵינַי וְלֹא־הִלַּכְתִּי | בִּגְדֹלוֹת וּבְנִפְלָאוֹת מִמֶּנִּי׃
ב אִם־לֹא שִׁוִּיתִי | וְדוֹמַמְתִּי נַפְשִׁי כְּגָמֻל עֲלֵי אִמּוֹ
כַּגָּמֻל עָלַי נַפְשִׁי׃ ג יַחֵל יִשְׂרָאֵל אֶל־יְהוָה מֵעַתָּה
וְעַד־עוֹלָם׃

קלב.

זה השיר אמרו דוד כשהיה דבר בעולם והיה הוא וזקני ישראל מתכסים בשקים והמשכן היה רחוק מהם לכך היה מתאמץ בתפלות גדולות שהקב״ה יזכור מה שעשה דוד הטרחות ועינויים על בה״מ:

א שִׁיר הַמַּעֲלוֹת זְכוֹר־יְהוָה לְדָוִד אֵת כָּל־עֻנּוֹתוֹ׃
ב אֲשֶׁר נִשְׁבַּע לַיהוָה נָדַר לַאֲבִיר יַעֲקֹב׃ ג אִם־אָבֹא

к молитве моей. 3 Кто устоит, Владыка мой, если Ты,
Боже, припомнишь [все] грехи? 4 Но Тебе принадле-
жит прощение, дабы благоговели пред Тобой. 5 На
Господа уповаю я, уповает душа моя; на слово [про-
щения] Его надеюсь. 6 [Ждет] душа моя Господа боль-
ше, чем предутренняя стража ждет утра. 7 Израиль,
надейся на Господа, Господу [принадлежит] покрови-
тельство и многократное избавление. 8 И Он избавит
Израиль от всех грехов его.

131

Псалом, в котором рассказывается о смирении Давида. Всю свою жизнь он не заносился, не возвеличивался и не окружал себя удовольствиями, к которым стремятся люди.

שיר 1 Песнь ступеней. Давида. Господи, не надмен-
но сердце мое, не смотрю я свысока, не изображаю
величие и недоступность. 2 Разве я не жду молча, разве
не считаю себя похожим на младенца?! Душа моя –
как младенец на руках матери. 3 Уповай, Израиль, на
Господа, отныне и вовек!

132

Псалом был составлен Давидом, когда он и старейшины Израиля оделись в рубище в знак траура из-за нагрянувшей эпидемии. Из-за того, что они были далеко от Скинии (святилища), Давид горячо молился Всевышнему, чтобы Он вспомнил все труды и муки Давида, связанные с возведением Храма.

שיר 1 Песнь ступеней. Вспомни, Господи, Дави-
ду все страдания его, 2 как клялся он Господу, давал
обет Сильному Яакова: 3 «Не войду под полог шатра
своего[126], не взойду на ложе свое; 4 Не дам сна гла-

בְּאֹהֶל בֵּיתִי אִם־אֶעֱלֶה עַל־עֶרֶשׂ יְצוּעָי׃ ד אִם־אֶתֵּן
שְׁנָת לְעֵינָי לְעַפְעַפַּי תְּנוּמָה׃ ה עַד־אֶמְצָא מָקוֹם
לַיהוָה מִשְׁכָּנוֹת לַאֲבִיר יַעֲקֹב׃ ו הִנֵּה שְׁמַעֲנוּהָ
בְאֶפְרָתָה מְצָאנוּהָ בִּשְׂדֵי־יָעַר׃ ז נָבוֹאָה לְמִשְׁכְּנוֹתָיו
נִשְׁתַּחֲוֶה לַהֲדֹם רַגְלָיו׃ ח קוּמָה יְהוָה לִמְנוּחָתֶךָ אַתָּה
וַאֲרוֹן עֻזֶּךָ׃ ט כֹּהֲנֶיךָ יִלְבְּשׁוּ־צֶדֶק וַחֲסִידֶיךָ יְרַנֵּנוּ׃
י בַּעֲבוּר דָּוִד עַבְדֶּךָ אַל־תָּשֵׁב פְּנֵי מְשִׁיחֶךָ׃ יא נִשְׁבַּע
יְהוָה ׀ לְדָוִד אֱמֶת לֹא־יָשׁוּב מִמֶּנָּה מִפְּרִי בִטְנְךָ אָשִׁית
לְכִסֵּא־לָךְ׃ יב אִם־יִשְׁמְרוּ בָנֶיךָ ׀ בְּרִיתִי וְעֵדֹתִי זוֹ
אֲלַמְּדֵם גַּם־בְּנֵיהֶם עֲדֵי־עַד יֵשְׁבוּ לְכִסֵּא־לָךְ׃ יג כִּי־
בָחַר יְהוָה בְּצִיּוֹן אִוָּהּ לְמוֹשָׁב לוֹ׃ יד זֹאת־מְנוּחָתִי
עֲדֵי־עַד פֹּה אֵשֵׁב כִּי אִוִּתִיהָ׃ טו צֵידָהּ בָּרֵךְ אֲבָרֵךְ
אֶבְיוֹנֶיהָ אַשְׂבִּיעַ לָחֶם׃ טז וְכֹהֲנֶיהָ אַלְבִּישׁ יֶשַׁע
וַחֲסִידֶיהָ רַנֵּן יְרַנֵּנוּ׃ יז שָׁם ׀ אַצְמִיחַ קֶרֶן לְדָוִד עָרַכְתִּי
נֵר לִמְשִׁיחִי׃ יח אוֹיְבָיו אַלְבִּישׁ בֹּשֶׁת וְעָלָיו יָצִיץ נִזְרוֹ׃

קלג.

א שִׁיר הַמַּעֲלוֹת לְדָוִד הִנֵּה מַה־טּוֹב וּמַה־נָּעִים

зам своим, а векам – дремоты, 5 пока не найду места
Господу, обители для Сильного Яакова». 6 Мы услы-
шали о [ковчеге]слышали, что он в Эфрате, а обна-
ружили его в поле[a] лесном[127]. 7 Войдем в обитель Его,
поклонимся подножию ног Его. 8 Встань, Господи,
на [место] покоя Своего, – Ты и ковчег могущества
Твоего[128]. 9 Священники Твои облекутся справедливос-
тью, и преданные Тебе торжествовать будут. 10 Ради
раба Твоего Давида не отвергай помазанника Своего.
11 Поклялся Господь Давиду, дал клятву истинную, не
отступит от нее: «Потомки твои будут сидеть на прес-
толе твоем. 12 Если соблюдать будут потомки твои со-
юз со Мной и Учение Мое, которому Я научу их, то во
веки веков их сыновья сидеть будут на престоле тво-
ем». 13 Избрал Господь Сион, возжелал его в обитель
Себе: 14 «Вот [место] покоя Моего на века, здесь пребу-
ду, потому что Я возжелал его. 15 Благословлю его про-
питанием, бедных его насыщу хлебом. 16 Священников
облеку спасением, и преданные радоваться будут.
17 Там Я возвеличу Давида, приготовлю светильник
помазаннику Моему. 18 Врагов его облеку позором, а
на нем венец сверкать будет».

133

שיר 1 Песнь ступеней. Давида. Как хорошо и прият-
но, когда братья сидят вместе! 2 Словно ароматное
масло с головы стекает на бороду, а с бороды Аарона

a. Буквально: «Возле Кирьят-Яарим».

שֶׁבֶת אַחִים גַּם־יָחַד׃ ב כַּשֶּׁמֶן הַטּוֹב ׀ עַל־הָרֹאשׁ
יֹרֵד עַל־הַזָּקָן זְקַן־אַהֲרֹן שֶׁיֹּרֵד עַל־פִּי מִדּוֹתָיו׃ ג כְּטַל
חֶרְמוֹן שֶׁיֹּרֵד עַל־הַרְרֵי צִיּוֹן כִּי שָׁם ׀ צִוָּה יְהוָה אֶת־
הַבְּרָכָה חַיִּים עַד־הָעוֹלָם׃

קלד.

המשורר מעורר לב החכמים והחסידים שיעמדו ממטתם בלילה לבית ה׳:

א שִׁיר הַמַּעֲלוֹת הִנֵּה ׀ בָּרְכוּ אֶת־יְהוָה כָּל־עַבְדֵי
יְהוָה הָעֹמְדִים בְּבֵית־יְהוָה בַּלֵּילוֹת׃ ב שְׂאוּ־יְדֵכֶם
קֹדֶשׁ וּבָרְכוּ אֶת־יְהוָה׃ ג יְבָרֶכְךָ יְהוָה מִצִּיּוֹן עֹשֵׂה
שָׁמַיִם וָאָרֶץ׃

קלה.

יום כח

א הַלְלוּיָהּ ׀ הַלְלוּ אֶת־שֵׁם יְהוָה הַלְלוּ עַבְדֵי יְהוָה׃
ב שֶׁעֹמְדִים בְּבֵית יְהוָה בְּחַצְרוֹת בֵּית אֱלֹהֵינוּ׃
ג הַלְלוּיָהּ כִּי־טוֹב יְהוָה זַמְּרוּ לִשְׁמוֹ כִּי נָעִים׃ ד כִּי־
יַעֲקֹב בָּחַר לוֹ יָהּ יִשְׂרָאֵל לִסְגֻלָּתוֹ׃ ה כִּי אֲנִי יָדַעְתִּי
כִּי־גָדוֹל יְהוָה וַאֲדֹנֵינוּ מִכָּל־אֱלֹהִים׃ ו כֹּל אֲשֶׁר־חָפֵץ
יְהוָה עָשָׂה בַּשָּׁמַיִם וּבָאָרֶץ בַּיַּמִּים וְכָל־תְּהֹמוֹת׃
ז מַעֲלֶה נְשִׂאִים מִקְצֵה הָאָרֶץ בְּרָקִים לַמָּטָר עָשָׂה

стекает на рубаху его, 3 так роса с Хермона стекает на
горы Сиона[129]. Ибо над ним заповедал Господь бла-
гословение, жизнь навеки.

134

Псалмопевец побуждает сердца мудрецов и благочестивых, чтобы они вставали ночью со своих постелей и шли в Дом Божий.

שיר 1 Песнь ступеней. Благословите Господа, все
рабы Господни, стоящие в доме Господнем ночами.
2 Вознесите руки к святыне и благословите Господа.
Да благословит тебя с Сиона Господь, Творец неба и
земли.

135

День 28 הללויה 1 Восхвалите Бога! Воздайте хвалу имени
Господа, воздайте хвалу, рабы Господни, 2 стоящие в доме
Господнем, во дворах дома Бога нашего. 3 Воздайте
хвалу Господу за блага Господни, воспойте имя Его за
[Его] благодеяния. 4 За то, что Яакова избрал Господь,
Израиль сделал достоянием Своим. 5 Знаю я, что ве-
лик Господь, что Владыка наш выше всех божеств.
6 Господь делает все, что угодно Ему, на небесах и на
земле, на морях и во всех безднах. 7 Он возносит тучи
с края земли, творит молнии для дождя, ветер выво-
дит из сокровищниц Своих. 8 Он поразил первенцев
египетских – от человека до скота. 9 Он явил знамения

מוֹצֵא רוּחַ מֵאוֹצְרוֹתָיו: ח שֶׁהִכָּה בְּכוֹרֵי מִצְרָיִם מֵאָדָם
עַד־בְּהֵמָה: ט שָׁלַח | אוֹתֹת וּמֹפְתִים בְּתוֹכֵכִי מִצְרָיִם
בְּפַרְעֹה וּבְכָל־עֲבָדָיו: י שֶׁהִכָּה גּוֹיִם רַבִּים וְהָרַג מְלָכִים
עֲצוּמִים: יא לְסִיחוֹן | מֶלֶךְ הָאֱמֹרִי וּלְעוֹג מֶלֶךְ הַבָּשָׁן
וּלְכֹל מַמְלְכוֹת כְּנָעַן: יב וְנָתַן אַרְצָם נַחֲלָה נַחֲלָה
לְיִשְׂרָאֵל עַמּוֹ: יג יְהֹוָה שִׁמְךָ לְעוֹלָם יְהֹוָה זִכְרְךָ לְדֹר־
וָדֹר: יד כִּי־יָדִין יְהֹוָה עַמּוֹ וְעַל־עֲבָדָיו יִתְנֶחָם:
טו עֲצַבֵּי הַגּוֹיִם כֶּסֶף וְזָהָב מַעֲשֵׂה יְדֵי אָדָם: טז פֶּה
לָהֶם וְלֹא יְדַבֵּרוּ עֵינַיִם לָהֶם וְלֹא יִרְאוּ: יז אָזְנַיִם לָהֶם
וְלֹא יַאֲזִינוּ אַף אֵין־יֶשׁ־רוּחַ בְּפִיהֶם: יח כְּמוֹהֶם יִהְיוּ
עֹשֵׂיהֶם כֹּל אֲשֶׁר־בֹּטֵחַ בָּהֶם: יט בֵּית יִשְׂרָאֵל בָּרְכוּ
אֶת־יְהֹוָה בֵּית אַהֲרֹן בָּרְכוּ אֶת־יְהֹוָה: כ בֵּית הַלֵּוִי
בָּרְכוּ אֶת־יְהֹוָה יִרְאֵי יְהֹוָה בָּרְכוּ אֶת־יְהֹוָה: כא בָּרוּךְ
יְהֹוָה | מִצִּיּוֹן שֹׁכֵן יְרוּשָׁלָםִ הַלְלוּיָהּ:

קלו.

בזה המזמור יש כ"ו פסוקים נגד כ"ו דורות מבריאת עולם עד שישראל קבלו את התורה:

א הוֹדוּ לַיהֹוָה כִּי־טוֹב כִּי לְעוֹלָם חַסְדּוֹ: ב הוֹדוּ

и чудеса над Египтом, над фараоном и всеми слугами
его. 10 Он поразил народы многие и убивал царей силь-
ных: 11 Сихона, царя эморейского, Ога, царя башанско-
го, и все царства ханаанские. 12 Он отдал земли их в на-
следие, в наследие Израилю, народу Своему. 13 Навеки
имя Твое – Господь, Господь – так вспоминают о Тебе
из рода в род. 14 Ибо дарует Господь правосудие наро-
ду Своему, и откажется от приговора рабам Своим.
15 Кумиры народов – серебро и золото, произведение
рук человеческих. 16 Уста у них, – но не говорят; глаза
у них – но не видят; 17 уши у них – но не слышат; даже
наличия дыхания нет в устах их. 18 Пусть творцы их
станут такими же вместе со всеми, кто полагается на
них! 19 Дом Израиля, благословите Господа! Дом Ааро-
на, благословите Господа! 20 Дом Леви, благословите
Господа! Боящиеся Господа, благословите Господа!
21 Благословен Господь в Сионе, обитающий в Иеруса-
лиме! Восхвалите Бога!

136

Этот псалом содержит двадцать шесть стихов, соответствующих двадцати шести поколениям от Сотворения мира до Дарования Торы Израилю.

הודו 1 Благодарите Господа за блага Его, за то, что
на века покровительство Его! 2 Благодарите Бога над
всеми божествами – на века покровительство Его!
3 Благодарите Владыку владык – на века покровитель-

לֵאלֹהֵי הָאֱלֹהִים כִּי לְעוֹלָם חַסְדּוֹ׃ ג הוֹדוּ לַאֲדֹנֵי
הָאֲדֹנִים כִּי לְעוֹלָם חַסְדּוֹ׃ ד לְעֹשֵׂה נִפְלָאוֹת גְּדֹלוֹת
לְבַדּוֹ כִּי לְעוֹלָם חַסְדּוֹ׃ ה לְעֹשֵׂה הַשָּׁמַיִם בִּתְבוּנָה
כִּי לְעוֹלָם חַסְדּוֹ׃ ו לְרֹקַע הָאָרֶץ עַל־הַמָּיִם כִּי לְעוֹלָם
חַסְדּוֹ׃ ז לְעֹשֵׂה אוֹרִים גְּדֹלִים כִּי לְעוֹלָם חַסְדּוֹ׃
ח אֶת־הַשֶּׁמֶשׁ לְמֶמְשֶׁלֶת בַּיּוֹם כִּי לְעוֹלָם חַסְדּוֹ׃ ט אֶת־
הַיָּרֵחַ וְכוֹכָבִים לְמֶמְשְׁלוֹת בַּלָּיְלָה כִּי לְעוֹלָם חַסְדּוֹ׃
י לְמַכֵּה מִצְרַיִם בִּבְכוֹרֵיהֶם כִּי לְעוֹלָם חַסְדּוֹ׃ יא וַיּוֹצֵא
יִשְׂרָאֵל מִתּוֹכָם כִּי לְעוֹלָם חַסְדּוֹ׃ יב בְּיָד חֲזָקָה וּבִזְרוֹעַ
נְטוּיָה כִּי לְעוֹלָם חַסְדּוֹ׃ יג לְגֹזֵר יַם־סוּף לִגְזָרִים כִּי לְעוֹלָם
חַסְדּוֹ׃ יד וְהֶעֱבִיר יִשְׂרָאֵל בְּתוֹכוֹ כִּי לְעוֹלָם חַסְדּוֹ׃ טו וְנִעֵר
פַּרְעֹה וְחֵילוֹ בְיַם־סוּף כִּי לְעוֹלָם חַסְדּוֹ׃ טז לְמוֹלִיךְ
עַמּוֹ בַּמִּדְבָּר כִּי לְעוֹלָם חַסְדּוֹ׃ יז לְמַכֵּה מְלָכִים גְּדֹלִים
כִּי לְעוֹלָם חַסְדּוֹ׃ יח וַיַּהֲרֹג מְלָכִים אַדִּירִים כִּי לְעוֹלָם
חַסְדּוֹ׃ יט לְסִיחוֹן מֶלֶךְ הָאֱמֹרִי כִּי לְעוֹלָם חַסְדּוֹ׃
כ וּלְעוֹג מֶלֶךְ הַבָּשָׁן כִּי לְעוֹלָם חַסְדּוֹ׃ כא וְנָתַן אַרְצָם
לְנַחֲלָה כִּי לְעוֹלָם חַסְדּוֹ׃ כב נַחֲלָה לְיִשְׂרָאֵל עַבְדּוֹ

ство Его! 4 Того, Кто один свершает великие чудеса –
на века покровительство Его! 5 Того, Кто мудростью
великой создал небеса – на века покровительство Его!
6 Того, Кто простер землю над водами – на века по-
кровительство Его! 7 Того, Кто создал великие светила
– на века покровительство Его! 8 Солнце – властвовать
днем – на века покровительство Его! 9 И луну со звез-
дами – властвовать ночью – на века покровительство
Его! 10 Того, Кто поразил первенцев Египта – на века
покровительство Его! 11 И вывел народ Израиля отту-
да – на века покровительство Его! 12 Рукою сильной,
мышцею простертой – на века покровительство Его!
13 Того, Кто рассек Чермное море на куски, – на века
покровительство Его! 14 И провел Израиль посреди
него – на века покровительство Его! 15 И потопил фа-
раона и войско его в Чермном море – на века покро-
вительство Его! 16 Того, Кто вел народ свой по пусты-
не – на века покровительство Его! 17 Того, Кто пора-
зил великих царей, – на века покровительство Его!
18 И убил грозных царей – на века покровительство Его!
19 Сихона, царя эморейского, – на века покровитель-
ство Его! 20 И Ога, царя башанского, – на века покро-
вительство Его! 21 И отдал их страны во владение – на
века покровительство Его! 22 Во владение рабу Своему
Израилю – на века покровительство Его! 23 Того, Кто
вспомнил нас в унижении нашем, – на века покро-

כִּי לְעוֹלָם חַסְדּוֹ׃ כג שֶׁבְּשִׁפְלֵנוּ זָכַר לָנוּ כִּי לְעוֹלָם
חַסְדּוֹ׃ כד וַיִּפְרְקֵנוּ מִצָּרֵינוּ כִּי לְעוֹלָם חַסְדּוֹ׃ כה נֹתֵן
לֶחֶם לְכָל־בָּשָׂר כִּי לְעוֹלָם חַסְדּוֹ׃ כו הוֹדוּ לְאֵל
הַשָּׁמָיִם כִּי לְעוֹלָם חַסְדּוֹ׃

קלז.

נאמר על חורבן הבית היאך נבוכדנצר היה שואל מהם שישירו הלוים בשביה כמו על הדוכן והם אמרו היאך נשיר את שיר ה' על אדמת נכר ורוה"ק היה מנחם להם:

א עַל־נַהֲרוֹת ׀ בָּבֶל שָׁם יָשַׁבְנוּ גַּם־בָּכִינוּ בְּזָכְרֵנוּ
אֶת־צִיּוֹן׃ ב עַל־עֲרָבִים בְּתוֹכָהּ תָּלִינוּ כִּנֹּרוֹתֵינוּ׃
ג כִּי שָׁם ׀ שְׁאֵלוּנוּ שׁוֹבֵינוּ דִּבְרֵי־שִׁיר וְתוֹלָלֵינוּ שִׂמְחָה
שִׁירוּ לָנוּ מִשִּׁיר צִיּוֹן׃ ד אֵיךְ נָשִׁיר אֶת־שִׁיר־יְהֹוָה עַל
אַדְמַת נֵכָר׃ ה אִם־אֶשְׁכָּחֵךְ יְרוּשָׁלָם תִּשְׁכַּח יְמִינִי׃
ו תִּדְבַּק לְשׁוֹנִי ׀ לְחִכִּי אִם־לֹא אֶזְכְּרֵכִי אִם־לֹא אַעֲלֶה
אֶת יְרוּשָׁלַם עַל רֹאשׁ שִׂמְחָתִי׃ ז זְכֹר יְהֹוָה ׀ לִבְנֵי
אֱדוֹם אֵת יוֹם יְרוּשָׁלָם הָאֹמְרִים עָרוּ ׀ עָרוּ עַד הַיְסוֹד
בָּהּ׃ ח בַּת־בָּבֶל הַשְּׁדוּדָה אַשְׁרֵי שֶׁיְשַׁלֶּם־לָךְ אֶת־
גְּמוּלֵךְ שֶׁגָּמַלְתְּ לָנוּ׃ ט אַשְׁרֵי ׀ שֶׁיֹּאחֵז וְנִפֵּץ אֶת־עֹלָלַיִךְ
אֶל־הַסָּלַע׃

вительство Его! 24 И освободил нас от врагов наших –
на века покровительство Его! 25 Он дает пищу всякой
плоти – на века покровительство Его! 26 Благодарите
Бога небес – на века покровительство Его!

137

Псалом говорит о времени разрушения Первого Храма. Как Навуходоносор просил левитов, чтобы они, будучи в плену, пели так же, как они пели в Храме. А они говорили: "Как петь Господню песню на чужбине?" Слова псалма, вдохновленные Свыше, утешают их.

על 1 На реках вавилонских мы сидели и с плачем
вспоминали Сион. 2 Там повесили мы арфы в ивняке,
3 когда поработители требовали от нас песен, мучите-
ли – веселья: «Пойте нам песни Сиона!» 4 Как петь
песнь Господню на чужбине?! 5 Если забуду тебя, Ие-
русалим, пусть отсохнет рука моя. 6 Пусть прилипнет
язык к нёбу, если не буду помнить тебя, если не по-
ставлю Иерусалим во главу веселья своего. 7 Припом-
ни, Господи, день [разрушения] Иерусалима сынам
Эдома, кричавшим: «Разрушьте, разрушьте его до ос-
нования!» 8 Дочь Вавилонская, грабительница, славен
тот, кто отплатит тебе тем же, что ты делала с нами.
9 Славен тот, кто схватит твоих младенцев и разобьет
их о скалы.

קלח.

שבחים נוראים נתן דוד להקב"ה על החסד שעשה עמו וקיים הבטחתו ונתן לו המלוכה:

א לְדָוִד | אוֹדְךָ בְכָל־לִבִּי נֶגֶד אֱלֹהִים אֲזַמְּרֶךָּ׃
ב אֶשְׁתַּחֲוֶה | אֶל־הֵיכַל קׇדְשְׁךָ וְאוֹדֶה אֶת־שְׁמֶךָ עַל־
חַסְדְּךָ וְעַל־אֲמִתֶּךָ כִּי־הִגְדַּלְתָּ עַל־כׇּל־שִׁמְךָ אִמְרָתֶךָ׃
ג בְּיוֹם קָרָאתִי וַתַּעֲנֵנִי תַּרְהִבֵנִי בְנַפְשִׁי עֹז׃ ד יוֹדוּךָ
יְהוָה כׇּל־מַלְכֵי־אָרֶץ כִּי־שָׁמְעוּ אִמְרֵי־פִיךָ׃ ה וְיָשִׁירוּ
בְּדַרְכֵי יְהוָה כִּי גָדוֹל כְּבוֹד יְהוָה׃ ו כִּי־רָם יְהוָה
וְשָׁפָל יִרְאֶה וְגָבֹהַּ מִמֶּרְחָק יְיֵדָע׃ ז אִם־אֵלֵךְ בְּקֶרֶב
צָרָה תְּחַיֵּנִי עַל אַף אֹיְבַי תִּשְׁלַח יָדֶךָ וְתוֹשִׁיעֵנִי
יְמִינֶךָ׃ ח יְהוָה יִגְמֹר בַּעֲדִי יְהוָה חַסְדְּךָ לְעוֹלָם מַעֲשֵׂי
יָדֶיךָ אַל־תֶּרֶף׃

קלט.

זה המזמור נכבד מאד ואין בכל החמשה ספרים מזמור המייסר לאדם בדרכי השם כמו זה המזמור. אשרי לאדם האומר זה המזמור בכל יום:

א לַמְנַצֵּחַ לְדָוִד מִזְמוֹר יְהוָה חֲקַרְתַּנִי וַתֵּדָע׃
ב אַתָּה יָדַעְתָּ שִׁבְתִּי וְקוּמִי בַּנְתָּה לְרֵעִי מֵרָחוֹק׃

138

Давид приносит Всевышнему приводящие в трепет славословия за то добро, что
Он совершил для него и исполнил обещание, даровав ему царство.

לדוד 1 Давида. Всем сердцем буду возносить благо-
дарность Тебе, наперекор власть имущим Тебе буду
петь. 2 Поклонюсь храму святому Твоему, вознесу
благодарность имени Твоему за покровительство и
за истину Твою, за то, что слово Свое Ты возвеличил
больше имени Своего. 3 В час, когда воззвал я, Ты от-
ветил мне, укрепил душу мою. 4 Вознесут Тебе благо-
дарность, Господи, все цари земные, когда услышат
слова Твои. 5 Будут петь о путях Господних, о вели-
чии славы Господней. 6 О том, что возвышен Господь,
но видит униженных; а возносящегося карает из-
дали. 7 Если мне доведется идти среди недругов, ты
сохранишь мне жизнь; против ярости врагов прост-
решь руку Свою, спасешь меня десницей Своей!
8 Господь позаботится обо мне. Господи, навек по-
кровительство Твое! Дел рук Своих не оставляй!

139

Очень возвышенный псалом. Во всех пяти книгах псалмов нет подобного этому, который бы так наставлял человека на пути Всевышнего. Счастлив человек, который произносит этот псалом ежедневно.

למנצח 1 Руководителю. Давида. Псалом. Господи, Ты
изучил и знаешь меня. 2 Издалека ведомо Тебе, [что я
делаю], когда сижу и когда встаю, знаешь мысли мои.

ג אָרְחִי וְרִבְעִי זֵרִיתָ וְכָל־דְּרָכַי הִסְכַּנְתָּה: ד כִּי אֵין
מִלָּה בִּלְשׁוֹנִי הֵן יְהוָה יָדַעְתָּ כֻלָּהּ: ה אָחוֹר וָקֶדֶם
צַרְתָּנִי וַתָּשֶׁת עָלַי כַּפֶּכָה: ו פְּלִיאָה דַעַת מִמֶּנִּי
נִשְׂגְּבָה לֹא־אוּכַל לָהּ: ז אָנָה אֵלֵךְ מֵרוּחֶךָ וְאָנָה
מִפָּנֶיךָ אֶבְרָח: ח אִם־אֶסַּק שָׁמַיִם שָׁם אָתָּה וְאַצִּיעָה
שְּׁאוֹל הִנֶּךָּ: ט אֶשָּׂא כַנְפֵי־שָׁחַר אֶשְׁכְּנָה בְּאַחֲרִית
יָם: י גַּם־שָׁם יָדְךָ תַנְחֵנִי וְתֹאחֲזֵנִי יְמִינֶךָ: יא וָאֹמַר
אַךְ־חֹשֶׁךְ יְשׁוּפֵנִי וְלַיְלָה אוֹר בַּעֲדֵנִי: יב גַּם־חֹשֶׁךְ
לֹא־יַחְשִׁיךְ מִמֶּךָ וְלַיְלָה כַּיּוֹם יָאִיר כַּחֲשֵׁיכָה כָּאוֹרָה:
יג כִּי־אַתָּה קָנִיתָ כִלְיֹתָי תְּסֻכֵּנִי בְּבֶטֶן אִמִּי: יד אוֹדְךָ
עַל כִּי נוֹרָאוֹת נִפְלֵיתִי נִפְלָאִים מַעֲשֶׂיךָ וְנַפְשִׁי יֹדַעַת
מְאֹד: טו לֹא־נִכְחַד עָצְמִי מִמֶּךָּ אֲשֶׁר־עֻשֵּׂיתִי בַסֵּתֶר
רֻקַּמְתִּי בְּתַחְתִּיּוֹת אָרֶץ: טז גָּלְמִי | רָאוּ עֵינֶיךָ וְעַל־
סִפְרְךָ כֻּלָּם יִכָּתֵבוּ יָמִים יֻצָּרוּ וְלוֹ אֶחָד בָּהֶם: יז וְלִי
מַה־יָּקְרוּ רֵעֶיךָ אֵל מֶה עָצְמוּ רָאשֵׁיהֶם: יח אֶסְפְּרֵם
מֵחוֹל יִרְבּוּן הֱקִיצֹתִי וְעוֹדִי עִמָּךְ: יט אִם־תִּקְטֹל
אֱלוֹהַּ | רָשָׁע וְאַנְשֵׁי דָמִים סוּרוּ מֶנִּי: כ אֲשֶׁר יֹמְרוּךָ

3 Ты отмерил мне путь и ночлег, давал необходимое в
дороге. 4 Я еще не вымолвил слова, а Ты уже все зна-
ешь, Господи. 5 Стеной Ты закрыл мне [путь] вперед и
назад, закрыл рукой Своею. 6 Недостижимо для меня
знание, высоко – не достичь его. 7 Куда мне уйти от
воли Твоей[130], куда сбежать от Тебя? 8 Поднимусь в не-
беса – там Ты, постелю себе в преисподней – вот Ты!
9 Вознесусь на крыльях зари, поселюсь за краем морей,
10 и там на меня рука Твоя ляжет, схватит десница Твоя.
11 Подумал я: только тьма укроет меня, ночь укроет
меня от света! 12 Но тьма не скроет от Тебя, а ночь [для
Тебя] светла, как день! [Для Тебя] что свет, что тьма!
13 Ты сотворил почки мои[а], укрыл меня в чреве матери.
14 Славлю Тебя за то, что я поразительное творение!
Удивительны деяния Твои! Хорошо знает это душа моя!
15 Не была сокрыта от Тебя сущность моя, когда я соз-
давался в сокрытии, формировался в чреве земли[131].
16 Ты видел меня[б] бесформенным зародышем, и [уже
тогда] в книге Твоей были записаны все предстоящие
[мне] дни, и ни один из них не [пропадет]. 17 Как дороги
мне замыслы Твои, Боже; как велико число их! 18 Их
больше песчинок, не пересчитать их мне, [даже если
бы я все время] бодрствовал и рядом с Тобой стоял.
19 Боже, умертви злодеев! Уйдите от меня, оск-
верненные кровью, 20 те, что призывают Тебя, злоу-
мышляя; враги, произносящие всуе [имя Твое]. 21 Я

а. Ты сотворил почки мои – в Писании почки – вместилище чувств и неоформленных мыслей. б. Ты видел меня... – перевод по комментарию р. Йшаяѓу из Трани. Вариант понимания: «Ты видишь людей, когда они еще зародыши в чреве матери, но уже все они записаны в книгу Торы».

לִמְזִמָּה נָשׂוּא לַשָּׁוְא עָרֶיךָ׃ כא הֲלוֹא־מְשַׂנְאֶיךָ יְהוָה |
אֶשְׂנָא וּבִתְקוֹמְמֶיךָ אֶתְקוֹטָט׃ כב תַּכְלִית שִׂנְאָה
שְׂנֵאתִים לְאוֹיְבִים הָיוּ לִי׃ כג חָקְרֵנִי אֵל וְדַע לְבָבִי
בְּחָנֵנִי וְדַע שַׂרְעַפָּי׃ כד וּרְאֵה אִם־דֶּרֶךְ עֹצֶב־בִּי וּנְחֵנִי
בְּדֶרֶךְ עוֹלָם׃

קמ.

זה המזמור חיבר דוד על המלשינים בפרטות על דואג שהיה ראש לכל הקושרים, ותפלה זו יאמר כל יחיד ויחיד שיש לו מלשינים:

יום כט*

א לַמְנַצֵּחַ מִזְמוֹר לְדָוִד׃ ב חַלְּצֵנִי יְהוָה מֵאָדָם
רָע מֵאִישׁ חֲמָסִים תִּנְצְרֵנִי׃ ג אֲשֶׁר חָשְׁבוּ רָעוֹת
בְּלֵב כָּל־יוֹם יָגוּרוּ מִלְחָמוֹת׃ ד שָׁנְנוּ לְשׁוֹנָם כְּמוֹ־
נָחָשׁ חֲמַת עַכְשׁוּב תַּחַת שְׂפָתֵימוֹ סֶלָה׃ ה שָׁמְרֵנִי
יְהוָה | מִידֵי רָשָׁע מֵאִישׁ חֲמָסִים תִּנְצְרֵנִי אֲשֶׁר חָשְׁבוּ
לִדְחוֹת פְּעָמָי׃ ו טָמְנוּ גֵאִים | פַּח לִי וַחֲבָלִים פָּרְשׂוּ
רֶשֶׁת לְיַד־מַעְגָּל מֹקְשִׁים שָׁתוּ־לִי סֶלָה׃ ז אָמַרְתִּי
לַיהוָה אֵלִי אָתָּה הַאֲזִינָה יְהוָה קוֹל תַּחֲנוּנָי׃ ח יֱהוִה
אֲדֹנָי עֹז יְשׁוּעָתִי סַכּוֹתָה לְרֹאשִׁי בְּיוֹם נָשֶׁק׃ ט אַל־
תִּתֵּן יְהוָה מַאֲוַיֵּי רָשָׁע זְמָמוֹ אַל־תָּפֵק יָרוּמוּ סֶלָה׃

*) בחודש של כט יום אומרים ביום כט גם השיעור של יום ל. המו"ל.

враг Твоих врагов, Господи; ссорюсь с восстающими против Тебя! 22 Ненавижу их безмерно, врагами стали они мне. 23 Изучи меня, Боже, и познай сердце мое, испытай меня и познай мысли мои! 24 Посмотри: если я на пути ложном, направь меня на путь вечности.

140

Давид сложил этот псалом против доносчиков, в особенности против Доэга, являвшегося главным среди всех заговорщиков. Эту молитву следует произносить каждому, на кого доносят.

День 29* למנצח 1 Руководителю. Псалом Давида. 2 Спаси меня,
Господи, от дурного человека, охрани от вымогателей!
3 От тех, кто в сердце задумывает злодеяние, все время
ищет повод к войне. 4 Как змеи, остро жалит язык их; во-
истину, яд тарантула у них за губами. 5 Береги меня, Го-
сподь, от злодеев, от вымогателей охрани меня, от тех,
кто задумал сбить меня с ног. 6 Эти гордецы поставили
силки на меня, все время раскладывают петли и сети
на дороге, расставляют западни. 7 Перед Господом мол-
вил я: «Ты – Бог мой: внемли, Господи, жалобе моей!
8 Господь, Властелин мой, твердыня спасения моего,
Ты в час битвы прикрываешь меня! 9 Господи, не дай
сбыться мечтам злодея, не дай осуществиться замы-
слам его, чтобы совсем нечем было гордиться ему!
10 Ложь, что на устах их, пусть опрокинется на голо-
ву окружившим меня. 11 Просыплются на них горя-
чие угли; опрокинь их в огонь, в войны, из которых

* Если месяц содержит 29 дней, то 29-го числа читают также псалмы за 30-й день.

י רֹאשׁ מְסִבָּי עֲמַל שְׂפָתֵימוֹ יְכַסֵּימוֹ: יא יִמּוֹטוּ עֲלֵיהֶם
גֶּחָלִים בָּאֵשׁ יַפִּלֵם בְּמַהֲמֹרוֹת בַּל־יָקוּמוּ: יב אִישׁ
לָשׁוֹן בַּל־יִכּוֹן בָּאָרֶץ אִישׁ־חָמָס רָע יְצוּדֶנּוּ לְמַדְחֵפֹת:
יג יָדַעְתִּי כִּי־יַעֲשֶׂה יְהוָה דִּין עָנִי מִשְׁפַּט אֶבְיֹנִים:
יד אַךְ צַדִּיקִים יוֹדוּ לִשְׁמֶךָ יֵשְׁבוּ יְשָׁרִים אֶת־פָּנֶיךָ:

קמא.

מוסר גדול שמן הראוי לאדם להתפלל להקדוש ברוך הוא שיעזרנו שלא ידבר בפיו ולשונו מה שאין בלבו, וכמו שומר השער לא יניח לפתוח הפתח רק לצורך כן יהיו שפתיו:

א מִזְמוֹר לְדָוִד יְהוָה קְרָאתִיךָ חוּשָׁה לִּי הַאֲזִינָה
קוֹלִי בְּקָרְאִי־לָךְ: ב תִּכּוֹן תְּפִלָּתִי קְטֹרֶת לְפָנֶיךָ
מַשְׂאַת כַּפַּי מִנְחַת־עָרֶב: ג שִׁיתָה יְהוָה שָׁמְרָה לְפִי
נִצְּרָה עַל־דַּל שְׂפָתָי: ד אַל־תַּט־לִבִּי | לְדָבָר | רָע
לְהִתְעוֹלֵל עֲלִלוֹת | בְּרֶשַׁע אֶת־אִישִׁים פֹּעֲלֵי־אָוֶן וּבַל־
אֶלְחַם בְּמַנְעַמֵּיהֶם: ה יֶהֶלְמֵנִי צַדִּיק | חֶסֶד וְיוֹכִיחֵנִי
שֶׁמֶן רֹאשׁ אַל־יָנִי רֹאשִׁי כִּי־עוֹד וּתְפִלָּתִי בְּרָעוֹתֵיהֶם:
ו נִשְׁמְטוּ בִידֵי־סֶלַע שֹׁפְטֵיהֶם וְשָׁמְעוּ אֲמָרַי כִּי נָעֵמוּ:
ז כְּמוֹ פֹלֵחַ וּבֹקֵעַ בָּאָרֶץ נִפְזְרוּ עֲצָמֵינוּ לְפִי שְׁאוֹל:

не подняться! 12 Злоязычный человек не найдет при-
станища на земле; вымогатель злобный попадется[a] и
будет опрокинут! 13 Знаю, что Господь удовлетворит
иск бедняка, даст правосудие нищему. 14 И праведники
воздадут благодарность имени Твоему, честные вос-
сядут пред лицом Твоим!»...

141

Псалом содержит важный урок: обращаясь в молитве за помощью ко Всевышнему, не следует иметь "одно на языке, а другое в сердце". Подобно стражу, который открывает врата только в случае надобности, так и человек должен открывать уста при необходимости.

מזמור 1 Псалом Давида. Господи, Тебя призываю, по-
спеши ко мне, внемли голосу моему, когда я к Тебе
взываю! 2 Пусть молитва моя заменит воскурение пе-
ред лицом Твоим; руки простертые – жертву вечер-
нюю! 3 Приставь, Господь, охрану к устам моим; за-
мок у двери рта моего! 4 Не склони сердца моего к делу
недоброму, к поступкам преступным в обществе лю-
дей, творящих беззаконие; да не буду я пировать на
их торжестве! 5 Пусть праведник наказывает и пори-
цает меня милостиво. Масло помазания не вскружит
мне голову, пока я молюсь о [спасении] от злодейства.
6 Пусть на скалы упадут правители их, тогда услышат
слова мои торжественные! 7 Как расколотые дрова,
разлетаются по земле, так разбросаны кости наши у
преисподней. 8 К Тебе, Господь, Владыка мой, – взо-

а. Вымогатель злобный попадется – Раши предлагает чтение: «Вымогатель попадется злонамерием своим».

ח כִּי אֵלֶיךָ | יֱהֹוִה אֲדֹנָי עֵינָי בְּכָה חָסִיתִי אַל־תְּעַר
נַפְשִׁי: ט שָׁמְרֵנִי מִידֵי פַח יָקְשׁוּ לִי וּמֹקְשׁוֹת פֹּעֲלֵי
אָוֶן: י יִפְּלוּ בְמַכְמֹרָיו רְשָׁעִים יַחַד אָנֹכִי עַד־אֶעֱבוֹר:

קמב.

תפלה נוראה ונפלאה כשהיה במערה וכרת כנף המעיל וכן היה אומר אנה אפנה ואנה אברח אין לי אלא לצעוק אליך:

א מַשְׂכִּיל לְדָוִד בִּהְיוֹתוֹ בַמְּעָרָה תְפִלָּה: ב קוֹלִי
אֶל־יְהֹוָה אֶזְעָק קוֹלִי אֶל־יְהֹוָה אֶתְחַנָּן: ג אֶשְׁפֹּךְ
לְפָנָיו שִׂיחִי צָרָתִי לְפָנָיו אַגִּיד: ד בְּהִתְעַטֵּף עָלַי |
רוּחִי וְאַתָּה יָדַעְתָּ נְתִיבָתִי בְּאֹרַח־זוּ אֲהַלֵּךְ טָמְנוּ
פַח לִי: ה הַבֵּיט יָמִין | וּרְאֵה וְאֵין־לִי מַכִּיר אָבַד מָנוֹס
מִמֶּנִּי אֵין דּוֹרֵשׁ לְנַפְשִׁי: ו זָעַקְתִּי אֵלֶיךָ יְהֹוָה אָמַרְתִּי
אַתָּה מַחְסִי חֶלְקִי בְּאֶרֶץ הַחַיִּים: ז הַקְשִׁיבָה | אֶל־
רִנָּתִי כִּי־דַלּוֹתִי מְאֹד הַצִּילֵנִי מֵרֹדְפַי כִּי אָמְצוּ מִמֶּנִּי:
ח הוֹצִיאָה מִמַּסְגֵּר | נַפְשִׁי לְהוֹדוֹת אֶת־שְׁמֶךָ בִּי יַכְתִּרוּ
צַדִּיקִים כִּי תִגְמֹל עָלָי:

קמג.

א מִזְמוֹר לְדָוִד יְהֹוָה | שְׁמַע תְּפִלָּתִי הַאֲזִינָה אֶל־

ры мои. К Тебе обращаюсь я, не исторгни души моей!
9 Сохрани меня от капканов, которые они поставили
на меня, – от ловушек творящих беззаконие. 10 Пусть
попадутся в собственные сети злодеи, а я их избегу!

142

Молитва, составленная Давидом, когда тот прятался от Саула в пещере и отрезал край одежды Саула (показывая, что если бы он хотел, он мог бы убить его). Тогда он сказал: "Куда мне пойти? Куда мне бежать? Всё, что я могу, – это лишь взывать к Тебе".

משכיל 1 Поучение Давида. Когда он был в пеще-
ре. Молитва. 2 Во весь голос свой взываю к Господу,
во весь голос Господа умоляю. 3 Изливаю перед ним
скорбь мою, о горестях моих рассказываю. 4 С душой
обмершей во мне: «Ты знаешь стезю мою! На доро-
ге, по которой я хожу, они поставили капкан на меня!
5 Взгляни, справа от меня нет защитника! Некуда сбе-
жать, никто не взыщет за душу мою. 6 Взываю к Тебе,
Господи, говоря: Ты убежище мне, доля моя на земле
живых! 7 Внемли мелодии молитвы моей: ибо я очень
унижен; спаси от гонителей, что сильнее меня! 8 Вы-
веди душу мою из заключения, и я восхвалю имя Твое.
Благодеянием Своим Ты в моем лице коронуешь [всех]
праведников!»…

143

מזמור 1 Псалом Давида. Господи, услышь молитву

תַּחֲנוּנָ֑י בֶּאֱמֻנָתְךָ֥ עֲ֝נֵ֗נִי בְּצִדְקָתֶֽךָ׃ ב וְאַל־תָּב֣וֹא בְ֭מִשְׁפָּט
אֶת־עַבְדֶּ֑ךָ כִּ֤י לֹֽא־יִצְדַּ֖ק לְפָנֶ֣יךָ כָל־חָֽי׃ ג כִּ֤י רָ֪דַ֡ף
אוֹיֵ֨ב ׀ נַפְשִׁ֗י דִּכָּ֣א לָ֭אָרֶץ חַיָּתִ֑י הוֹשִׁיבַ֥נִי בְ֝מַחֲשַׁכִּ֗ים
כְּמֵתֵ֥י עוֹלָֽם׃ ד וַתִּתְעַטֵּ֣ף עָלַ֣י רוּחִ֑י בְּ֝תוֹכִ֗י יִשְׁתּוֹמֵ֥ם
לִבִּֽי׃ ה זָ֘כַ֤רְתִּי יָמִ֨ים ׀ מִקֶּ֗דֶם הָגִ֥יתִי בְכָל־פָּעֳלֶ֑ךָ בְּמַעֲשֵׂ֖ה
יָדֶ֣יךָ אֲשׂוֹחֵֽחַ׃ ו פֵּרַ֣שְׂתִּי יָדַ֣י אֵלֶ֑יךָ נַפְשִׁ֓י ׀ כְּאֶֽרֶץ־
עֲיֵפָ֖ה לְךָ֣ סֶֽלָה׃ ז מַ֘הֵ֤ר עֲנֵ֨נִי ׀ יְהֹוָה֮ כָּלְתָ֪ה ר֫וּחִ֥י אַל־
תַּסְתֵּ֣ר פָּנֶ֣יךָ מִמֶּ֑נִּי וְ֝נִמְשַׁ֗לְתִּי עִם־יֹ֥רְדֵי בֽוֹר׃
ח הַשְׁמִ֘יעֵ֤נִי בַבֹּ֨קֶר ׀ חַסְדֶּ֗ךָ כִּֽי־בְךָ֥ בָ֫טָ֥חְתִּי הוֹדִיעֵ֗נִי
דֶּֽרֶךְ־ז֥וּ אֵלֵ֑ךְ כִּֽי־אֵ֝לֶ֗יךָ נָשָׂ֥אתִי נַפְשִֽׁי׃ ט הַצִּילֵ֖נִי
מֵאֹיְבַ֥י ׀ יְהֹוָ֗ה אֵלֶ֥יךָ כִסִּֽתִי׃ י לַמְּדֵ֤נִי ׀ לַעֲשׂ֤וֹת רְצוֹנֶ֗ךָ
כִּֽי־אַתָּ֫ה אֱלוֹהָ֥י רוּחֲךָ֥ טוֹבָ֑ה תַּ֝נְחֵ֗נִי בְּאֶ֣רֶץ מִישֽׁוֹר׃
יא לְמַֽעַן־שִׁמְךָ֣ יְהֹוָ֣ה תְּחַיֵּ֑נִי בְּצִדְקָתְךָ֓ ׀ תּוֹצִ֖יא מִצָּרָ֣ה
נַפְשִֽׁי׃ יב וּֽבְחַסְדְּךָ֮ תַּצְמִ֪ית אֹ֫יְבָ֥י וְ֭הַאֲבַדְתָּ כָּל־צֹרְרֵ֣י
נַפְשִׁ֑י כִּ֝֗י אֲנִ֣י עַבְדֶּֽךָ׃

קמד.

זה המזמור חבר דוד כאשר נצח כל המלחמות ליתן שבח להקדוש ברוך הוא:

א לְדָוִ֨ד ׀ בָּ֘ר֤וּךְ יְהֹוָ֨ה ׀ צוּרִ֗י הַֽמְלַמֵּ֣ד יָדַ֣י לַקְרָ֑ב

мою, внемли мольбе моей, ответь мне по верности,
по справедливости Твоей! 2 Не суди раба Твоего, ибо
не оправдается перед Тобой никто из живущих! 3 Враг
преследует душу мою, втоптал в прах жизнь мою;
заключил меня во тьму, словно умерших навек! 4 Об-
мирает дух мой, опустело сердце мое. 5 Вспоминаю
дни прежние, обдумываю деяния Твои, размышляю о
делах рук Твоих; 6 Простираю руки к Тебе, душа моя
[устремлена] к Тебе, воистину, как земля иссохшая.
7 Ответь мне поскорее, Господь! Дух мой томится; не
скрывай лица Твоего от меня, чтобы не стал я подоб-
ным нисходящим в могилу. 8 Дай услышать с зарею о
милости Твоей, ибо на Тебя полагаюсь! Укажи мне
путь, по которому идти, ибо к Тебе возношу душу
свою! 9 Спаси меня от врагов, Господь: только Ты доля
моя. 10 Научи исполнять волю Твою, ибо Ты – Бог мой;
благим духом Твоим укажи мне дорогу ровную. 11 Ради
имени Твоего оживи меня! По милости Твоей выведи
из бедствий душу мою! 12 В покровительстве Своем
Ты уничтожишь врагов моих, погубишь притесните-
лей души моей, – ибо я раб Твой!

144

Этот псалом был составлен Давидом, воздающим хвалу Всевышнему, после побед во всех войнах.

לדוד 1 Давида. Благословен Господь, твердыня моя,

אֶצְבְּעוֹתַי לַמִּלְחָמָה: ב חַסְדִּי וּמְצוּדָתִי מִשְׂגַּבִּי
וּמְפַלְטִי־לִי מָגִנִּי וּבוֹ חָסִיתִי הָרוֹדֵד עַמִּי תַחְתָּי:
ג יְהוָה מָה־אָדָם וַתֵּדָעֵהוּ בֶּן־אֱנוֹשׁ וַתְּחַשְּׁבֵהוּ: ד אָדָם
לַהֶבֶל דָּמָה יָמָיו כְּצֵל עוֹבֵר: ה יְהוָה הַט־שָׁמֶיךָ וְתֵרֵד
גַּע בֶּהָרִים וְיֶעֱשָׁנוּ: ו בְּרוֹק בָּרָק וּתְפִיצֵם שְׁלַח חִצֶּיךָ
וּתְהֻמֵּם: ז שְׁלַח יָדֶיךָ מִמָּרוֹם פְּצֵנִי וְהַצִּילֵנִי מִמַּיִם
רַבִּים מִיַּד בְּנֵי נֵכָר: ח אֲשֶׁר פִּיהֶם דִּבֶּר־שָׁוְא וִימִינָם
יְמִין שָׁקֶר: ט אֱלֹהִים שִׁיר חָדָשׁ אָשִׁירָה לָּךְ בְּנֵבֶל
עָשׂוֹר אֲזַמְּרָה־לָּךְ: י הַנּוֹתֵן תְּשׁוּעָה לַמְּלָכִים הַפּוֹצֶה
אֶת־דָּוִד עַבְדּוֹ מֵחֶרֶב רָעָה: יא פְּצֵנִי וְהַצִּילֵנִי מִיַּד
בְּנֵי־נֵכָר אֲשֶׁר פִּיהֶם דִּבֶּר־שָׁוְא וִימִינָם יְמִין שָׁקֶר:
יב אֲשֶׁר בָּנֵינוּ | כִּנְטִעִים מְגֻדָּלִים בִּנְעוּרֵיהֶם בְּנוֹתֵינוּ
כְזָוִיֹּת מְחֻטָּבוֹת תַּבְנִית הֵיכָל: יג מְזָוֵינוּ מְלֵאִים
מְפִיקִים מִזַּן אֶל־זַן צֹאונֵנוּ מַאֲלִיפוֹת מְרֻבָּבוֹת
בְּחוּצוֹתֵינוּ: יד אַלּוּפֵינוּ מְסֻבָּלִים אֵין פֶּרֶץ וְאֵין יוֹצֵאת
וְאֵין צְוָחָה בִּרְחֹבֹתֵינוּ: טו אַשְׁרֵי הָעָם שֶׁכָּכָה לּוֹ
אַשְׁרֵי הָעָם שֶׁיְהוָה אֱלֹהָיו:

научивший руки мои сражаться и пальцы мои воевать!
2 Он – милость мне и оплот, убежище и спасение, щит,
за которым я укрываюсь, Он отдал мне в подчинение
народы. 3 Господь, что есть человек, что Ты о нем пом-
нишь, сын человеческий, – что Ты думаешь о нем? 4
Человек как дым [исчезнет]; дни его – как тень ми-
молетная! 5 Господи, наклони небеса и сойди; коснись
гор – они покроются дымом! 6 Брось молнию и рас-
сей [врагов]; пошли стрелы – и уничтожь их! 7 Про-
тяни руку Свою с высот, выручи, спаси от потопа, от
чужеземцев, 8 на устах которых напраслина, десница
которых подымается в ложной [клятве]! 9 Боже, я со-
ставлю Тебе новую песнь; я сыграю ее Тебе на арфе
десятиструнной. 10 «Ты, посылающий спасение царям,
спасший Давида, раба Своего, от меча лютого! 11 Вы-
ручи меня, спаси от чужеземцев, на устах которых
ложь, десница которых подымается в ложной клятве!
12 Наши сыновья будут расти, словно юные саженцы.
Наши дочери будут похожи на колонны, изваянные
по образцу дворцовому. 13 Наши житницы наполнятся
запасами, достаточными от урожая до урожая. Будут
множиться наши овцы тысячами, десятками тысяч на
нивах наших. 14 Будут тучными наши бараны. Не бу-
дет пролома [в стенах], не будет беженцев, не будет
крика ужаса на площадях наших»». 15 Счастлив народ,
которому это дано; счастлив народ, Бог которого –
Господь!

קמה.

כל האומר זה המזמור שלש פעמים בכל יום בכל כוונתו מובטח שהוא בן עולם הבא ולגודל התהלה חברו באלף בית:

יום ל

א תְּהִלָּה לְדָוִד אֲרוֹמִמְךָ אֱלוֹהַי הַמֶּלֶךְ וַאֲבָרְכָה
שִׁמְךָ לְעוֹלָם וָעֶד: ב בְּכָל־יוֹם אֲבָרְכֶךָּ וַאֲהַלְלָה שִׁמְךָ
לְעוֹלָם וָעֶד: ג גָּדוֹל יְהוָה וּמְהֻלָּל מְאֹד וְלִגְדֻלָּתוֹ אֵין
חֵקֶר: ד דּוֹר לְדוֹר יְשַׁבַּח מַעֲשֶׂיךָ וּגְבוּרֹתֶיךָ יַגִּידוּ:
ה הֲדַר כְּבוֹד הוֹדֶךָ וְדִבְרֵי נִפְלְאוֹתֶיךָ אָשִׂיחָה: ו וֶעֱזוּז
נוֹרְאוֹתֶיךָ יֹאמֵרוּ וּגְדֻלָּתְךָ אֲסַפְּרֶנָּה: ז זֵכֶר רַב־טוּבְךָ
יַבִּיעוּ וְצִדְקָתְךָ יְרַנֵּנוּ: ח חַנּוּן וְרַחוּם יְהוָה אֶרֶךְ אַפַּיִם
וּגְדָל־חָסֶד: ט טוֹב־יְהוָה לַכֹּל וְרַחֲמָיו עַל־כָּל־מַעֲשָׂיו:
י יוֹדוּךָ יְהוָה כָּל־מַעֲשֶׂיךָ וַחֲסִידֶיךָ יְבָרְכוּכָה: יא כְּבוֹד
מַלְכוּתְךָ יֹאמֵרוּ וּגְבוּרָתְךָ יְדַבֵּרוּ: יב לְהוֹדִיעַ | לִבְנֵי
הָאָדָם גְּבוּרֹתָיו וּכְבוֹד הֲדַר מַלְכוּתוֹ: יג מַלְכוּתְךָ
מַלְכוּת כָּל־עֹלָמִים וּמֶמְשַׁלְתְּךָ בְּכָל־דּוֹר וָדֹר: יד סוֹמֵךְ
יְהוָה לְכָל־הַנֹּפְלִים וְזוֹקֵף לְכָל־הַכְּפוּפִים: טו עֵינֵי
כֹל אֵלֶיךָ יְשַׂבֵּרוּ וְאַתָּה נוֹתֵן־לָהֶם אֶת־אָכְלָם בְּעִתּוֹ:
טז פּוֹתֵחַ אֶת־יָדֶךָ וּמַשְׂבִּיעַ לְכָל־חַי רָצוֹן: יז צַדִּיק

145

Каждому, произносящему этот псалом трижды каждый день с предельной сосредоточенностью, обещано, что у него есть удел в Мире Грядущем. Для величия славословия псалом был составлен в порядке Алеф-Бет.

День 30 תהלה 1 Хвала[132] Давида. Превозношу Тебя, Бог,
Царь мой, благословляю имя Твое на веки веков!
2 Все время благословляю Тебя и восхваляю имя Твое
во веки веков! 3 Велик Господь и прославлен беспре-
дельно, величие Его безгранично. 4 Поколение поко-
лению рассказывает о славных делах Твоих, ведет
повествование о могуществе Твоем. 5 Великолепие
славы сияния Твоего и дивные дела Твои я опишу. 6 О
грозном могуществе Твоем рассказывают, о величии
Твоем я повествую! 7 Вспоминают о великих благах
Твоих и о справедливости Твоей поют! 8 Милосерден
и милостив Господь, долготерпелив и велик в покро-
вительстве. 9 Добр Господь ко всем, и милосердие Его
на всех творениях. 10 Провозглашают благодарность
Тебе все творения, и преданные Тебе благословля-
ют Тебя. 11 Они рассказывают о славе царства Твоего,
о могуществе Твоем повествуют, 12 возвещая сынам
человеческим могущество Его и славу великолепия
царства Его. 13 Царство Твое – царство на все века, и
власть Твоя – во всех поколениях! 14 Господь поддер-
живает всех падающих, распрямляет всех согбен-
ных. 15 Глаза всех к Тебе устремлены, и Ты даешь им
пищу вовремя. 16 Ты открываешь руку Свою и щедро
насыщаешь все живое. 17 Справедлив Господь на всех

יְהוָה בְּכָל־דְּרָכָיו וְחָסִיד בְּכָל־מַעֲשָׂיו׃ יח קָרוֹב יְהוָה
לְכָל־קֹרְאָיו לְכֹל אֲשֶׁר יִקְרָאֻהוּ בֶאֱמֶת׃ יט רְצוֹן־יְרֵאָיו
יַעֲשֶׂה וְאֶת־שַׁוְעָתָם יִשְׁמַע וְיוֹשִׁיעֵם׃ כ שׁוֹמֵר יְהוָה
אֶת־כָּל־אֹהֲבָיו וְאֵת כָּל־הָרְשָׁעִים יַשְׁמִיד׃ כא תְּהִלַּת
יְהוָה יְדַבֶּר־פִּי וִיבָרֵךְ כָּל־בָּשָׂר שֵׁם קָדְשׁוֹ לְעוֹלָם וָעֶד׃

קמו.

זה המזמור מעורר לאדם לעשות תשובה ומעשים טובים בחיים חיותו ואל יבטח בבני אדם שאינם יכולים להושיע לעצמם כי בפתע פתאום תצא רוחו ממנו לכך מן הראוי לבטוח בהקב"ה שבידו לקיים מה שרוצה לעשות:

א הַלְלוּיָהּ הַלְלִי נַפְשִׁי אֶת־יְהוָה׃ ב אֲהַלְלָה יְהוָה
בְּחַיָּי אֲזַמְּרָה לֵאלֹהַי בְּעוֹדִי׃ ג אַל־תִּבְטְחוּ בִנְדִיבִים
בְּבֶן־אָדָם | שֶׁאֵין לוֹ תְשׁוּעָה׃ ד תֵּצֵא רוּחוֹ יָשֻׁב
לְאַדְמָתוֹ בַּיּוֹם הַהוּא אָבְדוּ עֶשְׁתֹּנֹתָיו׃ ה אַשְׁרֵי שֶׁאֵל
יַעֲקֹב בְּעֶזְרוֹ שִׂבְרוֹ עַל־יְהוָה אֱלֹהָיו׃ ו עֹשֶׂה | שָׁמַיִם
וָאָרֶץ אֶת־הַיָּם וְאֶת־כָּל־אֲשֶׁר־בָּם הַשֹּׁמֵר אֱמֶת לְעוֹלָם׃
ז עֹשֶׂה מִשְׁפָּט | לָעֲשׁוּקִים נֹתֵן לֶחֶם לָרְעֵבִים יְהוָה
מַתִּיר אֲסוּרִים׃ ח יְהוָה | פֹּקֵחַ עִוְרִים יְהוָה זֹקֵף
כְּפוּפִים יְהוָה אֹהֵב צַדִּיקִים׃ ט יְהוָה | שֹׁמֵר אֶת־גֵּרִים

путях Своих и верен слову Своему во всех делах.
18 Близок Господь ко всем призывающим Его, ко всем
искренне зовущим Его. 19 Пожелания боящихся Его Он
исполняет; слышит их мольбу и спасает. 20 Хранит Го-
сподь всех любящих Его, а всех преступников уничто-
жает. 21 Хвалу Господу провозглашают уста мои, и вся-
кая плоть благословляет святое имя Его во веки веков!

146

Этот псалом побуждает человека раскаяться при жизни и делать добрые дела. Не следует полагаться на людей, которые себя-то спасти не могут, ведь в любой момент их дух может покинуть этот мир, а следует уповать только на Бога, Он в состоянии исполнить всё, что пожелает.

הללויה 1 Восхвалите Бога! Восхвали, душа моя,
Господа! 2 Буду восхвалять Господа, пока жив; буду
славить Бога своего, пока существую. 3 Не полагайтесь
на вельмож[133], на человека, не властного над спасени-
ем! 4 Когда душа покинет его, он возвратится в землю,
и в тот день пропадет благосклонность[a] его[134]. 5 Счаст-
лив тот, кому помогает Бог Яакова, кого поддержива-
ет Господь, Бог его, 6 Создатель неба и земли, моря и
всего, что в них, Тот, Кто вовек остается верным сло-
ву своему. 7 Кто дает правосудие угнетенным, дает
хлеб голодным. Господь освобождает заключенных,
8 Господь открывает глаза слепым, Господь выпрямля-
ет согбенных, Господь любит праведников, 9 Господь
охраняет пришельцев, поддерживает сирот и вдов, а

a. В тот день пропадет благосклонность его – варианты: «Все замыслы его», «Вся дородность (в смысле богатства) его».

יָתוֹם וְאַלְמָנָה יְעוֹדֵד וְדֶרֶךְ רְשָׁעִים יְעַוֵּת: י יִמְלֹךְ
יְהוָה | לְעוֹלָם אֱלֹהַיִךְ צִיּוֹן לְדֹר וָדֹר הַלְלוּיָהּ:

קמז.

בו יסופר גדולת ה׳ ורוב חסדו וטובו אל ברואיו:

א הַלְלוּיָהּ | כִּי־טוֹב זַמְּרָה אֱלֹהֵינוּ כִּי־נָעִים נָאוָה
תְהִלָּה: ב בּוֹנֵה יְרוּשָׁלַםִ יְהוָה נִדְחֵי יִשְׂרָאֵל יְכַנֵּס:
ג הָרֹפֵא לִשְׁבוּרֵי לֵב וּמְחַבֵּשׁ לְעַצְּבוֹתָם: ד מוֹנֶה
מִסְפָּר לַכּוֹכָבִים לְכֻלָּם שֵׁמוֹת יִקְרָא: ה גָּדוֹל אֲדוֹנֵינוּ
וְרַב־כֹּחַ לִתְבוּנָתוֹ אֵין מִסְפָּר: ו מְעוֹדֵד עֲנָוִים יְהוָה
מַשְׁפִּיל רְשָׁעִים עֲדֵי־אָרֶץ: ז עֱנוּ לַיהוָה בְּתוֹדָה זַמְּרוּ
לֵאלֹהֵינוּ בְכִנּוֹר: ח הַמְכַסֶּה שָׁמַיִם | בְּעָבִים הַמֵּכִין
לָאָרֶץ מָטָר הַמַּצְמִיחַ הָרִים חָצִיר: ט נוֹתֵן לִבְהֵמָה
לַחְמָהּ לִבְנֵי עֹרֵב אֲשֶׁר יִקְרָאוּ: י לֹא בִגְבוּרַת הַסּוּס
יֶחְפָּץ לֹא־בְשׁוֹקֵי הָאִישׁ יִרְצֶה: יא רוֹצֶה יְהוָה אֶת־
יְרֵאָיו אֶת־הַמְיַחֲלִים לְחַסְדּוֹ: יב שַׁבְּחִי יְרוּשָׁלַםִ אֶת־
יְהוָה הַלְלִי אֱלֹהַיִךְ צִיּוֹן: יג כִּי־חִזַּק בְּרִיחֵי שְׁעָרָיִךְ
בֵּרַךְ בָּנַיִךְ בְּקִרְבֵּךְ: יד הַשָּׂם־גְּבוּלֵךְ שָׁלוֹם חֵלֶב

на пути преступников ставит препятствия. 10 Вечно бу-
дет царствовать Господь; Бог твой, Сион, – из поколе-
ния в поколение! Ѓаллилуя!

147

Псалом рассказывает о величии Всевышнего, обилии милости Его и доброты по отношению к Своим творениям.

הללויה 1 Восхвалите Бога! Прекрасно петь Богу на-
шему, достойно славить Его! 2 Господь, строитель Ие-
русалима собирает изгнанников Израиля. 3 Он исцеля-
ет тех, чьи сердца разбиты, перевязывает их раны. 4 Он
знает звезды по счету, к каждой по имени обращается!
5 Велик Господин наш и всемогущ, мудрость Его не-
исчислима. 6 Поддерживает униженных Господь, а
злодеев повергает в прах. 7 Пойте Господу благодар-
ственный гимн; пойте Богу нашему под аккомпане-
мент арфы. 8 Он покрывает небеса облаками, посылает
дождь земле, покрывает зеленью горы. 9 Он дает пищу
скоту, каркающим воронам. 10 Не мощь делает коня
угодным Ему, не крепкие ноги человека вызывают
покровительство Его. 11 Покровительствует Господь
боящимся Его, уповающим на милость его!
12 Прославляй, Иерусалим, Господа; восхваляй Бога
твоего, Сион! 13 Он укрепил засовы врат твоих, бла-
гословил детей Он в пределах твоих; 14 Он установил
мир на границах твоих, отборной пшеницей накормил
тебя. 15 Он посылает повеление Свое на землю – стре-

חִטִּים יַשְׂבִּיעֵךְ׃ טו הַשֹּׁלֵחַ אִמְרָתוֹ אָרֶץ עַד־מְהֵרָה
יָרוּץ דְּבָרוֹ׃ טז הַנֹּתֵן שֶׁלֶג כַּצָּמֶר כְּפוֹר כָּאֵפֶר יְפַזֵּר׃
יז מַשְׁלִיךְ קַרְחוֹ כְפִתִּים לִפְנֵי קָרָתוֹ מִי יַעֲמֹד׃ יח יִשְׁלַח
דְּבָרוֹ וְיַמְסֵם יַשֵּׁב רוּחוֹ יִזְּלוּ־מָיִם׃ יט מַגִּיד דְּבָרָיו
לְיַעֲקֹב חֻקָּיו וּמִשְׁפָּטָיו לְיִשְׂרָאֵל׃ כ לֹא־עָשָׂה כֵן | לְכָל־
גּוֹי וּמִשְׁפָּטִים בַּל־יְדָעוּם הַלְלוּיָהּ׃

קמח.

המשורר יעורר להלל את ה׳ ע״ד ברואיו העליונים והתחתונים אשר כולם עומדים בכוחו של הקב״ה:

א הַלְלוּיָהּ הַלְלוּ אֶת־יְהוָה מִן־הַשָּׁמַיִם הַלְלוּהוּ
בַּמְּרוֹמִים׃ ב הַלְלוּהוּ כָל־מַלְאָכָיו הַלְלוּהוּ כָּל־צְבָאָיו׃
ג הַלְלוּהוּ שֶׁמֶשׁ וְיָרֵחַ הַלְלוּהוּ כָּל־כּוֹכְבֵי אוֹר׃
ד הַלְלוּהוּ שְׁמֵי הַשָּׁמָיִם וְהַמַּיִם אֲשֶׁר | מֵעַל הַשָּׁמָיִם׃
ה יְהַלְלוּ אֶת־שֵׁם יְהוָה כִּי הוּא צִוָּה וְנִבְרָאוּ׃ ו וַיַּעֲמִידֵם
לָעַד לְעוֹלָם חָק־נָתַן וְלֹא יַעֲבוֹר׃ ז הַלְלוּ אֶת־יְהוָה
מִן־הָאָרֶץ תַּנִּינִים וְכָל־תְּהֹמוֹת׃ ח אֵשׁ וּבָרָד שֶׁלֶג
וְקִיטוֹר רוּחַ סְעָרָה עֹשָׂה דְבָרוֹ׃ ט הֶהָרִים וְכָל־גְּבָעוֹת
עֵץ פְּרִי וְכָל־אֲרָזִים׃ י הַחַיָּה וְכָל־בְּהֵמָה רֶמֶשׂ וְצִפּוֹר

мительно несется слово Его! 16 Он сыплет снег, похо-
жий на шерсть, рассыпает иней, подобный пеплу,
17 разбрасывает ледышки, как крошки хлеба. Кто ус-
тоит пред стужей Его? 18 Посылает Он слово Свое – и
все тает; подымает ветер – и текут воды. 19 Он оглаша-
ет слово Свое Яакову, постановления и законы Свои
– Израилю. 20 Не делал Он этого ни одному народу, по-
этому и законов [Его] они не знают. Восхвалите Бога!

148

Псалмопевец призывает восхвалять Всевышнего за все Его творения – небесные и земные, существующие только благодаря Его могуществу.

הללויה 1 Восхвалите Бога! Воздайте хвалу Господу с
небес, воздайте хвалу Ему в высях! 2 Воздайте хвалу Ему,
все ангелы Его; воздайте хвалу Ему, все воинство Его!
3 Воздайте хвалу Ему, солнце и луна; воздайте хва-
лу Ему, все звезды сияющие! 4 Воздайте хвалу Ему,
небеса небес и воды, что над небесами! 5 Возда-
ют они хвалу имени Господа, ибо Он повелел – и
они воплотились; 6 Он уставил их навеки, навсег-
да; закон установил непреходящий! 7 Воздайте хвалу
Господу с земли, – твари гигантские и все, что в безднах.
8 Огонь и град, снег и столп дымный, ветер буйный,
исполняющий слово Его, 9 все горы и вершины, все
деревья плодоносные и кедры, 10 все звери и ско-
ты, пресмыкающиеся и птицы крылатые, 11 все цари

כָּנָף׃ יא מַלְכֵי־אֶרֶץ וְכָל־לְאֻמִּים שָׂרִים וְכָל־שֹׁפְטֵי
אָרֶץ׃ יב בַּחוּרִים וְגַם־בְּתוּלוֹת זְקֵנִים עִם־נְעָרִים׃
יג יְהַלְלוּ ׀ אֶת־שֵׁם יְהוָה כִּי־נִשְׂגָּב שְׁמוֹ לְבַדּוֹ הוֹדוֹ
עַל־אֶרֶץ וְשָׁמָיִם׃ יד וַיָּרֶם קֶרֶן ׀ לְעַמּוֹ תְּהִלָּה לְכָל־
חֲסִידָיו לִבְנֵי יִשְׂרָאֵל עַם קְרֹבוֹ הַלְלוּיָהּ׃

קמט.

א הַלְלוּיָהּ ׀ שִׁירוּ לַיהוָה שִׁיר חָדָשׁ תְּהִלָּתוֹ בִּקְהַל
חֲסִידִים׃ ב יִשְׂמַח יִשְׂרָאֵל בְּעֹשָׂיו בְּנֵי־צִיּוֹן יָגִילוּ
בְמַלְכָּם׃ ג יְהַלְלוּ שְׁמוֹ בְמָחוֹל בְּתֹף וְכִנּוֹר יְזַמְּרוּ־לוֹ׃
ד כִּי־רוֹצֶה יְהוָה בְּעַמּוֹ יְפָאֵר עֲנָוִים בִּישׁוּעָה׃ ה יַעְלְזוּ
חֲסִידִים בְּכָבוֹד יְרַנְּנוּ עַל־מִשְׁכְּבוֹתָם׃ ו רוֹמְמוֹת אֵל
בִּגְרוֹנָם וְחֶרֶב פִּיפִיּוֹת בְּיָדָם׃ ז לַעֲשׂוֹת נְקָמָה בַּגּוֹיִם
תּוֹכֵחוֹת בַּלְאֻמִּים׃ ח לֶאְסֹר מַלְכֵיהֶם בְּזִקִּים וְנִכְבְּדֵיהֶם
בְּכַבְלֵי בַרְזֶל׃ ט לַעֲשׂוֹת בָּהֶם ׀ מִשְׁפָּט כָּתוּב הָדָר
הוּא לְכָל־חֲסִידָיו הַלְלוּיָהּ׃

земные и народы, все князья и правители земные,
12 парни и девушки, старцы и юноши 13 воздают хва-
лу имени Господа, ибо только Его имя превознесено;
Его великолепие над землей и небесами! 14 Он возвы-
сил народ Свой, а потому прославляют Его все пре-
данные Ему, народ Израиля, приближенный к Нему!
Восхвалите Бога

149

הללויה 1 Восхвалите Бога. Пойте Господу новую
песнь: славьте Его – в собрании преданных Ему!
2 Радуйся Израиль Создателю Своему; ликуйте, дети
Сиона, перед Царем своим! 3 Воздайте хвалу имени
Его в танцах, играйте перед Ним на бубне и на арфе!
4 Ибо покровительствует Господь народу Своему;
спасением украшает униженных. 5 Радуйтесь оказан-
ной вам чести, преданные Ему, рассказывайте на ло-
жах своих. 6 Хвала Богу на их устах, а в руке их – меч
обоюдоострый, 7 чтобы отомстить племенам, испол-
нить приговор народам, 8 заковать их царей в оковы,
их знать – в кандалы, 9 исполнить над ними предпи-
санный суд. И это великая честь для всех преданных
Ему! Восхвалите Бога!

קנ.

בזה המזמור יש בו י"ג הלולים רמז לשלש עשרה מדות שבהם מנהיג הקב"ה את העולם:

א הַלְלוּיָהּ | הַֽלְלוּ־אֵל בְּקָדְשׁוֹ הַֽלְלוּהוּ בִּרְקִיעַ עֻזּֽוֹ:
ב הַֽלְלוּהוּ בִגְבוּרֹתָיו הַֽלְלוּהוּ כְּרֹב גֻּדְלֽוֹ: ג הַֽלְלוּהוּ
בְּתֵקַע שׁוֹפָר הַֽלְלוּהוּ בְּנֵבֶל וְכִנּֽוֹר: ד הַֽלְלוּהוּ בְתֹף
וּמָחוֹל הַֽלְלוּהוּ בְּמִנִּים וְעֻגָֽב: ה הַֽלְלוּהוּ בְצִלְצְלֵי־
שָׁמַע הַֽלְלוּהוּ בְּצִלְצְלֵי תְרוּעָֽה: ו כֹּל הַנְּשָׁמָה תְּהַלֵּל
יָהּ הַֽלְלוּיָֽהּ:

אחר שסיים תהלים יאמר זה:

מִי יִתֵּן מִצִּיּוֹן יְשׁוּעַת יִשְׂרָאֵל בְּשׁוּב יְיָ שְׁבוּת עַמּוֹ יָגֵל יַעֲקֹב יִשְׂמַח יִשְׂרָאֵל: וּתְשׁוּעַת צַדִּיקִים מֵיְיָ מָעוּזָּם בְּעֵת צָרָה: וַיַּעְזְרֵם יְיָ וַיְפַלְּטֵם יְפַלְּטֵם מֵרְשָׁעִים וְיוֹשִׁיעֵם כִּי חָסוּ בוֹ:

150

Псалом содержит тринадцать славословий, соответствующих тринадцати атрибутам Милосердия, посредством которых Всевышний управляет миром.

הללויה 1 Восхвалите Бога. Воздайте хвалу Богу в
святыне Его; воздайте хвалу в небесном чертоге Его;
2 воздайте хвалу Ему рассказами о Его могуществе;
воздайте хвалу, достойную величия Его! 3 Воздайте
Ему хвалу под трубление в рожок; воздайте Ему хва-
лу под звуки арфы и лиры! 4 Воздайте Ему хвалу под
звуки бубнов и флейт; воздайте Ему хвалу под звуки
струн и труб! 5 Воздайте Ему хвалу под звон литавр;
воздайте Ему хвалу под звуки фанфар! 6 Всякая душа,
воздай хвалу Богу! Восхвалите Бога!

Завершив произнесение Теѓилим, говорят:

Пусть придет с Сиона спасение Израиля! Когда вернет Господь покой народу Своему, возрадуется Яаков, возвеселится Израиль![а] Спасение праведников – от Господа; Он – прибежище им в пору бедствия. Поддержит их Господь и спасет. Спасет от злодеев и дарует победу за то, что на Него полагаются![б]

а. Теѓилим, 14:7. б. Теѓилим, 37:39-40.

יהי רצון שיאמר אחר כל ספר שבתהלים:

יְהִי רָצוֹן מִלְּפָנֶיךָ יְיָ אֱלֹהֵינוּ וֵאלֹהֵי אֲבוֹתֵינוּ בִּזְכוּת סֵפֶר
רִאשׁוֹן | שֵׁנִי | שְׁלִישִׁי | רְבִיעִי | חֲמִישִׁי
שֶׁבַּתְּהִלִּים שֶׁקָּרָאנוּ לְפָנֶיךָ שֶׁהוּא כְּנֶגֶד סֵפֶר
בְּרֵאשִׁית | שְׁמוֹת | וַיִּקְרָא | בַּמִּדְבָּר | דְּבָרִים

בִּזְכוּת מִזְמוֹרָיו וּבִזְכוּת פְּסוּקָיו וּבִזְכוּת תֵּבוֹתָיו וּבִזְכוּת שְׁמוֹתֶיךָ הַקְּדוֹשִׁים וְהַטְּהוֹרִים הַיּוֹצְאִים מִמֶּנּוּ שֶׁתְּכַפֵּר* לָנוּ עַל כָּל חַטֹּאתֵינוּ וְתִמְחַל לָנוּ עַל כָּל עֲוֹנוֹתֵינוּ וְתִסְלַח לָנוּ עַל כָּל פְּשָׁעֵינוּ שֶׁחָטָאנוּ וְשֶׁעָוִינוּ וְשֶׁפָּשַׁעְנוּ לְפָנֶיךָ וְתַחֲזִירֵנוּ בִּתְשׁוּבָה שְׁלֵמָה לְפָנֶיךָ וְתַדְרִיכֵנוּ לַעֲבוֹדָתֶךָ וְתִפְתַּח לִבֵּנוּ בְּתַלְמוּד תּוֹרָתֶךָ וְתִשְׁלַח רְפוּאָה שְׁלֵמָה לְחוֹלֵי עַמְּךָ וּלְחוֹלֶה (פב״פ) וְתִקְרָא לִשְׁבוּיִם דְּרוֹר וְלַאֲסוּרִים פְּקַח קוֹחַ וּלְכָל הוֹלְכֵי דְרָכִים וְעוֹבְרֵי יַמִּים וּנְהָרוֹת מֵעַמְּךָ יִשְׂרָאֵל תַּצִּילֵם מִכָּל צַעַר וָנֶזֶק וְתַגִּיעֵם לִמְחוֹז חֶפְצָם לְחַיִּים וּלְשָׁלוֹם. וְתִפְקוֹד לְכָל חֲשׁוּכֵי בָנִים בְּזֶרַע שֶׁל קַיָּמָא לַעֲבוֹדָתֶךָ וּלְיִרְאָתֶךָ. וְעֻבָּרוֹת שֶׁל עַמְּךָ בֵּית יִשְׂרָאֵל תַּצִּילֵן שֶׁלֹּא תַפֵּלְנָה וְלָדוֹתֵיהֶן. וְהַיּוֹשְׁבוֹת עַל הַמַּשְׁבֵּר בְּרַחֲמֶיךָ הָרַבִּים תַּצִּילֵן מִכָּל רָע. וְאֶל הַמֵּינִיקוֹת תַּשְׁפִּיעַ שֶׁלֹּא יֶחְסַר חָלָב מִדַּדֵּיהֶן. וְאַל יִמְשׁוֹל אַסְכָּרָה וְשֵׁדִין וְרוּחִין וְלִילִין וְכָל פְּגָעִים וּמַרְעִין בִּישִׁין בְּכָל יַלְדֵי עַמְּךָ בֵּית יִשְׂרָאֵל וּתְגַדְּלֵם לְתוֹרָתֶךָ לִלְמוֹד תּוֹרָה לִשְׁמָהּ וְתַצִּילֵם מֵעַיִן הָרָע וּמִדֶּבֶר וּמִמַּגֵּפָה וּמִשָּׂטָן וּמִיֵּצֶר הָרָע. וּתְבַטֵּל מֵעָלֵינוּ וּמִכָּל עַמְּךָ בֵּית יִשְׂרָאֵל בְּכָל מָקוֹם שֶׁהֵם כָּל גְּזֵרוֹת קָשׁוֹת וְרָעוֹת וְתַטֶּה לֵב הַמַּלְכוּת עָלֵינוּ לְטוֹבָה וְתִגְזוֹר עָלֵינוּ גְּזֵרוֹת טוֹבוֹת. וְתִשְׁלַח בְּרָכָה וְהַצְלָחָה בְּכָל מַעֲשֵׂה יָדֵינוּ. וְהָכֵן פַּרְנָסָתֵנוּ מִיָּדְךָ הָרְחָבָה וְהַמְּלֵאָה וְלֹא יִצְטָרְכוּ עַמְּךָ בֵּית יִשְׂרָאֵל זֶה לָזֶה וְלֹא לְעַם אַחֵר וְתֵן לְכָל אִישׁ וְאִישׁ דֵּי פַרְנָסָתוֹ וּלְכָל גְּוִיָּה וּגְוִיָּה דֵּי מַחְסוֹרָהּ. וּתְמַהֵר וְתָחִישׁ לְגָאֳלֵנוּ וְתִבְנֶה בֵּית מִקְדָּשֵׁנוּ וְתִפְאַרְתֵּנוּ. וּבִזְכוּת שְׁלֹשׁ עֶשְׂרֵה מִדּוֹתֶיךָ שֶׁל רַחֲמִים הַכְּתוּבִים בְּתוֹרָתֶךָ כְּמוֹ שֶׁנֶּאֱמַר. יְיָ יְיָ אֵל רַחוּם וְחַנּוּן אֶרֶךְ אַפַּיִם וְרַב חֶסֶד וֶאֱמֶת: נֹצֵר חֶסֶד לָאֲלָפִים נֹשֵׂא עָוֹן וָפֶשַׁע וְחַטָּאָה וְנַקֵּה. שֶׁאֵינָן חוֹזְרוֹת רֵיקָם

*) ע״פ נוסח רבנו הזקן בתפלת אתה יודע רזי כו׳ — צ״ל גם כאן: שתמחול לנו .. פשעינו . . המו״ל.

В будние дни, после произнесения каждой из пяти книг Теѓилим, читают следующую молитву:

Да будет на то воля Твоя, Господь, Бог наш и Бог отцов наших, чтобы благодаря чтению

Первой / Второй / Третьей / Четвёртой / Пятой

книги Теѓилим, которую мы только что произнесли перед Тобой, соответствующей книге

Берешит / Шмот / Ваикра / Бемидбар / Дварим

– её псалмам, стихам, и словам, и благодаря святым и чистым именам Твоим, исходящим из этих слов, Ты даровал нам искупление за все наши прегрешения, помиловал нас за все грехи и простил нам все преступления, которыми мы грешили, злодействовали и восставали против Тебя.

Возврати нас к полному раскаянию и направь на служение Тебе, и раскрой наше сердце для изучения Твоей Торы, и пошли полное выздоровление больным народа Твоего и больному/ой (*еврейское имя*) сына/дочери (*еврейское имя матери*). И возвести пленникам свободу и узникам – полное освобождение[1]. И всем евреям, путешествующим по суше, пересекающим океаны или реки, – спаси их от всякой беды и ущерба, чтобы они достигли цели своего путешествия в мире и здравии.

Дай всем бездетным здоровых детей, которые будут богобоязненно Тебе служить. И беременных женщин народа Твоего, Дома Израиля, береги, чтобы не было у них выкидышей. И рожениц, по своему великому милосердию, убереги, чтобы не случилось с ними ничего плохого. Сделай так, чтобы у кормящих матерей не было недостатка в молоке.

И чтобы не властвовала аскера[2], демоны, злые духи и лилит[3], напасти и тяжёлые недуги над кем-либо из детей народа Твоего, Израиля. Расти их ради Торы Твоей, чтобы они изучали её во имя её самой[4]. Убереги их от злого глаза, от мора, от эпидемии, от сатаны и от Злого Начала.

И отмени все наказания и суровые приговоры, направленные против нас и всех евреев, где бы они ни жили. И склони к нам сердца правителей. И прими благоприятные нам постановления..

И пошли благословение и успех во всех наших делах. И обеспечь наши надобности щедрой и полной рукой, чтобы ни один из твоего народа не нуждался в помощи друг друга или инородца и дай каждому человеку достаточно доходов и удовлетвори их надобности. Поспеши избавить нас и сделай это прямо сейчас, и восстанови наш Храм и великолепие.

И благодаря Твоим Тринадцати Атрибутам Милосердия, упомянутым в Торе Твоей, как сказано: "Господь, Господь – Бог милосердный и милующий, долготерпеливый; Тот, чьи любовь и справедливость безграничны; помнящий добрые дела [отцов] для тысяч [поколений их потомков]; прощающий грех, и непокорность, и заблуждение (грех, преступление и прегрешение) и очищающий [раскаявшегося][5]. От Тебя не возвращаются с пустыми руками. Помоги нам, Бог спасающий, ради славы Имени Твоего. Спаси нас, искупи прегреше-

1. Ср. Йешайя 61:1. 2. Тяжёлое детское заболевание. Возможно, дифтерит или скарлатина. 3. Демоны женского пола. 4. Изучение Торы во имя исполнения заповеди изучать Тору без каких-либо посторонних мотивов. 5. Шмот 34:6-7.

מִלְּפָנֶיךָ: עָזְרֵנוּ אֱלֹהֵי יִשְׁעֵנוּ עַל דְּבַר כְּבוֹד שְׁמֶךָ וְהַצִּילֵנוּ וְכַפֵּר עַל חַטֹּאתֵינוּ לְמַעַן שְׁמֶךָ: בָּרוּךְ יְיָ לְעוֹלָם אָמֵן וְאָמֵן:

בשבת ויו״ט אומרים זה:

יְהִי רָצוֹן מִלְּפָנֶיךָ יְיָ אֱלֹהֵינוּ וֵאלֹהֵי אֲבוֹתֵינוּ בִּזְכוּת סֵפֶר
רִאשׁוֹן | שֵׁנִי | שְׁלִישִׁי | רְבִיעִי | חֲמִישִׁי
שֶׁבַּתְּהִלִּים שֶׁקָּרָאנוּ לְפָנֶיךָ שֶׁהוּא כְּנֶגֶד סֵפֶר
בְּרֵאשִׁית | שְׁמוֹת | וַיִּקְרָא | בַּמִּדְבָּר | דְּבָרִים
בִּזְכוּת מִזְמוֹרָיו וּבִזְכוּת פְּסוּקָיו וּבִזְכוּת תֵּבוֹתָיו וּבִזְכוּת שְׁמוֹתֶיךָ הַקְּדוֹשִׁים וְהַטְּהוֹרִים הַיּוֹצְאִים מִמֶּנּוּ שֶׁתְּהֵא נֶחְשֶׁבֶת לָנוּ אֲמִירַת מִזְמוֹרֵי תְהִלִּים אֵלּוּ כְּאִלּוּ אֲמָרָם דָּוִד מֶלֶךְ יִשְׂרָאֵל בְּעַצְמוֹ זְכוּתוֹ יָגֵן עָלֵינוּ וְיַעֲמָד לָנוּ לְחַבֵּר אֵשֶׁת נְעוּרִים עִם דּוֹדָהּ בְּאַהֲבָה וְאַחֲוָה וְרֵעוּת וּמִשָּׁם יִמָּשֵׁךְ לָנוּ שֶׁפַע לְנֶפֶשׁ רוּחַ וּנְשָׁמָה. וּכְשֵׁם שֶׁאֲנַחְנוּ* אוֹמְרִים שִׁירִים בָּעוֹלָם הַזֶּה כָּךְ נִזְכֶּה לוֹמַר לְפָנֶיךָ יְיָ אֱלֹהֵינוּ וֵאלֹהֵי אֲבוֹתֵינוּ שִׁיר וּשְׁבָחָה לָעוֹלָם הַבָּא. וְעַל יְדֵי אֲמִירַת תְּהִלִּים תִּתְעוֹרֵר חֲבַצֶּלֶת הַשָּׁרוֹן לָשִׁיר בְּקוֹל נָעִים גִּילַת וְרַנֵּן כְּבוֹד הַלְּבָנוֹן נִתַּן לָהּ הוֹד וְהָדָר בְּבֵית אֱלֹהֵינוּ בִּמְהֵרָה בְיָמֵינוּ אָמֵן סֶלָה:

יהי רצון לליל הושענא רבה

בליל הושענא רבה בסיום כל ספר וספר מחמשת ספרי תהלים יאמר זה:

יְהִי רָצוֹן מִלְּפָנֶיךָ יְיָ אֱלֹהֵינוּ וֵאלֹהֵי אֲבוֹתֵינוּ בִּזְכוּת סֵפֶר
רִאשׁוֹן | שֵׁנִי | שְׁלִישִׁי | רְבִיעִי | חֲמִישִׁי
שֶׁבַּתְּהִלִּים שֶׁקָּרָאנוּ לְפָנֶיךָ שֶׁהוּא מְכֻוָּן כְּנֶגֶד סֵפֶר
בְּרֵאשִׁית | שְׁמוֹת | וַיִּקְרָא | בַּמִּדְבָּר | דְּבָרִים
בִּזְכוּת מִזְמוֹרָיו וּבִזְכוּת פְּסוּקָיו וּבִזְכוּת תֵּבוֹתָיו וּבִזְכוּת אוֹתִיּוֹתָיו וּבִזְכוּת נְקֻדּוֹתָיו וּבִזְכוּת טְעָמָיו וּבִזְכוּת שְׁמוֹתֶיךָ הַקְּדוֹשִׁים הַכְּתוּבִים בָּהֶם, וּבִזְכוּת שְׁמוֹתֶיךָ הַקְּדוֹשִׁים הָרְמוּזִים וְהַמְּצוֹרָפִים בָּהֶם.

אחר ספר ראשון אומרים זה:

שֶׁתָּחוֹן עָלֵינוּ כְּגֹדֶל חַסְדֶּךָ וְתַחְתְּמֵנוּ בְּסֵפֶר חַיִּים טוֹבִים וְתִפְתַּח לָנוּ שַׁעֲרֵי אוֹרָה שַׁעֲרֵי לְוָיַת חֵן וָחֶסֶד שַׁעֲרֵי פְּדוּת שַׁעֲרֵי לְכוּן עֲוֹנוֹת שַׁעֲרֵי מַזָּל

*) בכ״מ אומרים שאנו. המו״ל.

ния наши ради Имени Твоего. Благословен Ты, Господь, вовеки, Амен и Амен.

В *шабат* или праздники после завершения произнесения *Теѓилим* говорят:

Да будет на то воля Твоя, Господь, Бог наш и Бог отцов наших, чтобы благодаря чтению

Первой / Второй / Третьей / Четвёртой / Пятой

книги Теѓилим, которую мы только что произнесли перед Тобой, соответствующей книге

Берешит / Шмот / Ваикра / Бемидбар / Дварим

– её псалмам и стихам, и благодаря словам, святым и чистым именам Твоим, исходящим из них, это засчиталось нам, как будто эти псалмы были произнесены самим Давидом, Царём Израиля, его заслуга защитит нас и поможет соединить[1], дабы соединить "жену юности" с её Возлюбленным в любви, братстве и дружбе. И из этого союза пусть же снизойдёт на нас влияние на уровни души, называемые нефеш, руах и нешама.

И так же, как мы произносим перед тобой песнопения в этом мире, пусть мы удостоимся произносить их перед Тобой, Господь, наш Бог, песни и хвалы в мире грядущем. И чтобы посредством произнесения Теѓилим вдохновилась бы "лилия Шарона" и запела бы сладким голосом, с ликованием и пением славы Ливана. Пусть воздастся ей слава и великолепие в Доме нашего Бога, в скором времени, в наши дни, амен, вовек!

МОЛИТВА В НОЧЬ ЃОШАНА РАБА

В ночь *Ѓошана Раба*, завершая произнесение каждой из пяти книг *Теѓилим*, говорят следующую молитву:

Да будет на то воля Твоя, Господь, Бог наш и Бог отцов наших, чтобы благодаря чтению

Первой / Второй / Третьей / Четвёртой / Пятой

книги Теѓилим, которую мы только что произнесли перед Тобой, соответствующей книге

Берешит / Шмот / Ваикра / Бемидбар / Дварим

– её псалмам, стихам, словам, буквам, огласовкам и кантилляциям, и благодаря Твоим святым и чистым именам, написанным и содержащимся намёком и в сочетании её букв.

По завершении первой книги говорят:

Благоволи к нам в соответствии с великой милостью Твоей и скрепи печатью нашу судьбу в Книге Хорошей Жизни. И раскрой перед нами врата света, врата, позволяющие нам найти расположение и доброту [других], врата избавления, врата "обеления грехов", врата высшей судьбы, врата свободы. "Днём Господь являл милость Свою, ночью я пел Ему песнь – молитву Богу жизни моей"[2].

1. Аллегория, которой пользуется автор "Песни песней" для описания отношений Всевышнего и народа Израиля. Соединение подразумевает возвращение Шехины во времена после прихода Мошиаха. 2. Теѓилим, 42:9.

הָעֶלְיוֹן שַׁעֲרֵי דְּרוֹר: יוֹמָם יְצַוֶּה יְיָ חַסְדּוֹ וּבַלַּיְלָה שִׁירֹה עִמִּי תְּפִלָּה לְאֵל חַיָּי:

אחר ספר שני אומרים זה:

שֶׁתְּצַוֶּה פַּחְדְּךָ עַל אוֹיְבֵינוּ וְתַצִּילֵנוּ בְּכֹחַ גְּבוּרָתֶךָ וְתַחְתְּמֵנוּ בְּסֵפֶר גְּאֻלָּה וִישׁוּעָה וְתִפְתַּח לָנוּ שַׁעֲרֵי לִבּוּב שַׁעֲרֵי אֹמֶץ שַׁעֲרֵי הַצָּלָה שַׁעֲרֵי יְשׁוּעָה שַׁעֲרֵי מְזוֹנוֹת: וְגַם עַד זִקְנָה וְשֵׂיבָה אֱלֹהִים אַל תַּעַזְבֵנִי עַד אַגִּיד זְרוֹעֲךָ לְדוֹר לְכָל יָבוֹא גְּבוּרָתֶךָ:

אחר ספר שלישי אומרים זה:

שֶׁתְּרַחֵם עָלֵינוּ בְּרַחֲמֶיךָ וַאֲמִתֶּךָ וְתַחְתְּמֵנוּ בְּסֵפֶר מְזוֹנוֹת וּפַרְנָסָה טוֹבָה וְתִפְתַּח לָנוּ שַׁעֲרֵי יֹשֶׁר שַׁעֲרֵי וָתִיקוּת שַׁעֲרֵי דֵּעָה שַׁעֲרֵי הַצְלָחָה שַׁעֲרֵי אַהֲבָה שַׁעֲרֵי וַעַד טוֹב שַׁעֲרֵי אֱמֶת שַׁעֲרֵי וְתַרְנוּת שַׁעֲרֵי הַרְוָחָה שַׁעֲרֵי אֲרוּכָה. וְקַיֵּם בָּנוּ מִקְרָא שֶׁכָּתוּב וּלְתִתְּךָ עֶלְיוֹן עַל כָּל הַגּוֹיִם אֲשֶׁר עָשָׂה לִתְהִלָּה וּלְשֵׁם וּלְתִפְאָרֶת וְלִהְיוֹתְךָ עַם קָדוֹשׁ לַיהֹוָה אֱלֹהֶיךָ כַּאֲשֶׁר דִּבֵּר:

אחר ספר רביעי אומרים זה:

שֶׁתָּגֵן עָלֵינוּ וּתְאַמְּצֵנוּ לְנַצֵּחַ שׂוֹנְאֵינוּ וְתַחְתְּמֵנוּ בְּסֵפֶר יְשָׁרִים וּתְמִימִים וְתִפְתַּח לָנוּ שַׁעֲרֵי יְדִידוּת שַׁעֲרֵי הוֹד וְהָדָר שַׁעֲרֵי הַצְלָחָה שַׁעֲרֵי צְדָקָה שַׁעֲרֵי בְּרָכָה שַׁעֲרֵי אַחֲוָה וְרֵעוּת שַׁעֲרֵי תְקוּמָה: יְיָ צְבָאוֹת עִמָּנוּ מִשְׂגָּב לָנוּ אֱלֹהֵי יַעֲקֹב סֶלָה: תּוֹדִיעֵנִי אוֹרַח חַיִּים שֹׂבַע שְׂמָחוֹת אֶת פָּנֶיךָ נְעִימוֹת בִּימִינְךָ נֶצַח:

אחר ספר חמישי אומרים זה:

שֶׁתִּתֵּן הוֹדְךָ עַל מְשִׁיחֶךָ לְיַחֵד מַלְכוּתֶךָ וְתַחְתְּמֵנוּ בְּסֵפֶר צַדִּיקִים וְתִפְתַּח לָנוּ שַׁעֲרֵי אוֹצָר טוֹב שַׁעֲרֵי לֶקַח שַׁעֲרֵי הַשְׁקֵט שַׁעֲרֵי יְקָר שַׁעֲרֵי מְנוּחָה שַׁעֲרֵי צָהֳלָה שַׁעֲרֵי בִּינָה שַׁעֲרֵי אֹמֶץ וֶאֱיָלוּת שַׁעֲרֵי תְשׁוּעָה: יְיָ אֱלֹהִים צְבָאוֹת הֲשִׁיבֵנוּ וְהָאֵר פָּנֶיךָ וְנִוָּשֵׁעָה: יְיָ אֲדֹנֵינוּ מָה אַדִּיר שִׁמְךָ בְּכָל הָאָרֶץ אֲשֶׁר תְּנָה הוֹדְךָ עַל הַשָּׁמָיִם: נִכְסְפָה וְגַם כָּלְתָה נַפְשִׁי לְחַצְרוֹת יְיָ לִבִּי וּבְשָׂרִי יְרַנְּנוּ אֶל אֵל חָי: כִּי אַתָּה אֲדֹנָי טוֹב וְסַלָּח וְרַב חֶסֶד לְכָל קֹרְאֶיךָ:

По завершении второй книги говорят:

Напусти Твой страх на врагов наших и спаси нас силой Твоей мощи. Скрепи нашу судьбу печатью в Книге Освобождения и Избавления. Открой для нас врата силы, врата очарования, врата пропитания. “До старости, до седины не оставь меня, Боже, пока не расскажу о силе руки Твоей поколению грядущему, о могуществе Твоем – всем, кто грядет”[2].

По завершении третьей книги говорят:

Смилуйся над нами в Своём милосердии и истине. И скрепи нас печатью в Книге Пропитания и Заработка. Открой нам врата справедливости, врата верности, врата прямоты, врата знания, врата успеха, врата любви, врата хорошего собрания, врата истины, врата уступчивости, врата облегчения, врата исцеления. Исполни с нами стих: “...и чтобы поставил Он тебя выше всех народов, которые Он создал для восхваления, для славы и для величия, и чтобы был ты народом святым у Бога, Всесильного твоего, как Он обещал”.[3]

По завершении четвёртой книги говорят:

Защити нас и укрепи нас, чтобы одержать победу над ненавистниками нашими. Скрепи нас печатью в Книге Честных и Непорочных. И открой для нас врата дружбы, врата величия и великолепия, врата успеха, врата справедливости, врата благословения, врата братства и дружбы, врата возрождения. “Господь Воинств с нами! Бог Яакова – воистину защитник нам!”[4] “Укажи мне дорогу жизни! Праздничное изобилие быть перед лицом Твоим и все блага в руке Твоей!”[5]

По завершении пятой книги говорят:

Дай великолепие Твоё помазаннику Твоему объединить Твоё Царство. Скрепи печатью нас в Книге Праведников. Открой для нас врата сокровищницы добра, врата мудрости, врата спокойствия, врата ликования, врата покоя, врата счастья, врата понимания, врата силы и мощи, врата спасения. “Господь, Бог Воинств! Возврати нас, будь благосклонным к нам, и мы спасемся!”[6]. “Господь, Владыка наш, Который поместил на небесах великолепие Свое! Как величественно имя Твое по всей земле!”[7] “Томится душа в стремлении к дворам Господа! Сердце и тело поют песнь Богу жизни!”[8] “Ибо Ты, Господи, даруешь добро и прощение, множество благодеяний всем, обращающимся к Тебе.”[9]

2. Теѓилим, 71:18. 3. Дварим, 26:19. 4. Теѓилим, 46:8. 5. Теѓилим, 16:11. 6. Теѓилим, 80:20. 80:20. 7. Теѓилим, 8:2. 8. Теѓилим, 84:3 9. Теѓилим, 86:5.

זה יאמר אחר כל ספר לאחר צאת הלבנה:

יְהִי רָצוֹן מִלְּפָנֶיךָ הַשֵּׁם הַגָּדוֹל וְהַקָּדוֹשׁ וְהַטָּהוֹר אדני שֶׁתַּצִּילֵנִי הַיּוֹם וּבְכָל יוֹם לִי וּלְכָל אַנְשֵׁי בֵיתִי וּלְכָל אֲשֶׁר עִמִּי וּלְכָל אֲשֶׁר בַּבַּיִת וּבַשָּׂדֶה וּלְכָל הַנִּלְוִים עָלֵינוּ לְכָל אֶחָד וְאֶחָד מֵהֶם וּמִמֶּנּוּ. מִכָּל צָרָה וְצוּקָה וּמִכָּל צַעַר וָנֶזֶק וְסַכָּנָה. וּמִכָּל מִינֵי הֶפְסֵד וּמִכָּל דְּבַר תַּקָּלָה וּמִכָּל נִסָּיוֹן וּמִכָּל דְּבַר בִּזָּיוֹן. וּמִכָּל גַּזְלָן וְחַמְסָן וְאַלָּם וּמִכָּל מִינֵי פּוּרְעָנִיּוֹת הַמִּתְרַגְּשׁוֹת וּבָאוֹת לָעוֹלָם. וּמִכָּל גְּזֵרוֹת קָשׁוֹת וְרָעוֹת וּמֵרָעָב וּמִדַּלּוּת וַעֲנִיּוּת. בְּכֹחַ הַשֵּׁם הַגָּדוֹל וְהַקָּדוֹשׁ הַיּוֹצֵא מִפָּסוּק אָנֹכִי אֵרֵד עִמְּךָ מִצְרַיְמָה וְאָנֹכִי אַעַלְךָ גַם עָלֹה שֶׁתֵּיטִיב לָנוּ הַחֲתִימָה וְתַעַזְרֵנוּ בְּכָל עִנְיָנֵנוּ וְחֶפְצֵנוּ אָמֵן:

תפלה על החולים

מזמורים שאומרים על בית עלמין: מזמור כח. לד. ספר רביעי. מזמור קיא. קיב. קיט עד קלח. מזמור קמה. עד סוף ספר תהלים. ואח״כ התפלה ה׳ ה׳ וכו׳. ובעת הליכה מבית עלמין, יאמר **רננו צדיקים ואנא בכח ויושב בסתר:** וכשמתפללים בבהכ״נ אומרים מזמורים אלו שהם ל״ו כמילוי שם יהוה של ס״ג שמשם הרפואה והחיים והחסד. וזה סדרם על מכונם, מזמור **כ. ו. ט. יג. טז. יז. יח. כב. כג. כח. ל. לא. לב. לג. לז. לח. לט. מא. מט. נה. נו. סט. פו. פח. פט. צ. צא. קב. קג. קד. קז. קטז. קיח. קמב. קמג. קמח.** ואח״כ יאמרו בתמניא אפי כל הפסוקים משמו של החולה כגון אם שמו **יעקב** יאמרו הפסוקים יודי״ן **עייני״ן קופי״ן ביתי״ן.** ואח״כ יאמרו כל הפסוקים האותיות מהשם **קר״ע שט״ן** בתמניא אפי:

יְיָ יְיָ אֵל רַחוּם וְחַנּוּן אֶרֶךְ אַפַּיִם וְרַב חֶסֶד וֶאֱמֶת נֹצֵר חֶסֶד לָאֲלָפִים נֹשֵׂא עָוֹן וָפֶשַׁע וְחַטָּאָה וְנַקֵּה: לְךָ יְיָ הַגְּדֻלָּה וְהַגְּבוּרָה וְהַתִּפְאֶרֶת וְהַנֵּצַח וְהַהוֹד כִּי כֹל בַּשָּׁמַיִם וּבָאָרֶץ לְךָ יְיָ הַמַּמְלָכָה וְהַמִּתְנַשֵּׂא לְכֹל לְרֹאשׁ: וְאַתָּה בְּיָדְךָ נֶפֶשׁ כָּל חָי וְרוּחַ כָּל בְּשַׂר אִישׁ. וּבְיָדְךָ כֹּחַ וּגְבוּרָה לְגַדֵּל וּלְחַזֵּק וּלְרַפֵּא אֱנוֹשׁ עַד דַּכָּא עַד דִּכְדּוּכָהּ שֶׁל נֶפֶשׁ. וְלֹא יִפָּלֵא מִמְּךָ כָּל דָּבָר וּבְיָדְךָ נֶפֶשׁ כָּל חָי. לָכֵן יְהִי רָצוֹן מִלְּפָנֶיךָ הָאֵל הַנֶּאֱמָן אָב הָרַחֲמִים הָרוֹפֵא לְכָל תַּחֲלוּאֵי עַמְּךָ הַקְּרוֹבִים עַד שַׁעֲרֵי הַמָּוֶת. וְהַמְחַבֵּשׁ מָזוֹר וּתְעָלָה לִידִידָיו וְהַגּוֹאֵל מִשַּׁחַת חֲסִידָיו וְהַמּוֹצִיא מִמָּוֶת נַפְשׁוֹת עֲבָדָיו. אַתָּה רוֹפֵא נֶאֱמָן שְׁלַח מַרְפֵּא וַאֲרוּכָה וּתְעָלָה בְּרוֹב חֶסֶד וַחֲנִינָה וְחֶמְלָה לְנֶפֶשׁ (פלוני בן פלונית) (לנקבה פלונית בת פלונית) לְרוּחוֹ לְנַפְשׁוֹ הָאוּמְלָל (לנקבה לְרוּחָהּ לְנַפְשָׁהּ הָאוּמְלָלָה) וְלֹא תֵרֵד נַפְשׁוֹ (לנקבה נַפְשָׁהּ) לִשְׁאוֹלָה וְתִמָּלֵא רַחֲמִים עָלָיו (לנקבה עָלֶיהָ) לְהַחֲלִימוֹ וּלְרַפְּאוֹ לְהַחֲזִיקוֹ וּלְהַחֲיוֹתוֹ (לנקבה לְהַחֲלִימָהּ וּלְרַפְּאָהּ לְהַחֲזִיקָהּ וּלְהַחֲיוֹתָהּ) כִּרְצוֹן כָּל קְרוֹבָיו וְאוֹהֲבָיו. וְיֵרָאוּ לְפָנֶיךָ זְכֻיּוֹתָיו וְצִדְקוֹתָיו וְתַשְׁלִיךְ בִּמְצוּלוֹת יָם כָּל חַטֹּאתָיו (לנקבה חַטֹּאתֶיהָ) וְיִכְבְּשׁוּ רַחֲמֶיךָ אֶת כַּעַסְךָ מֵעָלָיו (לנקבה מֵעָלֶיהָ)

Произносят, прочитав каждую из книг *Теѓилим*, после появления Луны:

Да будет на то воля Твоя, имя Твоё великое, святое и чистое, Господь, чтобы Ты спас сегодня и каждый день меня и всех моих домочадцев, всех, кто со мной и всех, кто со мной в доме и в поле, и всех, присоединившихся к нам – каждого и всех их и всех нас. От всякой беды, несчастья, от всякого страдания, ущерба и опасности; от всякого рода урона и от преград всякого рода, от всякого испытания и от всякого позора. От всякого грабителя, разбойника, насильника, от всяческих бедствий, которые постигают мир. От всяких тяжких и зловещих постановлений, от голода, убожества и нищеты. Силой великого и святого Имени, исходящего из стиха "Я сойду с тобой в Египет, и Я также выведу тебя..."[1], чтобы Всевышний утвердил нашу судьбу к добру скреплением печатью окончательного постановления и помог нам во всех наших делах и желаниях. Амен.

МОЛИТВА ЗА БОЛЬНОГО

Псалмы, произносимые на кладбище: №№28, 34, четвёртая книга Теѓилим, 111, 112, 119-138, 145-150. После этого произносят приведённую ниже молитву за больных. Покидая кладбище, произносят псалом №33, молитву "Мы молим...", затем псалом №91. Молясь в синагоге, произносят следущие псалмы – 36 в общей сложности: №№20, 6, 9, 13, 16, 17, 18, 22, 23, 28, 30, 31, 32, 33, 37, 38, 39, 41, 49, 55, 56, 69, 86, 88, 89, 90, 91, 102, 103, 104, 107, 116, 118, 142, 143, 148. После этого произносят все стихи из псалма №119, чьи начальные буквы являются буквами, составляющими имя больного – по восемь стихов на каждую букву. Например, если его зовут Яаков, тогда произносят все восемь стихов, начинающихся с буквы י *[йуд], затем все стихи, начинающиеся с буквы* ע *[аин], затем стихи, начинающиеся с буквы* ק *[куф], и, наконец, стихи, начинающиеся с буквы* ב *[бет]. После этого произносят стихи, начальные буквы которых составляют фразу* קר״ע שט״ן *["растерзай сатану"], опять же по восемь стихов на соответствующую букву.*

"Господь, Господь – Бог милосердный и милующий, долготерпеливый; Тот, чья любовь и справедливость безграничны; помнящий добрые дела [отцов] для тысяч [поколений их потомков]; прощающий грех, непокорность и заблуждение и очищающий [раскаявшегося]..."[2] "От Тебя, Господь, и величие, и могущество, и великолепие, и удача на поле брани, и слава; ибо всё, что на Небе и на Земле, [принадлежит Тебе]. Тебе принадлежит царская власть, и Ты возвышаешься над всеми владыками"[4]. "А Ты - в руке Твоей душа всего живущего, и дух всякой плоти человеческой"[5]. "...И в руке Твоей сила и могущество возвеличить и укрепить всякого"[6], исцелить человека, даже дошедшего до изнеможения, даже до полного сокрушения души. "Ничего не скрыто от Тебя"[7], и "в руке Твоей душа всего живого"[8]. Поэтому, да будет на то воля Твоя, Бог верный, Милосердный Отец, Целитель всех болезней Твоего народа Израиля – даже находящихся у врат смерти; Тот, Кто перевязывает раны и врачует целебным снадобьем Своих любимых, и Кто избавляет от погибели Своих благочестивых и спасает от смерти души рабов Своих, – Ты верный Целитель, пошли исцеление, излечение, снадобье по великой доброте, милости и жалости по отношению к душе (*имя больного/больной*), сына/дочери (*имя матери*), его/её духу, его/её душе, изнемогающей, и да не опустится душа его/её в могилу. Исполнись милосердием к нему/ней, восстанови ему/ей здоровье,

1. Берешит, 46:4. 2. Шмот, 34:6-7. 3. Диврей Ѓаямим, I, 29:11. 4. Ср. Иов, 12:10. 5. Ср. Диврей Ѓаямим, I, 29:12. 6. Ирмеяѓу, 32:17. 7. Ср. Иов, 12:10.

וְתִשְׁלַח לוֹ (לנקבה לָהּ) רְפוּאָה שְׁלֵמָה רְפוּאַת הַנֶּפֶשׁ וּרְפוּאַת הַגּוּף וּתְחַדֵּשׁ כַּנֶּשֶׁר נְעוּרָיו (לנקבה נְעוּרֶיהָ) וְתִשְׁלַח לוֹ (לנקבה לָהּ) וּלְכָל חוֹלֶה מַרְפֵּא אֲרוּכָה בְּרָכָה מַרְפֵּא תְרוּפָה וּתְעָלָה מַרְפֵּא חֲנִינָה וְחֶמְלָה מַרְפֵּא רַחֲמִים וְשָׁלוֹם וְחַיִּים וְאוֹרֶךְ יָמִים וְשָׁנִים וִיקֻיַּם בּוֹ (לנקבה בָּהּ) וּבְכָל חוֹלֶה מִקְרָא שֶׁכָּתוּב עַל יְדֵי מֹשֶׁה עַבְדְּךָ נֶאֱמַן בֵּיתֶךָ וַיֹּאמֶר אִם שָׁמוֹעַ תִּשְׁמַע לְקוֹל יְיָ אֱלֹהֶיךָ וְהַיָּשָׁר בְּעֵינָיו תַּעֲשֶׂה וְהַאֲזַנְתָּ לְמִצְוֹתָיו וְשָׁמַרְתָּ כָּל חֻקָּיו כָּל הַמַּחֲלָה אֲשֶׁר שַׂמְתִּי בְמִצְרַיִם לֹא אָשִׂים עָלֶיךָ כִּי אֲנִי יְיָ רֹפְאֶךָ: וַעֲבַדְתֶּם אֵת יְיָ אֱלֹהֵיכֶם וּבֵרַךְ אֶת לַחְמְךָ וְאֶת מֵימֶיךָ וַהֲסִירֹתִי מַחֲלָה מִקִּרְבֶּךָ: לֹא תִהְיֶה מְשַׁכֵּלָה וַעֲקָרָה בְּאַרְצֶךָ אֶת מִסְפַּר יָמֶיךָ אֲמַלֵּא: וְהֵסִיר יְיָ מִמְּךָ כָּל חֹלִי וְכָל מַדְוֵי מִצְרַיִם הָרָעִים אֲשֶׁר יָדַעְתָּ לֹא יְשִׂימָם בָּךְ וּנְתָנָם בְּכָל שֹׂנְאֶיךָ: וְעַל יְדֵי עֲבָדֶיךָ הַנְּבִיאִים כָּתוּב לֵאמֹר וַאֲכַלְתֶּם אָכוֹל וְשָׂבוֹעַ וְהִלַּלְתֶּם אֶת שֵׁם יְיָ אֱלֹהֵיכֶם אֲשֶׁר עָשָׂה עִמָּכֶם לְהַפְלִיא וְלֹא יֵבֹשׁוּ עַמִּי לְעוֹלָם: דְּרָכָיו רָאִיתִי וְאֶרְפָּאֵהוּ וְאַנְחֵהוּ וַאֲשַׁלֵּם נִחוּמִים לוֹ וְלַאֲבֵלָיו: בּוֹרֵא נִיב שְׂפָתָיִם שָׁלוֹם שָׁלוֹם לָרָחוֹק וְלַקָּרוֹב אָמַר יְיָ וּרְפָאתִיו: וְזָרְחָה לָכֶם יִרְאֵי שְׁמִי שֶׁמֶשׁ צְדָקָה וּמַרְפֵּא בִּכְנָפֶיהָ: אָז יִבָּקַע כַּשַּׁחַר אוֹרֶךָ וַאֲרֻכָתְךָ מְהֵרָה תִצְמָח: רְפָאֵנוּ יְיָ וְנֵרָפֵא הוֹשִׁיעֵנוּ וְנִוָּשֵׁעָה כִּי תְהִלָּתֵנוּ אָתָּה וְהַעֲלֵה רְפוּאָה שְׁלֵמָה לְכָל מַכּוֹת עַמְּךָ בֵּית יִשְׂרָאֵל וּבִפְרָט לפב״פ רְפוּאָה שְׁלֵמָה לִרְמַ״ח אֵבָרָיו (לנקבה לְכָל אֵבָרֶיהָ) וּשְׁסָ״ה גִידָיו (לנקבה וּלְכָל גִּידֶיהָ) לְרַפֵּא אוֹתוֹ (לנקבה אוֹתָהּ) כְּחִזְקִיָּהוּ מֶלֶךְ יְהוּדָה מֵחָלְיוֹ וּכְמִרְיָם הַנְּבִיאָה מִצָּרַעְתָּהּ בְּשֵׁמוֹת הַקְּדוֹשִׁים הַיּוֹצְאִים מִפְּסוּקִים שֶׁל שָׁלֹשׁ עֶשְׂרֵה מִדּוֹתֶיךָ אֵל נָא רְפָא נָא לפב״פ לְהָקִים אוֹתוֹ מֵחָלְיוֹ (לנקבה אוֹתָהּ מֵחָלְיָהּ) וּלְהַאֲרִיךְ עוֹד יְמֵי חַיָּיו (לנקבה חַיֶּיהָ) כְּדֵי שֶׁיַּעֲבוֹד לָךְ בְּאַהֲבָה וּבְיִרְאָה וְתִתֵּן לוֹ (לנקבה לָהּ) חַיִּים שֶׁל רַחֲמִים חַיִּים שֶׁל בְּרִיאוּת חַיִּים שֶׁל שָׁלוֹם חַיִּים שֶׁל בְּרָכָה כִּדְכְתִיב כִּי אֹרֶךְ יָמִים וּשְׁנוֹת חַיִּים וְשָׁלוֹם יוֹסִיפוּ לָךְ אָמֵן סֶלָה:

כשמשנין את השם אומרים זה:

וְאַף אִם נִגְזַר עָלָיו (לנקבה עָלֶיהָ) בְּבֵית דִּינְךָ הַצֶּדֶק שֶׁיָּמוּת (לנקבה שֶׁתָּמוּת) מֵחוֹלִי זֶה וְהִנֵּה רַבּוֹתֵינוּ הַקְּדוֹשִׁים אָמְרוּ שְׁלֹשָׁה דְבָרִים קוֹרְעִים גְּזַר דִּינוֹ שֶׁל אָדָם. וְאֶחָד מֵהֶם שִׁנּוּי הַשֵּׁם שֶׁיְּשַׁנּוּ הַשֵּׁם שֶׁל חוֹלֶה. וְקִיַּמְנוּ דִבְרֵיהֶם וְנִשְׁתַּנָּה שְׁמוֹ (לנקבה שְׁמָהּ) כִּי אַחֵר הוּא (לנקבה אַחֶרֶת הִיא) וְאִם עַל פְּלוֹנִי נִגְזַר הַגְּזַר דִּין עַל פְּלוֹנִי לֹא נִגְזַר לָכֵן אַחֵר הוּא וְאֵינוֹ הוּא (לנקבה אַחֶרֶת הִיא וְאֵינָהּ הִיא) הַנִּקְרָא בְּשֵׁם הָרִאשׁוֹן. וּכְשֵׁם שֶׁנִּשְׁתַּנָּה שְׁמוֹ

излечи его/её, укрепи его/её, верни ему/ей силы, как того желают все его/её родственники и друзья. Пусть предстанут перед Тобою его/её заслуги и благотворительные деяния, и сбрось в пучины морские все его/её грехи. Покори милосердием Своим гнев Свой на него/неё. Пошли ему/ей полное выздоровление – выздоровление души и выздоровление тела.

Обнови, подобно орлу, юность[1] его/её, и пошли ему/ей и всем больным лечение, исцеляющее и благословенное, лечение восстановительное и целебное, лечение снисхождения и жалости, лечение милосердия и мира, жизни, долгих дней и лет. Пусть исполнятся для него/неё и для всех больных слова Писания, записанные рабом Твоим Моше, самым верным в доме Твоём: И сказал: "Если будешь ты слушаться Бога Всесильного твоего, и угодное ему делать будешь, и внимать будешь заповедям Его, и соблюдать все законы Его, то ни одной из болезней, которые Я навёл на Египет, не наведу на тебя, ибо Я – Бог, твой Целитель"[2]. "И служите Богу, Всесильному вашему, и Он благословит хлеб твой и воду твою; и устраню Я болезнь из среды твоей"[3]. "Не будет лишившейся детей и бесплодной в стране твоей; число дней твоей жизни Я сделаю полным"[4]. "И отдалит Бог от тебя всякую болезнь, и никаких недугов египетских, которые ты знаешь, не наведёт на тебя, а наведёт их на всех ненавистников твоих"[5].

И Твоими рабами, пророками, было написано следующее: "И будете есть вдоволь, и будете сыты, и славить будете имя Господа, Бога вашего, который свершил для вас дивное; и не посрамится народ Мой вовеки"[6]. "Пути его видел Я, и исцелю его, и буду водить его, и утешать его и скорбящих его". Сотворю речение уст: "Мир, мир дальнему и ближнему, – сказал Господь, – и исцелю его"[7]. "И для Вас, боящихся имени Моего, взойдёт солнце справедливости, и исцеление – в лучах его"[8]. "Тогда прорвется, как заря, свет твой, и исцеление твое скоро прорастёт..."[9]. Лечи нас, Господь, и мы излечимся, спасай нас, и мы спасёмся, ведь Ты – гордость наша; пошли нам выздоровление и полное излечение от всех недугов Твоему народу, Дому Израиля[10], и, в частности, сыну/дочери (*имя матери*), пошли полное излечение 248-и его органам (*для женщины:* всем её органам) и 365-и его жилам (*для женщины:* всем её жилам), исцели его/её, как исцелил Ты Хизкияѓу, царя Иудеи от его недуга, и как пророчицу Мирьям – от проказы её, посредством святых имён, исходящих из стихов, содержащих Тринадцать Атрибутов Милосердия Твоих. Бог, исцели (*имя больного/больной*) сына/дочери (*имя матери*) и дай ему/ей подняться на ноги от его/её болезни, и ещё удлини дни жизни его/её, чтобы он/она служил/а Тебе в любви и благоговении, и дай ему/ей жизнь милосердия, жизнь здоровья, жизнь мира, жизнь благословения, как написано: " Ибо долгоденствие, и годы жизни, и мир прибавят они тебе"[11].

Когда меняют имя [в случае тяжёлой болезни], произносят следующее:

...И даже если суждено ему/ей по решению Твоего справедливого суда умереть от этой болезни, то вот сказали наши святые учителя: "Три действия могут отменить приговор человеку, и одно из них – изменение имени", то есть изменение имени больного. И мы исполнили их наставление и изменили его/её имя, и он/она - не тот/та, который/ая назывался/алась прежним именем, а он/она – другой/ая. И если был вынесен приговор тому, первому, человеку,

1. Ср. Теѓилим, 103:5. 2. Шмот, 15:26. 3. Шмот, 23:25. 4. Шмот, 23:26. 5. Дварим, 7:15. 6. Йоэль, 2:26. 7. Йешаяѓу, 57:18,19. 8. Малахи, 3:20. 9. Йешаяѓу, 58:8. 10. Из молитвы "Амида" 11. Мишлей, 3:2.

(לנקבה שְׁמָהּ) כֵּן יִשְׁתַּנֶּה הַגְּזַר דִּין מֵעָלָיו (לנקבה מֵעָלֶיהָ) מִדִּין לְרַחֲמִים וּמְמִיתָה לְחַיִּים וּמִמַּחֲלָה לִרְפוּאָה שְׁלֵמָה לפב״פ בְּשֵׁם כָּל הַשֵּׁמוֹת הַכְּתוּבִים בְּסֵפֶר תּוֹרָה זֶה וּבְשֵׁם כָּל הַשֵּׁמוֹת וּבְשֵׁם כָּל הַמַּלְאָכִים הַמְּמֻנִּים עַל כָּל הָרְפוּאוֹת וְהַהַצָּלוֹת תִּשְׁלַח מְהֵרָה רְפוּאָה שְׁלֵמָה לפב״פ וְתַאֲרִיךְ יָמָיו וּשְׁנוֹתָיו (לנקבה יָמֶיהָ וּשְׁנוֹתֶיהָ) בַּנְּעִימִים. וִיבַלֶּה (לנקבה וּתְבַלֶּה) בְּטוֹב יָמָיו (לנקבה יָמֶיהָ) בְּרוֹב עֹז וְשָׁלוֹם מֵעַתָּה וְעַד עוֹלָם אָמֵן סֶלָה: מי שברך וכו׳.

תפלה קודם הלמוד ליאָר צייט

יְהִי רצון מלפניך יי אלהינו ואלהי אבותינו שיתלה זכות לימוד זה שאנו לומדים לשם נשמת (פב״פ) ע״ה ובזכות לימוד זה האל הגדול הגבור והנורא שוכן עד וקדוש שמו שתצרור נשמתו בצרור החיים ותשים מחיצתו במחיצת צדיקים חסידים יסודי עולם העומדים לפניו ונהנים מזיו אור פניך ותתן לו מהלכים בין העומדים לפניך ותמחול ותסלח ותכפר ותמחה ותעביר כל מה שחטא ועוה ופשע לפניך או עשה דבר שלא כרצונך ואל תזכר לו שום חטא ועון ופשע ועברה אלא כל המצות שעשה תזכרם לו לטובה ורוחו תרגיע בחלק היושבים בגן עדן ונשמתו תתעדן בטוב הצפון לצדיקים ותשים כבוד מנוחתו ולקץ הימין יעמוד לגורלו וילוה עליו השלום ועל משכבו יבא בשלום כדכתיב יבא שלום ינוחו על משכבותם הוא וכל שוכבי עמו ישראל בכלל הרחמים והסליחות והנחמות והישועות ונאמר אמן:

תפלה על הנפטר אחר הלמוד

אָנָּא יְיָ מָלֵא רַחֲמִים אֲשֶׁר בְּיָדְךָ נֶפֶשׁ כָּל חָי וְרוּחַ כָּל בְּשַׂר אִישׁ יִהְיֶה נָא לְרָצוֹן לְפָנֶיךָ תּוֹרָתֵנוּ וּתְפִלָּתֵנוּ בַּעֲבוּר נִשְׁמַת פלוני או פלונית וּגְמוֹל נָא עִמָּהּ בְּחַסְדְּךָ הַגָּדוֹל לִפְתּוֹחַ לָהּ שַׁעֲרֵי רַחֲמִים וָחֶסֶד וְשַׁעֲרֵי גַּן עֵדֶן וּתְקַבֵּל אוֹתָהּ בְּאַהֲבָה וּבְחִבָּה וּשְׁלַח לָהּ מַלְאָכֶיךָ הַקְּדוֹשִׁים וְהַטְּהוֹרִים לְהוֹלִיכָהּ וּלְהוֹשִׁיבָהּ תַּחַת עֵץ הַחַיִּים אֵצֶל נִשְׁמַת הַצַּדִּיקִים וְהַצִּדְקָנִיּוֹת חֲסִידִים וַחֲסִידוֹת לֵהָנוֹת מִזִּיו שְׁכִינָתְךָ לְהַשְׂבִּיעָהּ מִטּוּבְךָ הַצָּפוּן לַצַּדִּיקִים. וְהַגּוּף יָנוּחַ בַּקֶּבֶר בִּמְנוּחָה נְכוֹנָה בְּחֶדְוָה וּבְשִׂמְחָה וְשָׁלוֹם כִּדְכְתִיב יָבֹא שָׁלוֹם יָנוּחוּ עַל מִשְׁכְּבוֹתָם הוֹלֵךְ נְכֹחוֹ. וּכְתִיב יַעְלְזוּ חֲסִידִים בְּכָבוֹד יְרַנְּנוּ עַל מִשְׁכְּבוֹתָם. וּכְתִיב אִם תִּשְׁכַּב לֹא תִפְחָד וְשָׁכַבְתָּ וְעָרְבָה שְׁנָתֶךָ. וְתִשְׁמוֹר אוֹתוֹ (לנקבה אוֹתָהּ) מֵחִבּוּט הַקֶּבֶר וּמֵרִמָּה וְתוֹלֵעָה וְתִסְלַח וְתִמְחוֹל לוֹ עַל כָּל פְּשָׁעָיו (לנקבה לָהּ עַל כָּל פְּשָׁעֶיהָ) כִּי אָדָם אֵין צַדִּיק בָּאָרֶץ אֲשֶׁר יַעֲשֶׂה טּוֹב וְלֹא יֶחֱטָא וּזְכוֹר לוֹ זְכֻיּוֹתָיו וְצִדְקוֹתָיו אֲשֶׁר עָשָׂה (לנקבה לָהּ זְכֻיּוֹתֶיהָ וְצִדְקוֹתֶיהָ אֲשֶׁר עָשְׂתָה) וְתַשְׁפִּיעַ לוֹ מִנִּשְׁמָתוֹ לְדַשֵּׁן עַצְמוֹתָיו (לנקבה לָהּ מִנִּשְׁמָתָהּ לְדַשֵּׁן עַצְמוֹתֶיהָ) בַּקֶּבֶר מֵרֹב טוּב הַצָּפוּן לַצַּדִּיקִים דִּכְתִיב מָה רַב טוּבְךָ אֲשֶׁר צָפַנְתָּ לִירֵאֶיךָ וּכְתִיב שֹׁמֵר כָּל עַצְמוֹתָיו אַחַת מֵהֵנָּה לֹא נִשְׁבָּרָה וְיִשְׁכּוֹן (לנקבה וְתִשְׁכּוֹן) בֶּטַח בָּדָד וְשַׁאֲנַן מִפַּחַד רָעָה וְאַל יִרְאֶה (לנקבה תִּרְאֶה) פְּנֵי גֵיהִנֹּם וְנִשְׁמָתוֹ (לנקבה וְנִשְׁמָתָהּ) תְּהֵא צְרוּרָה בִּצְרוֹר הַחַיִּים וּלְהַחֲיוֹתוֹ (לנקבה וּלְהַחֲיוֹתָהּ) בִּתְחִיַּת הַמֵּתִים עִם כָּל מֵתֵי עַמְּךָ יִשְׂרָאֵל בְּרַחֲמִים אָמֵן:

то на второго он не распространяется. Поэтому он/она – другой/другая, не тот/та, который/ая назывался/алась прежним именем. И подобно тому, как его/её имя изменилось, пусть также изменится и приговор: от строгого суда к милосердию, от смерти к жизни, от болезни к полному излечению (*его/её имя*) сына/дочери (*имя матери*). Именем всех имён Всевышнего, записанных в этом свитке Торы; и именем всех имён, и именем всех ангелов, ответственных за излечения и спасения, пошли вскоре полное излечение (*его/её имя*) сыну/дочери (*имя матери*) и продли дни и годы жизни его/её в благополучии. Пусть он/она проведёт дни свои в благополучии, во множестве силы и мира отныне и вовеки. Амен, сэла!

МОЛИТВА ПЕРЕД ИЗУЧЕНИЕМ ТОРЫ, ПОСВЯЩЕННЫМ ГОДОВЩИНЕ СМЕРТИ

Да будет на то воля Твоя, Господь, Бог наш и Бог отцов наших, чтобы заслуга этого изучения пошла на пользу душе (*еврейское имя умершего*) сына (*еврейское имя отца умершего*) благословенной памяти, которой мы его посвящаем. И в заслугу этого изучения Бог великий, могучий и грозный, пребывающий вовеки, свято Имя Его, храни его/её душу в хранилище жизни[1]. Помести её в шатры праведников, благочестивых столпов мироздания, стоящих перед Тобой, наслаждающихся сиянием света Лика Твоего. Дай ему/ей ходить среди стоящих перед Тобой2.

Прости и помилуй, искупи, сотри и искорени любой грех, преступление и прегрешение, совершённое против Тебя или нечто сделанное против Твоей Воли. Не помяни ему/ей никакого греха, преступления и прегрешения или проступка. Но все мицвот, которые были им/ей содеяны – помяни их ради его/её добра. Пусть его/её дух найдёт успокоение в уделе находящихся в Ган Эдене. Пусть его/её душа насладится потаённым благом, предназначенным для праведников. Пусть его/её место упокоения будет почётным. Пусть Конец Дней будет его/её жребием и сопутствует ему/ей мир[3]. Чтобы он/она достиг(ла) с миром своего места упокоения, как написано[4]: "[Ходящий в справедливости] отойдёт с миром к покоящимся на ложах своих", вместе со всеми теми из народа Израиля, которые лежат [в могилах]; с милосердием, прощением, утешением и спасением. И скажем: Амен!

ПОСЛЕ ИЗУЧЕНИЯ ТОРЫ ПРОИЗНОСЯТ:

Я молю Тебя, Господь, полный милосердия, в Чьей руке душа всего живущего и дух всякой плоти человеческой[5]. Пусть наше изучение Торы и наши молитвы ради души (*еврейское имя умершего/умершей*) сына/дочери (*еврейское имя отца умершего/умершей*) будут угодны Тебе. Смилуйся над душой по великой доброте Своей, отворив перед ней врата милосердия и доброты и врата Ган Эдена. Прими её с любовью и сочувствием, симпатией. Пошли Твоих святых и чистых ангелов сопровождать её и помести её под Древом Жизни

1. Шмуэль, I, 25:29. 2. Ср. Зехарья, 3:7. 3. См. Даниэль, 12:13. 4. Ишайяѓу, 57:2. 5. Иов, 12:10.

מי שברך לחולה:

לשבת ויו״ט*

מי שברך אבותינו אברהם יצחק ויעקב משה ואהרן דוד ושלמה הוא יברך את (פב״פ) **בעבור ש**(פב״פ) **יתן בלי נדר לצדקה בעבורו** (לנקבה **בעבורה**), **שבת היא מלזעוק ורפואה קרובה לבוא ונאמר אמן:**

לחול

מי שברך אבותינו אברהם יצחק ויעקב משה ואהרן דוד ושלמה הוא ירפא את (פב״פ) **בעבור ש**(פב״פ) **יתן בלי נדר צדקה בעבורו** (לנקבה **בעבורה**), **בשכר זה הקב״ה ימלא רחמים עליו להחלימו ולרפאותו ולהחזיקו ולהחיותו** (לנקבה **עליה להחלימה ולרפאותה ולהחזיקה ולהחיותה**), **וישלח לו** (לנקבה **לה**) **מהרה רפואה שלימה מן השמים לרמ״ח אבריו ושס״ה גידיו** (לנקבה **לכל אבריה וגידיה**) **בתוך שאר חולי ישראל רפואת הנפש ורפואת הגוף ונאמר אמן:**

* חוץ מר״ה ויוהכ״פ שאומרים נוסח מי שברך לחול. ואין אומרים יו״ט הוא מלזעוק או שבת היא מלזעוק. מטה אפרים תקפד, כה. תרכא, א.

рядом с душами праведных и благочестивых мужчин и женщин, наслаждаться сиянием Твоей *Шхины*, насыщаться Твоим сбереженным, припрятанным для праведников.

И даруй телу в могиле настоящий покой в блаженстве, в радости и мире, как написано:“Ходящий в справедливости отойдёт с миром к покоящимся на ложах своих”[1]. И также написано:“Радуйтесь оказанной вам чести, преданные Ему, рассказывайте на ложах своих”[2]. И написано:“Когда ляжешь ты – ничто не будет устрашать тебя; будешь лежать ты, наслаждаясь сном”[3].

И храни его/её от “хибут ѓакевер”[4], от личинок и червей. Помилуй и прости ему/ей все его/её прегрешения, “ибо нет на земле человека [настолько] праведного, который творил бы [только] добро и не согрешил”[5].

Помяни его/её заслуги и праведные поступки. Пошли ему/ей из души его/её, чтобы обогатить его/её кости в могиле, из обилия блага, спрятанного для праведников, как написано:“Как велико благо, которое Ты сложил в сокровищницу боящихся Тебя”[6]. И написано: “Он бережет каждую кость его, чтобы ни одна не сломалась” [7]. Чтобы он/она пребывал/а надёжно, безмятежно, отделённым/отделённой от страха перед злом. Чтобы не увидел/а он/она лик ада, и чтобы душа его/её была хранима в хранилище жизни и была возвращена к жизни с возвращением мёртвых к жизни, вместе со всеми умершими народа Твоего Израиля, с милосердием. Амен.

МОЛИТВА ЗА БОЛЬНЫХ,

ПРОИЗНОСИМАЯ ПОСЛЕ ЧТЕНИЯ СВИТКА ТОРЫ

В субботу и *йом тов**

Тот, кто благословил отцов наших Авраѓама, Ицхака и Яакова, Моше и Аѓарона, Давида и Шломо, да благословит (*еврейское имя*), сына / дочь (*еврейское имя матери*), поскольку (*еврейское имя*), сын (*еврейское имя отца*), не связывая себя обетом, обещал дать пожертвование ради него / нее. Хотя в шабат не взывают ко Всевышнему, исцеление вскоре наступит. Возгласим же: Амен!

В будний день

Тот, кто благословил отцов наших Авраѓама, Ицхака и Яакова, Моше и Аѓарона, Давида и Шломо, да исцелит (*еврейское имя*), сына / дочь (*еврейское имя матери*), поскольку (*еврейское имя*), сын (*еврейское имя отца*), не давая обета, обещал дать пожертвование ради него/нее. В награду за это да преисполнится Всевышний милосердием к нему/ней, поставит его/ее на ноги и исцелит, укрепит его/ее и восстановит его/ее жизненные силы. Да пошлет Он вскоре с небес полное исцеление ему/ей, (*для мужчин:*) и всем двумстам сорока восьми частям и тремстам шестидесяти пяти жилам его тела (*для женщин:*) и всем частям и всем жилам ее тела—вместе со всеми больными Израиля, исцеление души и исцеление тела. Возгласим же: Амен!

---

1. Ишайя 57:2 2. Теѓилим 149:5 3. Мишлей 3:24 4. Досл. “встряска в могиле”. Один из видов наказаний, испытываемых душой от происходящего с телом после кончины человека. 5. Коѓелет 7:20 6. Теѓилим 31:20 7. Теѓилим 34:21.

*За исключением Рош ѓа-Шана и Йом Кипур, когда произносят ту же молитву, что в будний день, и не добавляют слов «хотя в шабат не взывают ко Всевышнему …». Матэ Эфраим, 589:25 и 621:1.

תפלת הדרך

צריך לאומרה משהחזיק בדרך חוץ לעיר ביום ראשון כשנוסע מביתו וטוב לומר מעומד אם אפשר בקל. ובשאר הימים שמתעכב בדרך עד שובו לביתו יאמר אותה בכל בוקר אפילו במלון ויחתום ברוך אתה שומע תפלה בלי הזכרת השם:

יְהִי רָצוֹן מִלְּפָנֶיךָ יְיָ אֱלֹהֵינוּ וֵאלֹהֵי אֲבוֹתֵינוּ שֶׁתּוֹלִיכֵנוּ לְשָׁלוֹם וְתַצְעִידֵנוּ לְשָׁלוֹם וְתַדְרִיכֵנוּ לְשָׁלוֹם וְתִסְמְכֵנוּ לְשָׁלוֹם וְתַגִּיעֵנוּ לִמְחוֹז חֶפְצֵנוּ לְחַיִּים וּלְשִׂמְחָה וּלְשָׁלוֹם (ואם דעתו לחזור מיד אומר וְתַחֲזִירֵנוּ לְשָׁלוֹם) וְתַצִּילֵנוּ מִכַּף כָּל־אוֹיֵב וְאוֹרֵב וְלִסְטִים וְחַיּוֹת רָעוֹת בַּדֶּרֶךְ וּמִכָּל־פּוּרְעָנִיּוֹת הַמִּתְרַגְּשׁוֹת וּבָאוֹת לָעוֹלָם וְתִשְׁלַח בְּרָכָה בְּכָל־מַעֲשֵׂה יָדֵינוּ וְתִתְּנֵנִי* לְחֵן וּלְחֶסֶד וּלְרַחֲמִים בְּעֵינֶיךָ וּבְעֵינֵי כָל־רוֹאֵינוּ וְתִגְמְלֵנוּ חֲסָדִים טוֹבִים וְתִשְׁמַע קוֹל תְּפִלָּתֵנוּ כִּי אַתָּה שׁוֹמֵעַ תְּפִלַּת כָּל־פֶּה: בָּרוּךְ אַתָּה יְיָ שׁוֹמֵעַ תְּפִלָּה:

* בל׳ יחיד

МОЛИТВА В ДОРОГЕ

Молитву произносят, выйдя из города, в первый день пути, и желательно читать эту молитву стоя, если это несложно. Остальные дни пути (все время, пока не вернулся домой), надо произносить ее по утрам, даже находясь в месте ночлега, и завершать словами «Благословен Ты, внемлющий молитве» без упоминания Имени Всевышнего.

Да будет воля Твоя, Господь, Бог наш и Бог отцов наших, вести нас с миром, направлять наши стопы с миром, указывать нам путь к миру и поддерживать нас в мире, и привести нас к желанной цели нашей для жизни, радости и благоденствия (тот, кто намеревается сразу же вернуться обратно, добавляет: и вернуть нас обратно с миром). И спаси нас в дороге от рук всех врагов, от засады, разбойников и опасных зверей, и от всех несчастий, постигающих этот мир, и даруй нам благословение во всех делах рук наших. Помоги мне обрести милость, любовь и милосердие в глазах Твоих и в глазах всех, кто видит нас. Ниспошли нам благодатную любовь и внемли молитве нашей, ведь Ты внемлешь молитве каждого. Благословен Ты, Господь, внемлющий молитве.

שיעור השלשה קאפי תהלים שאומרים*

- נוסף על השיעור החדשי - החל מיום שני דר"ח אלול עד יוהכ"פ
וביום הכפורים שלשים וששה קאפי

אלול

יום	קאפי
א	א-ג
ב	ד-ו
ג	ז-ט
ד	י-יב
ה	יג-טו
ו	טז-יח
ז	יט-כא
ח	כב-כד
ט	כה-כז
י	כח-ל

יום	קאפי
יא	לא-לג
יב	לד-לו
יג	לז-לט
יד	מ-מב
טו	מג-מה
טז	מו-מח
יז	מט-נא
יח	נב-נד
יט	נה-נז
כ	נח-ס

יום	קאפי
כא	סא-סג
כב	סד-סו
כג	סז-סט
כד	ע-עב
כה	עג-עה
כו	עו-עח
כז	עט-פא
כח	פב-פד
כט	פה-פז

תשרי

א	פח-צ
ב	צא-צג
ג	צד-צו

ד	צז-צט
ה	ק-קב
ו	קג-קה

ז	קו-קח
ח	קט-קיא
ט	קיב-קיד

יום הכפורים

קודם כל נדרי	קטו-קכג
קודם השינה	קכד-קלב

אחר מוסף	קלג-קמא
אחר נעילה	קמב-קנ

*) ראה לעיל ע' 4 אודות תקנה זו.

ЧТЕНИЕ ТЕЃИЛИМ

с первого дня месяца элул и до Йом Кипура

В добавление к главам, которые читают в соответствии с тем, как книга *Теѓилим* разделена по дням месяца, начиная с первого дня месяца *элул* и до *Йом Кипура* включительно, читают следующие главы:

Элул

День	Глава
1	1-3
2	4-6
3	7-9
4	10-12
5	13-15
6	16-18
7	19-21
8	22-24
9	25-27
10	28-30

День	Глава
11	31-33
12	34-36
13	37-39
14	40-42
15	43-45
16	46-48
17	49-51
18	52-54
19	55-57
20	58-60

День	Глава
21	61-63
22	64-66
23	67-69
24	70-72
25	73-75
26	76-78
27	79-81
28	82-84
29	85-87

Тишрей

1	88-90
2	91-93
3	94-96

4	97-99
5	100-102
6	103-105

7	106-108
8	109-111
9	112-114

Йом Кипур

Перед Кол Нидрей	115-123
Перед сном	124-132

После Мусафа	133-141
После Неилы	142-150

См. выше на странице XX подробности этого обычая.

ПРИМЕЧАНИЯ ПЕРЕВОДЧИКА

1. Если же – отделено от слова «все» с помощью маѓпах–мерха. И по кантилляции это условное предложение, завершающееся в третьем стихе, а не продолжение первого стиха.
2. К закону твердому – אל חק как אל נכון – не «к», а «истинно» (см. Ибн-Эзра).
3. Сосуд глиняный – в оригинале «сосуд горшечника». Слово יוצר в Писании используется жестко в значении «гончар».
4. Молитесь – так в Таргуме. Сравни с Ѓошеа 9:1 и 10:5.
5. Урожай – в таком значении в Теѓилим 65:14. У Раши и Радака предполагается опущенное слово «сердце» בר לבב. Поставляйте – у Ибн-Эзры от корня משק – хозяйство у Мецудот от слова שוקק – «хотеть, жаждать».
6. Обо мне – см. Раши. Предлог ל в значении «о», а не «к», см. Ибн-Эзра.
7. Воистину – סלה «Сэла» – сложное для понимания слово, которое часто не переводят. Ибн-Эзра считает, что это слово означает «Истинно» и похоже на «Амен», усилительная частица, близкая по использованию к русскому «Вообще» и к современному израильскому «мамаш». Некоторые комментаторы полагают, что оно означает «вечно», но такое понимание не всегда возможно. Радак и многие современные комментаторы полагают, что это музыкальный термин, по-видимому, означающий возвышение голоса в конце строфы.
8. Со святой горы Своей – притяжательный суффикс первого слова в смихуте переносится в конец, а потому не «горы святости Своей».
9. Я ложусь и засыпаю; проснусь я – так по знакам кантилляции в системе אמ״ת. Основным знаком в этом стихе является оле ве-йоред, а этнах – делит вторую половину стиха. В сидурах (в молитве перед сном) сознательно знаки проставлены: «Я ложусь, засыпаю и просыпаюсь, потому что Господь поддерживает меня», – относя «поддерживает» также к «ложусь и засыпаю».
10. Насколько – сравни Бемидбар 24:22. В Таргуме «из-за чего...?». У Раши – «Доколе...?»

11. Молча ждите – см. комм. Раши к 37:7 и Ибн-Эзру (там же) – слово, соединяющее דום (молчать), דומם (быть неподвижным , неживым) и «ждать».
12. Духовых – перевод названий всех музыкальных инструментов условный. Здесь выбрано слово חליל (флейта), хотя возможны многочисленные варианты.
13. ...Гладком поскользнешься – два значения в одном слове.
14. Скорбная песнь – в оригинале שגיון. Может быть, это разновидность деревянного музыкального инструмента (Раши).
15. Чтобы не растерзал он меня – буквально: «чтобы не растерзал души моей».
16. [Причиняемых] врагами – кантилляция отделяет слово «страдания мои» от слова «от врагов моих», а потому обоснованным выглядит понимание [отомсти] врагам моим.
17. Хвастается – слово из начала стиха относится и к его второй половине.
18. Отсеки – краткое будущее время в значении просьбы, а не будущего времени.
19. В котором вечно – זו всегда в значении «который», и никогда «этот». Вторая половина стиха открывает мысль следующего (Радак).
20. Пиявки, сосущие... – так в Таргуме, очевидно производящего רום от слова רימה – «черви» и ,זלו от זלל – «жрать». Радак производит רום от «высоты», а ,זלו от זול – «дешевый», «неуважаемый».
21. Чтобы не – слово פן в начале относится к обеим частям стиха.
22. Вернет... покой – см. ссылку Радака на Ишаяѓу (30:15), и ссылку Амоса Хахама на Иов (42:10). И это следует признать основным значением оборота.
23. Шатре Твоем – в книге Псалмов слово «шатер» используется в двух смыслах: «Весь мир» или же «Храм».
24. Сказал я – в оригинале «сказала ты», подразумевая «ты, моя

душа, сказала...» (Таргум, Радак).

25. Якобы всемогущим и всесильным – окончание י в слове חפצי не притяжательное, а старинная форма, как סוסתי. Принципиально иное чтение: «К святым, что уже в земле, к праведникам стремлюсь я».
26. Испытал пробу его... – глагол צרף – ювелирная проверка драгоценных металлов на примеси, отсюда понимание следующего оборота: «Не найдется ли [примесей]». Проверка проводится плавкой, с одновременным очищением металла от примесей, откуда второе значение «очищать».
27. Подчиняющий мне народы – корень דבר используется в паре значений: «опустошать» и «отгонять скот в пустыню». Здесь во втором из них «дает мне водить (править) народами».
28. Славимся – нас все вспоминают, именно в связи с тем, что...
29. Буйвола – дикий тур, уничтоженный приблизительно к 16 веку. Отождествление «белый орикс» выглядит сомнительным, потому что палестинская разновидность была мелкой. Отождествление «единорог» – соответствует белому ориксу (в профиль его пара полуметровых рогов действительно делает его похожим на единорога).
30. Песнь хвалы – здесь стоит ола ве-йоред и кончается первая половина стиха, этнах в слове «многочисленный» разделяет вторую часть стиха.
31. Дарует покой моей душе – не исключено, что שובב здесь просто «приводит», как в Ирмеяѓу 50:19, то есть «Он приводит меня».
32. Благовонным маслом – духи делали на масляной основе. Поэтому это не просто масло, а «благовонное масло».
33. "Чьи руки чисты и сердце непорочно; чья душа не была устремлена ко лжи, кто не дает клятв ложных", – упомянуты сфера поступков, сфера мыслей и речей (Радак). «Руки» символизируют сферу поступков. Сердце в символике Танаха всегда вместилище тонких решений, интуиция разума. Сфера речей – это «клятвы ложные». Смысл

слов «душа не устремлена ко лжи» ясен из первого стиха следующего псалма: «К Тебе, Господи, устремлена душа моя». Тем самым «ложь» в нашем стихе означает то, что противоположно Господу.

34. Порталы вечности – в Писании слово עוֹלָם никогда не употребляется в значении «вселенная».

35. Тайна [Господня] известна... – слово «обучает» из конца стиха относится также к началу. Слово סוד имеет два связанных значения: «близкий», «пребывающий в обществе», «совет (как собрание)», а с другой стороны это – «тайна».

36. Ведь я... – служебное слово כי и в классическом иврите имеет одно значение – «одновременность», а в других языках приобретает четыре значения: «ведь», «вот», «потому что», противопоставительное «не».

37. Сирион – одно из названий горы Хермон, расположенной у северной границы Израиля.

38. В Твоей руке – события жизни моей – в оригинале: В Твоей руке времена мои – употреблено слово, обозначающее период времени, неразрывно связанный с событием, происходящим в нем, как, например: «зимняя пора» и т.п.

39. Удачу – глагол להשכיל кроме привычного «умудриться», имеет второе значение «быть удачливым».

40. Исходящим с уст Его – дословно: «дуновением уст», подразумевается воздух, выдуваемый при речи, а потому чистый синоним «слово», «речь»: «Дуновение Божие парило над водой» (Берешит 1:2) – «Слово Божие проносилось над водами» и т.д. повсюду.

41. Хвала Тебе во все времена – дословно «Всякий (или: весь) день хвала Тебе». Слово «день» в Писании часто следует понимать, как «миг».

42. Молча полагайся – так понимает глагол דום Раши; причем Ибн-Эзра считает это словом-бумажником, включающим в себя значения «ждать», «надеяться» «молчать».

43. По глупости – כסל – не от «почки», а от כסיל – «глупец».

44. Ты даровал мне слух – дословно: «Ты выкопал мне уши».

45. Дробят кости – глагол רצח, как רצץ.
46. Стрелы острые – прямо в сердца врагов царских – именно так расставлены знаки кантилляции.
47. [Вынесены] – вся вторая половина стиха трудна для понимания. Выбран вариант Радака.
48. Он отдал нам народы в подчинение – корень דבר используется в паре значений: «опустошать» и «отгонять скот в пустыню». Здесь во втором из них «дает мне водить (править) народами.
49. Корабли Таршиша – здесь это тип корабля – мощные корабли, способные пересечь море. Может быть, просто от греческого thallasa – море.
50. От восхода солнца до захода его – от востока до запада.
51. (12) Дух новый... (13) духа Твоего святого – «дух», в Писании – способность принимать решения, твердо следовать им. В стихе 12 Давид просит себе «твердый дух», а в стихе 13 он просит, чтобы забота Всевышнего (Его мысль, Его решения) не оставляли его.
52. Вернет... покой – см. ссылку Радака на Ишаяѓу (30:15), и ссылку Амоса Хахама на Иов (42:10). И это следует признать основным значением оборота.
53. Стараются поглотить меня – перевод условный. Вариант понимания: «Делают печальными слова (или: дела) мои» (Раши).
54. Врагами – קשט – убивать (Бемидбар раба, Нассо, 12), враг (Танхума, Бубер, Ваикра, 43). Смысл всего стиха ясен из Ишаяѓу (30:17): «...И бежать будете, пока не останетесь, как древко на вершине, как знамя на холме». Это слово в значении «стрелок из лука» – в Иерусалимском Талмуде и в палестинских источниках, которым свойственна фонетическая запись (вместо קשת). Если имеется в виду арамейское «истина», то тогда «Истины ради, Ты сделал...».
55. «Шхем...» – перечисляются районы, принадлежавшие царству Давида, с севера на юг. «Шхем» – столица Шомро-

на (Самарии) – центральный горный Израиль. «Суккот» – город в восточном Заиорданье. «Гилад» – горный район в Заиорданье. «Менаше» – здесь территория колена Менаше – северный Шомрон (Самария) и Заиорданье. «Эфраим» – здесь территория колена Эфраима – центральный горный Израиль. «Йеѓуда» – здесь территория колена Иеѓуды – южный горный район Израиля. «Моав» – Заиорданье к востоку от Мертвого моря. «Земля Филистимская» – исконная Палестина – нынешняя полоса Газы, включавшая Ащдод и Ашкелон. «Эдом» – Идумея – территория к юго-востоку от Мертвого моря.

56. Молча высматривает – так понимает глагол (!) Раши и большинство комментаторов (см. прим. к 4:5 и 37:7).

57. Вы все рухнете... – спор об огласовках между Бен-Нафтали и Бен-Ашером. Бен-Нафтали читает с патахом, и тогда, «чтобы убить». Бен-Ашер читает с камацом, и, следовательно, или: «вы убийцы», или же «вы будете убиты». Для перевода выбран третий вариант: רצח как רצץ тем более, что при выборе по Бен-Нафтали, следует менять знаки кантилляции, отнеся слово «вы все» ко второй половине стиха.

58. Сыны человеческие – люди знатные – буквально в оригинале: «сыны человеческие – сыны людские». Все комментаторы считают, что в Писании оборот בני איש означает «знать».

59. Тебе, Владыка, справедливость – חסד в значении покровительство тем, кто достоин его, и наказание тем, кто нарушает Царские повеления. Понимание «милосердие» требует внесения подразумеваемого слова: «Ибо Ты воздаешь человеку по [добрым] делам его» (Р. Ишаяѓу из Трани).

60. Холмы одеваются весельем – буквально «опоясываются весельем», подразумевая набедренную повязку. Иными словами, образ: «холмы прикрывают наготу растительным покровом». Точно так же в следующем стихе буквально: «Луга надевают стада (как надевают рубаху),

долины укутываются (как плащом) хлебами».

61. Море в сушу, пешком пересекли поток – рассечение Чермного моря во времена Моше, и Иордана – во времена Иеѓошуа.
62. Отец сиротам, судья вдовам… – этот гимн пели при возвращении армии из похода. Эти слова адресованы вдовам и сиротам погибших на войне.
63. Крылья голубиные покроются серебром, зеленью золотистой – можно предположить, что описываются северная и южная границы Страны Израиля. На севере покрытые снегом горы, а на юге покрытые зеленью луга.
64. Изо дня в день – слово «день» в Писании часто появляется в значении «во время...», например: «В день беды» подразумевает в «час беды». Ниже в 69:14 «В день благоволения» – «в час благоволения».
65. Устраши зверя, что в тростнике… – символы народов. «Зверь в тростнике» – Египет, «быки» – Башан или арамейцы.
66. Достигли воды души моей – вода поднялась выше шеи, уже почти нечем дышать. «Душа» – в исходном корневом значении «дыхание».
67. Стал я для них присловьем – всякий раз, говоря о чем-то дурном, сразу вспоминают евреев (Радак).
68. Островитяне – в Писании обычно просто приморские народы. Таршиш – отождествляется иногда с Тарсом в Киликии, иногда с Сардинией, иногда с Тортозой у Гибралтарского пролива. Судя по тому, что туда собирались из Эйлатского порта (2-Хроник 20:36), какой-то Таршиш был также в районе Аденского пролива, что сочетается с упоминанием в стихе «Шева и Сева» – царства в районе Аденского пролива (Эритрея – Йемен сегодняшнего дня; царица Савская – оттуда) – важнейший перекресток торговых путей – перекресток Африки, Дальнего Востока, Индии и Средиземноморья.
69. Исполнилось горечью сердце мое, почки пронзает боль – и сердце, и почки – в символике Писания вместилища

неосознанных решений. При этом сердце «различает между ложью и истиной» на интуитивном уровне, и его решения составляют основу убеждений, тогда как почки – символизируют решение, приближающееся к уровню поступка.

70. Не возноситесь перед небесами – буквально: «Не поднимайте ввысь рога...» – как животные рогатые, которые в час радости поднимают рога вверх, а в печали опускают голову и рога вниз.
71. Разобью гордыню злодеев – буквально: «Рога злодеев поотшибаю, дам возвыситься рогам праведников». «Рог» в Писании, в контекстах, связанных с возвышением, имеет тот же смысл, что и корона – возвышение над остальными.
72. Сосуд человеческий Тебе благодарность приносит... – в Иерусалимском Талмуде этот стих приведен в списке загадочных стихов Писания, не поддающихся разгадке. Широко принятое понимание: «Гнев человеческий Тебя признает, остальными гневами Ты опояшешься» (дословно). В нашем переводе дословное понимание слов: «Бурдюк человеческий Тебе благодарность приносит, остальные бурдюки Ты перевязываешь» – бурдюк – кожаный мех для хранения жидкостей, когда он трескается, то места трещин перевязывают ремешком, чтобы жидкость не вытекала.
73. Сыновьям Эфраима – есть два понимания этого стиха. Согласно первому, он продолжает предыдущий отрывок, описывая «преступления предков», при этом «Эфраим», как самое большое колено, символизирует весь Израиль (Ибн-Эзра). Раши говорит, что здесь подразумевается история, упомянутая в 1-Хроник (7:20-21): «Сыновья Эфраима, которых убили жители Гата, когда они пытались ограбить стада их». Наиболее распространен мидраш, который считает, что здесь начинается рассказ об Исходе из Египта: за тридцать лет до Исхода колено Эфраима сочло, что пришел назначенный для Избавления

срок, и попыталось с оружием прорваться в Землю Израиля. Они потерпели поражение в битве. Именно их кости увидел пророк в видении о «сухих костях».

74. В крае Цоана – в те времена столица Египта.
75. Лягушек – не «жаб» (жабы, вообще, в воду только яйца откладывают, а так на земле живут); это животное называется «лягушка нильская» (до 50 см в длину).
76. Смоковницы их – заморозком – последнее слово непонятно. Обычно его понимают как какое-то явление, сопровождающее град.
77. Скиния в Шило – долгое время скиния Моше и Ковчег Завета находились в Шило, пока его не разрушили филистимляне. После этого Давид перенес Ковчег в Иерусалим, а его сын Шломо, мир с ним, построил там Храм. Отдал... силу Свою в плен – Ковчег Завета с разрушением скинии в Шило попал в руки филистимлян.
78. Семикратно отплати... – дословно: «Верни соседям семикратно за пазуху поругания, которыми...». За пазухой носили всякие мелочи, в том числе кошельки и деньги. Все проклятие построено на древнем царском законе о семикратном возврате стоимости украденного: «Вор, будучи пойман, заплатит всемеро» (Мишлей 6:31). Так и здесь преступнику должно воздасться всемеро.
79. Гневом будешь отвечать – буквально: «Дымиться [гневом]».
80. Да будет рука Твоя – оборот, имеющий множество значений. Просьба о помощи, например: «Пусть рука Твоя поможет мне» (Псалмы 119:173). Просьба об успехе, например: «И я преуспел, потому что рука Господа была на мне» (Эзра 7:25). Просьба о пророчестве (см. Иехезкель 1:3, 3:22).
81. Трубите в шофар при новой луне – в Храме в шофар (рожок) трубили не только в начале года – в Рош ѓа-Шана, но и в начале каждого месяца, когда на небе появлялся серп новой луны. «В новолунье праздника нашего» – перевод по Ибн-Джанаху – только один еврейский праздник при-

ходится на новолуние – Новый год – Рош ѓа-Шана. Раши и многие другие комментаторы понимают: «В день, установленный для праздника нашего», и опять считают, вслед за Таргумом, что речь идет о Рош ѓа-Шана.

82. Когда вышел он [правителем] над землей Египетской – цитата из Берешит (41:45). Описание прихода народа Израиля в Египет, после того, как Йосеф стал правителем в Египте. Услышал я язык мне неведомый – обычное описание чужбины «из народа иноговорящего» (Псалмы 114:1), «Народ, языка которого не слышал» (Дварим 28:49).

83. Исполню все пожелания твои – дословно: «Широко раскрой рот и Я наполню его».

84. Коллегии властной – окончание אל в обозначении мощи, например הררי-אל (мощные горы) или ארזי-אל (мощные кедры). Среди судей Бог – слово «אלוקים» здесь одновременно «святое и будничное» (Минхат Шай), то есть употребляется одновременно и в значениях «судья земной» и «Судья Истинный», а потому и переводится двумя словами. В стихе 6 это будничное, то есть «судьи», «ангелы», но никак не «Бог» .

85. Шатры Эдома и исмаэлиты, Моав и агаритяне – Эдом (Идумея) – страна и народ к юго-востоку от Израиля, потомки Эсава. Исмаэлиты – потомки Ишмаэля, сына Авраама (в те времена не имели своей страны). Моав – страна к востоку от Израиля, в Заиорданьи, потомки Лота, племянника Авраама. Агаритяне – потомки Агарь, наложницы Авраама, матери Ишмаэля. Гевал, Аммон, Амалек, Пелэшэт, Цора – Гевал – известны два народа со сходным названием; один в южном Заиорданье, а второй – соседи идумеев. Аммон – страна к востоку от Израиля, в Заиорданьи, южнее Моава, также потомки Лота. Амалек – извечный враг народа Израиля, еще со времен Исхода; в описанное время находился в Синае, у южной границы Иудеи. Палешет (Филистия) – в описываемый период группа городов-государств в районе нынешней Газы и к

северу от нее. Цор (Тир) – финикийский город-государство на территории побережья нынешнего Ливана.

86. Как с Мидьяном, как с Сисарой и Явином у ручья Кишон – Сисара, полководец мидьянского царя Явина, потерпел сокрушительное поражение у ручья Кишон во времена правления пророчицы Деборы (см. Судьи 4-5). Орэв и Зеэв, Зэвах и Цалмуна: Орэв и Зеэв – два мидьянских вельможи, казненные полководцем Деборы Гидеоном (см. Судьи 7:25). Зэвах и Цалмуна – два мидьянских князя, побежденные Гидеоном (Судьи 8:1-21).

87. Вернет... покой – см. ссылку Радака на Ишаяѓу (30:15) и ссылку Амоса Хахама на Иов (42:10). И это следует признать основным значением оборота.

88. Покровительство отстроено на века. Часто этот стих читают в непрямых значениях слов: «Мир построен на милосердии», и в этом значении эти слова стали поговоркой.

89. Поразил Раѓава – князь морской в дни творения первоначального (Бава Батра 74б). Другой комментарий: Египет, когда рассек море перед фараоном (Таргум).

90. Тавор и Хермон: Тавор – гора, возвышающаяся посреди Израэльской долины, Хермон – горная система к северо-востоку от нынешнего Израиля.

91. "Каменное сердце" – в оригинале "твердое", в том же значении, что и в русском обороте "каменное сердце". ...Как в Мериве, как в тот день в пустыне, когда после исхода из Египта сыны Израиля пришли в Мериву, у них кончилась вода, и они подошли к Моше и сказали: «Зачем ты вывел нас из Египта? Чтобы уморить нас, и детей наших, и скот наш жаждою?».

92. Сорок лет наказывал Я – все взрослые люди, вышедшие из Египта, умерли во время сорока лет пребывания в пустыне. Не найти ему покоя – не войти в Землю Обетованную, называемую «землей покоя» (Раши).

93. В час бедствия... – в оригинале: «в день бедствия», в библейском иврите этот оборот означает: «в момент, когда...».

94. Выпирают кости мои – буквально: «прилипли кости к плоти». Смысл оборота ясен из книги Йов: «К плоти и коже прилипли кости мои» (19:20).
95. Дни мои [убегают] как тень – в оригинале: «Как тень склоненная» – речь идет о старости. При приближении заката тень становится длиннее, и это признак, что скоро день закончится и тень исчезнет (Шаарей Тшува).
96. Примет молитву дерева сухого, одинокого – в оригинале: дерево, одиноко растущее в пустыне, зеленеющее только в период дождей.
97. Все существо мое – дословно: «Все внутренности мои».
98. Как [оперенье] орлу – во время сезонной смены оперенья орлы выглядят больными и облезлыми. Само название «орел» – נשר на иврите образовано от глагола «выпадать», «облезать».
99. Псалом повторяет шесть дней Творения: первый день – сотворение света (2–6), второй день (7-13) – сотворение земли и небес, третий день (14-18) – сотворение океанов и растений; четвертый день (19-24) сотворение светил; пятый и шестой дни (25-26) сотворение зверей и человека.
100. Насыщаются деревья Господни – речь идет о дикорастущих деревьях, за которыми не ухаживают люди и которые растут только заботой Всевышнего (Радак).
101. «Скалы – приют горных кроликов»: горный кролик – даман. Палестина – северная граница их ареала.
102. В железный ошейник заковали его – буквально: «В железа заключили душу его», – «душа» здесь в самом буквальном смысле – то, чем дышат.
103. Поселился Яаков в земле Хама – родоначальник Египта – Мицраим, сын Хама, третьего сына Ноя.
104. У Чермного моря: так как географически выбор Красного моря, как места рассечения моря при Исходе, ничем не обоснован, то сохраняем старое название. Речь должна идти об одном из соленых озер на западной границе

Синая (в иврите слово ים относится также к крупным озерам).

105. Шхем… – перечисляются районы, принадлежавшие царству Давида с севера на юг. «Шхем» – столица Шомрона (Самарии) – центральный горный Израиль. «Суккот» – город в восточном Заиорданье. «Гилад» – горный район в Заиорданье. «Менаше» – здесь территория колена Менаше – северный Шомрон (Самария) и Заиорданье. «Эфраим» – здесь территория колена Эфраима – центральный горный Израиль. «Йеѓуда» – здесь территория колена Иеѓуды – южный горный район Израиля. «Моав» – Заиорданье к востоку от Мертвого моря. «Земля Филистимская» – исконная Палестина – нынешняя полоса Газы, включавшая Ашдод и Ашкелон. «Эдом» – Идумея – территория к юго-востоку от Мертвого моря.

106. Пусть оно будет ему и верхней одеждой, и нижним бельем – дословно: «Платьем укутываться (то есть верхним плащом), и поясом опоясываться (то есть набедренной повязкой)».

107. Малки-цедек – царь Иерусалима, упомянутый в Бытии (14), который встретил Авраама по возвращении с войны и благословил его. Царь справедливости – титул царей Иерусалима – обращение к царю с просьбой продолжать традицию справедливости Иерусалимских царей. Священник на века – речь идет не о храмовом священстве, а об обязанностях царя следить за распространением власти Торы в народе.

108. Земля великая – не исключено, что правильное понимание: «земля Рабы», то есть страна, столицей которой являлся Раббат-Амон (Амман, нынешняя столица Иордании). В книге 2-Шмуэля (12:26-31) рассказывается о тяжелых боях, которые вела армия Давида под предводительством Йоава за этот город. И там говорится, что город был взят только после того, как Йоаву удалось овладеть водными источниками города. В свете этого комментария становится понятным следующий стих (по

Ибн-Эзре и Радаку): Будет пить из ручья придорожного – продолжение предыдущего стиха. Во время боя пролито столько вражеской крови, что около поля битвы пить воду невозможно, а потому, чтобы попить чистой воды, придется отойти от места боя.

109. Пытаются постичь их все хранящие [память] о них – сложный отрывок, смысл которого, кажется, сводится к тому, что «все, кто жаждет понять деяния Всевышнего, пытаются исследовать проявление Его действий в мире».

110. Возвышен будет в славе и чести – буквально: «Рог его вознесен в славе (чести)». «Рог» в Писании, в контекстах, связанных с возвышением, имеет тот же смысл, что и корона – возвышение над остальными.

111. От народа варварского – так в Таргуме. В оригинале «от народа иноязычного», причем последнее слово имеет четкий презрительный оттенок.

112. Застигнутых бедой – не от слова פתי – «простодушный», «тот, кого легко соблазнить», а от слова פתאום – «внезапно», «врасплох».

113. Где бы ни жил я – буквально: «в домах проживания моего», смысл выбран по комм. Сфорно.

114. Постоянно рискуя душой своей – буквально: «моя душа в моей руке». Смысл оборота (6 употреблений в Писании) точно по переведенному.

115. Наконечниками огненными – буквально: «к углям дроковым». Угли дрока долго тлеют и сохраняют тепло.

116. Мешех, Кедар. Мешех, европеоидный народ, потомок Яфета, живший где-то между Каспийским и Черным морями. Кедар – один из потомков Ишмаэля, его потомки кочевали к югу и к востоку от Земли Израиля. На самом деле, и Мешех и Кедар вошли в поговорку как стрелки из лука, а потому – «горе мне, живущему рядом с Мешехом и Кедаром» по соседству с клеветой, уподобленной стреле, является чисто символической отсылкой, то есть «Клеветники, стреляющие стрелой клеветы, как чемпионы мира по стрельбе».

117. Как только ты выйдешь, и до возвращения – буквально: «охранит твой выход (в дорогу) и возвращение». Можно доказать, что такого рода обороты в Писании всегда (более 20 употреблений) подразумевают также весь период между «входом и выходом». Кроме того, оборот практически всегда касается выхода на войну: «Благословен ты по входе своем и по выходе своем», – и сразу вслед за тем: «Заставит Господь отступить врагов твоих...» (Дварим 28:6-7).

118. Град монолитный – буквально: «Город, слитый воедино».

119. Словно во сне – глагол חלם в Писании «видеть сон», а не «спать».

120. Словно потоки в Негеве – тот, кто был в пустыне Негев (пустыня на юге Израиля) зимой, мог увидеть, как вдруг по совершенно сухой пустыне идет мощнейший поток воды, сметающий все на своем пути.

121. Сеявшие в слезах пожинать будут радость –в оригинале игра слов דמעה – «слезы», דמע – «зрелые зерна».

122. Как сеятель – משך הזרע – сума сеятеля (Ибн-Эзра). Сходный поэтический образ: «Сеял беззаконие, пожнет грех» (Мишлей 22:8).

123. Возлюбленному Своему – в оригинале использовано слово «Йедидо», связанное с именем, данным Соломону при рождении – Йедидъя (Возлюбленный Богом), и в заголовке псалма сказано «Соломону». Многие комментаторы предпочитают вариант: «Дарует такое, [как бы во время] сна» – в то время, как сын Давида, Авшалом, не спал ночами, затевая заговоры, чтобы захватить власть, Соломон (Йедидъя – Возлюбленный) получил корону без труда, как бы во сне (Радак).

124. Жена, как лоза – одна лоза дает много винограда (отсюда видно, что при том, что Тора разрешает многоженство, нормальным считается, когда у простого человека одна жена). «Дети вокруг стола, как побеги оливы» – ствол оливы окружает множество побегов.

125. Которой не наполнить горсти жнеца – при жатве жнец

левой рукой охватывает пучок стеблей, а правой срезает сжатое.

126. Не войду под полог шатра – к жене (Таргум).

127. Обнаружили его в полях у Кирьят-Яарим – Ковчег Завета. В книге 1-Шмуэль (гл. 5-7) рассказывается, как филистимляне разрушили Храм в Шило и захватили Ковчег Завета со скрижалями. Однако, во всех филистимлянских городах, куда они привозили трофей, начиналась эпидемия чумы, и потому филистимляне решили избавиться от Ковчега Завета и вывезли его в поле рядом с городом Бейт-Шемеш. После чего израильтяне поставили его в Кирьят-Яарим. И только спустя много лет царь Давид торжественно перевез Ковчег Завета в Иерусалим, поставив его у гумна Аравны.

128. Встань, Господь, на место покоя – этот и два последующих стиха произнес царь Соломон при установке Ковчега Завета в Святая Святых Храма.

129. Роса с Хермона ... на горы Сиона – разумеется, речь идет не о географии, а о поэзии – вода стекает с горы Хермон и течет ручьями по всей Стране Израиля.

130. От воли Твоей – רוח в значении «слово», и в значении «воля, подчиняющая других».

131. Формировался в чреве земли – или намек на материнское чрево (Таргум), или же намек на то, что первый человек был создан из праха земного.

132. Хвала – это единственный случай в книге Псалмов, когда слово «теѓила» – «хвала» стоит в заголовке, но все же это слово дало название всей книге Псалмов – «Теѓилим».

133. Не полагайтесь на вельмож – в оригинале נדיבים слово, имеющее два значения: «вельможа» и «благотворитель», то есть богач. Понятно, что это не случайно, так как власть и деньги всегда идут рука об руку.

134. Благосклонность его – корень עשת используется или в спорном значении «благосклонность» (возможно, «передумать») или же в значении «толщина».

Закончено, хотя не совершенно.
Благословен дающий силы усталым!

ПРОИЗНЕСЕНИЕ ПСАЛМОВ

Избранные письма и беседы
шестого Любавичского Ребе,
Рабби Йосефа-Ицхака Шнеерсона,
זצוקללה״ה נבג״מ זי״ע
касающиеся произнесения псалмов

•

Перевод:
Михаэль и Сима Кориц

Редактор русского текста
Михаил Рубин

F.R.E.E. Publishing House

1383 President Street Brooklyn, New York 11213

Вступление к сборнику писем рабби Йосефа Ицхака (Ребе Раяца)

Перед вами письма и отрывки из писем *ребе Раяца*, относящиеся к ежедневному чтению *Теѓилим*, псалмов царя Давида. Чтение псалмов – это молитва, то есть обращение ко Всевышнему, прославление, просьба о милосердии и помощи в трудную минуту или избавлении в беде. И хотя многие псалмы входят в состав молитвы, у евреев издавна было принято кроме обязательных молитв читать *теѓилим*. Так уж сложилась история нашего народа, что евреям часто неоткуда было ждать избавления и не на кого надеяться, кроме Творца. Но и в благополучные времена благочестивый человек обязан постоянно благодарить Всевышнего за все хорошее, что Он ему посылает, и обращаться к нему с просьбами.

У хасидов чтению *теѓилим* всегда уделялось особое внимание. *Ребе Раяц* приложил много усилий для того, чтобы ввести обычай постоянного чтения *теѓилим* – как ежедневно, завершая всю книгу *Теѓилим* за месяц, так и перед утренней молитвой в субботу *благословения* нового месяца. Он заботился, чтобы эти обычаи приняли не только хабадские общины, но и все евреи, напоминая, что в чтении *теѓилим* нет различия между общинами, и благословлял всех, кто принимал деятельное участие в распространении этой традиции. По инициативе *ребе Раяца* в 1937 году в Варшаве был издан сборник, в который были включены отрывки из его писем и бесед, объясняющих значение чтения *теѓилим*. По просьбе хасидов в сборник были включены отрывки из его личного дневника, посвященные той же теме. Третье издание этого сборника в 1953 году было дополнено примечаниями *Любавичского Ребе* и выпущено в качестве приложения к книге *Теѓилим.*

В настоящем издании *Теѓилим* впервые этот сборник переведен с сохранением той структуры текста и комментариев, которая была в издании Кеѓат 1953 г. Кроме того, добавлены 3 письма *ребе Раяца*, дополняющие содержание сборника. Комментарии переводчиков в сносках заключены в квадратные скобки.

При переводе были приложены старания для сохранения духа оригинала, который укоренен в истории и наследии хасидского движения. Понятия, требующие дополнительного объяснения, и имена важнейших личностей хасидской истории выделены курсивом и включены в глоссарий, напечатанный в конце сборника.

Редакция F.R.E.E.

Из беседы Ребе Раяца в *Симхат Тора* 5696 года[1]

Обычай произносить *теѓилим* каждый день в *миньяне*, завершая его чтением *кадиш ятом*, согласно разделению книги Теѓилим по дням месяца, слава Богу, стал принят у большей части богобоязненных евреев.

В *Рош ѓа-Шана* 5687[2] на небесах потребовали общественного жертвоприношения[3]. Во время моего тюремного заключения[4] многие общины начали произносить теѓилим, и этот похвальный обычай сохраняется с тех пор, спасая многие души. Я выражаю свою благодарность всем, кто проявил инициативу (и помог в его распространении). Кроме произнесения *теѓилим*, каждый должен приложить все усилия, чтобы распространить этот обычай в тех местах, где он ещё не практикуется, и да будут они благословлены в детях, здоровье и благосостоянии.

---

1. [1935 год].

2. [1926 год].

3. [В оригинале – «корбан шламим шель цибур», то есть жертвоприношение, называемое «мирной жертвой», приносимое в Храме от имени всего народа. В данном контексте, намек на арест Ребе Раяца в сиване 5687 (1927) года. Ребе был арестован в 1927 году, заключён в тюрьму в Ленинграде, затем отправлен в ссылку в Кострому и в конце концов освобождён в свой день рождения 12 Тамуза и через некоторое время выслан из России. Подробнее об этом можно прочитать в книге «Героическая борьба» (изд. F.R.E.E., 2005). Покинув Россию, Ребе жил в Риге, затем переехал в Польшу, в город Отвоцк. В 1940 году эмигрировал в США.]

4. См. далее, на стр. 250.

Отрывок из письма[5] одному из посланников

месяц Сиван 5693 года[6]

В своих поездках, прибывая на место, проверьте, дошел ли туда обычай, установившийся у нас в последние шесть лет, читать в каждом *миньяне* дневной раздел *теѓилим* (согласно разделению всей книги по дням месяца) после молитвы, завершая чтение произнесением *кадиш ятом*. (Каждый, кто молится без *миньяна*, тоже обязан читать *теѓилим* этого дня). А в местах, где пока не принято так делать, скажите, чтобы в добрый час начали.

Наш святой учитель, *рабби Цемах-Цедек*, сказал[7]: «Бокал, над которым благословляют[8], должен быть приподнят на *тефах*, а бокал царя Давида (*теѓилим*) возвышает на *тефах*[9], – "Чашу спасения подниму и к имени Господа призову[10]!" "Взгляни же из святой обители Твоей, с Неба, и благослови народ Твой Израиль[11]."Невозможно в этом письме рассказать всю историю и обстоятельства, при которых эти слова прозвучали, но доходящие до моего слуха сведения, что моя просьба насчет введения обычая читать *теѓилим* находит повсеместный отклик как

5. См. Сефер Ѓамаамарим Кунтресим, том 1, стр. 273а. Также см. Игрот Кодеш автора, том 2, стр. 522.

6. [1933 год].

7. См. далее, стр. 250.

8. [Имеются в виду церемонии кидуша, ѓавдалы и им подобные, в которых благословение произносится над бокалом вина. В Вавилонском Талмуде, трактат Брахот, 51а, приведен закон, требующий поднять бокал на тефах. Хабадский обычай приподнимать бокал на три тефаха].

9. [Мера длины, упоминаемая в *Торе* и равная 8 сантиметрам].

10. [*Теѓилим* 116:13].

11. [*Дварим* 26:15].

у хасидов *Хабада*, так и среди благочестивых людей в целом (да продлятся их годы), доставляют мне радость.

И Бог Всесильный, Бог Воинств, в изобилии даст много блага дому Израиля, добро видимое и явное как в материальном, так и в духовном.

Чтение *теѓилим* не относится к какому-либо *нусаху* молитвы и тут нет разницы между синагогами хабадников и молящихся согласно *ашкеназскому* или польскому *нусаху*[12], да благословит всех их Всевышний.

Ведь нам заповедана *Торой* любовь к евреям, и любовь эта выгравирована в наших сердцах по самой сути и сущности наших душ, поскольку она берется из сущности Божественности и сущности души.

То есть любовь к другому еврею – это выражение взаимной любви душ, являющихся единым целым, поскольку сущность Божественности включает их в себя.

В этом состоит смысл высказывания нашего великого учителя (*Алтер ребе*) о том, что души соответствуют друг другу[13]. И эта сущностная любовь связывает всех евреев вместе без различия нусаха, который, как известно, является Вратами (Божественого) Света (подходящими для каждой отдельной души).

И исходя из этого, мы должны заботиться об истинном благе каждого еврея, и в частности об имеющем огромное значение вопросе общественного чтения *теѓилим*. Внутренний смысл этого обычая

12. [Вариант молитв, принятый в той или иной еврейской общине.]

13. *Тания*, глава 32; См. также Дерех Мицвотеха, Заповедь Любви к ближнему.

имеет отношение ко всему еврейскому народу, в собственно материальном аспекте его жизни – в детях, в здоровье и в пропитании, и в духовной сфере – в свете, несущем обильные благословения, успех, избавление и освобождение. Нам следует приложить все усилия, чтобы обычай произнесения *Тегилим* в *миньяне* утвердился в во всех синагогах независимо от *нусаха*.

Письмо по поводу чтения Теѓилим и хасидского фарбренгена в субботу благословения нового месяца

15 Менахем Ава 5695 года[14]
Отвоцк[15]

Нашим друзьям и благожелателям, чистым перед Всевышним, везде, где бы вы ни находились, пусть Всевышний будет с вами.

Приветствую и благословляю.

Мое слово по поводу огромных чудес, пробуждаемых хасидским *фарбренгеном*, и пользы в материальном и духовном аспектах жизни, уже сказано. Сейчас я хочу предложить всем своим друзьям и хасидам во всех странах и в каждом из мест, назначить субботу благословения нового месяца днем *фарбренгена*, а в зимние месяцы пусть время *фарбренгена* будет после исхода святого *шабата*.

В святую субботу благословения нового месяца пусть хасиды приходят в синагогу рано утром для

14. [14 августа 1935 года.]

15. [Польский город, в котором с 1935 по 1939 год жил *ребе Раяц* и была открыта *ешива* Томхей Тмимим.]

прочтения всей книги *Теѓилим*. После этого следует провести около часа, изучая *маамар*, доступный для понимания каждого из присутствующих, а затем молиться. Время для *фарбренгена* следует устанавливать в каждой общине согласно местным условиям, пусть каждому это принесёт удачу, как в материальной, так и в духовной сфере.

Я же молюсь, чтобы Всевышний исполнил мое желание и осуществил то, чем я вас благословляю – послал в изобилии жизненность и многократное благословение в трех вещах – детях, долголетии и пропитании всем хасидам вместе со всем еврейским народом.

Горячо любящий вас и желающий вам всяческих благ и успехов в материальной и духовной сфере и благословляющий вас.

Отрывок из письма о чтении Теѓилим в субботу благословения нового месяца[16]

Недавно я обратился к хасидам с просьбой установить *субботу благословения нового месяца* днём проведения *фарбренгенов* повсеместно, в каждой общине в соответствии с условиями конкретного места, так чтобы было легче и удобнее собираться для дружеского застолья. Я также упомянул особую просьбу относительно распорядка дня – коллективного чтения всей книги *Теѓилим* рано утром перед молитвой и о совместном изучении *хасидизма* после того.

16. Из этого письма видно, что в субботу перед *Рош ѓа-Шана* принято выполнять все обычаи, установленные для субботы благословения нового месяца: чтение *Теѓилим* и хасидский *фарбренген*.

Лелею надежду, что наши друзья хасиды исполнят эту просьбу в полноте, бережно и с любовью, и с Божьей помощью это принесет всем хасидам *Хабада* желанную пользу, как материальную, так и духовную.

В *Шаббат Ницавим-Вайелех* лета 5658 года[17] мы были на даче в Боливке, примерно в восемнадцати верстах от *Любавичей* и около версты от станции Красная. Первые ученики[18] приехали из Жебина (Борисовский уезд Минской губернии), где они учились у *машпии* реб Шмуэль-Гронема Эстермана, душа которого в *Ган Эдене*. За дневной трапезой мой отец вёл продолжительную беседу в присутствии наших гостей.

Среди прочего, он рассказал: "Будучи ребёнком, я спросил моего отца[19]: раз мы благословляем каждый месяц в предшествующий ему *шабат*, почему подобно этому мы не благословляем месяц *тишрей*?

Мой отец[20] ответил, что когда он был ребёнком, он задал своему отцу[21] тот же самый вопрос. Цемах-Цедек в ответ сказал своему сыну[22], что когда он был ребёнком, он спросил своего дедушку[23], и вот что тот ответил:

В Межеричах я слышал от моего учителя Магида, со слов его учителя Баал Шем Това следующее: седьмой месяц – первый из месяцев (нового) года[24].

17. [1898 года]

18. [Йешивы Томхей-Тмимим, основанной годом раньше отцом автора, ребе Рашабом.]

19. [*Ребе Шмуэля*, известного под именем *Ребе Моѓараш*.]

20. [*Ребе Моѓараша*.]

21. [*Ребе Менахем-Менделу, Цемах-Цедеку*.]

22. [*Ребе Шмуэлю*.]

23. [*Рабби Шнеур-Залмана, Алтер Ребе*.]

24. «Первый он из месяцев года» - это слова из *Торы* (*Шмот*, 12:2), но здесь они имеют другое, чем в *Торе*, значение. Здесь, конечно, основным является слово «год». [В книге *Шмот* первым месяцем назван *нисан*, и там речь идет о порядковом счете месяцев в еврейском календаре, в письме *Ребе Раяца* подчеркивается, что *тишрей* - это первый месяц нового года, начавшегося в *Рош ѓа-Шана*.] Использование различных значений одного

Всевышний сам благословляет его в субботу благословения нового месяца, в последний шабат месяца элул. И это даёт силы евреям благословять остальные одиннадцать месяцев года. Написано в Торе: “Вы стоите сегодня[25]”. “Сегодня” подразумевает Рош ѓа-Шана[26] – день суда, подобно тому, как написанное в книге Йова: “И был день”[27] переводит Таргум[28]: “Это - день суда”. Вы стоите в этот день твёрдо[29], так как устоите и будете оправданы в суде. В шабат перед Рош ѓа-Шана, последний в месяце элул, мы всегда читаем слова «Вы стоите» (начало главы «Ницавим») – и это благословение Всевышнего в субботу благословения седьмого месяца, месяца, самого по себе насыщенного множествами благ и насыщающего[30] ими еврейский народ на весь грядущий год».

и того же слова встречается не раз. См. Тосафот в *Талмуде,* трактат Хулин 68а, «Адам»; также следует внимательно разобраться в Тосафот в трактате Кидушин, 48а, «Алима», а также в других местах, приведенных в книге Яд Малахи, принцип 374 и Сдей хемед, Принципы, 30:98.

25. [Дварим 29:9.]

26. См. *Ликутей Тора*, Ницавим 44а. [Эта недельная глава всегда читается перед *Рош ѓа-Шана* и на это намекают слова “этот день”, подразумевающие *Рош ѓа-Шана*, ибо “этот день – начало Твоих деяний, напоминание о первом дне творения” (из молитвы *мусаф* на *Рош ѓа-Шана*).]

27. [Иов 1:6.]

28. [*Таргум Онкелоса* – перевод *Торы* на арамейский язык. Представляет собой также и толкование текста.]

29. См. мидраш Танхума, начало главы Ницавим. [“Хотя эти проклятия (см. Дварим 28:15-68) обрушиваются на вас... хотя эти страдания поражают вас, вы всё же стоите твёрдо, как написано: “Вы стоите (ницавим) в этот день, все вы”.]

30. См. мидраш Ваикра Раба, Эмор 29:7 [“Седьмой месяц – месяц, насыщённый всем”. (На иврите слова “семь” и “насыщенный, обильный” состоят из одних и тех же букв). Он содержит *Рош ѓа-Шана, Йом Кипур, Суккот и Симхат Тора*.”] См. Примечания к *Тании*, стр. 58.

Отрывок из письма о новом распорядке молитвы в субботу благословения месяца, из которого видно, насколько этот обычай касается всех евреев

22 Кислева 5696 год[31]

Следование вошедшему в обычай распорядку в *субботу благословения нового месяца* (читать *Тегилим* в миньяне и устраивать *фарбренген*) имеет значение для всего еврейского народа. Мне очень хочется, чтобы заслуга выполнения этой высокой заповеди досталась всем нашим друзьям, хасидам *Хабада*, и дала им изобилие благословений и удач в материальной и духовной сфере - за то, что они увеличивают заслугу общества. Заслуга общества будет связана с ними и тем самым явится их собственной заслугой, заслугой их жен, сыновей и дочерей, поскольку *благословения*, уготованные тем, кто увеличивает заслугу многих, сойдут на них.

Соответственно я прошу наших друзей хасидов, а также наших друзей *шохетов* и синагогальных *габаев*, да пребудет с ними Бог, чтобы помогли Вам в установлении соответствующего распорядка дня на *субботу благословения нового месяца*, а Всевышний поможет им сделать это доброе дело и благословит их как материально, так и духовно.

Ваш друг, желающий добра и благословляющий вас.

---

31. [18 декабря 1935 года.]

Отрывок из письма одному из хасидов, разъясняющий важность чтения Теѓилим, в котором приводится на эту тему чудесная история о *Баал Шем Тове*

Очевидно, что простые люди, замечательные своей чистой верой, простосердечным чтением *Теѓилим*, участием в уроках *Торы* и дружеских встречах и выполнением заповеди любви к ближнему с радушием и весельем – являются радостью Всевышнего в раю и гордостью наших учителей, духовных руководителей хасидов.

Рабби Исраэль *Баал Шем Тов* приближал простых богобоязненных людей и очень любил их. Это его свойство было хорошо известно и послужило одной из важнейших причин быстрого роста его популярности в народе, что известно из рассказов о нем.

Однако лучшие из его учеников, праведники и мудрецы, не могли принять такого отношения, несмотря на то, что *Баал Шем Тов* не раз отправлял их к простым людям поучиться хорошим качествам - чистосердечию, уверенности в помощи Всевышнего, простодушной вере, доверию к мудрецам и праведникам, любви к ближнему и многому другому. Тем не менее они не приняли этого подхода своего учителя и в частности не были готовы вести себя запросто с неучеными людьми.

У *Баал Шем Това* было принято, что гости участвовали в двух из трёх субботних трапез. Одну из трапез он проводил исключительно в обществе так называемого «*Святого братства*» - узкого круга лучших учеников, и остальным гостям не было позволено не только участвовать, но даже стоять поодаль.

Было это в период между 5513 и 5515 годами[32], когда среди учеников *Баал Шем Това* были уже такие такие известные мудрецы Торы, как *Межерический Магид*, раввин *Яаков Йосеф из Полонного* и другие.

В тот раз на *шабат* приехало много гостей, в основном простонародья - сборщиков налогов, крестьян, ремесленников, сапожников, портных, виноградарей, садовников, животноводов, птицеводов, рыночных торговцев и тому подобных. В пятницу вечером во время совместной трапезы *Баал Шем Тов* проявлял к этим гостям необычайно тёплое отношение. Одному он налил вина, над которым произносил кидуш. Другому подарил свой бокал для кидуша. Некоторым раздал ломти хлеба от хлебов, над которыми он благословил в начале трапезы, другим - рыбу или мясо со стоявших перед ним блюд и оказывал им разные знаки внимания, сильно удивившие членов *святого братства*.

Зная, что не могут присутствовать на третьей трапезе у *Баал Шем Това*, потому что в ней имеют право принимать участие исключительно члены *святого братства*, гости, закончив свою трапезу, отправились в синагогу *Баал Шем Това*. Поскольку они были совершенно простыми и малообразованными людьми, не способными ни на что большее, чем произнесение слов *Хумаша* или *Теѓилим*, каждый из них стал читать *Теѓилим*.

32. [Между 1753 и 1755 годами].

Когда *Баал Шем Тов* сел за стол для второй трапезы, он посадил каждого из своих учеников на определённое место, как это было заведено – во всем, что происходило у *Баал Шем Това*, порядок был продуман до малейших деталей. Посидев немного, *Баал Шем Тов* начал говорить слова *Торы*, а ученики наслаждались его необыкновенной речью.

За столом они пели, как было у них обычно принято и, видя приподнятое настроение *Баал Шем Това*, исполнились воодушевления, благодаря Всевышнего, удостоившего их милости – быть учениками святого *Баал Шем Това*.

Некоторые из членов *святого братства* думали, как хорошо в отсутствие простолюдинов, не имеющих ни малейшего представления, о чём говорит учитель. Они задавали себе вопрос, почему это их учитель, *Баал Шем Тов*, оказывает неученым евреям такое благоволение, наливает вино из своего бокала и даже подарил собственный бокал одному из них.

Они еще были заняты своими мыслями, когда лицо *Бешта* посерьезнело, он вознесся душой в высшие миры и заговорил:

"Мир, мир далёкому и близкому."[33] Наши мудрецы сказали: "Там, где стоят раскаявшиеся грешники, совершенные праведники устоять не смогут"[34]. *Баал Шем Тов* подчернул – совершенные, и объяснил, что есть два пути в служении Всевышнему – путь праведников и путь раскаявшихся. Служение простых людей относится ко второму, более возвышенному

33. [Йешая 57:19.]

34. [Вавилонский Талмуд, трактат Брахот 34Б.]

пути – раскаявшихся, поскольку дух их смирен и принижен, что равносильно сожалению о прошлых поступках и намерению не совершать их впредь.

Когда *Баал Шем Тов* закончил говорить, присутствующие начали петь хасидские мелодии и песни. И те из учеников *святого братства*, которые удивлялись вниманию, которое *Баал Шем Тов* оказывал гостям – простолюдинам, поняли, что учитель почувствовал их мысли и их недоумение, и поэтому привел толкование *Торы*, в котором объяснил высокие достоинства служения простых людей, уподобив его преимуществу раскаявшихся перед совершенными праведниками.

Баал Шем Тов тем временем продолжал пребывать в возвышенном состоянии. Когда поющие замолчали, открыл глаза и пристально посмотрел в лица своих учеников. Затем он попросил каждого положить свою правую руку на плечо рядом сидящего, так чтобы все члены *святого братства*, сидевшие вокруг стола, оказались связаны вместе.

Баал Шем Тов сидел во главе стола. Он сказал ученикам, какие мелодии петь, а когда закончили петь, велел закрыть глаза и не открывать, пока он не разрешит, и положил обе своих руки на плечи ученикам, сидящим по правую и по левую стороны.

Вдруг ученики услышали песни и сладкие мелодии, переплетающиеся с раздирающими душу мольбами. Один голос говорил: “О, рибоно шел олам![35] “Слова Господни – слова чистые – серебро,

35. [О, рибоно шел олам – о, Владыка мира!]

чрез плавильню на землю пропущенное, семикратно очищенное!"[36] Другой напевал и говорил: "Ай, рибоно шел олам! "Проверь меня, Господи, испытай меня; узнай пробу моих почек и сердца!"[37] Третий пел, приговаривая: "Татэ ѓарцикер![38] Пожалей меня, Боже, помилуй меня! К Тебе прибегает душа моя; в тени крыл Твоих укроюсь, пока не пройдет беда!"[39] Другой голос говорил: "Ай гевалд, зиссер фотер ин ѓиммел[40], да поднимется Бог – рассеются враги Его, разбегутся от лика Его ненавистники Его!"[41] А ещё один с горечью восклицал: "Тайерер татэ![42] Ведь и птица находит дом, воробей – гнездо, где выведет птенцов возле жертвенника Твоего, Господь Воинств, Царь и Бог мой".[43] А этот вопиёт жалобно: "Либер фотэр, дербаремдикер татэ! [44] Возвратись к нам, Бог, ниспосылающий нам спасение, избави нас от гнева Своего!.."[45]

Слышавших эти звуки песнопений *Теѓилим* учеников *святого братства* проняла дрожь. Их глаза всё ещё были закрыты, но слёзы лились по их щекам сами собой. Их сердца были сокрушены услышанными мольбами. Каждый из учеников про себя желал удостоиться, чтобы Всевышний помог служить Ему подобным образом.

---

36. [*Теѓилим* 12:7].
37. [*Теѓилим* 26:2].
38. [Татэ ѓарцикер (идиш) – Отец милосердный!]
39. [*Теѓилим* 57:2].
40. [Ай гевалд, зиссер татэ ин ѓиммел (идиш) – помоги, милый отец на небесах.]
41. [Теѓилим 68:2].
42. [Тайерер татэ (идиш) – дорогой отец.]
43. [Теѓилим 84:4].
44. [Либер фотер, дербаремдикер татэ (идиш) – любимый отец, милосердный отец.]
45. [Теѓилим 85:5].

Баал Шем Тов снял свои руки с плеч сидевших по обе стороны от него учеников, и *святое братство* перестали слышать голоса и пение и стихи *теѓилим*, а *Баал Шем Тов* велел им открыть глаза и попросил спеть, перечислив, какие напевы должны быть исполнены.

«Когда я услышал звуки молитв (простых людей), - рассказывал *Алтер ребе Межеричский Магид*, - моя душа изошла. Я почувствовал такое наслаждение любви ко Всевышнему, которого я никогда не удостаивался. От слез раскаяния, идущего из самой глубины души, и от пота, в который меня бросило, на мне взмокли даже лапти.»

Как только *Баал Шем Тов* перестал петь, все его ученики тоже сразу замолкли, а Бешт оставался в большом экстазе[46] еще долго. Затем открыл глаза и сказал: «Пение и мелодии, которые вы слышали, это пение и мелодии обыкновенных людей, читающих *теѓилим* в простоте, из глубины души и с наивной верой.

«А вы, мои святые и возвышенные ученики, поймите, что мы не более, чем краешек истины[47], потому что тело не истинно, а истинна только душа, да и она тоже не что иное, как часть вашей сущности, называемой краешком истины, а тем не менее мы узнаём истину, чувствуем ее, приходим из-за нее в сильное волнение. Так тем более уж Всевышний, благословеный и возвышенный, который сам явля-

46. [*Двекут*]

47. См. *Тания*, глава 13. *Ликутей Тора*, начало главы Беѓар. Беседа, сказанная в Симхат Тора 5690 [1929], [напечатана в Ликутей дибурим, 2 часть, 290б].

ется абсолютной истиной, знает правдивость чтения *теѓилим* простыми людьми».

Алтер Ребе рассказывал своему внуку *Цемах-Цедеку,* что его учитель, *Межеричский Магид,* рассказывал – он долго переживал из-за того, что сомневался в своем учителе, *Баал Шем Тове,* и прилагал много усилий, чтобы исправить этот грех, но никак не мог успокоиться.

Однажды ночью *Магид* увидел возвышенное видение. (Только за неделю до своей кончины *Алтер ребе* рассказал содержание того видения своему внуку *Цемах Цедеку*) "На обратном пути, – рассказал *Магид Алтер Ребе,* – проходя через чертоги *Ган Эдена,* я прошёл через чертог, где маленькие дети изучали *Пятикнижие,* а во главе стола сидел *Моше рабейну.*

Все дети, находящиеся там, изучали недельную главу *Лех Леха.* Один ребёнок прочитал вслух стих: "И пал Авраѓам ниц, и засмеялся, и сказал в сердце своём: неужели у столетнего может родиться, или Сара – разве на девяностом году жизни своей родит?"[48] И *Моше Рабейну* объяснял им, что помимо комментариев, которые все правильны[49], сам текст *Письменной Торы* тоже правилен в его непосредственном смысле[50]. Если вы спросите: как Авраѓам мог сомневаться в словах Всевышнего, – знайте, что это влияние тела, поскольку даже святое тело всё же есть плоть.

48. [*Берешит* 17:17.]

49. См. Берешит Раба 47:4.

50. [Вавилонский Талмуд, трактат Шабат 63А.]

«И когда, – продолжал *Алтер Ребе* свой рассказ внуку, - мой учитель услышал, что телесная составляющая человека может порождать некоторые мысли и размышления, приходящие сами собой, это успокоило его дух.»

Излишне говорить, что с тех пор многое изменилось. Хотя, милостью Всевышнего, уже в поколениях наших учителей, *адморов*, был проложен проверенный и надежный путь *хасидизма* и хасидского образа жизни, всё же в наши дни измельчали умы и сердца. Нет уже той глубины понимания, погружения в молитву и работы над исправлением качеств характера, что раньше.

Однако чистая и простодушная вера, благодарение Всевышнему и заслугами наших святых отцов и праведников, не изменилась в наши дни, и так же, как раньше, в ней есть огромная сила, способная вдохнуть жизнь и глубину в изучение Торы, исполнение заповедей и приобретение добрых качеств.

Письмо хасидской общине одного города, посвященное силе фарбренгена, проводимого в братской любви

Мне было очень приятно узнать о вашем хасидском *фарбренгене*, состоявшемся во время совместной трапезы любящих и верных друзей, поскольку каждый *фарбренген* приносит большие результаты, укрепляя человека духовно в любви и взаимопонимании, чтобы “каждый помогал своему ближнему."[51] Помогал, употребляя все свои возможности, подобно братьям – в соответствии с указаниями Торы, чтобы каждому были важны заботы другого, буквально как его собственные. Искренне разделять с ним его радость и сочувствовать в горе (не приведи Бог), поддерживая его и подбадривая. И в этом изначально заключалась вся суть хасидского *фарбренгена* – вдохновить сердца на служение Всевышнему в любви и трепете, а начало и путь к достижению этой любви[52] – любовь к ближнему вообще и братская любовь между хасидами в частности. И эта любовь приводит к взаимопониманию, принятию добрых решений и договоренности о постоянных совместных занятиях по изучению хасидизма.

Несомненно, хасидский *фарбренген*, проникнутый любовью и глубокой дружбой, глубинная основа которой заключается в том, что "Отец один у нас",[53] приносит великое наслаждение в верхних мирах, в чертогах, где пребывают души праведников, наших отцов и учителей, отдавших свою жизнь ради благополучия хасидов – как материального, так и духовного. *Фарбренген* взращивает спасение для всех участников, благословляя их тройным благословением – в детях, здоровье и пропитании. Он объединяет присутствующих, преданных и отдающих себя изучению, соблюдению и исполнению на практике всего, чему учили и в чем наставляли наши святые *адморы*.

51. [Йешая 41:6]

52. См. беседу на *19 Кислева* 5689 года [1929 год].

53. См. Тания, глава 32.1.

Летом 5649 года[54] гостил в Любавичах хасид, рабби Гершон-Дов, имя которого было прославлено среди образованнейших и мудрейших хасидов, отличавшихся также усердием в службе Всевышнему сердцем, то есть молитве.

В то время в *Любавичах* находились известные хасиды реб Авраам Аба Персон, реб Менахем-Манис Моненсзон и ещё ряд хасидов, таких, как реб Ханох Ѓендель, реб Меир-Мордехай, реб Аба, а также некоторые местные жители, занимавшиеся изучением хасидизма: мой учитель реб Нисан, реб Аѓарон "*Хозер*", реб Яаков-Копл и другие.

В один из дней собрались они на *фарбренген* у реб Менахем-Маниса Моненсзона. Рассказывали разные истории. Рабби Гершон-Дов, будучи выдающимся учеником *рабби Ѓиллеля Паричского*, рассказал следующее. Однажды *рабби Ѓиллель*, описывая достоинства хасидского *фарбренгена*, сказал: "То, что можно сделать посредством хасидского *фарбренгена*, даже ангел Михаэль не может сделать". *Рабби Ѓиллель* сказал, что это высказывание слышал от хасида реб Залмана Зезмира от имени "старых хасидов".[55] "И также, – добавил *рабби Ѓиллель*, – рассказал реб Залман Зезмир, что он слышал сам от старых хасидов, последователей *рабби Менахем-Мендела из Городка*, которые после его переезда в *Святую Землю*[56] стали последователями *Алтер Ребе*,

54. [1889 год]

55. [Шабат *Берешит* – шабат недельной главы *Берешит* – первый шабат после окончания череды осенних праздников.]

56. [На протяжении двух поколений под руководством *Баал Шем Това* и *Магида* хасидское движение было объединено одним лидером. После кончины *Магида* в 1772 году его

следующую историю.

Один раз собрались хасиды *рабби Менахем-Мендла из Городка* на хасидский *фарбренген*. В то время в городе находился и *Алтер Ребе*. Они сидели, повторяли слова *Торы*, услышанные от своего учителя. Повторили их два, а затем три раза, и начали беседу на святые темы и принесли выпивку. Посреди беседы поднялся один из хасидов, страдавший от болезни, которую врачи не знали, как вылечить, и начал плакать и просить у собравшихся, чтобы дали ему *благословение* на полное выздоровление.

Некоторые из хасидов, услышав эти слова, начали над ним подшучивать. "Разве в наших силах *благословлять*? Где такое видано?» Некоторые из присутствовавших даже стали ему выговаривать за то, что он верит в благословение простых людей, в то время как *благословлять* могут только избранные, *праведники* поколения.

Но этот хасид не обращал внимания на протесты и продолжал упрашивать. В конце концов он расчувствовался от собственных уговоров и зарыдал горькими слезами, пришедшими из глубины души.

Некоторые из хасидов, видя, что их товарищ не успокаивается, начали петь, надеясь, что пение отвлечет его от грустных мыслей.

Тогда *Алтер Ребе* воскликнул: "Тише!" Пение затихло, и рыдавший хасид тоже перестал плакать.

последователи основали различные направления, каждый подчеркивал какую-то из сторон учения своих учителей. *Алтер Ребе* стал последователем своего старшего соученика у *Магида* рабби *Мендла Городокера*. После отъезда последнего с группой последователей в *Эрец Исраэль Алтер Ребе* стал во главе хасидов Белоруссии и развил свою школу *хасидизма – Хабад*, положив в его основу принцип интеллектуального понимания.]

Алтер Ребе начал говорить: “Мои братья и друзья! Разве забыли вы святые слова, которые спустились с высших небес и были открыты *святому братству*, ученикам нашего святого учителя *(рабби Исраэля Баал Шем Това)*: “То, что может сделать хасидский *фарбренген*, даже *ангел Михаэль* сделать не может?”

Все присутствующие подтвердили, что они помнят это изречение, и тут же в их сердцах запылала любовь к ближнему и желание благословить своего брата хасида и пожелать ему полного выздоровления”.

Как рассказывал *рабби Ѓиллель Паричский* от имени реб Залмана Зезмира, *Алтер Ребе* на том собрании объяснил значение этого изречения, приведя замечательный пример:

“Маленьким детям свойственно хотеть любую хорошую вещь лишь для себя и не беспокоиться о других. Они заботятся о своих интересах и по природе своей хотят обладать тем, что есть у других. Некоторые из них даже завидуют окружающим, гневливы и раздражительны и полны дурных качеств.

Такие сыновья и дочери приносят много огорчения родителям. Один отец, желая улучшить поведение своих детей, отдал их на воспитание хорошему учителю, чтобы тот их наставлял и воспитывал. По прошествии какого-то времени отец, внимательно понаблюдав за своими детьми, заметил поразительное изменение. Сейчас среди них царили любовь, братство, мир и дружба. Каждый стремился исполнить желание другого. Каждый заботился о благе другого, как о своём собственном, порой даже жертвуя своими интересами ради нужд другого. Видя это, отец исполнился радости и удовлетворения поведением своих детей и поспешил удовлетворить все их пожелания отплатить добром воспитателю.”

Реб Залман Зезмир сказал в заключение: “*Благословение* хасидов может пробудить больше милости свыше, чем *ангел Михаэль*”.

– После того, как рабби Ѓиллель повторил всё, что он слышал от реб Залман Зезмира,– продолжал рабби Гершон-Дов,– рабби Ѓиллель сказал: “А я объясняю для себя этот святой афоризм, «То, что может сделать хороший братский[57] *фарбренген*, не может ангел Михаэль» так: кроме того, что благословение, которым благословляют хасиды на фарбренгене, может влиять на материальные аспекты – такие, как дети, здоровье и пропитание – ещё больше, чем ходатайство ангела Михаэля, собрание хасидов также способно влиять духовно, способствуя улучшению поведения детей и принося большое удовлетворение в Высших мирах вплоть до самых высоких уровней”.

Рабби Гершон-Дов рассказал нам, что *рабби Ѓиллель* очень подробно объяснял вышеупомянутую притчу *Алтер Ребе*.

---

57. Требует дополнительного обсуждения добавление слова «братский» к сказанному Алтер Ребе.

Отрывок из письма «Чудесная история о *Ребе Моѓараше*»

8 Тевета 5696 года[58]

Отвоцк

На *йуд-тет кислев*[59] два года тому назад я упомянул, что *Алтер Ребе* и его преемники произносили урок из *Теѓилим* согласно разделению псалмов по дням месяца. Я подробно объяснил значение псалмов, произносимых 19-го числа каждого месяца, начинающихся с Тфила ЛэМоше, псалом №90. Вы спросили у меня в письме, как это может быть увязано с хорошо известным фактом[60], что когда *Алтер Ребе* сообщили о его освобождении, он произносил стих «Пада бэШалом» ("Он избавлял в мире душу мою в битве..."). [61] Этот стих принадлежит псалму, произносимому во вторник[62], в соответствии с разделением книги псалмов по дням недели.[63]

Я не вижу в этом никакого противоречия. Конечно же, *Алтер Ребе* и его преемники читали книгу *Теѓилим*, как она разделена по дням месяца – я получил этот обычай как чёткую традицию и видел, как

58. [3 января 1936 года.]

59. [В 1798 году Алтер Ребе арестовали, он был под арестом и следствием, а затем освобожден в йорцайт своего учителя в *Йуд-Тет (19) Кислев.* Этот день стал " *Рош ѓа-Шана*" (Новым Годом) хасидизма, праздником, отмечаемым повсеместно.]

60. На основании писем *Алтер Ребе*, относящихся к периоду после его возвращения из Петербурга. (Опубликованы в книге «Бейт Рабби», стр. 35 и 70, также полностью в книге «Мишнат Йоэль».)

61. [*Теѓилим* 55:19.]

62. [В этот день недели *Алтер Ребе* сообщили о его освобождении. Книга псалмов может быть разделена по-разному: (а) 30 частей в соответствии с каждым днем месяца; (б) 7 частей по числу дней недели; (в) 5 книг, соответствующих Пятикнижию.]

63. [Упомянутый стих не принадлежит ни одному из псалмов, произносимых 19-го числа месяца, согласно разделению книги *Теѓилим* по дням месяца.]

мой отец делает то же самое. Во время своего заключения, однако, *Алтер Ребе* также следовал разделению псалмов по дням недели ввиду чрезвычайности обстоятельств.

Хотя у меня нет доказательств этого, мы знаем, что в исключительных обстоятельствах у *адморов* было принято произносить в дополнение к псалмам, произносимым ежедневно согласно месячному циклу, дополнительные псалмы в соответствии с разделением *Теѓилим* по дням недели.

Многочисленные истории, связанные с событиями личного и общественного характера, служат тому подтверждением. Хочу поделиться с Вами одной особенно важной историей, происшедшей при жизни моего деда *ребе Моѓараша*.

В начале месяца нисан 5640 года (это был март 1880) мой дед возвратился из Петербурга в большом горе. Высокопоставленный работник министерства предложил новое антиеврейское законадательство, ограничивающее коммерческую деятельность евреев и содержащее дополнительные ограничения на проживание евреев вне черты оседлости. Мой дед провёл в Петербурге определенное время, и ему почти удалось получить некоторые послабления и, в первую очередь, отложить представление этого законодательства на рассмотрение в Сенате на следующий год. Однако один из сенаторов, друг автора законопроекта, заупрямился и убедил ещё некоторых своих коллег требовать, чтобы антиеврейские законопроекты были рассмотрены, приняты и воплощены в жизнь.

Когда Ребе вернулся домой, он был очень обеспокоен, но и продолжал хлопотать по этому делу при помощи посланцев и писем. Хасиды Нахум Ѓермонт, Исраэль Хайкин и Лейб Моненсзон возглавляли эту кампанию.

Во вторник, второго *ияра*[64], Ребе позвал своего сына, моего отца, и сказал: "Со времени моего пребывания в Петербурге по делам, связанным с этим законопроектом, я произносил *Теѓилим* в изобилии". (Это было выражение, использованное *ребе Моѓарашем*. Мой отец объяснил мне, что имелось в виду произнесение псалмов в соответствии с днями недели. И это в дополнение к произносимым согласно месячному разделению.)

"Сегодня, – сказал он моему отцу, – когда я произнёс стих "Ибо от всех бедствий спас Он меня, и на врагов моих глядит око моё"[65], вошёл секретарь Бенцион. Он передал мне телеграмму, только что доставленную из Рудни (где тогда был телеграф, на расстоянии около пятнадцати верст от *Любавичей*), отправленную Исраэлем Хайкиным. Телеграмма извещала, что сенатора, врага евреев, внезапно разбил инсульт и он скоропостижно скончался (Пусть же это случится со всеми врагами Божьими!) Тем не менее[66], – сказал *ребе Моѓараш*, – я завершил чтение всех псалмов, относящихся к этому дню, при разделении книги по дням недели."

---

64. Это был день рождения ребе Моѓараша.

65. [*Теѓилим* 54:9.]

66. См. Шулхан Арух, Орах Хаим 569 . [Эта глава посвящена закону о том, что принявший на себя пост ради излечения больного обязан довести его до конца, даже если больной излечился прежде, чем закончилось время поста.]

Из чего мы видим, что в исключительных обстоятельствах произносят дополнительные *Теѓилим*...

Небольшой отрывок из беседы в праздник *Симхат Тора* 5697 года[67] по записям одного из слушателей

Завтра *шабат Берешит*. Следует всем закончить изучение первой *недельной главы Торы* с комментариями *Раши*[68]. Вообще, *шабат Берешит* – первый *шабат* года, и посредством его можно привлечь на себя все благословения, которыми богат седьмой месяц.[69]

Большая буква бет[70] в слове Берешит намекает на сотворение мира "ради Израиля" и "ради Торы"[71]. Будьте пунктуальны в изучении отрывка[72] из *недельной главы Пятикнижия* с комментарием *Раши*, соответствующего данному дню недели (то есть в первый день недели – первый отрывок, во второй день - второй и т.д.), произнесении *Теѓилим* на этот день месяца и произнесении всей книги *Теѓилим* в субботу благословения месяца.

Это следует соблюдать, и это имеет отношение к благополучию выполняющего эти обычаи, его детей и внуков.

---

67. [1936 года]

68. [*Ребе Раяц* ввел обычай ежедневно изучать часть *недельной главы Торы*, согласно ее разделению на семь частей по числу вызываемых к ее чтению по шабатам молящихся]

69. [То есть, месяц *тишрей*]

70. [Все буквы текста свитка *Торы* одного и того же размера. Исключения составляют некоторые буквы, которые написаны иначе, чем другие, больше или меньше по размеру. Тора начинается с большой буквы бет в первом слове *Берешит*.]

71. [См. *Раши* на первый стих *Торы*.]

72. [То есть отрывок *недельной главы*, который читает первый из молящихся, приглашенных к субботнему общественному чтению *Торы*.]

Во времена *Баал Шем Това* одна еврейская община была приговорена Свыше к уничтожению. *Баал Шем Тов* пригласил к себе двух своих товарищей, *тайных праведников* – реб Мордехая[73] и реб Кеѓата. Вместе они могли образовать *Бейт Дин* и обсудить пути для отмены этого ужасного приговора.

(*Баал Шем Тов* часто пользовался услугами этих двух людей, посылая реб Кеѓата с очень сложными поручениями. Например, однажды *Баал Шем Тов* отправил реб Кеѓата по трудному делу, в то время как сам *Баал Шем Тов* был в странствиях. Тогда *Межеричский Магид* написал *Баал Шем Тову*[74], что он получил письмо от реб Кеѓата, в котором тот пишет, что он подавлен и удручён из-за сложности задания. И, находясь в таком подавленном состоянии, он ничего не может сделать. *Магид* просил своего учителя, чтобы тот или сразу же написал реб Кеѓату, что ему делать, или чтобы он дал силы и разрешение *Магиду* самому помочь реб Кеѓату.)

Баал Шем Тов совершил *восхождение души*[75], и узнал, что приговор окончательный и пересмотру не подлежит. Возвращаясь и проходя через различные чертоги в *Ган Эден*, он увидел в одном из них необычайно яркий свет. Этот чертог был уготован одному из деревенских жителей, который прочитывает всю

---

73. [*Баал Шем Тов* с юности был одним из так называемых *тайных праведников*, странствующих и неузнанных . Их учения были основаны на *каббале* и они были предшественниками *хасидизма*. См. Мемуары *Любавичского Ребе.*]

74. См. ѓа-Тамим VI, стр. 26.

75. [На иврите- *алият ѓа-нешама.* Душа "спускается" в этот мир, чтобы функционировать в рамках тела, которые ограничивают и в определённом смысле сковывают душу. *Баал Шем Тов* обладал такой святостью души и непорочностью тела, что душа и тело ни в коей мере не противоречили друг другу. Хотя его душа и "спустилась" в этот мир, это не мешало ей "подниматься" в духовные миры.]

книгу *Теѓилим* пять раз за день. И свет исходит от искрящихся букв *теѓилим*. *Баал Шем Тов* тогда отправился к этому деревенскому жителю. Он сказал ему: "Если бы ты знал, что, пожертвовав своей долей в грядущем мире, ты мог бы спасти еврейское местечко, ты бы сделал это?" Деревенский житель ответил: "Если у меня есть место в грядущем мире, я отказываюсь от него". И приговор был отменён.

Один из присутствовавших во время беседы спросил: "Как можно произносить всю книгу *Теѓилим* пять раз в день?"

Ребе Раяц ответил: «Житель деревни произносил *теѓилим* постоянно. Рубя дрова или занимаясь любой другой работой, он произносил *теѓилим*. Вполне возможно, что будучи человеком простым и необразованным, он произносил *Теѓилим* и в нечистом месте, где ему не следовало бы их произносить[76]. Но он не знал закона и его намерения были чисты. И потому его *теѓилим* оказывали действие.

(С него не будут взыскивать за незнание законов, поскольку он простой человек, но с него будут спрашивать, почему он остался необразованным человеком).

Эта напоминает историю о *рабби Акиве*[77], который услышал как-то раз, как один человек произносит *Шма*, но неправильно выговаривает слово эхад

76. [Запрещено произносить слова Торы и молиться поблизости от нечистот.]

77. См. Шир Ѓа-ширим Раба 2:4 на слова «Вэдигло алай аѓава». [В Мидраше фраза из Песни песней, 2:4, «его знамя любовь» трактуется на основании созвучия слова «дигло», «его знамя» со словом «дилго», «его скачок», то есть пропуск буквы. «Сказал рабби Аха: неуч, называющий любовь (аѓава) ненавистью (эйва), например, вместо "И люби", говорящий "И ненавидь", сказал про него Всевышний: Его пропуски для меня любовь».]

(один)[78], вместо него он говорил ахер (другой). Тогда *рабби Акива* объяснил тому человеку, какую он делает вопиющую ошибку, что так, как он это произносит, означает, не дай Бог, обратное. Человек оказался перед дилеммой: он не мог продолжать произносить *Шма* так, как привык, но и научиться как следует он тоже не мог, и потому перестал произносить *Шма* вовсе. Это уменьшило наслаждение в Высших мирах, удовольствие, получаемое от его произнесения *Шма,* поскольку намерения этого человека были чисты.

Из этой истории мы видим великое значение в произнесении слов *Торы*. Только представьте себе, ремесленник, например стекольщик, просыпается рано утром, произносит свои молитвы, завтракает, берёт стекло и инструменты и выходит на поиски работы, может быть ему удастся заработать пару копеек... Как было бы хорошо, если бы в то время, как он шёл, он бы произносил слова *Торы*, принося свет всюду, куда бы он ни направлялся.

Отрывок из письма "Чудесная история о великом значении произнесения *Теѓилим*"

В моём дневнике есть запись истории, услышанной мною от моего учителя рабби Шмуэль-Бецалеля, который слышал её от моего деда *ребе Моѓараша*. Вот слово в слово то, что он сказал:

“Когда мне было восемь лет, однажды в *шабат* я зашёл в кабинет отца (рабби Менахем-Мендла, *Це-*

78. [Во фразе «Слушай, Израиль, Господь - наш Бог, Господь один».]

мах-Цедека). Мой отец сидел на обычном месте и изучал *Зоѓар*. Вскоре вошёл мой старший брат, рабби Борух-Шолом (первенец рабби Цемах-Цедека). Мой отец закрыл книгу и сказал: «Когда святой *цадик из Ружина* произносит *теѓилим*, перед ним раскрывается весь мир. И в *теѓилим*, произносимых в *шабат*, он видит духовный источник всего в этом мире. Поэтому он в состоянии исправлять изъяны в корне, и так отменяются наказания. Что касается меня, то я принимаю совет святого *цадика из Ружина*"[79].

Загадочная фраза имеет своё объяснение. Особая любовь и дружба соединяла *Ружинского цадика* и *Цемах-Цедека*. Как-то раз возник серьёзный вопрос, касающийся целой общины, и *Цемах-Цедек* послал выдающегося и знаменитого хасида рабби Айзика ѓа-Леви из Гомеля к *Ружинскому цадику*, чтобы обсудить этот вопрос и обдумать пути, как отменить неблагоприятное постановление.

Ружинский цадик тепло принял рабби Айзика ѓа-Леви. Выслушав существо дела, с которым его послал *Цемах Цедек*, он сказал следующее: "Прочтём несколько псалмов, и когда Всевышний откроет врата света, мы увидим, что происходит".

"В *шабат*, – сказал рабби Айзик моему учителю рабби Шмуэль-Бецалелю, – когда *Ружинер*[80], как обычно, излагал свои толкования *Торы*, он внезапно остановился и велел всем покинуть комнату, меня же он попросил остаться. После того, как все ушли,

79. [Рабби Исраэль Фридман из Ружина (1797-1850). Правнук рабби Дов-Бера, Межеричского Магида.]

80. [Досл. Ружинский на идиш.]

он сказал : «Мой совет, чтобы два посланца были отправлены в столицу и там представили определённые соображения, и, с Божьей помощью, приговор будет отменён. Ваш *ребе* тоже согласен со мной...»

Письмо к студентам ешив

13 Элула 5697 года[81]

К студентам ешивы, где бы они ни проживали.

Да пребудет с вами Бог.

Милостью Всемогущего, все мы стоим в чертоге Его благосклонности – в месяце *элул*, в котором струится свет тринадцати атрибутов милосердия[82].

Это месяц милосердия, когда его врата распахнуты для каждого, желающего приблизиться к святому, служить Всевышнему в раскаянье, молитве и изучении *Торы*.

Это последний месяц года, уходящего из настоящего в прошлое. Месяц самоанализа, раздумий и размышлений обо всём, что случилось за год. Время сожаления о содеянном и принятия на себя обязательств в будущем быть педантичным в тщательном исполнении заповедей[83], быть усердным в изучении *Торы* и в молитве, воспитывая в себе хорошие душевные качества.

Это месяц подготовки к наступающему новому году, несущему нам и всему еврейскому народу добро и благословление, как материальное, так и духовное.

---

81. [5 сентября 1936 года]

82. [Шмот 34:6-7]

83. [Здесь употреблен термин «бэѓидур»]

Есть рассказ, передающийся из поколения в поколение, от ребе к ребе, относительно некоторых идей *Торы*, изложенных *Алтер Ребе* в *шабат мевархим элул*, 5555 года[84]. Он слышал его от своего учителя, *Магида из Межерича*, рассказанным от имени *Баал Шем Това*. И вот он:

"*Ребе (Магид)* сказал нам, что он слышал от своего ребе, *Баал Шем Това*, чья душа пребывает в *Ган Эдене*.

"Если бы мы не медлили, то возвратились бы дважды.[85]" "Возвратились дважды" указывает на два типа *тшувы*[86].

а) *тшува* в целом, выражающаяся в принятии в *Рош ѓа-Шана* ярма Небес;

б) детальная, индивидуальная *тшува Йом Кипура*, идентифицирующая отдельные грехи, чтобы смыть их и очиститься.

И два эти типа тшувы зависят от самоанализа, которому человек предаётся в месяц *элул*. На это и намекает стих "если бы мы медлили", в котором слово «лулэ» (если бы) состоит из тех же букв, что и *элул*. Когда человек медленно и терпеливо занимается самоанализом в месяц *элул*, тогда "мы возвратимся дважды", что позже выразится в двух типах *тшувы* – *Рош ѓа-Шана* и *Йом Кипур*, соответственно".

Хотя подготовка в *элул* носит общий характер, но следует готовиться также и детально. Такая детальная подготовка к служению *Рош ѓа-Шана* происхо-

84. [1795 год.]

85. [Берешит 43:10.]

86. [Дословно – возвращение.]

дит в дни чтения *слихот*, когда мы молим о милосердии, подобно слугам, упрашивающим своего господина о прощении, по-настоящему осознавая, что "У Тебя, Всевышний, справедливость, с нами же наш позор"[87]. Детальная подготовка к *Йом Кипуру* происходит в дни между *Рош ѓа-Шана* и *Йом Кипур*.

Уважаемые ученики!

Те из вас, которые происходят из хасидских семей или те, которые желают изучать *хасидизм,* в течение двух месяцев *элул* и *тишрей* должны выделить отдельные часы для занятий *хасидизмом.* Занятия должны проходить в группах по два или три человека, в каждой из которых изучают один *маамар* несколько раз. Также надо назначить время для проведения *фарбренгенов,* для обсуждения хасидских вопросов.

В течение наступающих двух дней *Рош ѓа-Шана* – начиная с часа, предшествующего молитве *минха* в канун *Рош ѓа-Шана* и до молитвы *маарив* на исходе второго дня праздника, каждому из вас следует усердно произносить *Теѓилим* днём и ночью, так как в эти два дня следует максимально воздерживаться от будничных разговоров, спать меньше, чем обычно, и больше молиться – из глубины своего сердца – и каждую свободную минуту читать *теѓилим*.

Кроме этого, хочу упомянуть, что даже курящим в течение всего года и даже в *йом-тов* следует воздерживаться от курения в *Рош ѓа-Шана*. Изучающим

87. [Фраза, с которой начинаются покаянные молитвы – слихот, произносимые в месяц элул.]

Тору[88] подобает быть с этим очень тщательными самим и оказывать влияние на своих знакомых.

Было бы правильно, если ученики *ешив* организовали в своей среде смены в течение двух ночей и двух дней *Рош га́-Шана*, за исключением времени молитв. Чтобы каждая из групп – по возможности состоящая из десяти человек – произносила *Те́гилим* в течение двух – трёх часов, затем передавая второй, а та третьей группе, и т.д. всю ночь и весь день, даже во время трапез. В *десять дней раскаяния* следует усердно изучать *хасидизм*. В сам *Йом Кипур* следует потратить максимум времени на произнесение *Те́гилим*, а в *Суккот* усилить радость праздника и радость *Торы*.

Ученики *ешивы*, столпы мироздания, объединяйтесь все вместе воедино в усердном и трепетном изучении *Торы*, в богобоязненности. Пусть каждый из вас установит время для занятий, способствующих благочестию. И пусть каждый из вас обратит внимание и подумает о том, как повлиять на своих близких и друзей – работающих людей – чтобы те установили время для занятий *Торой*, и побудит их организовать группы для занятий *Торой*.

В преддверии наступающего нового года, приносящего нам и всему еврейскому народу добро и благословение, я благословляю вас, мои дорогие и любимые ученики, ваших родителей, ваших братьев и сестёр и всех родственников, вместе со всем народом *Израиля*, на хороший и сладкий год материально и духовно.

Ваш преданный друг, желающий вам мира, благ и успеха, любящий вас безмерно и благословляющий

Йосеф-Ицхак

---

88. [В оригинале – бней Тора.]

Отрывок из дневника

Перед выпуском этого сборника писем к Ребе Раяцу обратились с просьбой дополнить деталями историю об одном из посланников, приведенную выше на стр. 210. Рабби дал разрешение скопировать из его личного дневника записи, относящиеся к этой истории.

Понедельник, алеф элул 5659 года[89], 7:00 вечера

Звуки *шофара*, в который трубил мой отец[90] рано утром, после молитвы - а сегодня, как всегда по понедельникам, он в восьмом часу утра отправлялся в *Любавич*, произвели на меня сильное впечатление. Они напомнили мне[91], что первого *элула Моше* поднялся на гору Синай[92] просить милости Свыше и в этот день на Небесах раскрываются врата милосердия.

“Всё, что связано с ростом и урожаем полей, – сказал мой отец перед тем, как уехать, – как количественно, так и качественно, зависит от вспашки и засева. Урожай садов и виноградников – от посадки, окучивания, прополки, орошения, удаления сухих веток и червивых плодов.

Эффект дождей и ливней, после сева и перед жатвой, заметен только на вспаханном и засеянном поле, в посаженном и ухоженном саду и винограднике.

89. [1899 год.]

90. [*Ребе Рашаб.*]

91. У нас принято начинать трубление в *шофар* после утренней молитвы первого элула, который является вторым днем новомесячья *(рош ходеш) элула*, а в течение первого дня *рош ходеша элула* [то есть 30 менахема ава] трубят в качестве тренировки.

92. [*Моше* поднялся на гору Синай получить *Тору* в Шавуот и спустился вниз 17 Тамуза. Когда он спускался с горы, ему стало известно, что евреи сделали золотого тельца. Он поднялся на гору Синай в *рош ходеш элул* и еще раз и провёл там 40 дней, пока Всевышний не простил грех золотого тельца. Прощение произошло в *Йом Кипур*.]

О нашем праотце Ицхаке, которому Всевышний послал успех, сказано: "И посеял Ицхак в земле той"[93], потому что не может быть роста без предшествующего ему сева".[94]

"Материальное и духовное, – продолжал мой отец, – подобны друг другу. Относительно способности к произрастанию в земле, раскрывающейся во всевозможной растительности, начиная с самых простых растений и вплоть до самых превосходных и прекрасных, результат зависит от посева и посадки, проведенных после добросовестной вспашки. Точно также в "земле желания [Всевышнего]"[95], в духовной почве, всё зависит от вспашки и посева".

"Самый острый плуг, – сказал в завершение отец, – это книга "*Дерех Хаим*"[96], способная вспахать и разрыхлить очень твёрдую почву". Он пообещал рассказать мне – во время последующих прогулок – какую-нибудь историю, связанную с книгой "*Дерех Хаим*".

Короткая речь отца была продолжением его длинной беседы накануне, посвящённой месяцу *элул*. Тогда он объяснил, что хотя врата милосердия и раскрыты, духовный тон и характер служения в месяце *элул* всё же – "пробуждение снизу"[97]. На это также

93. [Берешит 26:12.]

94. См. Игрот кодеш [*Ребе Раяца*], 80, в конце. Ор ѓа-Тора, Берешит, 4а и 34а.

95. Это *Израиль*, как написано в Малахи (3:12) ["Ибо будете землёй вожделенной, сказал Господь Воинств".]

96. Книга *Мителер ребе*.

97. [Инициатива может исходить от Всевышнего, "Свыше", вызывая ответную реакцию со стороны человека. Это выражено в словах: "Мой возлюбленный – ко мне, а я – к Нему" (Песнь Песней 2:16), которые провозглашает *Израиль* о Всевышнем. В этом стихе инициатива исходит от Всевышнего. Так было во время исхода, когда евреи лишь ответили на откровение Свыше, выйдя из египетского рабства и направляясь к горе Синай. Однако, настрой месяцев элул-тишрей - "Я к моему Возлюбленному, а Возлюбленный мой – ко

намекают составляющие слово *элул* буквы, являющиеся акронимом стиха Ани лэдоди[98] - и следующим за этим - доди ли (сначала "я к Всевышнему" и только потом "Всевышний ко мне").

Небо затянуло чёрными тучами, сверкали молнии, слышались раскаты грома, шёл проливной дождь. Это продолжалось с перерывами до четырёх часов дня, когда вышло солнце и в гуще облаков стала видна многоцветная радуга. Я вышел в сад.

Вдруг мне вспомнилась беседа, происшедшая десятью годами раньше. Она случилась также первого *элула*. Отец пообещал мне, что когда я стану старше, он расскажет мне подробности.

В первый день месяца *элул* 5649 года[99], выпавшего на среду, я вернулся из *хедера* пообедать, как обычно, в два часа дня. Я всегда возвращался, веселясь и танцуя, поскольку следующие два часа – с двух до четырёх часов дня – были временем свободы. Тем более, что в *рош ходеш* после обеда учитель рассказывал нам различные истории. Придя домой, я увидел, что лицо у моего отца очень серьёзное, не помню, обедал ли он в тот день до того или после, но помню, что он не стал обедать вместе с нами. "Быстрей поешь, – велел он, – и потом зайди ко мне".

Хотя моё сердце подсказывало, что это приглашение связано с учёбой, мне было очень, очень интересно, потому что не в обычаях моего отца было

мне" (Песнь Песней 6:3). Сначала Израиль возвращается ко Всевышнему, и тогда Всевышний отвечает на молитвы Израиля.]

98. При эц хаим, шаар Рош ѓа-Шана, 1.

99. [1889 год. Будущему Ребе тогда было 9 лет.]

тревожить меня во время отдыха. Я поспешно поел и зашёл в комнату отца.

Войдя, я увидел, что он сидит за столом, стоящим у стены между двумя окнами, выходящими на восток, а не за письменным столом – и читает *Теѓилим*. Его веки были влажны, а глаза покраснели от слёз. Войдя, я остался стоять какое-то время у порога, пока отец не закончил произносить псалом. Он закрыл книгу *Теѓилим*, заложив страницу платком, и приветливо заговорил:

“В 5629 году[100], когда мне было девять лет – (тем летом завершилось строительство нового дома после пожара, произошедшего в *Любавичах* летом 5628 года[101]) первый день *рош ходеш* месяца *элул* выпал на *шабат*. После *шабата* отец[102] позвал меня и сказал:

«Когда мне было девять лет, в 5603 году[103], мой отец[104], вернувшись из Петербурга в *элуле*, сказал:

«Перед тем, как уехать в Петербург, я велел твоему брату и тебе, чтобы каждый из вас произносил каждый день определённые *теѓилим*, прося, чтобы Всевышний проявил ко мне милость и послал успех на моём пути ради славы Имени Своего, ради *Торы* – открытой её части и скрытой[105], и ради пользы всего еврейского народа. В бумаге министра, адресован-

100. [1869 год.]

101. [1868 год.]

102. *Ребе Моѓараш.*

103. [1843 год. См. “*Цемах-Цедек* и движение Ѓаскала” *Ребе Раяца*, посвященные событиям этого периода.]

104. Ребе *Цемах-Цедек.*

105. [Под скрытой частью *Торы* подразумеваются ее разделы *каббала* и *хасидизм,* которые исследуют сущностные вопросы мироздания и человеческой души.]

ной губернатору, было написано, что раввинская конференция продлится от семи до десяти дней, и в конце концов она продолжалась восемь недель».

Когда мне было девять лет, – продолжал мой отец[106], – в первый день *рош ходеш* месяца *элул* 5558 года[107], выпавшего на воскресенье, меня позвал мой дед[108] и сказал следующее:

“Я получил [традицию] от моего учителя, *Магида*, которую он в свою очередь получил от *Баал Шем Това*, передавшего ее от имени своего учителя, имя которого известно[109], что, начиная со второго дня *рош ходеш* элул до *Йом Кипура следует произносить* каждый день в светлое время дня по три псалма. А в *Йом Кипур* следует читать тридцать шесть псалмов: девять перед молитвой *кол нидрей*, девять перед сном, девять после молитвы *мусаф* и девять после молитвы *неила*. А кто не начал читать во второй день *рош ходеш элул*, следует начинать с псалмов, приходящихся на текущий день, и те, что он пропустил, ему нужно будет дополнить, но не более, чем по три псалма в день. ”

А сейчас, – сказал отец[110], – бери *Теѓилим* и скажи первые три псалма, и будь аккуратен, читай каждый день, как я тебе сказал. А когда подрастешь, я расскажу тебе, с Божьей помощью, всё, что было рассказано об этом мне.

---

106. [Ребе *Цемах-Цедек.*]

107. [1798 год.]

108. *Алтер Ребе.*

109. По всей видимости, речь идёт об *Ахия ѓа-Шилони*. См. Сефер Сихот, лето 5700 (1940) года [стр.159] [Пророк, учеником которого был *Элияѓу ѓа-нави*(Илья-пророк).]

110. [*Ребе Рашаб.*]

Я поражаюсь себе, что с тех пор прошло десять лет, из года в год я, с Божьей помощью, прилежно исполняю этот наказ, но совершенно забыл об обещании, данном тогда мне отцом, и вспомнил только сейчас.

Четверг, 18 Элула, 9:00 часов вечера

Моя радость безгранична! С тех пор как мне вспомнилось обещание отца рассказать какую-то историю или что-то обсудить, я несколько раз вспоминал об этом и снова забывал.

Сегодня из-за дождя мой отец не пошёл на прогулку, а провел два часа на террасе. После того, как он произнёс передо мной маамар "Леха амар либи", как он обычно это делал в праздничный день *Хай элул*[111], я вспомнил обещание, которое он мне дал десять лет тому назад. Но у меня не хватило духу напомнить ему об этом. Мой отец понял, что меня что-то тяготит, и подбодрил словами: "Я вижу, что ты хочешь меня о чём-то спросить, но боишься или стесняешься. Спрашивай, и я тебе отвечу". Тогда я сказал, что во второй день *рош ходеш элул* я вспомнил , как много лет назад он велел мне принять на себя обычай читать *теѓилим* в дни месяца *элул* и до *Йом Кипур* определенным способом, как я писал выше, и при этом пообещал, что когда я вырасту, расскажет мне

111. Хай *элул* – 18 Элула, День Рождения *Баал Шем Това* и *Алтер Ребе*. См. конторес Хай элул 5703 [1943] года. [В день своего двадцатишестилетия, 18 Элула 5484 (1724) года, Баал Шем Тову открылась душа *Ахии ѓа-Шилони*, который учил его тайнам Торы на протяжении последующих десяти лет. По указанию *Ахии ѓа-Шилони*, 18 Элула 5494 (1734) года Баал Шем Тов начал распространять свое учение, которое легло в основу движения *хасидизма*. Слово "хай", имеющее числовое значение 18, переводится как «живой», и у хасидов принято говорить, что Хай *элул* вносит жизненность в служение месяца *элул*.]

что-то с этим связанное, не знаю, хасидский ли рассказ или что-то из *Торы*.

“С тех пор, как я начал рассказывать тебе различные вещи, которые хочу, чтобы ты услышал, сказал мне отец, то есть с лета 5655 года[112], я ждал, пока ты напомнишь мне, потому что и мне мой отец[113] не рассказал, пока я не спросил”.

“В пятницу, накануне *шабата* недельной главы *Толдот* 5637 года[114], я стоял в малом зале у стола и ждал, пока мой отец[115] выйдет из своей комнаты, чтобы произнести хасидский *маамар*. И вдруг вспомнил, что велел мне отец в первый день *рош ходеш элул* 5629 года[116] и то обещание, которое он мне дал тогда, что когда я стану старше, он расскажет мне что-то, связанное с этим наказом, и решил, что, зайдя к отцу в комнату, спрошу его об этом, но после этого забыл. Вспоминал и вновь забывал много раз до тех пор, пока, оказавшись у моего отца на *ехидут*[117] рано утром во второй день *Хануки*, пришедшийся в том году на вторник, вспомнил и спросил.

Мой отец[118] посмотрел на меня таким проницательным взглядом, который я до сих пор не забыл и трепещу, вспоминая о нём. И проговорил:

---

112. [1895 год.]

113. [*Ребе Моѓараш*.]

114. [1876 год.]

115. [*Ребе Моѓараш*.]

116. [1869 год.]

117. [*Ехидут* (досл. уединение) - аудиенция хасида у Ребе, играет важнейшую роль в хасидском образе жизни.]

118. [*Ребе Моѓараш*.]

“В *тишрей* 5608 года[119] мой отец[120] был чем-то очень огорчён. И во время *Суккота* он был чрезвычайно серьёзным, что вселяло страх в сердца моих братьев и самых близких людей. Но никто не мог набраться смелости спросить, в чём дело.

На следующий день после окончания праздников, пришедшийся на понедельник, отец позвал моего брата рабби Барух-Шалома и дал ему указания организовать прочтение всей книги *Теѓилим* в миньяне, ежедневно рано утром, не позже четырёх часов утра. Это должно было продолжаться до тех пор, пока он не скажет им прекратить. И никто не должен знать, от кого эти указания.

С этого вторника 25 *тишрея* и до шабата главы *Ваишлах* включительно, в течение пятидесяти трёх дней, с 3:00 или 3:30 часов утра, *миньян* произносил всю книгу *Теѓилим*.

Секретарь моего отца Хаим-Дов-Бер рассказывал нам, что мой отец тоже произносил тогда *теѓилим*, но Хаим-Дов-Бер не знал, сколько и какие псалмы. Хаим-Дов-Бер однако заметил, что через каждые несколько стихов мой отец бросал монеты в копилку для пожертвований, находившуюся в ящике его стола. Монеты были медными, серебряными и золотыми.

Мои братья, рабби Йеѓуда-Лейб и *рабби Шнеур-Залман,* предполагали следующее.

5608 год[121] был *високосным*, и существует тради-

119. [1847 год.]

120. [*Ребе Цемах-Цедек*.]

121. [1847 – 1848 годы.]

ция от *Межеричского Магида,* от имени *Баал Шем Това,* что в *високосный год* требуется больше милости, чем обычный. Мой брат рабби Исраэль-Ноах высказал предположение, что больше милости требовалось по той причине, что о 5608 годе было предсказано, что это год, благоприятный для прихода *Машиаха*[122]. Всякий год, выделенный в качестве благоприятного для прихода *Машиаха*, требуется большее милосердие Свыше, чем в другие годы.

В пятницу 18 кислева отец[123] позвал моего брата рабби Барух-Шалома и сказал ему, чтобы остановили публичные утренние чтения *Тегилим*, о которых он ранее просил. Желающие могут продолжать, но он больше не настаивает.

Во время празднования *Йуд-Тет кислева* мой отец был в очень радостном настроении и трижды произносил хасидские *маамары*. А в *Хануку* того же года из типографии принесли святые книги "*Ликутей Тора*"[124], и мой отец был чрезвычайно рад.

24 *тевета*, в *йорцайт Алтер Ребе*, выпавший в том году на пятницу недельной главы *Шмот*, мой отец был хазаном все три молитвы и за субботней трапезой нас всех пригласили к его столу.

Во время трапезы мой отец пребывал в возвышенном состоянии души и много пел, включая напев Арба бавот[125]. Закончив петь, он сказал:

---

122. [В оригинале на иврите используется слово кец (досл. конец), конец изгнанию.]

123. [*Ребе Цемах-Цедек.*]

124. [Важнейший труд *Алтер Ребе*, подготовленный к печати его внуком ребе Цемах-Цедеком.]

125. [Известны десять мелодий, сочинённых *Алтер Ребе*, из которых эта – Арба Бавот ("Четверо врат") является наиболее значительной, и исполняется только по особому по-

“В первую ночь *Рош ѓа-Шана* я увидел страшное обвинение, нависшее над еврейским народом, в особенности над изучающими *Тору*. Я был глубоко опечален. Также, несмотря на все мои попытки, я не смог добиться явления ко мне моего деда, *Алтер Ребе*.

Мне явился тогда мой тесть и учитель[126], который подчеркнул тяжесть обвинения и его последстия. Но он сказал, что приговор ещё не подписан и следует усердствовать в молитве и призывать большую милость, но велел не предавать это огласке, так как любая огласка может повредить.

За трапезой в *Симхат Тора*, во время пения нигуна Арба Бавот *Алтер Ребе* и перед произнесением *благословения* после еды, мой дед[127] наконец явился ко мне и сказал:

“Бокал, над которым благословляют”, должен быть приподнят на *тефах*[128], а *Теѓилим* – “бокал благословения Давида” – возвышают человека на *тефах*[129] и отменяют все обвинения. Организуй тайное произнесение всей книги *Теѓилим* каждый день рано утром, не позже четырёх часов утра, в течение пяти-

воду (в особых ситуациях). Четыре части, составляющие эту мелодию,– от чего и происходит название – имеют глубокие мистические объяснения, как, например, параллели с Четырьмя Мирами, обсуждаемыми в *каббале* и *хасидизме*, и т.д.]

126. [*Мителер ребе*.]

127. [*Алтер Ребе*.]

128. В Туре и Шулхан арухе, Орех хаим, 183:4 (и таков наш обычай, приведенный в Сборнике обычаев в пасхальной агаде (Издательство Кеѓат, Бруклин, Нью-Йорк), требуется приподнять бокал над столом на три тефаха. Возможно, что это лишь изначальное требование и ѓидур. Тогда понятно написанное в Зоѓаре, 2:189б, что нужно поднять на «зерет» (что означает три *тефаха*, как пишет Ор ѓа-хама, а не как написано в «Итур софрим»), хотя в других местах, в том числе в самом *Зоѓаре*(2:245а, 2:273б) приведено, что бокал надо поднять на *тефах*, а объяснение, приведенное в Ор ѓа-хаим затруднительно, как понятно, в частности, из-за того, что бокал, о котором говорят мудрецы, длиной три «эцба» (Вавилонский Талмуд, трактат Псахим, 109а), а не *тефах*, и здесь не место для подробного объяснения.

129. Смысл *«тефаха»* смотри в *Ликутей Тора,* Дварим, 60г и в Записях *Цемах-Цедека* к *Теѓилим*, 39:6.

десяти трёх дней, и обвинение будет снято”.

«Если бы вы знали, – сказал нам мой отец, *ребе Цемах-Цедек*, – силу, содержащуюся в стихах псалмов, и воздействия, оказываемые ими в высших мирах, вы бы произносили их постоянно. Знайте, что псалмы разбивают все преграды и восходят выше и выше без каких-либо помех, и простираются перед Вечным Владыкой, и влияют, принося добро и милосердие”.

ДОПОЛНЕНИЯ

Отрывок из письма

Первый день недели, 15 Сивана 5688 года[130], Рига.

В начале 5687 года[131] я обратился с просьбой ко всем хасидам *Хабада*, чтобы в синагогах, в каждом *миньяне* после утренней молитвы произносились бы *Теѓилим*, относящиеся к данному дню месяца, после чего бы произносился *кадиш ятом*, как это принято[132]. Ради общего блага моя просьба полно-

130. [3 июня 1928 года.]

131. [1926 год.]

132. Для понимания последовательности событий приведу здесь отрывок из записок хасида, который был особенно близок к семье *Ребе* во время тех роковых дней ареста, за год до того, как это письмо было написано. Этим хасидом был реб Элияѓу-Хаим Альтхойз. Записки озаглавлены “Об аресте и освобождении Ребе в 5687 году“. Вот этот отрывок: С самого начала этого полного событиями 5687 года на всех близких к семье Ребе напал страх, и сам Ребе тоже был объят страхом. Вот, слово в слово, что мы с рабби Михаэлем Дворкиным слышали сами из уст Ребе, находясь вместе с ним в месте его ссылки в Костроме: «Я больше всего боялся 5687 года. Я не беспокоился о себе. Я думал о хасидах. До того, как я попросил произносить *Теѓилим*, мне было очень тяжело.» Я спросил Ребе, когда он дал такое указание, и он ответил: “В *Симхат Тора*”. Тогда я вспомнил, что в *Симхат Тора* Ребе сделал *кидуш* в квартире своей матери и попросил несколько раз, чтобы хасиды взяли на себя ежедневное произнесение *Теѓилим* в соответствии с месячным циклом, чтобы их произносили в каждом миньяне после шахарит вместе с произнесением *кадиша*. Я помню, как спросил его тогда, могу ли я исполнить это указание своим ежедневным произнесением *Теѓилим* до молитвы. Он ответил: “*Теѓилим* до молитвы относятся к *тикун хацот* (полуночной молитве)”. В целом, все *сихот* Ребе, произнесённые в тот праздник *Симхат Тора* в течение дня до наступления темноты, были полны горечи, разбитого и сокрушённого сердца.

стью остаётся в силе (и следует, чтобы это происходило в каждой синагоге, поскольку это не является внутренним делом, относящимся только к хасидскому движению). И в награду за это произносящие будут благословлены из источника благословений всяческими благами, как духовно, так и материально...

Отрывок из письма

18 Тевета 5701 года[133]

Существует древний обычай: каждый *рош ходеш* изучать один стих из псалма, номер которого соответствует возрасту произносящего[134], вместе с комментарием *Раши*, и если есть возможность, то также и с другими комментариями. Если в псалме меньше, чем 12 стихов, или год високосный[135], то некоторое число стихов изучается повторно. Если в псалме больше, чем 12 стихов, то каждый *рош ходеш* изучают по два стиха или больше...

Я склоняюсь к тому, что хорошо известная записка, найденная в кабинете Ребе в день его ареста, записка о произнесении *Теѓилим*, также была составлена в *элул* 5686 или в *тишрей* 5687. Записка была написана карандашом и не содержала даты. В конце Ребе даёт своё благословение на счастливый год. Вообще, благословения на год даются в конце или в начале года. Так я думаю. Вот копия записки, найденной на высоком столе в кабинете Ребе после его ареста в среду, 15 Сивана, 5687 года (15 июня 1927 года) в Ленинграде: "Слушайте, хасиды и все евреи, которые надеются на приход *Машиаха*. Передайте от моего имени всем хасидам на свете, что я велю во всех хасидских синагогах после шахарит ежедневно, включая шабат, произносить *Теѓилим* на данный день, согласно месячному циклу, и *кадиш* после него. Все торговцы, бизнесмены и все сидящие дома должны идти в синагогу и молиться, и участвовать в изучении *Эйн Яаков*. Всевышний пошлёт им обильный заработок. Хасидам скажите, что я это им велю. А другим евреям скажите, что из соображений любви к ближнему и для пользы еврейского народа я прошу их, чтобы они исполнили это. Пусть Всевышний поможет и пошлёт им счастливый год духовно и материально, и чтобы мы удостоились окончательного Освобождения посредством *Машиаха*. Амен".

133. [17 января 1941 года.]

134. Так, например, когда человеку исполняется 13 лет, он начинает изучать 14-ый псалом.

135. [Високосный год еврейского календаря содержит 13 месяцев.]

Отрывок из письма

9 Тевета 5709 года[136]

Вам известен обычай, полученный *Алтер Ребе* от его ребе[137], от имени его ребе, нашего учителя *Баал Шем Това* – помолившись *шахарит*, перед тем, как произносить *Теѓилим*, относящиеся к данному дню месяца, произнести псалом, номер которого соответствует возрасту произносящего[138]...

Об установлении общественного чтения *Теѓилим*

Из молитвеника "Теѓилат Ѓашем", стр. 190

В последнее время во многих общинах – как в тех, где молятся согласно *нусаху* Ари, так и в других, – установился обычай каждый день после утренней молитвы *шахарит* произносить псалмы согласно разделению книги *Теѓилим* по дням месяца. После этого произносится *кадиш ятом*.

Каждый *шабат меворхим*, рано утром, перед молитвой, произносят всю книгу *Теѓилим*, после чего произносится *кадиш ятом*. Если среди присутствующих есть человек, на котором лежит обязанность произносить *кадиш ятом*[139], он должен произносить *кадиш ятом* после каждого из пяти разделов книги. *Теѓилим*.

---

136. [10 января 1949 года.]

137. [Межеричский Магид.]

138. [См. примечание к предыдущему письму.]

139. [Тот, у которого на этот день выпал йорцайт родственника, по которому обязаны соблюдать траур, или в первые 11 месяцев годового траура.]

Глоссарий

Объяснение некоторых терминов, имен и названий, упомянутых в сборнике писем и комментариях к нему.

Агада – содержащаяся в *Талмуде* и *мидрашах* часть *Устной Торы*, посвященная морально-этическим и нравственным темам, а также эзотерическим и теологическим вопросам, изложенная в основном в аллегорической форме. В *агаде* трактуются стихи *Танаха* и дается различная их интерпретация, а также приводятся поучительные истории из жизни мудрецов *Талмуда*.

Адмур (ивр.) – аббревиатура слов «адонейну, морейну верабейну», которые переводятся как «наш господин, учитель и руководитель». Обычно – титул, относящийся к духовному руководителю (*рабби*) группы хасидов («хасидского двора»).

Акива, рабби; примерные годы жизни 3810–3895 (50–135 н.э.) – один из величайших мудрецов еврейского народа, современник разрушения Второго Храма. Законоучитель, сыграл важную роль в процессе кодификации *Устного Закона* и составления *Мишны*.

Алият ѓа-нешама – см. *восхождение души*.

Алтер Ребе (идиш), “Старый Ребе”; рабби Шнеур Залман из Ляд, 5505–5572 (1745–1812 н.э.) – основатель движения Хабад. Был учеником Межиричского Магида, последователем Менахем-Мендла из Городка, а затем стал духовным наставником хасидов Литвы и Белоруссии. В 1798 году был обвинен в государственной измене, по которому был заключен в Петропавловскую крепость в Петербурге. Обвинение признали ложным, и 19 *кислева* (*Йуд-тет кислев*), пробыв 53 дня в заточении, Алтер ребе был освобожден. Автор фундаментальных трудов хасидского учения – *Тания*, Тора ор, *Ликутей Тора*, а также кодекса *Шулхан арух ѓа-рав*.

Ангел Михаэль – один из четырёх архангелов («главных князей», как сказано в книге Даниэль 10, 13), ангел-хранитель евреев (там же, 10, 21; 12, 1). В каббале связывается с качеством *хэсэд*, доброты.

Аравит – см. *маарив*.

Ари, рабби Ицхак бар Шломо Лурия Ашкенази; Ари Акадош; Аризаль, 5294-5332 (1534-1572 н.э.) – величайший каббалист и праведник. Основатель т.н. лурианской каббалистической школы.

Ахия ѓа-Шилони – пророк, упоминающийся в *Танахе*. *Талмуд* говорит, что он был учителем пророка *Элияѓу*. Рамбам пишет, что он был выходцем из Египта и передал Устную Тору, полученную от *Моше Рабейну, Элияѓу* и следующим поколениям. По преданию, являлся *Баал Шем Тову* и обучал его тайнам Торы.

Ашкеназим (ед. ч. ашкенази; от слова Ашкеназ, которым в Средние века называли Северную Францию и Германию; ашкеназы) – евреи, являющиеся потомками средневековой еврейской общины Германии. В настоящее время ашкеназы проживают практически в каждой стране, хотя основными зонами их расселения являются Западная и Восточная Европа, Россия, США и Израиль. Отличительной особенностью ашкеназов является язык идиш, а в семьях, где последние поколения его уже не знают, обычно помнят, что старшие поколения им владели. В вопросах еврейского закона *ашкеназские* раввины придерживаются мнения раввина Моше Исерлиса (Рама).

Баал Шем Тов, Исраэль;Бешт, Исраэль бен Элиэзер, Окуп, 5458 (1698) – Меджибуж, 5520 (1760) – каббалист, чудотворец, основоположник и вдохновитель *хасидизма*. Многие факты его биографии известны только из устного предания, поэтому его личность и деятельность окутаны покровом тайны. Тем не менее, все источники согласны по поводу важнейших фактов его биографии и деятельности. Пережил откровение, изменившее его жизнь, после этого в течение десяти лет готовился к своему основному поприщу, и, наконец, занялся распространением своего учения и активной деятельностью, направленной на улучшение условий жизни и морального климата в среде евреев Восточной Европы.

Беѓидур – см. *ѓидур*.

Бейт дин (ивр.) – раввинский суд, состоящий из квалифицированных знатоков Торы и принимающий решения на основе еврейского религиозного законодательства, ѓалахи.

Берешит – Бытие, первая из книг *Пятикнижия*, а также название ее первой *недельной главы*.

Бней тора (ивр.) – благочестивые евреи, знатоки *Торы*, следующие ее законам.

Браха (ивр.) – “благословение”. В узком смысле слова – вид молитвы, которая начинается со слов «Благословен Ты», обращенных ко Всевышнему. Еврейские мудрецы установили разнообразные благословения: перед едой, перед выполнением заповеди и многие другие. Также – название доброго пожелания, высказанного кем-то. Особый статус есть у благословения, высказанного праведником (*цадиком*).

Ваикра – Левит, третья из книг *Пятикнижия*. Также название первой *недельной главы* этой книги.

Ваишлах – *недельная глава* Торы в книге *Берешит*. (*Берешит,* 32:4 – 36:43).

Високосный год – год еврейского календаря, состоящий из тринадцати месяцев. Тринадцатый, дополнительный, месяц называется адар алеф и идет после месяца шват. В течение девятнадцатилетнего цикла бывает семь високосных лет, уравновешивающих разницу между количеством дней солнечного года и 12-ти лунных месяцев.

Восхождение души (*алият ѓа-нешама*) – душа спускается в этот мир, чтобы функционировать в рамках тела, которые ограничивают и в определённом смысле сковывают душу. Восхождение души – это вид служения Всевышнему, доступный лишь *цадику*, праведнику, который смог сохранить свою душу в чистоте, и поэтому та может функционировать в высоких духовных мирах.

Габай (сборщик платежей) – должностное лицо общины или синагоги (староста), ведающий организационными и денежными делами, а также следящий за ходом службы и всеми обрядами, в некоторых общинах в его обязанности входит вызывать молящихся к чтению свитка Торы.

Ѓавдала (разделение) – церемония, проводимая на исходе *шабата* и праздничных дней (*йом тов*), символизирующая разделение между святым и будничным. Также название отрывка молитвы, добавляемого в *маарив* на исходе *шабата* и праздничных дней.

Ѓалаха – совокупность еврейского религиозного законодательства, основанного на *Письменной* и *Устной Торе*, а также каждый закон в отдельности.

Ган Эден (ивр) – Райский Сад. Первоначально так называлось материальное место обитания Адама и Хавы, но в результате их греха это название относится лишь к месту пребывания душ праведников и очистившихся душ грешников.

Гаон (“величие”, “гордость”; на современном иврите – “гений”; мн. ч. геоним) – титул еврейских мудрецов Вавилонии (VII – X веков), возглавлявших талмудические академии в городах Сура и Пумбедита. Гаоним были духовными лидерами еврейского народа, высшим авторитетом в толковании Талмуда и решении *ѓалахических* вопросов. В наше время так называют выдающихся знатоков Торы.

Ѓидур (ивр.; досл. великолепие, украшение) – необязательная часть заповеди, выполнение которой свидетельствует о желании выполнить ее с любовью. Превышение минимальных требований «буквы закона».

Ѓилель из Паричей (рабби Ѓилель ѓа-Леви Малисов, (5555–5624) 1795–1864) – один из известных хасидов адмуров *Мителер Ребе*, *Цемах Цедека* и *Ребе Моѓараша* . Автор исследований по хасидскому учению и алахе, известен также своей системой воспитания молодых хасидов.

Ѓамоци (ивр.) – благословение (*браха*), которое надо произносить перед тем, как есть хлеб.

Дварим – Второзаконие, пятая из книг *Пятикнижия*.

Двекут (ивр.; букв. «прилепление») – особое состояние человеческой души, ощущение неразрывной связи души с ее источником Наверху, с Богом. Иногда обозначает степень высокой сосредоточенности (*кавана*) или восторженности в ходе выполнения заповедей и т.п.

Десять дней раскаянья – дни, начинающиеся в *Рош ѓа-Шана* и заканчивающиеся *Йом Кипуром*.

Дерех Хаим – книга рабби Дов-Бера (*Мителер Ребе*), посвященная раскаянию и духовному очищению (*тшува*).

Ешива (ивр.) – учебное заведение, в котором изучают Тору.

Ехидут (досл. уединение) – аудиенция хасида у Ребе, играет важнейшую роль в хасидском образе жизни.

Земля Израиля – см. *Эрец Исраэль.*

Зоѓар (или ѓа-Зоѓар, "Сияние") - основная и самая известная книга из многовекового наследия каббалистической литературы. По преданию, книга была написана рабби Шимоном Баром Йохаем (РаШБИ) во II веке н. э. и спрятана. В XIII веке начали распространяться ее копии.

Израиль – одно из названий еврейского народа, по имени третьего из праотцов, Яакова-Исраэля.

Исход дня (выход трех звезд) – время, наступающее с полной темнотой, означающее начало нового дня еврейского календаря. Время это меняется в зависимости от времени года и широты, его можно найти в специальных календарях.

Исход шабата (йом-това) – время, наступающее через некоторое время после исхода дня, так называемое «добавление *шабата*». Продолжительность этого добавления зависит от широты места и времени года, его можно найти в специальных календарях. Составляет около 10 минут в период равноденствия в Земле Израиля.

Йов – книга *Танаха*. Входит в книги Писаний.

Йом тов – день, когда существуют ограничения на созидательные действия, близкие (за некоторыми исключениями) к запретам *шабата*. К дням *йом тов* относятся: первый и седьмой день *Песаха*, *Шавуот*, *Рош ѓа-Шана*, *Йом Кипур*, первый день *Суккот*, *Шмини ацерет*. Вне Земли Израиля к ним добавляются второй и восьмой день *Песаха*, второй день *Шавуот*, второй день *Суккот* и *Симхат Тора*.

Йом Кипур (День искупления) – день поста, покаяния и отпущения грехов; десятый день месяца *тишрей*. Подразумевает пять запретов: на прием пищи и питья, умывание, умащение тела, ношение кожаной обуви и супружескую близость.

Йорцайт (идиш) – годовщина смерти человека; в этот день родственники умершего говорят в миньяне кадиш ятом и исполняют некоторые другие обряды.

Йосеф Ицхак, рабби – см. *Раяц*.

Йуд-тэт кислев (19 Кислев) – праздник освобождения основоположника хасидского движения *Хабад* рабби *Шнеура Залмана* из заточения в Петропавловской крепости. Празднуется хасидами ежегодно как начало нового этапа в распространении учения *Баал Шем Това*, и называется Новым годом хасидизма.

Кавана (намерение) – сосредоточенность мысли во время молитвы или совершения заповеди, осознанность своих действий.

Кадиш – молитва на арамейском языке, прославляющая святость Всевышнего и Его могущество; этот текст неоднократно читают во время общественной молитвы. Существует несколько вариантов этой молитвы – *хаци кадиш, кадиш шалем, кадиш де-рабанан, кадиш ятом*.

Кадиш де-рабанан (“кадиш в честь изучающих Тору”) – *кадиш*, включающий отрывок, который начинается словами “Израилю и мудрецам”, в котором содержится просьба о благополучии изучающих Тору. *Кадиш де-рабанан* читают после коллективного изучения *агады*.

Кадиш шалем ("полный кадиш") – кадиш, включающий отрывок, который начинается словами "Да будут молитва и просьба всего дома Израиля приняты", то есть просьба о принятии Всевышним общественной молитвы. Этот *кадиш* читает *шалиах цибур*.

Кадиш ятом ("кадиш сироты") – *кадиш*, который произносят в память об ушедшем из жизни еврее, в том числе его читает сын в память о родителях.

Каббала (ивр. получение) – "внутренний" аспект ("сокровенная мудрость") Торы. Интегральная часть *Устной Торы*, передававшаяся из поколения в поколение, от учителя к ученику.

Кидуш (ивр. освящение) – заповедь освящения *шабата* и *йом-това*. Также молитва, говорящая о святости дня и произносимая над бокалом вина (или над двумя хлебами) перед началом первой и второй *шабатней* и праздничной трапезы.

Кислев – девятый месяц еврейского календаря; приходится на ноябрь-декабрь.

Кол нидрей – молитва, содержащая просьбу о прощении за нарушение обетов. Установлена в качестве молитвы, с которой начинается служба *Йом Кипура*.

Корбан (ивр. жертвоприношение) – часть храмовой службы, которая заключалась в ритуальном убое скота или птицы, принесении крови жертвы на жертвенник, сожжении части туши и ритуальном съедении хозяевами жертвы и священниками частей туши. Обязательной частью жертвоприношения является сосредоточенность на служении совершающих его священников. В наше время частичной заменой жертвоприношений является молитва.

Лех леха – недельная глава Торы в книге *Берешит* (*Берешит,* 12:1 – 17:27).

Ликутей Тора – сборник хасидских исследований *Алтер ребе,* собранных в соответствии с главами *Пятикнижия,* а также книги «Песня песней».

Лулав (ивр.) – ветвь финиковой пальмы. Этим же словом называют и букет из лулава, двух ив (аравот) и более трех веток мирта (адасим), а иногда и все четыре вида, включая и этрог, которые необходимы для исполнения заповеди в *Суккот*.

Любавичи – еврейское местечко, когда-то расположенное на территории Белоруссии, сейчас относится к Смоленской области России. *Мителер Ребе* выбрал его в качестве центра для хасидов *Хабада* и место пребывания *Адмурим Хабада*. Так это было при *Цемах Цеде-*

ке, Ребе *Моѓараше* и Ребе *Рашабе*. Ребе *Рашаб* вместе со своими хасидами оставил Любавичи в связи с началом Первой мировой войны в 1914 году, но движение *Хабада* и его хасиды сохраняют название любавичских.

Любавичский ребе – духовный лидер хасидизма *Хабад*, центром которого на протяжении поколений являлось местечко *Любавичи*. Всего за историю любавичского хасидизма его возглавляло семь руководителей: основатель Хабада рабби *Шнеур-Залман* Борухович из Ляд (*Алтер Ребе*), его сын и преемник рабби Дов-Бер Шнеури из Любавичей (*Мителер Ребе*), рабби Менахем-Мендель Шнеерсон, называемый также *Цемах Цедек*, рабби Шмуэль Шнеерсон (*Моѓараш*), рабби Шалом Дов-Бер Шнеерсон *(Рашаб)*, рабби Йосеф-Ицхак Шнеерсон (*Раяц*) и рабби Менахем-Мендель Шнеерсон. Если термин «Любавичский ребе» употреблен без уточнений, то имеется в виду седьмой Любавичский ребе.

Маамар (ивр., букв. "речение", мн. ч. маамарим) – специальное вдохновенное изложение религиозно-философской мистической темы, содержащее интерпретацию хасидизма на тему недельной главы Торы, праздника или знаменательной даты. Автором маамара обычно является Ребе.

Маарив – вечерняя молитва.

Магид из Межерича – см. *Межеричский Магид*.

Мошиах (ивр. помазанник) – прямой потомок царя Давида, который вернет евреев на путь праведности, победит в войнах, соберет всех евреев в *Эрец Исраэль* и построит Третий Храм. Уверенность в том, что *Мошиах* должен прийти, и ожидание его прихода являются одним из тринадцати символов веры, сформулированных Рамбамом.

Машпиа (ивр., досл. влияющий) – духовная должность в хасидской общине или ешиве у хасидов *Хабада*. На него возложена обязанность заботиться о личностном развитии хасидов, их духовном служении Всевышнему в молитве, в постижении хасидского учения и других норм хасидского поведения. Важная часть его деятельности – ведение *фарбренгенов*, на которых эти вопросы становятся предметом размышления и обсуждения.

Межерич – место резиденции *Межеричского Магида*, в котором он поселился после того, как был избран лидером хасидского движения. *Магид* безвыездно прожил в Межериче около 12 лет, оттуда управляя делами хасидского движения и принимая последователей хасидизма, во множестве приезжавших к нему.

Межеричский Магид; Дов Бер из Межерича (5464 – 5532) (1704 – 1772) – лидер хасидского движения, духовный наследник Баал Шем Това. Талмудист, каббалист, воспитавший плеяду учеников, многие из которых стали главами хасидских династий и видными деятелями хасидского движения. Не обладая крепким здоровьем, вел замкнутый образ жизни, оказывая активное воздействие на еврейские общины при помощи деятельных *посланников*. По сути, внедрил институт посланничества в обиход хасидской жизни, явился его основателем. Пользовался всеобщим авторитетом в качестве ученого талмудиста и способствовал умножению приверженцев хасидского учения и образа жизни.

Менахем Мендел, рабби Менахем Мендел Шнеерсон; 11 нисана 5662 года (18 апреля 1902), Николаев — 3 тамуза 5754 (12 июня 1994), Нью-Йорк – седьмой Любавичский Ребе. Зять шестого Любавичского Ребе и его ближайший соратник на протяжении многих лет. На протяжении всей своей сознательной жизни принимал участие в деятельности тестя и выполнял его ответственные и иногда опасные задания. В (5704) 1944 году Ребе поручил ему возглавить издательство «Кеѓат», публиковавшее литературу Хабада и основные труды по хасидизму. Он писал вступления, комментарии и разъяснения к издававшимся там книгам. В (5706) 1946 году он возглавил Мерказ Ле-иньяней Хинух, организацию, занимавшуюся созданием сети образовательных учреждений для детей и молодежи во всем мире. 10 Швата 5710 г. (1950 г.) шестой Любавичский Ребе, Рабби Йосеф Ицхак Шнеерсон, вернул свою святую душу Создателю на семидесятом году жизни. И с этого времени Движением стал руководить седьмой Любавичский Ребе, Рабби Менахем Мендл Шнеерсон. Под его руководством оно обрело множество новых сторонников во всех концах света и превратилось в самое большое хасидское движение. Это случилось благодаря его организаторскому таланту и заинтересованности в судьбах всех без исключения евреев. Он придал новое звучание институту посланничества, направляя выпускников хабадских ешив в самые отдаленные уголки земного шара для создания на местах условий, необходимых для ведения еврейского образа жизни. Эта молодежь с детства получала культуртрегерские навыки, осуществляя различные инициативы Ребе, связанные с приближением евреев к соблюдению конкретных заповедей. Неоднократно выступал с призывами, получавшими широкий отклик в массах, не в последнюю очередь благодаря бескорыстной добровольческой деятельности воспитанных им хасидов. Его инициативы всегда имели опору в реальной жизни благодаря четко сформулированным планам действий, сопровождавшим указанные цели. Наиболее известны его призывы к женщинам и девушкам зажигать субботние свечи, к мужчинам – исполнять заповедь возложения тфилин, призыв к соблюдению чистоты семейной жизни согласно еврейским законам, призыв иметь дома еврейские книги и копилку для ежедневной благотворительности и так далее. Одной из инициатив Ребе, принятых многими, стало ежедневное изучение книги Рамбама «Мишне Тора».

Сам Ребе был великолепным знатоком Торы, как открытой ее части, так и тайной, и, кроме этого, был светски образован. Он оставил большое письменное наследие, был автором нескольких тысяч работ (в основном статей) по еврейской философии, хасидизму, ѓалахе, а также бесед, связывавших наиболее актуальные современные проблемы с недельными главами Торы и Талмудом.

Трудно даже перечислить хотя бы основные плоды его деятельности, а ведь, помимо этого, он ежедневно принимал множество посетителей и вел огромную переписку. Не будет преувеличением сказать, что он внес огромный вклад в культуру и историю не только еврейского народа, но и всего человечества. Его призыв ко всем народам соблюдать семь заповедей потомков Ноаха только начинает проникать в жизнь и сознание людей, и, по-видимому, вся полнота его значения, так же, как и полнота последствий всей его деятельности, станет понятной и очевидной только в исторической перспективе, достаточной для оценки явлений грандиозного масштаба.

Менахем Мендл из Городка; Менахем Мендл из Витебска; рабби Менахем Мендл из Витебска; 5490 (1730), Витебск, Речь Посполита – 5548 (1788), Тверия, Османская империя – хасидский цадик и деятель хасидизма. Один из старших учеников Межеричского Магида. Руководил хасидским движением после Магида и до своего отъезда в 1777 году в Землю Израиля, где им были основаны хасидские центры в Цфате и Твери.

Мессия – см. *Мошиах.*

Мидраш – особый жанр гомилетической литературы, основанный на традиционных методах толкования Писания, которые были окончательно сформированы к I–II вв. среди мудрецов-*танаим*. *Мидраш* является одним из разделов *Устной Торы*, который, в свою очередь, подразделяется на два основных типа: *ѓалахический* и *агадический*. Целью ѓалахического *мидраша* является выведение из текста Писания непосредственно *ѓалахи* – практического закона, религиозной обязанности. Что же касается агадического *мидраша*, то он может включать в себя все то, что *ѓалахой* не является: сюжеты, связанные с персонажами Писания, исторические рассказы, фольклорные предания о мудрецах, герменевтические штудии, философские притчи и т. д.

Миньян (ивр.) – десять взрослых евреев, присутствие которых необходимо для общественной молитвы, чтения свитка *Торы* и совершения некоторых других ритуальных действий и церемоний.

Минха – дневная молитва.

Мителер Ребе (идиш), Средний Ребе; рабби Дов-Бер (5533 – 5587) (1773 –1827) – сын *Алтер Ребе*, второй ребе *Хабада*. Известен своими *маамарим*, детально разбирающими многочисленные темы *хасидизма*. Перенес центр *Хабадского хасидизма* в *Любавичи*.

Моѓараш, рабби Шмуэль – сын *Цемах Цедека*, четвертый *Любавичский Ребе*. Родился в (5594)1834 году в Любавичах. В (5626) 1866 году принял на себя титул Любавичского Ребе. Вернул свою святую душу Создателю в (5642) 1882 году. Его перу принадлежит 14 томов сочинений по хасидизму под общим названием «Торат Шмуэль», то есть «Учение Шмуэля».

Моше Рабейну (ивр.) Моисей, наш учитель – величайший из пророков, под предводительством которого евреи вышли из египетского рабства и получили Тору и Скрижали Завета.

Мусаф (ивр.) – дополнительная молитва, которую произносят после молитвы *шахарит* в *шабат*, *йом тов*, холь ѓа-моэд, *Рош ѓа-Шана*, *Йом Кипур* и *рош ходеш*, соответствующая дополнительному жертвоприношению в эти дни, совершавшемуся в Храме после утреннего жертвоприношения.

Недельная глава Торы – отрывок Пятикнижия. Все *Пятикнижие* разделено на главы, и каждую субботу, за исключением праздников, в синагоге читают очередную главу, завершая все *Пятикнижие* за год. Глава *Торы* предназначена для изучения всю неделю, предшествующую субботе, и называется недельной главой.

Неила (ивр.; полное название – неилат-шеарим, запирание ворот) – последняя молитва в *Йом Кипур*. В конце молитвы трубят в шофар и провозглашают: «В будущем году – в Иерусалиме!».

Ницавим – *недельная глава* Торы в книге *Дварим* (Дварим 29:9 – 30:20). Эту главу читают в синагоге в шабат перед *Рош ѓа-Шана*. Глава Вайелех следует за главой Ницавим (Дварим, 31:1 – 31:30). Зачастую эти две главы объединяются для прочтения в шабат перед *Рош ѓа-Шана*.

Нусах – вариант молитв, принятый в той или иной еврейской общине. У *ашкеназим* это ашкеназ, сфарад и ѓа-*Ари*; у *сфарадим* — нусах эдот мизрах (нусах восточных общин).

Письменная Тора – в узком смысле слова - *Пятикнижие* Моисеево. В широком смысле так называют весь *Танах*.

Посланник – см. *шалиах*.

Праведник тайный – см. *тайный праведник*. См. также *цадик*.

Пятикнижие – см. *Хумаш*.

Рабби (мой учитель) – уважительный титул, которым называли мудрецов *Мишны*, затем мудрецов *Талмуда*, живших в *Земле Израиля*. Это слово употребляется и по отношению к мудрецам более поздних поколений. В узком смысле, когда употребляется только слово *рабби* без имени, имеется в виду рабби Иеѓуда ѓа-наси (известен также как Рабейну ѓа-кадош – «наш святой учитель»; вторая половина II – начало III в.) – глава Санѓедрина, собиратель и редактор *Мишны*.

Рашаб; рабби Шолом Дов-Бер Шнеерсон (5620) 1860, Любавичи – (5680) 1920, Ростов-на-Дону - сын рабби Шмуэля, пятый ребе Любавичского движения. Одним из важнейших его достижений было создание в 1897 г. в Любавичах хасидской йешивы *Томхей тмимим*, положившей начало организованному и эффективному религиозному образованию, основанному на хасидском учении. Он был первым хасидским цадиком, начавшим распространять хасидизм среди неашкеназских евреев. Автор многочисленных работ, посвященных хасидизму, в которых систематизировал многообразные темы хасидского учения.

Раши; Рабейну Шломо бен Ицхак (4800) 1040, Труа – (4865) 1105, Вормс – автор фундаментальных комментариев к Танаху и Талмуду. Без комментариев Раши сегодня немыслимо изучение Торы и Талмуда в контексте еврейского религиозного наследия.

Раяц; Рабби Йосеф Ицхак Шнеерсон (5640)1880, Любавичи – (5710)1950, Нью-Йорк – сын ребе *Шолома Дов-Бера*, шестой Любавичский Ребе. Принял руководство движением в (5680) 1920 г., был инициатором борьбы за сохранение еврейского образа жизни под властью большевиков. В 1927 году Ребе был арестован и приговорен к смертной казни. Его обвинили в контрреволюционной деятельности, которая заключалась в создании системы еврейского подполья для распространения иудаизма. Несмотря на тяжелейшие испытания и смертный приговор, безграничная вера и мужество помогли Ребе вынести все удары, пока не произошло одно из очевидных чудес нашего времени – приговоренного к смерти отпустили на свободу и даже позволили покинуть Россию. После начала Второй мировой войны, в 1940 году Ребе переехал в США. Он сыграл выдающуюся роль в возрождении ортодоксального иудаизма в США. Ребе Йосеф Ицхак написал много книг по философии хасидизма и истории Хабада.

Ребе (идиш) – духовный лидер и глава хасидского движения.

Рош ѓа-Шана – Еврейский Новый год (1–2 *тишрей*). В этот день был создан прародитель человечества – Адам. И в тот же день он нарушил данный ему запрет и был осужден на изгнание из *Ган Эдена*. Это был первый *Рош ѓа-Шана*, и тогда свершился первый суд над человеком. С тех пор ежегодно в этот день Всевышний творит суд над человечеством, предопределяя, что должно случиться с людьми и народами в наступающем году. *Рош ѓа-Шана* дословно означает «голова года».

Рош ходеш (досл. голова месяца, новомесячье) – первый и 30-й дни еврейского месяца, во времена Храма день дополнительных жертвоприношений, в наши дни отмечается особыми молитвами.

Ружинский цадик; Исроэль Фридман из Ружина (5557)1797, Погребище Киевской губернии – (5610) 1850, Садгора — основатель Ружинской и Садагурской династий. Правнук *Магида из Межерича*.

Сиха (ивр.; мн. ч. сихот; досл. беседа, речь) – слова *Торы* , произносимые Ребе в связи с различными событиями.

Святая Земля - см. *Эрец Исраэль*

Святое братство – ближайший круг учеников *Баал Шем Това*, состоявший из праведников и мудрецов Торы. Наиболее известными из его учеников являются: р. Нахман из Городенки (умер в (5540) 1780 г.), р. *Яаков Иосеф из Полонного*, р. Иехиэль Михаэль из Злочува (магид), р. Пинхас бен Аврахам Абба Шапиро из Кореца (5486–5551; 1726–1791), р. Дов Бер из Межерича (преемник *Баал Шем Това*), шурин *Баал Шем Това* р. Аврахам Гершон из Кут, Нахман из Косова (умер в (5506) 1746 г.).

Симхат Тора (досл. радость Торы) – праздник, названный в честь завершения годичного цикла и начала нового цикла чтения Торы. Отмечается в *Эрец Исраэль* 22 *тишрея* – в день *Шмини ацерет*, за ее пределами – 23 *тишрея*.

Слихот (досл. просьбы о прощении) – молитвы, которые читают в месяц *элул* перед наступлением *Рош ѓа Шана*, а также в общественные посты. Есть общины, где их читают и в дни между *Рош ѓа-Шана* и *Йом Кипуром*. В некоторых общинах слихот начинают читать после последнего или предпоследнего *шабата элула*, в других — весь месяц.

Суккот (ивр. «шалаши») – семидневный праздник в середине месяца *тишрей*, первого месяца еврейского года. В течение семи дней этого праздника *Тора* предписывает евреям жить во временных постройках – шалашах, а также совершать заповедь благословения четырех видов растений, собранных вместе.

Сфарадим (ед. ч. Сфаради, от названия Испании на иврите, Сфарад) – евреи, потомки общины, изгнанной с Пиренейского полуострова, Сицилии и Сардинии в 1492 году. Евреи, не пожелавшие креститься, переселились из владений Фердинанда и Изабеллы в Северную Африку – Алжир, Тунис, Марокко, Египет и Португалию, из которой вскоре тоже были изгнаны. Многие беженцы поселились в Провансе, Италии, на Ближнем Востоке (в *Земле Израиля*, Сирии и Ливане), в особенности – на Балканах и в Малой Азии, находившейся под властью Турецкой Империи. Сефардская и *ашкеназская* общины до наших дней сохраняют различия в законодательстве и литургии. В Израиле избираются два главных раввина – сефардский и ашкеназский. Разговорным языком сефардских общин на протяжении многих поколений был еврейско-испанский, ладино.

Тайный праведник – участник тайного движения, существовавшего среди евреев Восточной Европы в период, предшествовавший зарождению хасидизма. В этом движении участвовали знатоки Торы и каббалы, которые придерживались обычая держать в тайне свои знания и благочестие, чтобы не получать почестей.

Талмуд – многотомный свод правовых и религиозно-этических положений иудаизма, одна из основных книг Устной Торы; состоит из *Мишны* и *Гемары* — комментария к *Мишне*. Существует Иерусалимский Талмуд, записаный в конце IV в. рабби Йохананом, и Вавилонский Талмуд, составленный в VI в. рабби Аши и Рабиной. В узком смысле слова *Талмудом* называется Вавилонский Талмуд.

Танах – вошедшее в употребление в средние века и общепринятое ныне название 24 священных книг Священного писания. Слово представляет собой акроним названий трех разделов еврейского канона – *Тора* (Учение), *Невиим* (Пророки) и *Ктувим* (Писания).

Тания – книга *Ликутей амарим* («Собрание изречений»), более известная под названием *Тания* («Учили»). Важнейшая из книг по хасидизму, первое систематическое и развернутое изложение его идей. Написанная рабби *Шнеуром-Залманом* из Ляд, она заслужила название «Письменной Торой хасидизма» и изучается многими хасидами ежедневно. Впервые была опубликована без указания имени автора в Славуте, в (5557) 1797 г., в это издание вошли только две первые части книги. Полное издание *Тании* (Шклов, (5574) 1814) включает все пять частей, и в такой форме это сочинение многократно переиздавалось.

Тамуз – четвертый месяц еврейского календаря; приходится на июль-август.

Таргум – перевод, название перевода книг *Танаха* на арамейский язык. В узком смысле имеется в виду зачастую Таргум Онкелоса, включающий перевод Пятикнижия.

Таханун (мольба) – покаянная молитва, которую в большинстве еврейских общин читают по будням в молитвах шахарит и минха.

Тевет – десятый месяц еврейского календаря; приходится на декабрь-январь.

Теѓилим – Псалмы, одна из книг *Танаха*. Тем же словом с маленькой буквы называют отдельные псалмы (теѓилим).

Тефах (кулак) – мера длины, используемая в *Торе* и равная 8 сантиметрам.

Тикун хацот – полуночная молитва, в которой скорбят о разрушении Храма и длительности изгнания.

Тишрей – седьмой месяц еврейского календаря. Приходится на сентябрь-октябрь.

Толдот – *недельная глава* Торы в книге *Берешит* (*Берешит,* 25:19 – 28:9).

Тора (учение, указание)– весь комплекс еврейского закона и мудрости, основывающийся на Синайском Откровении и предании, от него идущем. В узком смысле — текст *Пятикнижия*. Иногда под законом Торы (в отличие от закона, установленного мудрецами) подразумевается содержание Пятикнижия в трактовке устного предания, полученного *Моше* на горе Синай.

Тшува (досл. возвращение) – раскаяние в своих проступках, принятие решения не повторять их в будущем.

Устная Тора – общее название устной традиции в иудаизме. Моше получил на горе Синай не только *Письменную Тору*, но и Устную. Последняя призвана устанавливать соответствие между *Письменной Торой* и постоянно изменяющейся действительностью. Именно

Устная Тора детализирует предписания и запреты, разрабатывает законы повседневной жизни, находит способы репрезентации идей, заложенных в Торе Письменной. В отличие от зафиксированного текста устное учение обладает достаточной гибкостью, чтобы соответствовать трансформирующейся действительности. Устный Закон – единственный источник для правильного понимания и трактовки Торы, целиком основан на авторитете Писания.

Фарбренген (идиш) – досл. собрание. Принятый у хасидов обычай встречаться за совместной трапезой для задушевного разговора, посвященного служению Всевышнему. *Фарбренгены* являются насущным элементом жизни хасидов, часто связанные с важными датами календаря Во время таких собраний они стараются перенести идеи и ценности хасидской философии на непосредственные реалии, переживаемые участниками. Проводит *фарбренген* обычно наиболее уважаемый и авторитетный, благочестивый и сведущий из присутствующих, так как он может наставить, преподать урок и воодушевить остальных. Во время *фарбренгена* поют хасидские песни, немного выпивают и закусывают.

Хабад (ивр.) – акроним слов Хохма, Бина и Даат – трех сфирот (Божественных качеств), выражающихся в душе человека в качестве трех ступеней интеллектуального постижения; название основанного рабби *Шнеуром-Залманом* из Ляд направления в *хасидизме*.

Хай элул – 18 элула. День, тесно связанный с появлением *хасидизма*; день рождения *Исраэля Баал Шем Това* и *Алтер Ребе*.

Ханука – праздник, установленный мудрецами в память о чудесах, сопровождавших восстановление службы во Втором Иерусалимском Храме после победы Маккавеев.

Хасидизм – еврейское религиозно-философское течение, основанное в середине 18-го века рабби *Исраэлем Баал Шем Товом*. Одна из основных задач, которые его появление было призвано решить – преодолеть некоторую косность и застой, наметившиеся к тому времени в основном направлении иудаизма, а также вселить уверенность в простых людей, презираемых знатоками Торы за неученость. Один из основополагающих тезисов, провозглашаемых хасидизмом: евреи, не получившие достаточного еврейского образования, даже малограмотные и вовсе неграмотные, при помощи наивной, но крепкой веры, чистой молитвы и духовной связи с праведниками могут достичь глубокой близости к Творцу. Термин также используется в отношении всей совокупности доктрин и литературы по хасидской философии.

Хаци кадиш (полукадиш) – первая часть молитвы *кадиш*, которую читает *шалиах цибур* во время общественной молитвы. Также *хаци кадиш* читают по завершении чтения свитка Торы.

Хедер (ивр., досл. комната) - традиционная еврейская начальная школа для мальчиков в возрасте до 13 лет.

Хозер (ивр. повторяющий) - хасид со способностью к особой концентрации внимания для того, чтобы держать в памяти *маамарим*, сказанные Ребе *Хабада.* Сразу же после маамара хасиды повторяли слова Ребе, пытаясь слово в слово воссоздать услышанное. Человек, в точности запоминающий слова *Ребе*, называется хозер и обычно является ведущим знатоком и образцом хасидской жизни. Появление и развитие звукозаписывающей техники, воспринятые хасидами с большой готовностью, не уменьшили в действительности статус или необходимость в хозере. Его роль особенно важна в те дни, когда еврейский закон запрещает пользоваться звукозаписью.

Хумаш – *Пятикнижие* Моисеево, от слова «хамеш» - пять.

Цадик (ивр. праведник) – человек праведной жизни, обладающий высокими духовными качествами. У хасидов – духовный лидер, авторитет и учитель, чудотворец и провидец, находящийся в постоянной духовной связи со Всевышним и со своими хасидами.

Цемах-Цедек; рабби Менахем Мендел Шнеерсон, 1789, Лиозно — 1866, Любавичи — третий руководитель движения Хабад, один из самых выдающихся галахических авторитетов своего поколения, пользовавшийся всеобщим признанием. Словами «Цемах Цедек» называется многотомный труд комментариев к *Талмуду* и *ѓалахических* респонсов, автором которых он был. В еврейской культуре широко распространен обычай именовать мудреца Торы по названию его главного труда.

Шабат – седьмой день недели, выделенный из среды будних дней и посвященный Всевышнему. Он напоминает о сотворении мира, и его заповедано помнить и чтить. Для субботнего дня существуют особые молитвы, законы и обычаи. Соблюдение его святости является практическим свидетельством сотворенности мира. *Шабат* начинается в пятницу, незадолго до захода солнца или с момента зажигания свечей в честь шабата, а заканчивается в субботу с наступлением полной темноты.

Шабат мевархим (суббота благословения) – *шабат*, предшествующий *рош ходешу* (новомесячью), когда произносят особые молитвы, благословляя наступающий месяц.

Шалиах – хасид, посланный Ребе с поручением, касающимся надобностей общины.

Шалиах цибур (ивр. "посланник общины") – человек, ведущий общественную молитву.

Шолом Дов-Бер, рабби – см. *Рашаб*.

Шахарит (ивр.) – утренняя молитва.

Шламим – вид жертвоприношения (*корбан*). Отличался от других жертвоприношений тем, что в нем участвовал не только жертвенник, на котором сжигали части жертвы, и священники, получавшие части жертвы в качестве награды за свою службу, но и хозяева жертвы, принесшие ее в Храм. За это свойство всеобщности жертва носила название «мирной», то есть вносящей мир между различными участниками.

Шма (досл. слушай, пойми) – отрывок из *Пятикнижия*, содержащий провозглашение идеи монотеизма. Начинается со слов «Шма, Исраэль» (Слушай, Израиль: Господь, Бог наш, Господь один). Эта молитва занимает в еврейской духовной жизни и литургии одно из центральных мест. Произнесение ее утром и вечером является религиозной обязанностью еврея.

Шмини ацерет ("восьмой, заключающий [день]") – восьмой день, наступающий после семи дней *Суккот* и отмечаемый как отдельный праздник 22 *тишрея*; в диаспоре второй день *Шмини ацерет*, 23 *тишрея*, называется *Симхат Тора*.

Шмонэ эсре (досл. восемнадцать, другое название – «амида», дословно стояние) –наряду со *Шма Исраэль*, одна из основных, ежедневно произносимых молитв, составляющая остов утренней послеполуденной и вечерней литургии. Изначально будничная молитва состояла из восемнадцати благословений. Позднее было добавлено девятнадцатое благословение. Субботние и праздничные молитвы, а также *мусаф* и *неила* состоят из 7 благословений, *мусаф Рош ѓа-Шана* – из 9.

Шмот – книга Исхода, вторая книга *Пятикнижия*, а также название первой главы этой книги.

Шмуэль, рабби – см. *Моѓараш*

Шнеур-Залман, рабби – см. *Алтер ребе*.

Шохет (ивр., мн. ч. шохтим) – благочестивый и соблюдающий заповеди еврей, обученный делать шхиту, то есть кошерный убой птиц и животных. Уважаемое лицо в общине.

Шофар (ивр.) – сделанный из бараньего рога духовой музыкальный инструмент, слушать трубление в который заповедано в *Рош ѓа-Шана*. Трубление в шофар на исходе *Йом Кипура* отмечает завершение дня. Напоминание о баране, "запутавшемся своими рогами в кустарнике" при жертоприношении Ицхака (*Берешит,* 22:1 – 22:24); о шофаре, звучавшем во время Дарования *Торы* (*Шмот,* 19:1 – 20:26) и шофаре *Мошиаха* (Ишайя, 27:13 и далее), который будет звучать во время грядущего Избавления.

Шхина (ивр. обитание) – термин *Талмуда*, указывающий на раскрытие Всевышнего в сотворенном Им мире. Его источник в словах Торы о построении мишкана: «И создайте Мне святилище, и буду обитать среди них» (Шмот, 25:8).

Эйн Яаков – сборник всего *агадического* материала из Вавилонского и Иерусалимского *Талмудов*. Книга, которую было принято изучать в синагогах Восточной Европы между *минхой* и *мааривом* в *шабат*. По словам *Алтер ребе*, в ней заключены глубокие тайны Торы. Традиционно считалась излюбленной для изучения книгой среди не самых образованных евреев.

Элияѓу ѓа-нави; Илья-пророк – личность, упоминаемая **в** *Танахе* и играющая большую роль в еврейской традиции. Согласно танахическому преданию, был взят в *Ган Эден* живым. Широко бытует убеждение, что он незримо присутствует во время обряда обрезания и на пасхальном седере, а также является евреям неузнанным, когда те находятся в опасности или безвыходном положении, и помогает спастись. В *Танахе*, в книге пророка Малахи, написано, что он возвестит приход *Мошиаха*.

Элул – шестой месяц еврейского календаря; приходится на август-сентябрь.

Эмор – недельная глава в книге *Ваикра* (*Ваикра,* 21-24).

Эрев (ивр., досл. вечер) – канун следующего дня. В еврейском календаре началом дня считается вечер. Но выражение «эрев шабат», например, означает предшествующие шабату послеполуденные часы пятницы.

Эрец Исраэль – Земля Израиля – территория, которую Всевышний обязался отдать в наследие потомкам Авраѓама, Ицхака и Яакова, то есть евреям. Современное государство Израиль расположено на части этих земель. К Земле Израиля относятся особые законы святости.

ЭЙЛ МОЛЭ́Й РАХАМИ́М

Для мужчины:

אל ЭЙЛ МОЛЭ́Й РАХАМИ́М, ШОЙХЭ́ЙН МЭРОЙМИ́М, ҐАМЦЭ́Й МЭНУХО́ НЭХОЙНО́ АЛ КАНФЭ́Й ҐАШЕХИНО́, БЭМААЛО́ЙС ҐАКЭДОЙШИ́М УТҐОЙРИ́М КЭЗО́ЙҐАР ҐОРОКИ́А МАЗҐИРИ́М, ЕС НИШМА́С (произносится имя покойного) **БЕН** (произносится имя его отца) **ШЕҐОЛА́Х ЛЭОЙЛОМО́Й, БААВУ́Р ШЕНОДЭВУ́ ЦДОКО́ БЭА́Д ҐАЗКОРА́С НИШМОСО́Й. БЭГА́Н Э́ЙДЭН ТЭҐЭ́Й МЭНУХОСО́Й. ЛОХЭ́ЙН БА́АЛ ҐОРАХАМИ́М ЯСТИРЭ́ЙҐУ БЭСЭ́ЙСЭР КНОФО́В ЛЭОЙЛОМИ́М, ВЕЙИЦРО́ЙР БИЦРО́ЙР ҐАХАЙИ́М ЕС НИШМОСО́Й, АДОЙНО́Й ҐУ НАХАЛОСО́Й, ВЭЙОНУ́АХ АЛ МИШКОВО́Й БЭШОЛО́ЙМ, ВЭНОЙМА́Р ОМЭ́ЙН.**

Для женщины:

אל ЭЙЛ МОЛЭ́Й РАХАМИ́М, ШОЙХЭ́ЙН МЭРОЙМИ́М, ҐАМЦЭ́Й МЭНУХО́ НЭХОЙНО́ АЛ КАНФЭ́Й ҐАШЕХИНО́, БЭМААЛО́ЙС ҐАКЭДОЙШИ́М УТҐОЙРИ́М КЭЗО́ЙҐАР ҐОРОКИ́А МАЗҐИРИ́М, ЕС НИШМА́С (произносится имя покойной) **БАС** (произносится имя ее отца) **ШЕҐОЛЭХО́ ЛЭОЙЛОМО́, БААВУ́Р ШЕНОДЭВУ́ ЦДОКО́ БЭА́Д ҐАЗКОРА́С НИШМОСО́. БЭГА́Н Э́ЙДЭН ТЭҐЭ́Й МЭНУХОСО́. ЛОХЭ́ЙН БА́АЛ ҐОРАХАМИ́М ЯСТИРЭ́ҐО БЭСЭ́ЙСЭР КНОФО́В ЛЭОЙЛОМИ́М, ВЕЙИЦРО́ЙР БИЦРО́ЙР ҐАХАЙИ́М ЕС НИШМОСО́, АДОЙНО́Й ҐУ НАХАЛОСО́, ВЭСОНУ́АХ АЛ МИШКОВО́ БЭШОЛО́ЙМ, ВЭНОЙМА́Р ОМЭ́ЙН.**

Для мужчины:

אל Бог, преисполненный милосердия, обитающий в горних высях! Пусть на крыльях Шхины, в полной безмятежности, вознесется к небесным высотам, где обитают святые и чистые, сияющие как свет лазури, [и упокоится] душа (произносится имя покойного), сына (произносится имя его отца), ушедшего в мир иной,—поскольку дали пожертвование в память о его душе, дабы она обрела покой в раю. Поэтому Милосердный навеки возьмет его под сенью крыл Своих, и да будет душа его завязана в узле жизни; в Господе удел его. Да покоится он с миром на своем ложе. Возгласим же: Амен!

Для женщины:

אל Бог, преисполненный милосердия, обитающий в горних высях!

КАДИШ ЯТОМ

Для произнесения кадиша необходим миньян. Кадиш ятом читает или тот, кто обязан его читать (скорбящий), а если таких среди молящихся нет, тот, кто был обязан в чтении кадиша в прошлом.

יִתְגַּדַּל וְיִתְקַדַּשׁ שְׁמֵהּ רַבָּא. (Община—אָמֵן) בְּעָלְמָא דִּי בְרָא כִרְעוּתֵהּ וְיַמְלִיךְ מַלְכוּתֵהּ, וְיַצְמַח פּוּרְקָנֵהּ וִיקָרֵב מְשִׁיחֵהּ. (Община—אָמֵן) בְּחַיֵּיכוֹן וּבְיוֹמֵיכוֹן וּבְחַיֵּי דְכָל בֵּית יִשְׂרָאֵל, בַּעֲגָלָא וּבִזְמַן קָרִיב וְאִמְרוּ אָמֵן:

(Община—אָמֵן. יְהֵא שְׁמֵהּ רַבָּא מְבָרַךְ לְעָלַם וּלְעָלְמֵי עָלְמַיָּא, יִתְבָּרַךְ.)

יְהֵא שְׁמֵהּ רַבָּא מְבָרַךְ לְעָלַם וּלְעָלְמֵי עָלְמַיָּא. יִתְבָּרֵךְ, וְיִשְׁתַּבַּח, וְיִתְפָּאַר, וְיִתְרוֹמַם, וְיִתְנַשֵּׂא, וְיִתְהַדָּר, וְיִתְעַלֶּה, וְיִתְהַלָּל, שְׁמֵהּ דְּקוּדְשָׁא בְּרִיךְ הוּא. (Община—אָמֵן) לְעֵלָּא מִן כָּל בִּרְכָתָא וְשִׁירָתָא, תֻּשְׁבְּחָתָא וְנֶחֱמָתָא, דַּאֲמִירָן בְּעָלְמָא, וְאִמְרוּ אָמֵן: (Община—אָמֵן) יְהֵא שְׁלָמָא רַבָּא מִן שְׁמַיָּא וְחַיִּים טוֹבִים עָלֵינוּ וְעַל כָּל יִשְׂרָאֵל, וְאִמְרוּ אָמֵן: (Община—אָמֵן)

Молящийся отходит назад на три шага. На словах עוֹשֶׂה שָׁלוֹם בִּמְרוֹמָיו склоняет голову направо, на слово הוּא наклоняет голову вперед, на словах יַעֲשֶׂה שָׁלוֹם עָלֵינוּ склоняет голову налево, и на словах וְעַל כָּל יִשְׂרָאֵל וְאִמְרוּ אָמֵן склоняет голову вперед.

С Рош ѓа-Шана до Йом Кипура говорят הַשָּׁלוֹם вместо שָׁלוֹם.

עֹשֶׂה (הַשָּׁלוֹם) שָׁלוֹם בִּמְרוֹמָיו, הוּא יַעֲשֶׂה שָׁלוֹם עָלֵינוּ וְעַל כָּל יִשְׂרָאֵל, וְאִמְרוּ אָמֵן: (Община—אָמֵן)

великое Имя Его всегда и во веки вечные. Да будет благословенно и восхваляемо, прославляемо и возвеличено, величаемо и вознесено, чтимо и воспеваемо, Имя Святого, благословен Он, (Община: Амен!) превыше всех благословений и песнопений, восхвалений и утешений, произносимых в мире. Возгласим же: Амен! (Община: Амен!) Израилю и мудрецам, ученикам их и ученикам учеников, всем, кто занят Торой,—и в наших краях, и повсюду, да ниспошлет Отец их небесный всем им и вам мир великий и благоволение, милость и милосердие, долголетие, изобилие и спасение. Возгласим же: Амен! (Община: Амен!) Да снизойдут с небес великий мир и благая жизнь—нам и всему Израилю. Возгласим же: Амен! (Община: Амен!) Устанавливающий мир в высях Своих, Он да ниспошлет мир нам и всему Израилю. Возгласим же: Амен! (Община: Амен!)

КАДИШ ЯТОМ

Для произнесения кадиша необходим миньян. Кадиш ятом читает или тот, кто обязан его читать (скорбящий), а если таких среди молящихся нет, тот, кто был обязан в чтении кадиша в прошлом.

יתגדל **ЙИСГАДА́Л ВЭЙИСКАДА́Ш ШМЭЙ РАБО́.** (Община отвечает: **ОМЭ́ЙН.**)

БЭОЛМО́ ДИ ВРО ХИРЪУСЭ́Й ВЭЯМЛИ́Х МАЛХУСЭ́Й ВЭЯЦМА́Х ПУРКОНЭ́Й ВИКОРЭ́ЙВ МЭШИХЭ́Й. (Община отвечает: **ОМЭ́ЙН.**)

БЭХАЙЕЙХО́ЙН УВЭЙОЙМЭЙХО́ЙН УВЭХАЙЕ́Й ДЭХО́Л БЭЙС ЙИСРОЭ́ЙЛ БААГОЛО́ УВИЗМА́Н КОРИ́В ВЭИМРУ́ ОМЭ́ЙН.

(Община отвечает: **ОМЭ́ЙН. ЙЕЃЭ́Й ШМЭЙ РАБО́ МЭВОРА́Х ЛЭОЛА́М УЛЭОЛМЭ́Й ОЛМАЙО́. ЙИСБОРЭ́ЙХ.**)

ЙЕЃЭ́Й ШМЭЙ РАБО́ МЭВОРА́Х ЛЭОЛА́М УЛЭОЛМЭ́Й ОЛМАЙО́. ЙИСБОРЭ́ЙХ ВЭЙИШТАБА́Х ВЭЙИСПОЭ́ЙР ВЭЙИСРОЙМО́М ВЭЙИСНАСЭ́Й ВЭЙИСЃАДО́Р ВЭЙИСЪАЛЭ́ ВЭЙИСЃАЛО́Л ШМЭЙ ДЭКУДШО́ БРИХ ЃУ. (Община отвечает: **ОМЭ́ЙН.**)

ЛЭЭ́ЙЛО МИН КОЛ БИРХОСО́ ВЭШИРОСО́ ТУШБЭХОСО́ ВЭНЭХЭМОСО́ ДААМИРО́Н БЭОЛМО́ ВЭИМРУ́ ОМЭ́ЙН. (Община отвечает: **ОМЭ́ЙН.**)

ЙЕЃЭ́Й ШЛОМО́ РАБО́ МИН ШМАЙО́ ВЭХАЙИ́М ТОЙВИ́М ОЛЭ́ЙНУ ВЭА́Л КОЛ ЙИСРОЭ́ЙЛ ВЭИМРУ́ ОМЭ́ЙН. (Община отвечает: **ОМЭ́ЙН.**)

Молящийся отходит назад на три шага. На словах "ойсэ шолойм бимроймов" склоняет голову направо, на слово "ѓу" наклоняет голову вперед, на словах "яасэ шолойм олэйну" склоняет голову налево и на словах "вэал кол йисроэйл вэимру омэйн" склоняет голову вперед.

С Рош ѓа-Шана до Йом Кипура говорят "ѓашолойм" вместо "шолойм".

ОЙСЭ́ (ЃАШОЛО́ЙМ) ШОЛО́ЙМ БИМРОЙМО́В ЃУ ЯАСЭ́ ШОЛО́ЙМ ОЛЭ́ЙНУ ВЭА́Л КОЛ ЙИСРОЭ́ЙЛ ВЭИМРУ́ ОМЭ́ЙН. (Община отвечает: **ОМЭ́ЙН.**)

יתגדל Да возвеличится и освятится великое Имя Его, (Община: Амен!) в мире, сотворенном по воле Его. Да явит Он царство Свое, да взрастит зерно спасения и приблизит пришествие помазанника Своего (Община: Амен!) при жизни вашей, в ваши дни, при жизни всего дома Израиля, вскоре, в ближайшее время. Возгласим же: Амен! (Община: Амен! Да будет благословенно великое Имя Его всегда и во веки вечные. Да будет благословенно!) Да будет благословенно

Издательство "F.R.E.E."

Организация F.R.E.E. (Friends of Refugees of Eastern Europe) основана в 1969 году по указанию Любавичского Ребе. Это — первая американская организация, созданная для оказания материальной и религиозной помощи еврейским эмигрантам из Советского Союза. Возглавляемая группой молодых энтузиастов из ранее прибывших советских эмигрантов, F.R.E.E. осуществляла свои проекты с помощью добровольцев — молодых людей, которые по призыву Любавичского Ребе шли помогать своим братьям и сестрам. Благодаря их личным контактам, знанию русского языка и менталитету интеграция новоприбывших в еврейскую и американскую жизнь вышла на новый уровень.

Вслед за теплым приемом решались вопросы медицинского обеспечения, предоставления жилья, материальной помощи. Проводились консультации относительно трудоустройства, подготовки резюме и прохождения интервью, посещения курсов английского языка. Иммигрантов, молодых и пожилых, также терпеливо знакомили с их еврейским наследием, готовили к участию в обрядах брис-мила, Пасхальных сейдерах и еврейских праздниках. В самый разгар иммиграции F.R.E.E. открыла первую русско-английскую двуязычную еврейскую школу, летний лагерь, осуществляла другие новаторские программы. Со временем F.R.E.E. стала крупнейшей еврейской организацией в США, духовно и материально поддерживающей евреев-иммигрантов, а также образцом для организаций всего мира, оказывающих помощь иммигрантам.

В 1971 году F.R.E.E. приступила к реализации одного из главных своих проектов — к созданию первого в мире издательства, специализирующегося на издании еврейских книг на русском языке, а также двуязычных изданий: библейских и классических еврейских текстов, художественной литературы, брошюр по еврейской философии и истории. Накануне еврейских праздников F.R.E.E. издает и распространяет красочные брошюры, в которых рассказывается об истории того или иного праздника, о его ритуалах и духовном содержании. Книги, брошюры и буклеты F.R.E.E. пользуются спросом у еврейских организаций по всему миру; их читают миллионы русскоязычных евреев.

У издательства F.R.E.E. есть собственный русскоязычный сайт в Интернете: www.JudaismInRussian.com. Он адресован еврейской русскоязычной общине и содержит подробную информацию о самых разных аспектах еврейской жизни. На сайте публикуются тексты недельных глав Торы с комментариями и соответствующими уроками для усвоения материала. Библиотека сайта включает целый ряд классических трудов о Торе. Английские аннотации и ссылки, наряду с русским текстом, особенно полезны англоязычным раввинам и всем тем, кто работает с русскоязычным еврейством.

В последние годы F.R.E.E. активно сотрудничает с израильской организацией Шамир. F.R.E.E. осуществляет план создания русскоязычной еврейской библиотеки, которая прежде всего будет включать классические труды о Торе и комментарии. Последовательно реализуется задача публикации новых изданий и переиздания неустаревающих еврейских классических трудов.

Издательство F.R.E.E. делает все возможное, чтобы помочь русскому еврейству в его желании вернуться к своим корням. Цель этой организации — информировать и вдохновлять, укреплять сознание и дух каждого еврея в преддверии великого дня, когда "полна будет земля знанием Г-спода, как полно море водами."

Friends of Refugees of Eastern Europe

Established by the Lubavitcher Rebbe in 1969

F.R.E.E. Headquarters

1383 President Street / Brooklyn, NY 11213
Tel. 718-467-0860 / Fax: 718-467-2146
www.RussianJewry.org
Rabbi Mayer Okunov, Chairman

F.R.E.E. of Brighton Beach
2915 Brighton 6th Street
Brooklyn, NY 11235
718-368-4490
Rabbi Hersh Okunov, Director

F.R.E.E. of Detroit
15900 West 10 Mile Road
Southfield, MI 48075
248-569-8514
Rabbi Yosef Mishulovin, Director

F.R.E.E. of Chicago
2935 West Devon Avenue
Chicago, IL 60659
773-274-5123
Rabbi Levi Notik, Director

F.R.E.E. of Northern Suburbs
20550 W. Saunders Road
Riverwoods, IL 60015
847-830-8152
Rabbi Shmuel Notik, Director

F.R.E.E. of Niles
9401 Margail Avenue
Des Plaines, IL 60016
847-296-1770
Rabbi Naftoly Hershkovitch, Director

F.R.E.E. of Cincinnati
7685 Reading Road
Cincinnati, OH 45237
513-821-1777
Rabbi Yosef Y. Kalmanson, Director

F.R.E.E. of Baltimore—Ariel
6701 Old Pimlico Road
Baltimore, MD 21209
410-764-5000
Rabbi Velvel Belinsky, Director

F.R.E.E. of Melbourne, Australia
366 Carlisle Street
Melbourne, VIC 3183
61-3-9527-6341
Rabbi Elozor Gorelick, Director

F.R.E.E. of Sydney, Australia
25 O'Brien Street
Bondi, NSW 2026
61-2-9365-2777
Rabbi Yoram Ulman, Director

F.R.E.E. Publishing house
1383 President Street
Brooklyn, NY 11213
718-467-0860 ext. 118
Rabbi Yosef Y. Okunov, Director

ISBN 978-0-86639-010-1
90000>
9 780866 390101